Nomi & Nomi

Origine e significato

DEMETRA

Redazione: Monica Del Soldato
Impaginazione: Margherita Sciarretta

NOMI E NOMI

ORIGINE E SIGNIFICATO

2ª edizione marzo 2000
© DEMETRA S.r.l.
Via Strà, 167 - S.S. 11
37030 Colognola ai Colli (VR)
Tel. 045 6174111 - Fax 045 6174100

Lo chiameremo?...

"Luigi, come mio padre, oppure Roberto come lo zio che non è più tornato dalla guerra?"... "Claudia, come la modella più bella del mondo se sarà femmina, Andrea se sarà maschio"... "Gemma, Martina, Federica, Maria, o forse Roberta: non abbiamo ancora deciso..."

Spezzoni di frasi che ricorrono frequentemente nei dialoghi di chi, in attesa di un bimbo, sia esso femmina o maschio, si interroga sul nome che dovrà accompagnarlo per tutta la vita. Rispetto rigoroso della tradizione, desiderio di novità per evitare il ripetersi di nomi consueti, sottomissione alle leggi non scritte della moda che impongono scelte troppe volte superate velocemente dal tempo, volontà di attribuire un nome ricco di significato, che riesca ad armonizzarsi con il cognome a cui dovrà abbinarsi: criteri diversi in qualche caso in conflitto tra loro, che si confrontano in un gioco a volte breve e senza sorprese, ma il più delle volte interminabile. Scegliere un nome è in effetti una notevole responsabilità, perché ci sarà qualcuno che porterà per tutta la vita il 'segno' che qualcun altro gli ha attribuito.

Come ti chiami?

"Come ti chiami?"... "Piacere, Giovanni..." ... "Abate Giorgio, Bianchi Luigia, Esposito Ramona..." ... "Mi chiamo Davide e tu?"

Il primo riconoscimento di se stessi e il primo contatto con gli altri passa attraverso il nome, che può aprire alla comunicazione oppure rappresentare un vero e proprio ostacolo, diffi-

cilmente superabile perché il nome, qualche volta maschera-
to dietro un pietoso diminutivo, riappare crudele nei freddi
elenchi e nei numerosi atti che determinano tutti i passaggi
importanti della vita, dal certificato di nascita, a quello di
matrimonio, all'atto di acquisto di una semplice automobile
e così via.

Attenersi alla tradizione?

La maggior parte dei nomi tradizionali nella nostra penisola
ha un'origine cristiana; gli italiani li scelgono all'interno di
una ristretta rosa che presenta notevoli differenze regionali
legate a culti locali. Rosalia, Giovanni, Francesco, Luigi,
Pietro, Giuseppe... nomi che il tempo ha rivestito di notevole
autorevolezza e che spesso si tramandano di padre in figlio o
da nonno a nipote.

Rompere con la tradizione?

Con una percentuale sempre più crescente gli italiani mostrano il desiderio di 'originalità', che qualche volta è legato alla
moda (annate di Morena e Samantha oppure di Diego e
Armando, nomi presi a prestito dalle dive e dai divi del
momento, nomi di provenienza straniera), qualche altra al
desiderio di attribuire al nuovo essere umano non un semplice nome, ma tutto il significato che esso contiene.
In entrambi i casi la curiosità prevale, perché conoscere il
significato di un nome, la sua origine, il giorno in cui si potrà
fare festa, i personaggi che lo hanno portato con gloria, sarà
il primo modo per affezionarsi e amare la persona che lo porterà. Ciascuno in realtà sarà poi in grado di trasformare il proprio nome in un segno di riconoscimento piacevole e gradito
oppure antipatico e da rifuggire, in base a quanto saprà
costruire...

Come utilizzare questo libro

Ogni capitolo contiene i nomi che iniziano con la medesima lettera dell'alfabeto e al suo interno troverete due elenchi separati, rigorosamente rispettosi dell'ordine alfabetico, facili da individuare: quello dei nomi originariamente maschili, e quello dei nomi femminili. Una scelta perfettamente funzionale a una ricerca veloce e a una rapida consultazione.

Frecce semplici aiuteranno inoltre a una lettura incrociata, un vero e proprio gioco di rimandi: basterà andare al nome preceduto dalla freccia per trovare altre utili informazioni.

Di ciascun nome vengono forniti, oltre al significato del nome, all'origine e all'onomastico, la spiegazione del nome, un accenno alla possibile personalità dell'individuo che lo porterà e le corrispondenze, così che sia più facile operare una prima selezione o colmare una generica curiosità. Attenti però, perché il testo può contenere informazioni alternative, in contrasto con quelle più comunemente accettate, oppure ulteriori elementi di conoscenza, con i quali completare i riferimenti necessari per arrivare a una scelta davvero soddisfacente.

Abbondio

Significato: abbondante, colmo, ricolmo
Origine: latina
Onomastico: 2 aprile

Diffuso soprattutto in Lombardia e in particolare nella zona della provincia di Como (s. A. fu vescovo della città nel V secolo, vi è venerato come patrono ed è festeggiato il 31 agosto). Forse il più celebre A. è il curato dei *Promessi Sposi* del Manzoni, di cui Don Rodrigo si servì per impedire le nozze di Renzo e Lucia, divenuto la personificazione di una mediocrità ipocrita e servile. Nel latino cristiano il nome aveva un valore augurale affinché si acquistasse in abbondanza la grazia divina. Generoso, ricco di sentimenti ed esuberante; così è A. tutto l'opposto del grigio curato.
Corrispondenze: segno della Bilancia. Numero portafortuna: 8. Colore: giallo. Pietra: pirite. Metallo: argento.

Abele

Significato: figlio, soffio vitale
Origine: ebraica
Onomastico: 30 luglio

Diffuso al Nord, soprattutto in Lombardia. In Italia non è solo un nome ebraico, ma anche cristiano, adottato sia tra i cattolici sia tra i protestanti, in quanto nel *Nuovo Testamento* Gesù presenta A. come un martire 'giusto'. Secondo alcune interpretazioni, potrebbe significare anche 'lutto', 'piangente', per il fatto che l'A. del *Genesi* fu ucciso dal fratello maggiore Caino, invidioso della predilezione dimostratagli da Dio. Le qualità principali di questo nome sono la dolcezza, la generosità e la fedeltà che gli A. sanno mettere in pratica fino al massimo grado.
Corrispondenze: segno del Capricorno. Numero portafortuna: 2. colore: giallo. Pietra: topazio. Metallo: oro.

Abramo

Significato: padre di popoli
Origine: ebraica
Onomastico: 9 ottobre

Diffuso prevalentemente in Lombardia come nome quasi esclusivamente ebraico, risale al primo dei patriarchi, capostipite e fondatore del popolo

ebreo e simbolo della cieca obbedienza a Dio, cui era pronto a sacrificare il figlio Isacco. L'uso moderno del nome è stato reso celebre dallo statista A. Lincoln, eletto nel 1860 presidente degli Stati Uniti d'America, che vinse la Guerra di Secessione ed emanò il proclama di emancipazione della popolazione negra americana. Si ricorda anche s. A. di Clermont, protettore degli occhi, patrono degli albergatori e degli osti. Autorità, lucidità, audacia, un assoluto senso della fedeltà, una profonda allegria e un'incomparabile gioia di vivere sono le cifre principali del suo carattere.

Corrispondenze: segno dell'Acquario. Numero portafortuna: 8. Colore: verde. Pietra: smeraldo. Metallo: oro.

Achille

Significato: scuro, bruno, lupo feroce
Origine: pregreca
Onomastico: 11 maggio

Si diffonde, soprattutto nell'Italia settentrionale, a partire dall'ultimo Medioevo e soprattutto dal Rinascimento, quando, nel rinnovato interesse per i classici, si tornano a leggere i poemi omerici, in particolare l'*Iliade* di cui A., figlio di Teti e Peleo, è protagonista. Di parte achea, è nemico giurato di Ettore che, in duello, aveva ucciso l'amico fraterno Patroclo. Per alcuni l'etimologia potrebbe dare il significato di 'senza labbra', in quanto, nel mito, le labbra di A. non hanno mai succhiato il latte della madre. Nella forma **Achilleo** si ricorda s. Achilleo, martire in Roma sulla via Ardeatina sotto Domiziano. A., nome di un eroe allo stesso tempo uomo, porta con sé tutta la veemenza delle passioni e l'indomita forza che serve per mitigarle.

Corrispondenze: segno dei Gemelli. Numero portafortuna: 2. Colore: rosso. Pietra: rubino. Metallo: ferro.

Adamo

Significato: essere umano, fatto di terra
Origine: ebraica
Onomastico: 16 maggio

In Italia è diffuso soprattutto al Nord. Secondo la tradizione biblica è il nome del primo uomo creato da Dio, che con Eva ha dato origine al genere umano. Numerosi studiosi odierni tendono a smentire il collegamento del nome con il significato di 'terra', per attribuirgli invece un rapporto etimologicamente più convincente con la radice verbale semitica indicante il 'produrre', il 'fare'. È curiosa la presenza di questo nome anche al femminile, nelle forme, ancorché rare, **Adama** e **Adamina**. Si mostra un eccellente marito e un premuroso padre di famiglia per l'innato equilibrio, la sua saggezza e la sua fedeltà.

Corrispondenze: segno del Toro. Numero portafortuna: 1. Colore: rosso. Pietra: rubino. Metallo: ferro.

Adolfo

SIGNIFICATO: nobile lupo
ORIGINE: gotica
ONOMASTICO: 17 giugno

È stato diffuso in tutta Italia da Longobardi, Franchi e Tedeschi. Non è rarissimo il femminile, soprattutto in Emilia Romagna. Al di là dell'etimologia, il significato del nome va interpretato nella cornice delle tradizioni culturali dei popoli germanici: il lupo, insieme con l'orso e l'aquila, costituiva un simbolo di forza ed era sacro al dio Odino. Viene festeggiato anche il 14 febbraio. Capaci di grandi slanci di generosità gli A. sanno essere altruistici e assai devoti nei confronti dei deboli, degli ammalati e dei bambini.
Corrispondenze: segno del Capricorno. Numero portafortuna: 6. Colore: giallo. Pietra: topazio. Metallo: ferro.

Adriano Adriana

SIGNIFICATO: cittadino di Adria
ORIGINE: latina
ONOMASTICO: 5 marzo

Hadrianus era originariamente il cognome di una *gens* romana, per un gruppo familiare ed etnico di derivazione da due città: Adria (Rovigo) e Atri (Teramo). Largamente diffuso in tutta Italia, al femminile e al maschile, è nome sia religioso sia laico. Ben sei papi e un imperatore portarono questo nome. In onore dell'imperatore Publio Elio Adriano vennero chiamate Adriana tutte le schiave da lui liberate. Papa A. IV (1100-1159), inglese, fu l'ultimo papa 'straniero' prima di papa Wojtyla.
L'8 settembre viene commemorato s. A. martire in Nicomedia, patrono dei postini e protettore delle guardie carcerarie. In tempi più recenti il nome ha avuto successo in Emilia Romagna e Toscana dove è forte la passione per la lirica, grazie all'*Adriana Lecouvreur*, di F. Cilea, del 1902. Destinato al successo, si prende un po' troppo sul serio con il rischio di diventare noioso. Tuttavia sa essere leader sin da piccolo, e da grande sarà un buon padre e un eccellente marito.
Corrispondenze: segno del Sagittario. Numero portafortuna: 6. Colore: blu. Pietra: topazio. Metallo: platino.

Agostino ➡ Augusto

Aimone Aimé

Significato: casa, patria
Origine: longobarda
Onomastico: 18 agosto

Maggiormente diffuso tra Emilia Romagna e Toscana, giunge in Italia nell'VIII secolo anche nella forma latinizzata **Aimo**. Nel Medioevo fu nome di successo grazie ai personaggi delle saghe provenzali. Il momento di maggior diffusione si ebbe comunque nell'Ottocento, per la sua ricorrente presenza nel casato dei Savoia. Il termine latino, di significato corrispondente (*amata*), era il nome rituale portato dalle vestali romane. A. è fedele e ama la pace familiare. La sua logica costruttiva non vacilla mai.
Corrispondenze: segno del Toro. Numero portafortuna: 1. Colore: verde. Pietra: smeraldo. Metallo: rame.

Alarico

Significato: re di tutti
Origine: sassone
Onomastico: 29 settembre

Diffuso nell'Italia centro-settentrionale e soprattutto in Abruzzo a partire dal X secolo, forse per il culto del monaco ed eremita s. A. o **Adalrico**, dell'Abbazia di Einsiedeln (Svizzera). Il più noto A. è il primo re e condottiero dei Visigoti, che lottò contro l'Impero romano di Oriente e di Occidente, invase a più riprese l'Italia e saccheggiò Roma nel 410. Caparbio e deciso, non si lascia mai sfuggire un'occasione di conquista sia sul campo di battaglia che in amore.
Corrispondenze: segno del Capricorno. Numero portafortuna: 7. Colore: giallo. Pietra: topazio. Metallo: mercurio.

Alberico Alberica

Significato: signore degli elfi
Origine: scandinava
Onomastico: 26 gennaio

Nome diffuso omogeneamente in tutta Italia, è entrato a far parte della nostra tradizione religiosa per i molti santi e beati che lo portarono nel Medioevo. In ambito laico è famoso A. da Barbiano, capitano di ventura, che costituì la prima compagnia di soldati professionisti completamente composta da italiani. Il nome è usato anche nella forma **Alberigo**. Viene festeggiato anche il 4 marzo e il 21 luglio, in ricordo del beato A. Crescitelli, morto nel 1900. Mondano, forse un po' snob, ama dar sfoggio delle sue capacità intellettuali e del suo denaro. Nervosismo, energia, abilità sono le sua principali caratteristiche.

Corrispondenze: segno del Capricorno. Numero portafortuna: 4. Colore: giallo. Pietra: topazio. Metallo: rame.

Alberto Alberta

SIGNIFICATO: molto illustre, famoso
ORIGINE: germanica
ONOMASTICO: 15 novembre

Per alcuni studiosi potrebbe derivare scherzosamente dal tedesco *all* = tutto e *brecht* = rompere: 'colui che rompe tutto'. È uno dei nomi più diffusi in Italia e in alcuni casi può essere la forma abbreviata di ➡ Adalberto. La sua larga diffusione deriva dall'essere divenuto nome cristiano e dall'elevato numero di personaggi celebri che lo portarono, sia in ambito religioso sia in ambito nobiliare. Tra gli altri vanno ricordati s. A. Magno, vescovo nel 1200, filosofo e teologo domenicano, maestro di s. Tommaso d'Aquino, tra i principali diffusori nell'Occidente cattolico delle opere di Aristotele. Famosi A. da Giussano, combattente lombardo del XII secolo che difese il Carroccio nella battaglia di Legnano; il fisico Einstein (1879-1955) e il compositore ungherese Bêla Bartok (1881-1945). Al nome A. è legata la prima legge costituzionale del Regno italiano, lo Statuto albertino, emanato da Carlo Alberto nel 1848. Il nome è diffuso in quasi tutte le lingue, tra cui troviamo, curiosamente, il femminile scandinavo **Ali**. Il derivato **Albertino** può essere anche autonomo. L'audacia intellettuale, la fecondità e il genio lo caratterizzano. Tuttavia manca della volontà ed energia necessarie per raggiungere il successo che giudica fugace ed inutile. In amore si dimostra sostanzialmente un idealista che insegue la principessa irraggiungibile.
Corrispondenze: segno del Capricorno. Numero portafortuna: 4. Colore: blu. Pietra: zaffiro. Metallo: oro.

Albino Albina

SIGNIFICATO: bianco, chiaro
ORIGINE: latina
ONOMASTICO: 1 marzo

È un nome frequente in Italia sia nella forma maschile che in quella femminile. Trae origine dall'epoca antica in cui il *cognome* (cioè il soprannome) *Albinus* designava probabilmente la *gens* dalla pelle o dai capelli di colore chiaro, caratterizzando ancora una volta con un soprannome una peculiarità somatica. Infatti con l'aggiunta del suffisso *-inus* all'aggettivo *albus* (bianco), i latini attribuivano il significato di 'bianchiccio' come aggettivo oppure 'imbianchino' come sostantivo. Sia in Italia che in Francia dall'aggettivo *albinus* è stata tratta l'origine del termine scientifico albino e albinismo. Tenero,

malinconico, riservato, elegante, A. ha una natura focosa e un cuore grande difficilmente appagato dall'amore.

Corrispondenze: segno dei Gemelli. Numero portafortuna: 4. Colore: bianco. Pietra: agata. Metallo: oro.

Alcide

Significato: uomo forte
Origine: greca
Onomastico: 1 novembre

Distribuito tra il Nord e il Centro e soprattutto in Emilia Romagna, è l'appellativo con cui nella mitologia viene spesso indicato Eracle (Ercole), in quanto discendente di Alceo. Il nome è accettato dalla tradizione cristiana, ma non se ne festeggia alcun santo. Famoso è lo statista A. De Gasperi (1881-1954), che durante la Resistenza ricostituì il Partito popolare con il nome di Democrazia cristiana. Forte e dalla volontà prepotente, A. non disdegna la lotta e sa imporsi in ogni campo.

Corrispondenze: segno dell'Acquario. Numero portafortuna: 10. Colore: verde. Pietra: smeraldo. Metallo: oro.

Aldebrando ➡ Aldobrando

Alderico

Significato: re potente
Origine: ostrogota
Onomastico: 10 ottobre

Diffuso nel Nord e nel Centro, in Toscana si presenta nella forma **Alderigo**. Si festeggia in ricordo di s. A., o **Aldrico**, morto nell'836, e nelle tradizioni popolari si invoca per ottenere la guarigione dalle congestioni cerebrali. Dà senza calcolo. A., solido e sicuro, è sempre disposto a dare ascolto agli altri.

Corrispondenze: segno dell'Ariete. Numero portafortuna: 1. Colore: rosso. Pietra: zaffiro. Metallo: argento.

Aldo Alda

Significato: saggio, esperto, vecchio, bello
Origine: germanica
Onomastico: 10 gennaio

Il nome è assai diffuso, anche nella forma del diminutivo **Aldino**, soprattut-

to in Emilia Romagna. In origine non era un nome proprio, ma il diminutivo di nomi germanici come ➡ Teobaldo, Grimoaldo, ➡ Aldobrando, ➡ Arnaldo e ➡ Romualdo. Alcuni studiosi ne ipotizzano l'origine autonoma dalla distinzione longobarda di tre classi sociali: liberi (arimanni), semiliberi (aldi) e schiavi. Il femminile Alda fa la sua apparizione nei poemi del ciclo carolingio con il personaggio di Alda la bella, fidanzata di Orlando. In celtico, infatti, Alda equivale a 'bella', 'bellissima'. *Aldine* erano chiamate le prime e pregiatissime edizioni a caratteri mobili prodotte a Venezia da A. Manuzio (1449-1515), fondatore dell'Accademia Veneta. L'onomastico si festeggia in ricordo di s. A., eremita a Pavia nel VII secolo, mentre al femminile viene festeggiato il 18 novembre, in onore di s. A, vergine martire parigina. La sua calma è come la quiete prima della tempesta, la sua bontà è spesso solo apparente, ama le maschere e i travestimenti e lascia intravedere dietro la facciata un cuore tenero e un'intelligenza ostinata.

Corrispondenze: segno dell'Acquario. Numero portafortuna: 8. Colore: verde. Pietra: smeraldo. Metallo: ferro.

Aldobrando

Significato: abile con la spada
Origine: sassone
Onomastico: 22 agosto

Molto diffuso in Toscana, è nome di complessa formazione e derivazione. La base più lontana è germanica, documentata nella forma latinizzata *Hildebrandus*. Con il passaggio fonetico tipicamente toscano da *ild-* in *ald-* ha assunto la forma odierna **Aldebrando** o **Aldobrando**. La diffusione è stata promossa dal culto riservato a s. A. da Bagnoregio, vissuto nel IX secolo. Abile con la spada e fino di cervello. Conosce la sottile arte della diplomazia e non teme nemici.

Corrispondenze: segno dei Pesci. Numero portafortuna: 5. Colore: giallo. Pietra: smeraldo. Metallo: bronzo.

Aleardo

Significato: molto valoroso
Origine: germanica
Onomastico: 1 novembre

Diffuso in gran parte in Veneto, Emilia Romagna e Toscana. È noto per il poeta veronese e patriota del Risorgimento Gaetano Aleardi (1812-1878), che ribadì il proprio cognome assumendolo anche come nome in forma di pseudonimo letterario. Il significato del nome non sempre rispecchia l'animo di chi lo porta.

Corrispondenze: segno dei Gemelli. Numero portafortuna: 2. Colore: verde. Pietra: ametista. Metallo: argento.

Alessandro Alessandra

Significato: protettore degli uomini
Origine: greca
Onomastico: 26 agosto

Il nome greco è certamente di derivazione asiatica, forse frigia. È diffuso in tutta Italia, mentre, nella forma abbreviata **Lisandro**, è un nome tipicamente toscano. Il più famoso personaggio dell'antichità portatore di questo nome è A. Magno re di Macedonia, creatore, nel IV secolo a.C., di un Impero che si estendeva dall'Asia all'Egitto. Assunto nel mondo latino, ebbe grande diffusione nel Rinascimento, sostenuto anche dal culto di ben quaranta santi riconosciuti ufficialmente dalla Chiesa. Tra questi si ricordano s. A., patrono di Bergamo, onorato come protettore dei carbonai; s. Alessandrina vergine, martire in Gallia; s. A. Nevskij, venerato dalla Chiesa ortodossa, granduca di tutta la Russia, che sconfisse gli Svedesi nel 1240 nella battaglia della Neva. Otto papi, tra cui A. VI Borgia, famoso per le sue dissolutezze e per il suo nepotismo, tre re di Scozia, tre imperatori di Russia portarono questo nome. È un nome, infatti, molto diffuso nell'Est europeo. Tra i personaggi famosi, lo scienziato Volta (1745-1827), gli scrittori Manzoni (1785-1873) e Dumas padre e figlio, il musicista del Settecento Scarlatti, il poeta e narratore russo dell'Ottocento Puskin. Assai diffusi sono i diminutivi **Sandro** e **Sandrino**, anche al femminile. L'onomastico si festeggia anche il 27 marzo, il 3 maggio e il 6 giugno. Temperamento da lottatore, una mente rutilante, un ardente amore per l'avventura caratterizzano questo indomito sognatore di gloria e successo. Generosità, orgoglio, pazienza rendono imprevedibile questo bambino incantevole che diventerà un uomo irresistibile.
Corrispondenze: segno dei Pesci. Numero portafortuna: 3. Colore: verde. Pietra: smeraldo. Metallo: oro.

Alessio Alessia

Significato: difensore
Origine: greca
Onomastico: 17 luglio

Può anche essere una forma abbreviata del nome greco ➡ Alessandro o di altre forme di analoga derivazione. Si è diffuso in tutta Italia, soprattutto al Sud e a Nord-est, attraverso la tradizione bizantina (cinque imperatori bizantini, infatti, portarono questo nome) e il culto del nobile del IV secolo s. A. di Roma. Un altro santo che si ricorda è s. A. Falconieri, fondatore dell'ordine dei Servi di Maria Vergine a Firenze. È patrono dei viaggiatori. Nome evocatore delle bellezze e dei piaceri della natura, colui che lo porta ha un carattere ansioso, introverso, visionario. La sua totale fedeltà e il suo assoluto impegno sono spesso causa di tormenti e dubbi. Si rifugia allora nella poesia, negli studi, nelle astrazioni.

Corrispondenze: segno del Toro. Numero portafortuna: 7. Colore: giallo. Pietra: topazio. Metallo: bronzo.

Alfio Alfia

Significato: bianco di carnagione
Origine: latina
Onomastico: 10 maggio

Il nome è vistosamente accentato in Sicilia, soprattutto nelle province di Siracusa e Catania, con una presenza particolare a Lentini, dove, infatti, il cristiano s. A. venne martirizzato nel 251, divenendo successivamente il patrono della cittadina. È ambizioso, esige dagli altri quanto esige da se stesso e sa sempre dov'è il bene e dov'è il male.
Corrispondenze: segno della Bilancia. Numero portafortuna: 3. Colore: blu. Pietra: diamante. Metallo: oro.

Alfonso Alfonsa

Significato: nobile, molto valoroso
Origine: germanica
Onomastico: 1 agosto

Il nome cominciò a diffondersi in Italia dal V secolo con i Visigoti, e se ne attesta una prima presenza nel *Codice diplomatico longobardo* dell'VIII secolo. Si è diffuso in Italia particolarmente in Campania e, al femminile, in Sicilia per il prestigio di molti re di Spagna, tra cui A. I il Cattolico, re delle Asturie. Va ricordato anche A. X, re di Castiglia nel XII secolo, a cui si devono le tavole astronomiche redatte da studiosi arabi della sua corte, dette *Alfonsine*. La Chiesa ricorda s. A. Maria de' Liguori, che fondò nel 1739 la Congregazione del Santissimo Redentore. È attribuito a s. A. il popolare canto natalizio *Tu scendi dalle stelle*. La sua ipersensibilità lo rende suscettibile da bambino e chiuso da adulto. È un filosofo sognatore che ama vivere a contatto con la natura. È un amante generoso e assai fedele. Se tradito, si rinchiude in se stesso e trama la vendetta.
Corrispondenze: segno della Bilancia. Numero portafortuna: 9. Colore: viola. Pietra: ametista. Metallo: argento.

Alfredo

Significato: nobile e saggio nella pace
Origine: sassone
Onomastico: 14 agosto

Anche se presente fin dall'VIII secolo, è un nome di affermazione recente, al

maschile diffuso in tutta Italia, mentre il femminile **Alfreda** si trova soprattutto in Toscana e in alcune zone del Nord. I due periodi di maggior diffusione del nome sono stati il Settecento e, soprattutto, il secondo Ottocento, grazie alla fama dell'opera di G. Verdi *Traviata*, di cui A. è il protagonista maschile. In realtà, esiste un s. A. martire, la cui esistenza va collocata nei primi secoli del Cristianesimo, anche se non si dispone di dati cronologici precisi. Tra i personaggi storici si ricorda A. il Grande, re d'Inghilterra (849-899), che combatté a lungo contro i Danesi, instaurando la propria egemonia sui regni anglo-danesi; di grande fama sono lo scienziato Nobel, fondatore del noto premio, il pittore Sisley, il corridore ciclista Binda, il regista Hitchcock. È indomito, ama il pericolo che affronta con animo impetuoso. Da bambino è ubbidiente, studioso e ragionevole, da adolescente e da adulto la vitalità disciplinata nell'infanzia si libera per affermare tutta la sua energia. E per questo non è facile vivergli accanto.
Corrispondenze: segno dei Gemelli. Numero portafortuna: 2. Colore: bianco. Pietra: diamante. Metallo: oro.

Alvaro

SIGNIFICATO: uomo di antica stirpe
ORIGINE: visigota
ONOMASTICO: 11 giugno

Diffuso al Nord e nel Centro Italia; in Toscana è riscontrabile il femminile **Alvara**. La sua espansione è relativamente recente, e deriva in parte dal nome di un personaggio della commedia di Goldoni *La vedova scaltra* (1748), ma soprattutto dall'opera di Verdi *La forza del destino* (1862), nelle quali A. è il nome dei protagonisti. Secondo alcuni l'etimologia potrebbe dare al nome il significato di 'difensore di tutti'. È capace di rotture violente, di crisi acute, di scelte dolorose. A. è attratto dall'amore, dalla verità e dall'assoluto al quale tende con ogni sua forza.
Corrispondenze: segno del Leone. Numero portafortuna: 7. Colore: rosso. Pietra: topazio. Metallo: argento.

Amato Amata

SIGNIFICATO: diletto, amato
ORIGINE: latina
ONOMASTICO: 13 settembre

È nome più frequente nella versione maschile che in quella femminile e ha origini molto antiche. Già i Romani utilizzavano il participio passato *(amatus)* del verbo amare *(amo)* per indicare un individuo prediletto, ma fu usato anche come nome gentilizio *Amatus* e come nome rituale della vergine vestale. Poco usata è la variante maschile **Aimé**. Modesto, di buon

umore, assai sensato, è garanzia di tranquillità, prosperità e generosità.
Corrispondenze: segno del Toro. Numero portafortuna: 1. Colore: verde.
Pietra: smeraldo. Metallo: rame.

Ambrogio Ambrogia

Significato: immortale
Origine: greca
Onomastico: 7 dicembre

Raro al Centro e al Sud, lo si trova soprattutto nelle aree lombarde di Milano
e Como. Si è affermato come nome proprio in età cristiana, in particolare con
il culto riservato al vescovo e dottore della Chiesa del IV secolo, ora patrono
di Milano, A. di Treviri, che, figlio di un alto funzionario dell'Impero, offrì
tutti i suoi beni alla Chiesa e scrisse numerose opere di esegesi biblica e trat-
tati sulla pratica e sulla morale. Il nome è andato poi via via espandendosi
nella zona lariana e nel Lazio meridionale. La Chiesa ricorda anche altri santi
con questo nome: il domenicano A. Sansedoni di Siena, morto nel 1286, e
un centurione romano martire a Ferentino. Al femminile il nome è ancora
più diffuso nel diminutivo **Ambrogina** (o **Ambrosina**). Il rigore e la rettitudine lo caratterizzano. Raramente abbandona la ragione per lasciare spazio
agli istinti. È riflessivo ma anche pronto all'azione. Dedito agli studi, egli
conosce a perfezione i suoi diritti e i suoi doveri. Sensibile nei confronti dei
più deboli, si mostra sempre pronto ad aiutarli.
Corrispondenze: segno del Leone. Numero portafortuna: 2. Colore: rosso.
Pietra: rubino. Metallo: oro.

Amedeo Amedea

Significato: colui che ama Dio
Origine: latina
Onomastico: 30 marzo

Presente in tutta Italia, anche nelle varianti **Amadeo**, **Amadio** e **Amodio**, in
uso anche al femminile. La massima diffusione si è verificata tra l'XI e il XV
secolo, in quanto nome ricorrente nel casato dei Savoia. I primi nove conti
della dinastia portarono infatti questo nome, che si è diffuso anche nella
famiglia collaterale dei duchi di Aosta. Tra gli altri santi viene festeggiato
anche il patrono di Vercelli beato A. IX di Savoia, protettore dei derelitti e dei
poveri, il 22 marzo. S. **Amideo** degli Amidei fu uno dei sette fondatori, nel
1233, dell'ordine agostiniano dei Servi di Maria di Firenze. Tra i personaggi
celebri si ricordano il compositore Wolfgang A. Mozart (1756-1791) e il pittore Modigliani. È tutta una contraddizione. È ozioso e studioso, collerico ma
anche pronto al pentimento, seduttore e indifferente, turbolento e tranquillo. Solo la bontà è una sua costante e per questo gli si perdona tutto o quasi.

Corrispondenze: segno dei Gemelli. Numero portafortuna: 2. Colore: bianco. Pietra: diamante. Metallo: oro.

Amerigo

SIGNIFICATO: potente nella sua patria
ORIGINE: germanica
ONOMASTICO: 15 luglio

La più ampia presenza del nome in questa forma è attestata in Toscana, ma è diffuso in altre varianti, come **Americo**, **Almerigo**, **Almerico**, **Emerico**, tutte derivate dall'ostrogoto **Amalarico**, usate anche per il femminile. Tra i personaggi più noti, che ha certo contribuito alla diffusione del nome, c'è il navigatore ed esploratore A. Vespucci (1454-1512), il quale nelle sue spedizioni al servizio del Portogallo intuì per primo che i territori da lui visitati facevano parte di un vero nuovo continente, che dal suo nome avrebbe assunto poi la denominazione di America. La schiettezza, la lealtà e una certa brutalità ne delineano il carattere. L'innato egoismo gli impedisce di interessarsi ai bisogni altrui. Tuttavia non è meschino e non abbandona mai il campo di battaglia.
Corrispondenze: segno del Sagittario. Numero portafortuna: 4. Colore: giallo. Pietra: topazio. Metallo: rame.

Amilcare

SIGNIFICATO: re della città
ORIGINE: fenicia
ONOMASTICO: 15 aprile

È un nome poco diffuso e presente solo al Nord e nelle regioni del Centro. Ha avuto la sua massima espansione nel Rinascimento, presso chi nutriva forte passione per il mondo antico, in ricordo di A. Barca (morto nel 229 a.C.), padre di Annibale, comandante cartaginese in Sicilia e in Spagna durante la Prima guerra punica, combattuta contro i Romani per il predominio nel Mediterraneo. Ambizioso e combattivo, A. conosce il gusto del successo e assapora il piacere della conquista.
Corrispondenze: segno del Toro. Numero portafortuna: 9. Colore: verde. Pietra: diamante. Metallo: bronzo.

Amleto

SIGNIFICATO: pazzo, fuori di mente
ORIGINE: islandese
ONOMASTICO: 9 dicembre

L'origine del nome, presente nelle saghe nordiche medioevali, non è certa. Il notissimo personaggio con questo nome è parto della fantasia di Shakespeare, protagonista del dramma omonimo (1601): si tratta del re della Danimarca del XIII secolo che si finge pazzo per rimandare la vendetta contro la madre e lo zio, colpevoli della morte del padre. In Italia il nome si afferma solo nel periodo del Romanticismo. L'onomastico è in onore di un santo forse mai esistito, ma entrato nella tradizione soprattutto dei paesi nordici. In Toscana è presente anche al femminile. La seduzione e l'intelligenza sono le armi che utilizza per raggiungere i propri scopi. Paziente e metodico, A. rifugge dal calcolo e dall'ipocrisia.

Corrispondenze: segno della Bilancia. Numero portafortuna: 4. Colore: viola. Pietra: ametista. Metallo: oro.

Amos

Significato: portato da Dio, forte
Origine: ebraica
Onomastico: 31 marzo

Presente quasi soltanto in Emilia Romagna e in Toscana, è il nome di un profeta biblico dell'VIII secolo a.C., terzo nell'ordine dei profeti minori, le cui predizioni annunciarono la rovina di Israele, colpevole di essersi allontanata da Dio. Avendo la Chiesa ufficialmente accolto questo libro della Bibbia ebraica, il nome è di uso anche cattolico. È infedele per temperamento, ma si mostra sensibile alle gioie dell'amicizia. Sembra vivere in un universo parallelo le cui regole, simili alle nostre, non fanno parte di questo mondo.

Corrispondenze: segno dei Gemelli. Numero portafortuna: 6. Colore: blu. Pietra: rubino. Metallo: rame.

Anastasio Anastasia

Significato: risorto
Origine: greca
Onomastico: 15 aprile

Il nome A. veniva imposto dagli antichi cristiani ai pagani che si convertivano attraverso il battesimo. È diffuso in tutta Italia e accentato a Roma, in Campania e in Puglia, particolarmente al femminile. L'onomastico si festeggia in memoria di s. Anastasia martire a Roma sotto Nerone, mentre, al maschile, viene ricordato il 20 maggio s. A. vescovo di Brescia, che si invoca nella tradizione popolare contro i dolori ai reni. È il nome di quattro papi e di due imperatori d'Oriente. Tra i personaggi storici quell'A. figlia dello zar Nicola II che fu presumibilmente l'unica scampata alla strage della sua famiglia durante la Rivoluzione sovietica. La sua cultura e la sua riservatezza lo

pongono spesso in una posizione di giudice che lo rende antipatico. Altre volte si dimostra gioioso e provocatorio al limite della molestia.

Corrispondenze: segno del Capricorno. Numero portafortuna: 4. Colore: verde. Pietra: smeraldo. Metallo: rame.

Anatolio

SIGNIFICATO: orientale
ORIGINE: greca
ONOMASTICO: 9 luglio

Il nome è di derivazione geografica, riferendosi al punto cardinale dove 'sorge il sole'. È un nome poco diffuso e lo si trova in maggioranza in Abruzzo e nel Sassarese, soprattutto al femminile. Anticamente a Roma così erano chiamati gli schiavi e i mercanti di origine orientale. Il valore cristiano del nome dovrebbe essere simbolico, nel senso della riaffermazione di una nuova vita e spiritualità dopo la conversione. La Chiesa festeggia una s. A., vergine e martire abruzzese del III secolo. La paura della solitudine lo spinge a cercare costantemente la compagnia dei suoi familiari, dei suoi amici, del suo gatto o del suo cane. È un osservatore acuto che ama i numeri, la musica colta, le corrispondenze, i simboli con i quali evade dalla brutalità della vita quotidiana.

Corrispondenze: segno dei Pesci. Numero portafortuna: 8. Colore: giallo. Pietra: topazio. Metallo: argento.

Andrea

SIGNIFICATO: uomo, virile
ORIGINE: greca
ONOMASTICO: 30 novembre

Nome assai diffuso in tutta Italia e soprattutto in Lombardia, ricorda il culto di molti santi, in particolare di s. A. apostolo, fratello di Pietro, martire a Patrasso, trafitto, secondo la tradizione, su una croce obliqua con travi disposte a X. Da questo fatto deriva la definizione, per esempio nel linguaggio architettonico, di questo tipo di croce. È patrono dei pescatori, della Russia e della Scozia. In Sardegna, sempre in onore di s. A., tutto il mese di novembre viene chiamato 'Santandria'. La Chiesa commemora moltissimi altri santi, tra cui si ricordano un monaco di Creta martire a Costantinopoli nel 740 e il gesuita A. Bobola, martire a Janov. È un nome utilizzato in tutte le lingue, tanto da occupare il primo posto in assoluto come diffusione numerica nella classifica mondiale. Tra i personaggi noti, i pittori Verrocchio (1435-1488), Mantegna (1431-1506), Del Sarto (1486-1530); gli scrittori francesi moderni Gide e Malraux; l'architetto Palladio (1508-1580). Tra i nomi derivati si riscontrano **Andreolo**, **Andreina**, **Andreana** e lo stesso Andrea al

femminile, comune nell'uso tedesco. La sua più grande prerogativa e caratteristica è la virilità. Per l'etimologia che indica A. come uomo tra gli uomini, un nome così neutro e generico, che designa ogni abitante della terra, non può che adattarsi a tutte le personalità, e a tutti i caratteri.

Corrispondenze: segno del Sagittario. Numero portafortuna: 6. Colore: rosso. Pietra: rubino. Metallo: argento.

Angelo Angela

SIGNIFICATO: messaggero
ORIGINE: greca
ONOMASTICO: 27 gennaio

È uno dei nomi più diffusi, essendo al settimo posto al maschile e al quinto al femminile per diffusione in Italia. È anche uno dei nomi più sfruttati nelle sue derivazioni, potendone contare, infatti, ben cinquantasei. Tra le varianti si ricordano **Agnolo**, **Angiolo**, usato anche al femminile, **Angelino**, diffuso soprattutto in Sardegna, mentre il femminile **Angelina** (assai comune in tutta Italia è la forma abbreviata **Lina**) è attestato per lo più in Toscana. Il nome potrebbe addirittura avere origini assire, tanto che nell'Antico Testamento assume il valore di 'ministro di Jahvè', dall'ebraico *mal'ak*. Il 2 ottobre è la festa dell'angelo custode, incaricato da Dio di vegliare su ciascuno per tutta la vita.

L'onomastico si celebra anche il lunedì dell'Angelo, in ricordo di un'angelica apparizione, avvenuta a Milano il giorno dopo Pasqua. L'origine religiosa del nome proprio, in un contesto cristiano, è da connettersi alla presunta esistenza di 365 000 'puri spiriti celesti', ossia di tutti quegli angeli che, secondo alcuni testi antichi, si troverebbero in cielo con un proprio nome. La Chiesa, tuttavia, ne riconosce solo tre: Michele, Raffaele e Gabriele. Tra i santi vanno ricordati s. A. Merici, fondatrice della Congregazione delle Orsoline, e s. A. di Licata, predicatore del Duecento.

Tra i personaggi storici, il poeta e umanista Agnolo Poliziano (1454-1494), A. Roncalli, che fu papa con il nome di Giovanni XXIII dal 1958 al 1963 e il poeta contemporaneo A. Maria Ripellino. Non è facile portare questo nome evocatore di supervirtù. Bisogna sempre dimostrare di essere all'altezza del nome che si porta. Tuttavia gli A. cercano sempre di superare le difficoltà umane per conquistarsi le vette celesti.

Corrispondenze: segno del Toro. Numero portafortuna: 5. Colore: viola. Pietra: ametista. Metallo: oro.

Angiolo (Angiolino) ➡ Angelo

Anselmo Anselma

Significato: elmo di Dio, protetto da Dio
Origine: germanica
Onomastico: 21 aprile

Fin dall'Alto Medioevo il nome si distribuì in tutta Italia, introdotto da Longobardi e Franchi. La forte diffusione in ambiente cristiano risale al culto per numerosi santi così chiamati, come s. A. d'Aosta (1033-1109), teologo e dottore della Chiesa, arcivescovo di Canterbury; s. A. da Lucca, canonista, detto il Giovine, che si festeggia il 18 marzo; s. A. martire a Brescia; un beato A. dell'Ordine dei Predicatori e un beato A. carmelitano di Thabor. L'onomastico si festeggia anche il 12 gennaio, il 3 marzo, il 14 agosto e il 7 settembre. Vive in un giardino fiorito del quale non si stanca mai di ammirare le bellezze e di gustare i piaceri. Entusiasmo e vivacità lo caratterizzano. Rifugge dalle complicazioni della vita e dalla confusione delle grandi città. Si interessa a tutto e a tutti ed è un marito amorevole e un padre sempre attento.
Corrispondenze: segno del Sagittario. Numero portafortuna: 8. Colore: verde. Pietra: smeraldo. Metallo: ferro.

Antenore

Significato: avversario, colui che combatte
Origine: greca
Onomastico: 1 novembre

La diffusione in Italia, soprattutto nel Nord, in Lombardia e in Emilia Romagna, pare si possa fare risalire alla fama dell'eroe troiano onesto e saggio dell'*Iliade*, che consigliò ai suoi concittadini l'abbandono dell'assedio di Troia e che una leggenda successiva identifica come il fondatore della città di Padova. Non si trovano santi con questo nome sul calendario della Chiesa. A. è un temerario, un audace, un esuberante sempre pronto per l'avventura. Con la sua vivacità contagia anche le pietre.
Corrispondenze: segno dei Pesci. Numero portafortuna: 1. Colore: rosso. Pietra: ametista. Metallo: rame.

Antonello ➡ Antonio

Antonio Antonia

Significato: che combatte, affronta, precede
Origine: etrusca
Onomastico: 17 gennaio

È il terzo nome maschile per diffusione in Italia e trae origine dal nome della *gens* latina *Antonia*, di probabile derivazione etrusca. Dal Rinascimento in poi il suo significato è stato erroneamente collegato alla parola greca *anthos* (fiore). Numerosissime le varianti: **Antuono**, **Antonello**, **Antonico**, **Tonio**, **Toni**, **Totò**, **Tonino** e i femminili **Antonella**, **Antonietta**, **Tonia**, **Tonina**. Il culto cattolico festeggia numerosissimi santi con questo nome, tra cui si ricordano s. A. abate, eremita e asceta cristiano in Egitto, fondatore delle comunità anacoretiche, onorato come protettore degli animali, dei fornai, dei droghieri e dei salumieri; s. A. da Padova (1195-1231), padre della Chiesa, francescano, famoso predicatore e taumaturgo, protettore dei poveri e degli oggetti smarriti, che si festeggia il 13 giugno; il vescovo di Bobbio, A. Maria Gianelli, fondatore dell'Ordine delle Figlie di Maria Santissima dell'Orto; s. A. Claret, patrono degli editori e dei librai; il confessore A. Maria Zaccaria, fondatore dei Chierici di s. Paolo e delle Vergini Angeliche a Cremona. Diversi sono quindi i giorni del calendario in cui il nome A. viene festeggiato: il 9 e il 12 gennaio, il 6, 7, 12, 14 febbraio, il 16 marzo, il 9 aprile, il 7 giugno, il 5, 19, 24, 28 luglio, il 14 agosto, il 23 settembre, il 18 e il 24 ottobre, il 7 novembre, il 15 e il 28 dicembre. Numerosi personaggi di grande fama portano questo nome: l'oratore romano Marco A. (143-87 a.C.), celebrato da Cicerone; il generale e uomo politico romano Marco A. (82-30 a.C.), nipote e luogotenente di Giulio Cesare, amante e sposo di Cleopatra; i musicisti Vivaldi (1678-1742), Salieri (1750-1825), Stradivari (1643-1737), Dvorak (1841-1904); i pittori Antonello da Messina (1430-1479), A. Canal detto 'il Canaletto' (1697-1768), A. Allegri detto 'il Correggio' (1489-1534); lo scultore Canova (1757-1822); gli scrittori Fogazzaro, Cechov, Saint Exupéry; l'architetto A. da Sangallo. Concentra in sé tante virtù: tenacia, forza, coraggio, vitalità, volontà di imporsi. È un lottatore nato e ama incommensurabilmente la vittoria. È un dominatore anche con le donne che ama e alle quali resta fedele. Non è mai pago, supera una sfida e già pensa alla prossima... che fatica vivere accanto a uno spirito tanto indomito che rifiuta i limiti e non accetta confini di nessun genere!

Corrispondenze: segno dello Scorpione. Numero portafortuna: 6. Colore: giallo. Pietra: rubino. Metallo: ferro.

Archimede

Significato: eccellente per intelligenza
Origine: greca
Onomastico: 1 novembre

Presente per lo più in Emilia Romagna, è un nome classico, ripreso nel Rinascimento in onore del matematico e fisico greco di Siracusa del III secolo a.C. noto per i suoi studi nel campo dell'idrostatica, nel calcolo delle aree e dei volumi e per le numerose invenzioni meccaniche. Non esistono santi con questo nome. Non sempre le simmetrie e le corrispondenze fanno parte della sua natura piuttosto disordinata e disorganizzata.

Corrispondenze: segno dei Gemelli. Numero portafortuna: 10. Colore: viola. Pietra: ametista. Metallo: argento.

Arcibaldo

SIGNIFICATO: forte, gagliardo, libero
ORIGINE: germanica
ONOMASTICO: 27 marzo

È un nome piuttosto raro, portato in Italia da Franchi e Burgundi, diffuso anche attraverso il nome antico francese *Archimbald*. Il nome viene spesso abbreviato con il diminutivo **Arci**.
La Chiesa lo festeggia il 27 marzo. Estroverso per natura, A. raramente riesce a mantenersi fedele in un rapporto d'amore. Tuttavia le sue meravigliose avventure galanti forniscono il materiale divertente e piccante nella conversazione tra amici.
Corrispondenze: segno dell'Ariete. Numero portafortuna: 7. Colore: rosso. Pietra: rubino. Metallo: oro.

Arialdo ➡ Aroldo

Ariberto

SIGNIFICATO: nobile combattente, illustre nelle armi
ORIGINE: longobarda
ONOMASTICO: 16 marzo

Di scarsa diffusione, il nome ricorda s. A. vescovo di Colonia, morto nel 1921, che viene tradizionalmente invocato negli ambienti contadini contro la siccità. Famoso fu A. da Intimiano (980-1045), arcivescovo di Milano, che lottò per dare una posizione preminente alla città avversando l'imperatore Corrado II e che per primo adottò il Carroccio come insegna dei Comuni lombardi. La sua gravità tende alla cupezza. Il suo idealismo non gli permette di accettare il mondo così com'è ed è per questo che la sua vita è una continua sofferenza.
Corrispondenze: segno della Bilancia. Numero portafortuna: 9. Colore: giallo. Pietra: zaffiro. Metallo: ferro.

Aristide

SIGNIFICATO: il migliore
ORIGINE: greca
ONOMASTICO: 31 agosto

È nome classico, letterario e storico, diffuso soprattutto nell'Italia del Nord e ripreso, a partire dal Rinascimento, per la fama del politico ateniese del VI-V secolo a.C. che partecipò alle battaglie di Maratona, Salamina e Platea nell'epica lotta contro i Persiani. Il culto per s. A. di Atene, vissuto nel II secolo, sostenitore accanito della fede cristiana nei confronti dell'imperatore Adriano, ne ha favorito l'ampia utilizzazione negli ambienti cattolici. Giusto, integro, disinteressato, intelligente ma a volte ingenuo. Ignora il senso del possesso anche nel rapporto d'amore.

Corrispondenze: segno dei Gemelli. Numero portafortuna: 6. Colore: bianco. Pietra: diamante. Metallo: ferro.

Aristotele

Significato: il migliore, di doti perfette
Origine: greca
Onomastico: 1 novembre

Si riscontra per lo più in Toscana ed è diffuso anche nella variante **Aristotile**. Venne ripreso nel tardo Medioevo e nel Rinascimento dal nome del grande filosofo di Stagira del IV secolo a.C., discepolo di Platone ad Atene e maestro di Alessandro il Macedone. In tempi moderni gli ha conferito nuovo prestigio l'armatore greco Onassis. Il nome, a volte utilizzato nel diminutivo **Ari**, non corrisponde a quello di alcun santo. Ha fama di giusto, di integro, di disinteressato e lui non la smentisce. È incapace di usare per sé e solo per sé i doni che la vita gli accorda.

Corrispondenze: segno dell'Acquario. Numero portafortuna: 1. Colore: verde. Pietra: diamante. Metallo: argento.

Armando Armanda

Significato: uomo ardito, forte, uomo d'esercito
Origine: germanica
Onomastico: 23 dicembre

Il nome si è largamente diffuso in tutta Italia, particolarmente dall'Ottocento, per la fama del protagonista maschile del dramma di Alessandro Dumas figlio *La signora delle camelie*, da cui Verdi trasse l'opera lirica *Traviata* del 1853. Noto personaggio storico è il maresciallo d'Italia, eroe della Prima guerra mondiale, A. Diaz che sostituì Luigi Cadorna dopo la disfatta di Caporetto del 1917. La Chiesa ricorda il beato Harmannus, vescovo di Bressanone, fondatore del Convento di Novacella, e il beato A. Foucaud de Pontbriand, morto nel 1792, che si festeggia il 2 settembre. Tante buone qualità contraddistinguono il suo carattere: solidità, sincerità, fedeltà, ambizione, un profondo senso della famiglia. A volte tra queste si fanno largo un po' di durezza, orgoglio e cattiveria che... guastano.

Corrispondenze: segno del Capricorno. Numero portafortuna: 6. Colore: giallo. Pietra: ambra. Metallo: bronzo.

Arnaldo Arnalda

Significato: potente come un'aquila
Origine: germanica
Onomastico: 17 giugno

Abbastanza comune in tutta l'Italia centro-settentrionale, soprattutto in Emilia Romagna, e, nella forma **Arnoldo**, in Lombardia, Toscana e Marche. La sua diffusione è stata promossa dal culto di alcuni santi. Nel Risorgimento, per un recupero di carattere patriottico, il nome ha avuto nuova linfa in relazione alla figura di A. da Brescia, nemico della corruzione del clero e del potere temporale dei papi, riformatore religioso aderente al libero Comune costituitosi a Roma nel 1145, arso vivo nel 1154. Tra i personaggi celebri merita di essere ricordato il compositore austriaco A. Schönberg (1874-1951), fondatore della musica dodecafonica e maggior teorico del linguaggio musicale contemporaneo. Da bambino A. si mostra estroverso, generoso e fiducioso; da adulto sarà un uomo virile, certo nel futuro e nelle scienze esatte. In famiglia è sicuro di sé e piuttosto tirannico ma molto responsabile del ruolo di marito e padre. Dai suoi cari esige lealtà assoluta.
Corrispondenze: segno del Sagittario. Numero portafortuna: 5. Colore: viola. Pietra: ametista. Metallo: rame.

Arnoldo ➡ Arnaldo

Aroldo

Significato: dominatore, guida di esercito
Origine: germanica
Onomastico: 1 novembre

Dal germanico *Harjowalda*, il nome è passato alla forma latina *Ariovaldus* nel Medioevo e si è poi affermato presso i Franchi con il significato di 'ambasciatore, messaggero', carica che veniva ricoperta da alti funzionari militari e civili. Italianizzato in **Araldo**, oggi è usato come nome proprio dal senso originario di 'messo'. Il nome ➡ Eraldo può rappresentare una variante fonetica di A., di cui è diffusa anche la forma **Arialdo**. È il nome di quattro re di Danimarca, di due re d'Inghilterra e di quattro re di Norvegia. La diffusione è maggiore nell'Italia centrale, particolarmente in Emilia Romagna e in Toscana, ma il nome è divenuto comune anche in Lombardia grazie al culto riservato a s. Arialdo di Cucciago, diacono di Milano nell'XI secolo, per la

A fama dell'opera lirica di Giuseppe Verdi *Aroldo* e per il poema di G. Byron *Il giovane Aroldo*. Dignità, contegno, forma, apparenza ma anche buon umore e umorismo, sono le cifre principali del suo carattere. Ma appunto l'apparenza nasconde un animo inaspettato di avventuriero, dongiovanni, ribelle, un po' folle che nessuno mai si aspetterebbe da lui.

Corrispondenze: segno del Toro. Numero portafortuna: 7. Colore: giallo. Pietra: topazio. Metallo: oro.

Arrigo ➡ Enrico

Arsenio

SIGNIFICATO: forte, maschio, virile
ORIGINE: greca
ONOMASTICO: 19 luglio

Diffuso al Nord, nel Centro e in Campania, il culto per il nome, adottato in età imperiale anche a Roma, ricorda in particolare s. A. di Roma, detto 'di Sceti' e s. A. martire in Egitto sotto Decio, festeggiato il 14 dicembre. Dal primo Novecento in Italia il nome si è poi particolarmente diffuso per la fama del personaggio di R. M. Leblanc A. Lupin, 'ladro-gentiluomo' protagonista di molte storie poliziesche. A. è saggio, gentile, tranquillo, ma anche instabile e capace di stupire, a volte geniale.

Corrispondenze: segno del Cancro. Numero portafortuna: 7. Colore: verde. Pietra: smeraldo. Metallo: mercurio.

Arturo

SIGNIFICATO: pietra
ORIGINE: etrusca
ONOMASTICO: 15 novembre

La formazione di questo nome è assai complessa. Probabilmente ha nascita etrusca e venne ripreso dai Romani. Ma la sua fortuna iniziò nella Britannia meridionale: l'eroe Arthur era, infatti, a capo della difesa della regione dagli invasori Sassoni nel VI secolo. Da qui derivarono leggende e canti epici, a carattere di saga, e il nome si diffuse soprattutto nella Francia settentrionale, fino al ciclo di poemi in lingua d'oc, chiamati 'della Tavola Rotonda', che narravano imprese e avventure dei cavalieri operanti al fianco del fatidico re Artù. Tra il XII e il XIII secolo questi poemi ebbero larga diffusione anche in Italia, con conseguente uso del nome adattato in Arturo, più diffuso in Toscana. In Italia il nome ebbe buona diffusione anche per via della stella, che fa parte della costellazione di Boote. La Chiesa ricorda soltanto un s. A.

benedettino, martire in Inghilterra. Di larga fama il filosofo tedesco Schopenhauer, il poeta francese Rimbaud e il nostro direttore d'orchestra Toscanini. È un sognatore, uno che anela ai valori e ai rapporti assoluti e per questa ragione tutto gli appare inadeguato: amici, famiglia, lavoro. Questa sua sostanziale insoddisfazione lo rende affascinante e irraggiungibile.
Corrispondenze: segno dei Gemelli. Numero portafortuna: 2. Colore: bianco. Pietra: diamante. Metallo: oro.

Astolfo

Significato: guerriero aggressivo, lupo valoroso
Origine: longobarda
Onomastico: 5 gennaio

Il nome germanico venne introdotto dai Longobardi in onore del loro amato re A. e si è poi diffuso particolarmente in Toscana, meno capillarmente nel resto del Nord. Un ulteriore incremento nella diffusione venne dalla lettura del ciclo carolingio delle *Chansons de geste*, nel tardo Medioevo e, nel Rinascimento, da quella dei poemi cavallereschi di L. Ariosto, M. M. Boiardo e L. Pulci, dove è ulteriormente accentuato il ruolo del paladino di Carlo Magno che portava questo nome. La chiesa festeggia s. A. di Magonza, morto nell'826. Aristocratico e sicuro di sé, A. raramente riesce simpatico.
Corrispondenze: segno del Leone. Numero portafortuna: 5. Colore: blu. Pietra: zaffiro. Metallo: argento.

Attilio Attilia

Significato: nonno, avo, con i piedi storti
Origine: latina
Onomastico: 24 marzo

È una ripresa del nome gentilizio latino *Atilius*, originariamente etrusco, di significato ignoto; viene ipotizzato anche un collegamento con **Atto** e **Atta**, termine usato nel latino popolare per definire i nonni o per sottolineare la malformazione dei piedi storti. Pare anche che possa avere rapporti con **Appio**, prenome romano. La storia romana racconta di Marco A. Regolo, console, che durante la Prima guerra punica fu fatto prigioniero in Africa e inviato a Roma per trattare lo scambio dei prigionieri; avendo invece approfittato dell'occasione per incitare i concittadini a proseguire nel conflitto a oltranza, fu torturato e ucciso al suo ritorno a Cartagine. L'opera del poeta Pietro Metastasio **Attilio Regolo** ha dato forte diffusione al nome nel Settecento, secolo a partire dal quale si è largamente distribuito, soprattutto nel Lazio. La Chiesa festeggia anche una s. Attilia martire a Volterra, il 16 giugno. Indolente e contemplativo, A. è comunque un uomo di successo per l'enorme talento che lo contraddistingue. Studioso, appassionato della cono-

scenza e sognatore, A. fa convivere in armonia razionalità e irrazionalità. Dotato di grande autoironia sembra aver scoperto il segreto di una vita felice.
Corrispondenze: segno della Bilancia. Numero portafortuna: 5. Colore: giallo. Pietra: diamante. Metallo: rame.

Augusto Augusta

SIGNIFICATO: consacrato dagli auguri, onorabile
ORIGINE: latina
ONOMASTICO: 7 maggio

L'appellativo di prestigio *Augustus* venne conferito dal Senato al primo Imperatore Gaio Giulio Cesare Ottaviano (63 a.C.-14 d.C.) con il significato di 'sacro', e fu poi titolo onorifico per tutti gli imperatori romani. Il termine è affine al greco *Sebastos*, cioè degno di grande venerazione. In onore dell'imperatore Augusto è stato così chiamato l'ottavo mese dell'anno. Si è distribuito largamente in Italia, soprattutto nel Centro e al Nord, ma in particolare nella zona di Potenza. È stato portato da filosofi, come il francese dell'Ottocento Comte e l'italiano Del Noce; dallo scrittore svedese della seconda metà dell'Ottocento Strindberg; dal pittore francese Renoir (1841-1919). La Chiesa onora s. **Agostino**, vescovo di Ippona, filosofo e dottore della Chiesa, autore delle *Confessioni* e del *De civitate Dei*, e, al femminile, s. A. di Treviso, il 7 marzo. S. A. di Ippona è considerato patrono dei tipografi, dei filosofi, degli scrittori e degli editori. Grandi doti, lucidità, piena coscienza delle proprie capacità, ambizione, disprezzo per l'adulazione, lungimiranza fanno di chi porta questo nome un uomo destinato al successo. Non particolarmente attaccato alla famiglia, A. non rischierebbe mai di immischiarsi in frivole relazioni amorose mettendo a repentaglio una vita serena e appagante sebbene solo in apparenza.
Corrispondenze: segno dell'Ariete. Numero portafortuna: 4. Colore: verde. Pietra: smeraldo. Metallo: ferro.

Aureliano figlio di ➡ Aurelio

Aurelio Aurelia

SIGNIFICATO: sole d'oro, splendente
ORIGINE: latina
ONOMASTICO: 12 novembre

Il nome, che ha larga diffusione in tutta Italia, è la ripresa del gentilizio latino di età repubblicana poi divenuto nome individuale, *Aurelius*, alla cui larga fama contribuì l'imperatore Marco A. In età arcaica il nome era

Auselius, connesso alla divinità solare sabina *Ausel*, venerata dagli Etruschi come dio del sole.

La Chiesa ricorda s. A. vescovo d'Asia, martirizzato con s. Publio nel IV secolo, tre martiri a Roma e un martire in Nicomedia. Tra i personaggi della storia moderna è noto il patriota martire A. Saffi (1819-1890), che guidò il movimento repubblicano dopo la proclamazione della Repubblica nel 1849. Il patronimico **Aureliano** ricorda il culto di s. A. vescovo francescano di Arles del IV secolo e del vescovo A. di Lione. La saggezza e la tranquillità connesse al timore per gli eccessi delle passioni e delle azioni irrazionali lo fanno vivere ai margini della vita, un po' nella penombra, al riparo dalle tempeste. La dolcezza, la tenerezza e il buon senso lo rendono un amico e un amante prezioso.

Corrispondenze: segno dell'Acquario. Numero portafortuna: 5. Colore: giallo. Pietra: topazio. Metallo: rame.

Nomi di origine femminile

Ada Ado

SIGNIFICATO: nobile di stirpe
ORIGINE: germanica
ONOMASTICO: 4 dicembre

È un nome diffuso in tutta Italia, soprattutto nel Nord e nel Centro, anche nella variante **Adina** e nei nomi doppi **Ada Maria** e **Ada Lisa**. Il nome germanico si è affermato in età francone e nel Tardo Medioevo dal corrispondente francese *Ade* e si è diffuso per il culto di due sante francesi, una badessa nel monastero di Soissons, l'altra nel monastero di Le Mans, non riconosciute ufficialmente dalla Chiesa. Si è affermato in Italia a partire dall'Ottocento per merito della protagonista dell'opera *Caino* di Byron del 1821. Una seconda interpretazione etimologica attribuisce al nome un'origine ebraica: la moglie di Esaù, infatti, si chiamava *Adah*, cioè 'adornata (dal Signore)'. Fu il nome di una regina di Caria, esiliata e reinsediata sul trono da Alessandro Magno e della poetessa e narratrice del Novecento A. Negri. Allegria, vitalità, energia ma nel quadro di un grazia serena sono le qualità del suo animo.

L'atmosfera intorno a lei è carica di poesia e quiete; fedelissima in amicizia e in amore, è capace di una generosità sconfinata. Tutte queste doti la rendono una persona infinitamente preziosa e delicata da trattare con ogni riguardo.

Corrispondenze: segno dei Gemelli. Numero portafortuna: 2. Colore: blu. Pietra: zaffiro. Metallo: oro.

Adalgisa Adalgiso

Significato: freccia che dà nobiltà
Origine: germanica
Onomastico: 20 aprile

È diffuso soprattutto in Emilia Romagna, anche nelle varianti **Adelcisa**, **Dalgisa** e **Alcisa** e nelle forme maschili **Adalgisio**, **Arcisio** e **Alghisio**. Di tradizione longobarda, si è diffuso a partire dall'VIII secolo. In Italia si è affermato solo nell'Ottocento per la fama del melodramma di Bellini *Norma*, dove A. è la sacerdotessa gallica rivale in amore della protagonista. In ambienti cristiani ha preso impulso dal culto di s. Adalgiso, monaco confessore in Piccardia, e di s. Adalgiso vescovo di Novara nel IX secolo. Odia la menzogna e la doppiezza, e ricerca la lealtà assoluta in ogni rapporto ma ciò le causa dei notevoli problemi. Complessa e contraddittoria, A. è nobile e passionale, introversa e osservatrice, generosa e desiderosa di amicizia.
Corrispondenze: segno dei Pesci. Numero portafortuna: 9. Colore: rosso. Pietra: quarzo. Metallo: argento.

Addolorata

Significato: provata dal dolore
Origine: latina
Onomastico: 15 settembre

Il nome si è affermato a partire dal Duecento, soprattutto nel Sud e particolarmente in Campania e nelle Puglie, anche nella variante **Doloris**, per il culto di Maria Santissima Addolorata o dei sette Dolori, la madre di Cristo sofferente per la passione e la crocefissione del figlio. Nella versione **Dolores** si è diffuso soprattutto nei secoli della dominazione spagnola nella Penisola. L'onomastico, in conformità al racconto evangelico, è festeggiato anche il venerdì santo che precede la Pasqua. Bambina e adolescente instancabile, diventa una donna intraprendente, mai stanca di affascinare e conquistare. A. ignora la falsità, la rinuncia, lo scoraggiamento.
Corrispondenze: segno dell'Acquario. Numero portafortuna: 4. Colore: arancio. Pietra: topazio. Metallo: oro.

Adelaide

Significato: di nobile aspetto, di nobili modi
Origine: germanica
Onomastico: 16 dicembre

È presente in tutta Italia e si è diffuso soprattutto per il prestigio di personaggi femminili di notevole rilevanza storica: A. di Alsazia, moglie del re d'Italia Lotario II e dell'imperatore Ottone I, morta nel 999, venerata come santa, anche se non ufficialmente, dalla Chiesa; A. marchesa di Torino nell'XI secolo, moglie di Oddone di Savoia; A. regina di Francia nel XII secolo e infine una principessa di Baviera del Seicento, A. Enrichetta. Il nome **Adele**, diffuso quasi esclusivamente anche se ampiamente in Lombardia, è una forma ridotta di A. di antica tradizione francone, così come la variante **Adelia**, in uso anche al maschile e distribuita per lo più nella stessa Lombardia. Entrambe queste varianti, ormai divenute nomi propri autonomi, hanno comunque il significato etimologico di A. È bisognosa di avventura, di novità; A. è una vagabonda capricciosa, incostante ma di animo infinitamente poetico.

Corrispondenze: segno del Toro. Numero portafortuna: 5. Colore: blu. Pietra: zaffiro. Metallo: argento.

Adele ➡ Adelaide

Adelia ➡ Adelaide

Agata

Significato: buona, virtuosa
Origine: greca
Onomastico: 5 febbraio

È un nome diffuso soprattutto in Sicilia e particolarmente nella provincia di Catania, anche nelle varianti **Agatella** e **Agatina** e nelle forme maschili **Agato** e **Agatino**, meno comuni. La sua presenza è determinata dal culto riservato in queste terre a s. A. vergine, atrocemente mutilata dei seni prima di essere arsa viva nel 251 a Catania, durante la persecuzione dell'imperatore Decio; s. A. è in effetti venerata come patrona di Catania e protettrice delle donne cattoliche ed è invocata nella tradizione popolare contro le eruzioni dell'Etna, contro gli incendi e i terremoti. Agatha Christie è lo pseudonimo della scrittrice inglese di romanzi polizieschi A. Mary Clarissa Miller. La bambina frenetica mai sazia di perché diventa una donna curiosa, mai paga di sapere, intraprendente, in costante movimento. L'energia e la vitalità la accompagnano per tutta la vita e la circondano di amici.

Corrispondenze: segno del Toro. Numero portafortuna: 6. Colore: viola. Pietra: ametista. Metallo: oro.

Agnese

Significato: casta, pura, immacolata
Origine: greca
Onomastico: 21 gennaio

È un nome ampiamente diffuso in tutta Italia, di matrice cristiana, con significato chiaramente riferito alle virtù della castità e della purezza. Il nome viene in genere accostato al termine latino *agnus*, 'agnello', ma alla base etimologica è il termine greco *Haghne*, 'casto, puro': *Agnus castus* è la pianta di cui si cinse Giunone durante il rito delle sue nozze con Giove. La diffusione del nome è legata al culto di s. A. martire a dodici anni a Roma sotto Diocleziano nel IV secolo; di s. A. domenicana fondatrice del monastero di Montepulciano nel 1306 (festeggiata il 20 aprile); di s. A. di Assisi, sorella di s. Chiara (ricordata il 19 settembre). Fu inoltre il nome della regina d'Austria, figlia di Alberto I. La forma spagnola **Ines** si è diffusa in Italia, soprattutto nel Sud, durante la dominazione spagnola ed è divenuta di moda nell'Ottocento. A. Gonxa Bojaxhiu è il nome della missionaria e benefattrice Madre Teresa di Calcutta. La purezza insita nel nome si riflette nell'animo di chi lo porta ed è un candore conquistato con la riflessione e la disciplina. Mai un atto sciocco o inutile scappa ad A., donna decisa e tranquilla. Condotta da un profondo senso della bellezza e della verità, è capace di un amore grande in continuo rinnovamento.

Corrispondenze: segno del Sagittario. Numero portafortuna: 10. Colore: verde. Pietra: smeraldo. Metallo: mercurio.

Aìda Aìdo

SIGNIFICATO: essa è venuta
ORIGINE: egiziana
ONOMASTICO: 31 agosto

È diffuso nel Nord e nel Centro, soprattutto in Emilia Romagna e in Toscana, regioni dove sono tradizionalmente forti la conoscenza e la passione per l'opera lirica. Il nome si è affermato infatti a partire dal secolo scorso per la popolarità dell'opera di Verdi *Aida*, del 1871, rappresentata per la prima volta a Il Cairo in occasione dell'apertura del canale di Suez. Nell'*Aida* la protagonista, il cui nome potrebbe essere un'alterazione dell'egizio *Iiti*, è la schiava, figlia del re degli Etiopi Amonasro, innamorata del comandante egizio Radamès e rivale della principessa Amneris. La variante maschile **Aidano** è poco diffusa; si festeggia comunque, sempre il 31 agosto, un s. Aidano vescovo. La sua frenesia di conquista la allontana dalla felicità. Solo quando capirà che ciò che desidera non sono le cose terrene e materiali, saprà avvicinarsi alla vera felicità.

Corrispondenze: segno dei Pesci. Numero portafortuna: 3. Colore: giallo. Pietra: rubino. Metallo: rame.

Alba

SIGNIFICATO: bianca
ORIGINE: latina
ONOMASTICO: 17 gennaio

Diffuso in tutta Italia, soprattutto nel Nord, il nome è presente anche nelle forme doppie **Alba Rosa** o **Albarosa** e **Alba Maria**, più raramente nella forma maschile **Albo**. Alla base del nome era forse un soprannome di incerta origine etrusca, divenuto anche nome individuale e ripreso nel Rinascimento. Per i Romani *Alba* era la dea che annunciava il giorno e *Alba Longa* era l'antica città del Lazio sui Colli Albani fondata, secondo la leggenda, da Ascanio, figlio dell'eroe troiano Enea. Se da bambina A. è obbediente, deliziosa e fiduciosa, da adulta rischia di rimanere un po' immatura, incapace di impegnarsi nelle difficoltà della vita, mai decisa e lucida. Ciò nonostante questa sua immaturità la carica di un fascino particolare che le conquista molti amici.

Corrispondenze: segno dei Gemelli. Numero portafortuna: 3. Colore: bianco. Pietra: agata. Metallo: argento.

Alice

SIGNIFICATO: di bell'aspetto
ORIGINE: germanica
ONOMASTICO: 5 febbraio

La base lontana del nome, identica a quella che ha dato origine al nome Adelaide, *Athalaid*, è germanica, divenuta però *Alis* in francese antico, latinizzata poi in *Alicia*. Altre interpretazioni etimologiche farebbero risalire il nome anche al greco *Aliké*, 'creatura del mare, ninfa'. Diffuso soltanto nel Nord e nel Centro, appartenne a personaggi francesi del Medioevo, tra cui A. del Monferrato, A. di Champagne regina di Cipro, A. di Borgogna contessa di Savoia e A. di Champagne regina di Francia. Nel Medioevo era assai popolare il personaggio della bella Alis in alcuni romanzi francesi; ma una straordinaria e fulminea diffusione del nome si ebbe a partire dal 1865 per la fama del romanzo fantastico del matematico e scrittore inglese L. Carrol *Alice nel paese delle meraviglie*, tradotto in moltissime lingue. In ambienti cristiani il nome si diffuse grazie al culto di s. A. badessa in Germania, morta nel 1015. A. è un paradosso vivente: verità e menzogna, presenza e assenza, grandi slanci e momenti di pigra inattività. È capricciosa, incostante, disordinata, pretestuosa ma anche stravagante, autoritaria, egoista. Il fascino che sprigiona le deriva dalla vivacità, dalla tenerezza e dall'indubbia intelligenza.

Corrispondenze: segno dei Gemelli. Numero portafortuna: 3. Colore: giallo. Pietra: berillo. Metallo: rame.

Alida Alido

SIGNIFICATO: nobile guerriera
ORIGINE: germanica
ONOMASTICO: 26 aprile

Il nome è presente soprattutto nel Nord e nel Centro anche nelle varianti

Alide e **Alidea** e si è diffuso, a partire dal Duecento, per il prestigio del nome della grande famiglia germanica degli Alidòsi trapiantata a Castel del Rio, vicino a Bologna. La forma maschile **Alido** è propria della Toscana e della provincia di Udine. Alla sua diffusione nel Novecento ha contribuito la notorietà dell'attrice cinematografica A. Valli, nome d'arte di A. Maria Altenburg, nata a Pola nel 1921. Difficile trovare difetti in lei. Intraprendente e gioiosa da bambina, sarà una donna che ignora la falsità, le menzogne, la rinuncia. Tutto è entusiasticamente a portata di mano se lo desidera veramente.
Corrispondenze: segno della Vergine. Numero portafortuna: 7. Colore: arancio. Pietra: ametista. Metallo: bronzo.

Alma

Significato: che nutre, che dà la vita
Origine: latina
Onomastico: 1 novembre

Il nome è proprio del Nord e del Centro, soprattutto dell'Emilia Romagna e della Toscana ed è presente anche nella variante alterata **Almina** e nella forma doppia **Almarosa**. Si è diffuso dal Rinascimento per la ripresa dell'aggettivo latino *almus*, epiteto di varie divinità della religione romana, e, nella seconda metà dell'Ottocento, con connotazione patriottica in seguito alla battaglia di Alma del 1854, combattuta dall'esercito anglo-francese contro le forze russe durante la guerra di Crimea, alla quale partecipò anche un contingente piemontese. La battaglia prese il nome dal fiume Alma, in turco 'mela', significato che viene ancora oggi attribuito da alcuni al nome stesso. Tutto in lei è spontaneità, generosità, fiducia nei confronti della vita e della natura. Sensuale e stravagante, conduce una vita ricca di passioni e avvenimenti.
Corrispondenze: segno della Vergine. Numero portafortuna: 7. Colore: bianco. Pietra: diamante. Metallo: oro.

Amalia Amalio

Significato: attiva, solerte, perseverante
Origine: ostrogota
Onomastico: 24 maggio

È ampiamente distribuito in tutta Italia, dove si è diffuso come forma abbreviata di nomi importati dai Goti quali *Amalaberga*, figlia di *Amalafrida*, sorella di Teodorico re degli Ostrogoti, oppure *Amalasunta*, figlia di Teodorico, o ancora *Amalarico*, re visigoto del VI secolo. Antichissima era la tradizione di questo nome tra gli Ostrogoti, tanto che la loro dinastia era appunto quella degli *Amali*. Secondo alcuni studiosi di etimologia da A. potrebbe essere derivata la variante ➡ Amelia, che si è confermata comunque con valenza di nome proprio. In ambienti cristiani il nome A. si è

affermato per il culto di s. A. martire in Galizia nei primi secoli del cristianesimo. È il nome della cantante portoghese di *fado* Rodriguez. Il suono dolce e sensuale del nome A. trae in inganno: A. è una donna forte, decisa, laboriosa, che sa coniugare le proprie fantasticherie con un'acuta osservazione della realtà. Questi aspetti uniti a un intuito infallibile e alla conoscenza dei suoi simili la rendono adatta alla scrittura, alla quale si sente particolarmente vocata.
Corrispondenze: segno dei Gemelli. Numero portafortuna: 1. Colore: bianco. Pietra: diamante. Metallo: oro.

Amaranta Amaranto

SIGNIFICATO: (fiore) che non appassisce
ORIGINE: greca
ONOMASTICO: 7 novembre

È un nome presente soprattutto nel Lazio e nella provincia di Rieti, anche nella variante **Amaranda**. Continua il soprannome poi divenuto nome individuale latino *Amarantus*, derivato dal greco *Amaranthos*. È diffuso in ambienti cristiani per il culto di s. A. martire ad Albi in Provenza. La sua caratteristica preponderante è la virilità e ciò le procura non poche difficoltà esistenziali e nei rapporti con gli altri.
Corrispondenze: segno della Bilancia. Numero portafortuna: 6. Colore: verde. Pietra: smeraldo. Metallo: mercurio.

Ambra

SIGNIFICATO: ambra grigia
ORIGINE: araba
ONOMASTICO: 1 novembre

Dal Tardo Medioevo si è diffuso soprattutto nel Nord e nel Centro, accentrandosi per lo più in Emilia Romagna e in Toscana come termine affettivo. Il nome contiene infatti un significato augurale per una neonata di bellezza, luminosità e profumo pari all'ambra, la resina fossile del Baltico caratteristica per la sua trasparenza e per i suoi luminosi riflessi, in uso fin dall'antichità come materiale ornamentale. La diffusione del nome potrebbe essere avvenuta anche grazie al poemetto in ottave *Ambra* di Lorenzo de' Medici, dove si narra della ninfa A. che, trasformata in pietra, sarebbe stata usata per edificare la villa medicea di Poggio a Caiano. Frenesia di conquista: è questo che la possiede e la regola. L'incostanza, il capriccio, l'insoddisfazione sono in agguato così come la paura della solitudine che la spinge inesauribilmente di fiore in fiore.
Corrispondenze: segno del Sagittario. Numero portafortuna: 5. Colore: giallo. Pietra: topazio. Metallo: argento.

Amelia Amelio

Significato: coraggiosa
Origine: latina
Onomastico: 24 maggio

Diffuso nel Nord e nel Centro, continua il nome gentilizio latino *Amelius* derivato da *Amius*, di probabile origine etrusca. Altre interpretazioni etimologiche lo indicano come nome di origine ostrogota con il significato di 'vergine dei boschi'; altre ancora come una variante del nome ➡ Amalia. Si è affermato in ambienti cristiani per il culto di s. A. martire a Gerona in Spagna con i santi Gaulieno, Germano e Vittorio; di s. A. martire a Lione; di s. A. soldato di Carlo Magno, morto a Novara nel 773 per difendere la propria fede. Si è poi diffuso come nome letterario per la notorietà di uno dei protagonisti della *chanson de geste* composta in antico francese *Amis et Amile*, in italiano *Amico e Amelio*. L'esistenza le appare dura; sarà per la nobiltà d'animo, l'eleganza dello spirito, l'eccessiva sensibilità che la contraddistinguono. Poco può fare a riguardo il suo vigore fisico.
Corrispondenze: segno del Cancro. Numero portafortuna: 9. Colore: viola. Pietra: ametista. Metallo: bronzo.

Angelica Angelico

Significato: messaggera di Dio
Origine: greca
Onomastico: 17 gennaio

Ampiamente diffuso in tutta la Penisola e derivato da ➡ Angelo, è un nome prevalentemente cristiano riferito alla devozione per gli angeli, affermatasi a partire dal XII secolo con s. Bernardo di Chiaravalle. È anche un nome laico diffuso dal Cinquecento per la fama del personaggio dell'*Orlando innamorato* del Boiardo e successivamente dell'*Orlando furioso* dell'Ariosto. In questi poemi A. è la bellissima principessa del Catai che ammalia e seduce campioni cristiani e saraceni, tra cui Orlando, divenuto appunto 'furioso' quando apprende che A. si è innamorata del soldato Medoro e che è fuggita con lui in Oriente dopo averlo sposato. La Chiesa festeggia il beato domenicano A., soprannome con cui è noto il pittore fra' Giovanni da Fiesole, autore di famose opere tra cui l'*Incoronazione della Vergine*, e un beato A. da Parigi, francescano, morto nel 1282. Del nome A. porta con sé qualcosa di etereo, di segreto, di ultraterreno, e il suo scopo è di fare da tramite con il cielo. Messaggera e abile comunicatrice, A. possiede il senso dell'osservazione e della battuta pungente, nonché la capacità di sintesi che la rendono perfetta in questo ruolo.
Corrispondenze: segno del Cancro. Numero portafortuna: 8. Colore: viola. Pietra: ametista. Metallo: bronzo.

Anita spagnolo per ➡ Anna

Anna

SIGNIFICATO: grazia (divina), misericordia, pietà
ORIGINE: ebraica
ONOMASTICO: 26 luglio

Dopo Maria, A. è il nome femminile più diffuso in Italia, presente anche nelle varianti **Annarella**, **Annetta**, **Anny** e nelle forme doppie **Anna Maria**, **Anna Rosa**, **Anna Rita**, **Anna Paola**, **Anna Lisa**. A partire dal Tardo Medioevo il nome A. si è distribuito ovunque per il culto della madre di Maria Vergine, sposa di s. Gioacchino, invocata come protettrice della maternità. Il culto per s. A. non è menzionato nei Vangeli sinottici ma solo in quelli apocrifi, ed è stato riconosciuto dalla Chiesa orientale nel VI secolo e da quella occidentale nell'VIII. Il nome ebraico, inteso come 'grazia concessa da Dio', veniva attribuito ai figli da quei genitori che avevano disperato di poterne avere; nell'Antico Testamento è anche il nome della madre del profeta Samuele e della moglie di Tobia e nei Vangeli è la vecchia profetessa garante di Gesù nella presentazione al Tempio. Tra i personaggi storici si ricordano A. Bolena, moglie di Enrico VIII d'Inghilterra; A. Kuliscioff, rivoluzionaria russa; la piccola ebrea A. Frank, autrice del famoso *Diario*; la scrittrice francese baronessa Anne L. G. Necker, in arte Madame de Staël; la scrittrice inglese dell'Ottocento Brontë; le attrici A. Magnani, Anita Ekberg, Anouk Aimé. Diffusa in tutta la Penisola è anche la versione spagnola **Anita**, nome di matrice ideologica e patriottica, in uso dall'Ottocento per la fama delle vicende di Garibaldi e della moglie A. Maria Ribeiro de Silva. A. ama costruire e sa che per costruire nella vita ci vuole pazienza, coraggio, perseveranza, solidità. Ma lei possiede tutte queste virtù oltre al senso dell'ordine, della misura, della giustizia. Non si spaventa di fronte alle sconfitte, sa che fanno parte del gioco. Per lei una famiglia senza figli non può esistere ed è una madre perfetta, premurosa, dolce, protettiva, decisa. Il suo carattere è forte e spesso si vive nella sua ombra ma, se si impara ad ammirarla, la si accetta pienamente e la si apprezza per ciò che merita.
Corrispondenze: segno del Cancro. Numero portafortuna: 7. Colore: blu. Pietra: zaffiro. Metallo: oro.

Annabella ➡ Anna

Annunziata

SIGNIFICATO: scelta per divenire madre di Cristo
ORIGINE: latina
ONOMASTICO: 25 marzo

Presente soprattutto nel Sud, il nome si manifesta anche in numerose varianti, tra cui **Annunciata**, di larga diffusione, **Annunziatina** e **Annunzia**, e nelle forma abbreviate **Nunzia**, **Nunziatina** e **Nuncia**, tutte in uso anche al maschile. L'onomastico si festeggia nel giorno dell'Annunciazione nove mesi prima del giorno di Natale e ricorda la devozione per Maria Santissima A. prescelta da Dio come madre di Cristo tramite l'annuncio dell'arcangelo Gabriele. A. vive con poco, si accontenta di poco, sa risparmiare ma non in amore dove dà più che ricevere. Con poco riesce ad essere felice e a fare la felicità di chi le sta attorno; è un'abile amministratrice e ama la famiglia. È una creatura infinitamente sensibile.

Corrispondenze: segno dello Scorpione. Numero portafortuna: 4. Colore: bianco. Pietra: smeraldo. Metallo: rame.

Antonietta ➡ Antonio

Apollonia Apollonio

Significato: forza sterminatrice, annientatrice
Origine: greca
Onomastico: 9 febbraio

Alcuni studi di etimologia fanno risalire l'origine del nome al greco *Apollon*, con un secondo significato di 'dedicato ad Apollo', dio del sole splendente di luce. Ma A. è anche un nome di tradizione latina: a Roma esisteva un gentilizio *Apolonius*, o *Aplonius*, derivato forse dall'etrusco *Apluni*. Il nome si è diffuso soprattutto in Veneto e in Sicilia sia per l'influenza culturale e linguistica bizantina nell'isola sia per il culto cristiano di s. Apollonia vergine, martire per la fede ad Alessandria d'Egitto nel III secolo, invocata nella tradizione popolare contro il mal di denti. Fu il nome del poeta e grammatico alessandrino nato all'inizio del III secolo a.C. Rodio, autore del poema epico *Le Argonautiche* e dello scultore greco del I secolo A. di Nestore. La sua ambigua sensualità e il suo sguardo penetrante hanno un potere incantatorio che rapisce e fa schiavo chi ne è vittima. Riceverà doni preziosi ma anche violenti ricatti e oscure promesse.

Corrispondenze: segno del Leone. Numero portafortuna: 7. Colore: rosso. Pietra: rubino. Metallo: oro.

Arianna

Significato: molto casta, sacra
Origine: greca
Onomastico: 17 settembre

Il nome è accentato soprattutto in Emilia Romagna. Si è diffuso per via classica, letteraria e mitologica, dal nome della figlia del re di Creta Minosse, che, fornendogli una matassa di filo, liberò l'eroe ateniese Teseo dal Labirinto dove questi aveva ucciso il Minotauro. Fuggita con Teseo, A. fu in seguito abbandonata a Nasso dove divenne la sposa di Dioniso. Il nome si è però affermato anche in ambienti cristiani per il culto di s. A. martire in Frigia durante le persecuzioni di Adriano. Negli ultimi decenni il nome ha avuto una rinnovata diffusione. La sua brama di vita rasenta il supremo egoismo che calpesta chi le si oppone. Nulla la può fermare e la sua grazia, la vivacità, la gaiezza, la decisione e la forza le procurano tanti cuori disposti ad amarla ai quali non si affeziona mai. Li consuma e ne ricerca di nuovi.

Corrispondenze: segno del Sagittario. Numero portafortuna: 3. Colore: blu. Pietra: rubino. Metallo: rame.

Armida Armido

SIGNIFICATO: armata, adatta alla guerra
ORIGINE: celtica
ONOMASTICO: 1 novembre

Diffuso nel Nord e nel Centro, soprattutto in Toscana, è il nome dell'affascinante maga che nella *Gerusalemme liberata* del Tasso attira nel suo castello incantato i guerrieri cristiani, ma a sua volta si innamora appassionatamente del paladino Rolando, che la abbandonerà spezzando i suoi incantesimi. Un po' malinconica, A. si strugge rincorrendo amori impossibili oppure cerca rifugio in un passato amico ma altrettanto inaccessibile.

Corrispondenze: segno della Vergine. Numero portafortuna: 2. Colore: rosso. Pietra: ametista. Metallo: oro.

Assunta Assunto

SIGNIFICATO: salita (in cielo)
ORIGINE: latina
ONOMASTICO: 15 agosto

Altamente diffuso in tutta Italia e in Paesi a forte presenza cattolica, il nome riflette la devozione per l'assunzione in cielo con anima e corpo di Maria Vergine, avvenuta alcuni anni dopo l'ascensione di Cristo e ribadita come 'dogma'. Il culto per Maria Santissima A. (patrona di più di cento località italiane e venerata come protettrice dei tintori e dei setaioli) era forte già nel VI e VII secolo d.C. ed è riflesso anche dal diffusissimo nome doppio **Maria Assunta**. Si riscontrano anche le varianti **Assuntina** e **Assuntino**. Pragmatica, organizzatrice, A. non disperde mai le sue energie. In amore e in amicizia è disinteressata, prodiga di consigli, premurosa e comprensiva, ma non sarà mai lei a mostrare per prima il suo amore o la sua amicizia.

Corrispondenze: segno dei Pesci. Numero portafortuna: 5. Colore: rosso. Pietra: topazio. Metallo: mercurio.

Aurora

Significato: splendente
Origine: sabina
Onomastico: 20 novembre

È un nome augurale diffuso in tutta Italia, che ha iniziato a proporsi in forma definitiva durante il Medioevo, pur essendo già in epoca latina un secondo nome femminile. Anticamente A. era una divinità sorella del Sole e della Luna. La santa festeggiata dalla Chiesa è venerata nell'isola di Man in Gran Bretagna. Il personaggio più famoso con questo nome è la scrittrice francese dell'Ottocento Amandine Lucie Aurore Dupin, più nota con lo pseudonimo di George Sand.
A. è luce, è chiarore, è serenità; la sua intelligenza e il suo calore attirano molti amici ma lei diffida dei legami perché potrebbero essere da intralcio per la ricerca della libertà, unico suo scopo nella vita. Talvolta si ferma ma poi scappa perché ha paura della routine che considera una prigione.
Corrispondenze: segno del Leone. Numero portafortuna: 5. Colore: blu. Pietra: zaffiro. Metallo: oro.

Azzurra Azzurro

Significato: del colore dello zaffiro
Origine: persiana
Onomastico: 1 novembre

Distribuito nel Nord e nel Centro, soprattutto in Emilia Romagna, è stato fino al primo Novecento un nome affettivo collegato alla luminosità del colore corrispondente. È divenuto poi nome di moda, anche al maschile, prima per il colore della maglia degli atleti italiani, poi, dal 1983, per le imprese dell'omonima imbarcazione sportiva, che ha brillantemente partecipato alla gara velica internazionale 'Coppa d'America'.
Proiettata nel futuro, A. vi trascina tutti quelli che si lasciano affascinare dalla sua forza d'animo, dalla sua intraprendenza, dalla sua forte personalità.
Corrispondenze: segno del Cancro. Numero portafortuna: 5. Colore: arancio. Pietra: diamante. Metallo: rame.

Baldassare

Significato: Dio (il Signore) protegga il re
Origine: assiro-babilonese
Onomastico: 6 gennaio

Il nome è particolarmente diffuso in Sicilia; la sua espansione iniziò nel Medioevo con il culto per i Re Magi, di cui si racconta che giunsero dall'Oriente ad adorare Gesù Bambino e a recargli i doni nel giorno dell'Epifania. Si ricorda anche il beato francescano B. di Mondovì, che si invoca per tradizione contro gli attacchi di epilessia. Eleganza, raffinatezza, originalità e ricerca della perfezione sono le caratteristiche principali dei B. **Corrispondenze:** segno del Leone. Numero portafortuna: 7. Colore: giallo. Pietra: topazio. Metallo: rame.

Baldovino

Significato: fratello e compagno valoroso
Origine: germanica
Onomastico: 21 agosto

Longobardi e Franchi hanno introdotto in Italia, soprattutto nel Centro e nel Lazio nell'accezione **Balduino**, questo antico nome germanico. La Chiesa ricorda s. B. abate cistercense di San Pastore, del XII secolo, e s. B. arcivescovo di Canterbury, il 7 ottobre. Il prestigio del nome si collega alla famiglia regnante in Belgio. Nella storia con il nome B. ci furono due imperatori di Costantinopoli e cinque re di Gerusalemme. È un bambino pacato, riflessivo e impegnato. Da adulto sarà impegnato a ottenere il successo grazie alla tenace perseveranza e alla capacità di concentrazione che lo contraddistinguono. Amante fedele e molto generoso, ama ricoprire d'oro la donna che ama. **Corrispondenze:** segno del Leone. Numero portafortuna: 7. Colore: blu. Pietra: topazio. Metallo: oro.

Barnaba

Significato: figlio della consolazione
Origine: aramaica
Onomastico: 11 giugno

Il nome significa anche 'figlio della profezia', 'figlio del dio Nabu'. È poco diffuso in Italia, ma si riscontra ancora abbastanza frequentemente nel Lazio. Si è attestato in particolare per il culto di s. B. apostolo e martire, predicatore in Liguria, che la tradizione ricorda come evangelizzatore di Alessandria, Cipro e dell'Italia settentrionale, nonché come fondatore della Chiesa di Milano. Il giusto mezzo fa per lui: intelligenza, bontà, coraggio ma anche cuore, prudenza, buon senso. Qualche eccesso di vivacità e di ironia ci ricorda che la sua saggezza non è perfetta. Ma, si sa, la perfezione non è di questo mondo.

Corrispondenze: segno della Bilancia. Numero portafortuna: 3. Colore: giallo. Pietra: topazio. Metallo: argento.

Bartolomeo Bartolomea

SIGNIFICATO: Dio ha dato, figlio della terra arata
ORIGINE: ebraica
ONOMASTICO: 24 agosto

Dal primo significato dall'individuale aramaico 'Dio ha dato' il nome si è poi evoluto in nome personale ebraico, inteso come 'figlio di Talmay', cioè 'solco', donde l'interpretazione come 'figlio della terra arata'. È distribuito in tutta Italia, con maggiore diffusione in Sicilia e nelle Venezie. B. è il nome dell'apostolo di Cristo che evangelizzò l'Asia minore. La Chiesa onora s. B. apostolo e martire nell'anno 47; le sue spoglie, provenienti da Lipari di cui è divenuto patrono, sono conservate a Roma sull'Isola Tiberina. Il martirio di questo santo scorticato vivo fu rappresentato da Michelangelo; per questo motivo la tradizione popolare riconosce s. B. patrono di macellai, pellicciai e guaritore delle malattie cutanee. Il suo impegno non conosce limiti: o tutto o niente, le vie di mezzo per lui non esistono. Così, la sua intransigenza in politica, nel lavoro, nel sociale gli crea non poche tempeste. Ecco, dunque, che B. si è creato un angolo di quiete paradisiaca in famiglia, dove si dimostra il più amorevole dei mariti e dei padri: uno stacco dalle turbolenze della vita e poi di nuovo nella mischia.

Corrispondenze: segno del Cancro. Numero portafortuna: 1. Colore: blu. Pietra: zaffiro. Metallo: rame.

Basilio Basilia

SIGNIFICATO: regale, sovrano
ORIGINE: greca
ONOMASTICO: 2 gennaio

L'uso di questo nome, ora diffuso maggiormente nel Sud e soprattutto in Calabria, proviene dal prestigio di numerosi patriarchi di Costantinopoli e dal culto di tradizione bizantina di vari martiri e santi, in particolare di s. B. Magno vescovo di Cesarea, del IV secolo, padre della Chiesa, fondatore degli Ordini monastici basiliani e considerato patrono dei poveri. Il nome greco originario _Basileios_, cioè 're', si è latinizzato in _Basilius_, dando origine alla variante **Basileo**. Famosi Don B., nell'opera lirica *Il barbiere di Siviglia* di Gioacchino Rossini del 1816, e l'omonimo personaggio letterario nell'opera del poeta e drammaturgo spagnolo Calderón de la Barca. In Toscana e in Friuli Venezia Giulia sono discretamente diffuse anche le varianti **Vassili** e **Wassili**, adattamenti del nome russo *Vasilij*, corrispondente all'italiano B. Il bambino affettuoso e studioso diventerà un uomo equilibrato, fedele e attento, al quale ci si rivolgerà volentieri per chiedere consigli. La sua nobiltà innata è senza ostentazione e ricca di onestà, e lo fa camminare un gradino più in su degli altri.

Corrispondenze: segno del Leone. Numero portafortuna: 1. Colore: rosso. Pietra: rubino. Metallo: oro.

Battista Battistina

SIGNIFICATO: colui che immerge nell'acqua
ORIGINE: greca
ONOMASTICO: 24 giugno

Dal greco *baptizein*, 'immergere nell'acqua', il nome riflette il culto per s. G. Battista, figlio di Zaccaria, che istituì il battesimo come pratica di purificazione e battezzò Cristo e i suoi discepoli nel Giordano. Il 9 marzo si festeggia anche un beato B. da Firenze, francescano, considerato patrono, oltre che di Firenze, di Genova; il nome è comunque diffuso in tutta Italia. La notte del 24 giugno, festa di s. G. B., è per tradizione popolare una notte magica in cui ci si deve immergere nella rugiada e si devono raccogliere le erbe medicinali. A titolo di curiosità si ricorda che la forma **Battisti** è un nome patriottico, in voga a partire dalla fine della Prima guerra mondiale in ricordo dell'irredentista Cesare Battisti. Non è un solitario, è solo che ama selezionare con estrema cura gli amici; poi con essi condivide tutto, persino le donne. È un contemplativo, un pacifico, un appassionato della bellezza. Ai godimenti estetici tiene di più che a quelli materiali.

Corrispondenze: segno dei Gemelli. Numero portafortuna: 7. Colore: giallo. Pietra: topazio. Metallo: rame.

Bellino Bellina

SIGNIFICATO: bello, splendente, lucente
ORIGINE: latina
ONOMASTICO: 26 novembre

Molto frequente in epoca medioevale (*Bellus*, *Bella*, *Bellinus*, *Bellina*, *Bellissimus*, *Bellissima*), ora si trova raramente anche nel padovano dove s. B. fu vescovo e martire nel 1147. Il nome etimologicamente ha origini controverse. Probabilmente *Bellinus* nel latino medioevale è diventato diminutivo del termine latino *bellus* 'bello'. Ma alcuni fanno derivare B. da *Belenus*, nome di divinità gallica paragonabile come importanza ad Apollo, altri assegnano un'origine francese ancora più antica quando il montone (oggi *bélier*) veniva chiamato *belin*. B. è un emotivo, un ipersensibile, un entusiasta, un intuitivo. Queste doti tuttavia non sono garanzia di felicità e di appagamento nella vita. A B. serve un ambiente sereno e armonioso dove vivere ed esprimere tutte le sue qualità altrimenti rischia di diventare un misantropo inguaribile.

Corrispondenze: segno dell'Ariete. Numero portafortuna: 3. Colore: verde. Pietra: berillo. Metallo: bronzo.

Benedetto Benedetta

Significato: che augura il bene
Origine: greca
Onomastico: 11 luglio

Il nome ha in sé il significato di 'che augura il bene, che parla bene', successivamente quello di 'benedetto'. Diffuso in tutta Italia, soprattutto nel Lazio e, al femminile, in Sicilia, anche nella forma abbreviata **Bettino**, il nome ricorda il culto per numerosi santi, tra cui particolarmente s. B. da Norcia, abate e fondatore nel 529 dell'Ordine dei Benedettini nel monastero di Montecassino, venerato come protettore dell'Europa, dei chimici, degli agricoltori e degli ingegneri. La tradizione popolare lo invoca contro i pericoli dei veleni, dei calcoli e delle calunnie. Papi, vescovi, beati in grande numero portarono questo nome, ma si ricordano anche i filosofi Spinoza (1632-1677) e Croce (1866-1952), il musicista B. Marcello e il dittatore Mussolini. Il nome **Benito** infatti riprende il nome spagnolo diffusosi in tutta Italia per la protratta presenza di questa dominazione e per l'uso frequente da parte degli emigrati italiani di ritorno dall'America del Sud. Durante e dopo il ventennio fascista il nome ebbe una forte ridiffusione ovunque. B. deve essere incoraggiato, spronato a uscire dal guscio, aiutato ad affermarsi sia da bambino che da adulto, poiché il suo desiderio per la perfezione può essergli vantaggioso ma può anche tramutarsi in uno svantaggio. Sarà un vantaggio quando riuscirà ad affermare le proprie qualità: intuito, forza di carattere, capacità di dialogo e di autorità; uno svantaggio quando prevarrà il suo innato senso di inferiorità.

Corrispondenze: segno della Vergine. Numero portafortuna: 2. Colore: arancio. Pietra: diamante. Metallo: argento.

Beniamino Beniamina

Significato: figlio della destra, figlio prediletto
Origine: ebraica
Onomastico: 31 marzo

L'Antico Testamento ricorda un B. come l'ultimo figlio di Giacobbe e Rachele, il prediletto perché concepito in età molto avanzata, e dall'ebraico si ricava appunto l'etimologia di 'fortunato, felice, figlio della mano destra', solitamente intesa come la mano della fortuna. Il nome, diffuso in tutta Italia, è sostenuto dal culto per s. B. diacono martire in Persia, per s. B. martire a Brescia sotto Adriano e per s. B. martire a Costantinopoli, onorato anche dalla Chiesa orientale. Celebri in tutto il mondo lo statista statunitense B. Franklin (1706-1790), che fu anche scienziato e geniale inventore e il tenore italiano del nostro secolo B. Gigli. Sembra esigere da se stesso e dagli altri il massimo poiché è irresistibilmente spinto da un amore ossessivo per la precisione. Questo lo rende sufficientemente antipatico; tuttavia è anche capace di momenti di ilarità, di fantasia, di audacia intellettuale che mitigano questo suo assillo e lo rendono sopportabile. Carico di una sensualità impetuosa, B. si lascia andare ad avventure imprevedibili.

Corrispondenze: segno della Vergine. Numero portafortuna: 5. Colore: verde. Pietra: smeraldo. Metallo: rame.

Benito spagnolo per ➡ Benedetto

Benvenuto

Significato: nato a proposito, lieto evento
Origine: ebraica
Onomastico: 27 giugno

Il nome era assai in voga nel Medioevo con il chiaro significato augurale di 'arrivato bene', 'nato felicemente', 'molto atteso e desiderato', con riferimento a un nome israelitico augurale che suonava come 'benedetto colui che viene'. La Chiesa ricorda s. B. vescovo di Gubbio e s. B. vescovo di Osimo del XIII secolo. In ambito laico, assai conosciuto il prestigioso scultore, orafo e scrittore rinascimentale fiorentino B. Cellini. Conduce la vita a modo suo, senza bisogno di compromessi, di aggiustamenti o di mezze misure. È retto, deciso e sincero e questo non gli conquista molte amicizie. Ma lui non ha bisogno degli altri talmente alta è la considerazione che ha di sé e della sua capacità di far bene. E ha ragione.

Corrispondenze: segno dei Pesci. Numero portafortuna: 9. Colore: azzurro. Pietra: ametista. Metallo: argento.

Bernadetto ➡ Bernardo

Bernardino ➡ Bernardo

Bernardo Bernarda

SIGNIFICATO: orso coraggioso, valoroso
ORIGINE: germanica
ONOMASTICO: 20 agosto

Il nome si è diffuso in tutta Italia dal Medioevo, grazie anche al culto di numerosi santi, tra cui s. B. di Chiaravalle, monaco, dottore della Chiesa, primo abate e fondatore nel 1115 dell'Abbazia di Chiaravalle, autore di sermoni e composizioni poetiche e religiose, venerato come patrono della Liguria e degli agricoltori. Il nome si è consolidato anche nel diminutivo **Bernardino**, assai diffuso per il culto di s. B. da Siena, predicatore francescano. Le varianti **Bernadetta** (anche al maschile) e lo stesso francese **Bernadette** sono in uso in ricordo di B. Soubirous, una delle bambine che, nel 1958, avrebbero avuto la visione della Madonna in una grotta presso Lourdes, ancora oggi luogo frequentatissimo di culto e preghiera.
Ha una duplice natura: intransigente, autoritario, deciso, amante dell'organizzazione ma anche debole, pieno di dubbi, indeciso, scoraggiato di fronte al minimo ostacolo. Sembra tentato a emergere ma poi si accontenta di restare in mezzo agli altri. In famiglia mostra la stessa autorità che cerca di imporre nella vita professionale, la stessa ansia a non lasciare concessioni, la stessa prontezza ad autocolpevolizzarsi.
Corrispondenze: segno del Cancro. Numero portafortuna: 8. Colore: viola. Pietra: cornalina. Metallo: mercurio.

Bertoldo

SIGNIFICATO: illustre, potente nel comando
ORIGINE: germanica
ONOMASTICO: 29 marzo

Da un primo significato prestigioso come 'capo, abile comandante', legato all'origine germanica, il nome, che è ormai disperso e rarissimo, ha assunto un popolare significato negativo di 'sciocco, rozzo, stupido' a partire dal Seicento attraverso la diffusione dei racconti di G. C. Croce e di A. Banchieri *Bertoldo, Bertoldino e Cacasenno*, che rappresentavano le avventure di un rozzo e astuto contadino. La Chiesa onora s. B. secondo priore generale dei Carmelitani e s. B. di Parma, morto nel 1106, patrono dei sagrestani, il 21 ottobre. L'amore per la poesia e la delicatezza nei rapporti con gli altri lo rendono una persona affascinante. Tuttavia queste sue buone qualità non si mostrano immediatamente. A un primo sguardo egli appare arrogante, beffardo e scostante ma è solo autodifesa per la timidezza e il pudore insiti nel suo cuore.
Corrispondenze: segno dell'Acquario. Numero portafortuna: 9. Colore: bianco. Pietra: diamante. Metallo: oro.

Biagio

Significato: balbuziente
Origine: greca
Onomastico: 3 febbraio

Attestato in tutta Italia e soprattutto in Sicilia, deriva dal nome gentilizio latino *Blasius*, ripreso dall'osco *Blaisius*, che a sua volta deriva dal greco *Blaisos*. La diffusione è avvenuta grazie al culto di s. B. vescovo e martire a Sebaste, in Armenia, che avrebbe salvato la vita di un bimbo togliendogli un osso dalla gola e diventò quindi protettore della gola. È venerato particolarmente nel Lazio: solo a Roma, infatti, ben cinquantaquattro edifici sacri portano il suo nome. Tra i personaggi più noti, il filosofo e scienziato francese Pascal (1623-1662). Ha un cuore d'oro che irradia pace e serenità, e che richiama attorno a lui una vasta cerchia di amici. È attratto dalle questioni della morale, della metafisica e dal soprannaturale.
Corrispondenze: segno dei Pesci. Numero portafortuna: 3. Colore: giallo. Pietra: ambra. Metallo: mercurio.

Bonifacio

Significato: colui che fa del bene
Origine: latina
Onomastico: 8 maggio

È il nome di nove papi e l'onomastico si festeggia in onore di B. IV, papa dal 608 al 615. Ma il più famoso è sicuramente B. VIII, papa dal 1294, che istituì il Giubileo del 1300 affermando la supremazia universale del papato e fu violentemente criticato da Dante come corresponsabile del grave processo di secolarizzazione della chiesa. Il nome è diffuso in tutta Italia e in Toscana con la variante **Bonifazio**. Ambizioso senza scrupoli, capace di un eloquio sottile, seduce e affascina. Ma ciò che più lo contraddistingue è l'ostinazione; non rinuncia mai all'obiettivo che si è posto anche a costo di rimetterci qualcosa.
Corrispondenze: segno del Toro. Numero portafortuna: 5. Colore: verde. Pietra: smeraldo. Metallo: ferro.

Boris

Significato: colui che acquista gloria combattendo
Origine: slava
Onomastico: 10 dicembre

B

È distribuito in prevalenza al Nord, soprattutto nel Friuli Venezia Giulia e in Emilia Romagna, ma a partire da due tradizioni diverse. Nel Friuli documenta l'acquisizione di un nome sloveno; nelle altre regioni la sua diffusione è più moderna e di matrice musicale, grazie all'opera lirica *Boris Godunov* di M. P. Musorgskij, compositore russo dell'Ottocento. Sono noti il poeta e narratore sovietico B. Pasternak (1890-1960) e l'attuale presidente russo B. Eltsin.

Non giudicatelo subito. Per conoscerlo avrete bisogno di una lunga osservazione poiché la sua forte carica passionale, la sua violenta curiosità, i suoi sogni irrealizzabili non sono tutto.

C'è anche una grande delicatezza di sentimenti, un fascino quasi femminile, un tenero potere di seduzione e una sottile vena di furbizia nei rapporti con gli altri.

Corrispondenze: segno del Toro. Numero portafortuna: 5. Colore: verde. Pietra: smeraldo. Metallo: ferro

Brunero ➡ Bruno

Bruno Bruna

Significato: di colore scuro
Origine: germanica
Onomastico: 6 ottobre

È uno dei nomi più usati in Italia (quattordicesimo posto al maschile, ventottesimo al femminile) e ha numerose varianti, come **Brunello**, **Brunetto**, **Brunero**, **Brunone**. Anche se diffuso in tutta Italia a partire dall'VIII secolo, ha la sua massima concentrazione, anche nelle forme derivate, in Toscana. Una sua variante, **Brunellesco**, è presente in Toscana grazie al famoso architetto del Quattrocento Filippo Brunelleschi. Anche il nome **Brunilde** è una variante del nome B.

Tra i personaggi da ricordare, Brunetto Latini, scrittore e maestro di Dante Alighieri, l'architetto Zevi e il pittore Cassinari. La Chiesa festeggia s. B. o **Brunone** di Colonia, monaco, che nell'anno 1088 fondò presso Grenoble un monastero, primo nucleo dell'Ordine dei Certosini.

Ama il rischio che conduce lontano e per inseguirlo non si pone limiti. È teso al raggiungimento di un sogno spirituale e non si accontenta del successo che gli deriva dalla bellezza fisica o dalla sensualità.

Corrispondenze: segno dell'Acquario. Numero portafortuna: 7. Colore: blu. Pietra: zaffiro. Metallo: ferro.

Barbara

Significato: che non sa parlare, balbuziente
Origine: greca
Onomastico: 4 dicembre

È diffuso in tutta Italia, soprattutto in Sicilia e in Sardegna, anche nelle varianti **Barbarella** (divenuta popolare verso la metà del Novecento per il personaggio di fumetti e cartoni animati) e **Barberina**. Alla base del nome è la qualifica di *barbaros* riferita dai Greci a chi non parlava né latino né greco, che in ambienti cristiani era attribuita ai non cristiani e non ebrei. Nella Roma antica fu anche un soprannome riferito a chi non era né greco né romano, lo 'straniero' appunto. Si è ampiamente diffuso soprattutto per il culto di s. B. martire per la fede a Nicomedia nel III secolo. La donna venne decapitata dal padre, subito incenerito da un fulmine, e successivamente venerata come patrona di molti paesi del Sud. In seguito a questa leggenda s. B. è da sempre invocata contro il pericolo dei fulmini e come protettrice degli artiglieri, dei minatori e dei vigili del fuoco; da questo fatto è derivato il nome di 'santabarbara' riferito al deposito di munizioni delle navi da guerra. Famose le attrici Stanwyck e Streisand. Non trova appagamento ed è sempre tesa alla ricerca di se stessa e degli altri. E questo suo vagabondare la conduce agli estremi opposti: verso la contemplazione mistica, la vocazione all'assoluto oppure verso la soddisfazione sfrenata di appetiti sensuali o materiali. Chi le sta vicino non ha vita facile poiché sarà sempre in balia della sua fedeltà ma anche dei suoi capricci, dei suoi momenti di gloria ma anche dei periodi di oscurità.
Corrispondenze: segno del Toro. Numero portafortuna: 7. Colore: giallo. Pietra: berillo. Metallo: rame.

Beatrice

Significato: colei che dà beatitudine
Origine: latina
Onomastico: 29 luglio

Diffuso ampiamente in tutta Italia anche nella variante **Beatrix**, tipica del Nord, e nelle abbreviazioni **Bea** e **Bice**, continua il nome latino di età imperiale, in uso in ambienti cristiani con il significato spirituale di 'beatitudine dell'anima'. L'ampia diffusione del nome è dovuta a motivazioni sia laiche sia religiose. In ambienti cristiani il nome si è affermato per il culto di s. B. martire a Roma durante le persecuzioni di Diocleziano insieme con il fratello s. Simplicio. Si è affermato inoltre grazie al personaggio di B. la donna 'angelicata' amata e cantata da Dante Alighieri nella *Vita Nova* e nella *Divina*

Commedia; grazie al prestigio di regine e contesse di famiglie dinastiche (di Aragona, di Castiglia, di Svevia, d'Este, di Savoia) e, a partire dall'Ottocento, grazie al recupero letterario del personaggio di B. Cenci, una nobile fanciulla romana del 1600 decapitata per l'accusa di avere ucciso il padre. Amante del benessere economico, di una tranquilla vita familiare, del calore di molti amici, B. è mondana, ambiziosa nella vita professionale, tirchia, appassionata del lusso, dei viaggi, delle comodità. Questo suo lato prosaico, tuttavia, non la appaga completamente e, a volte, si abbandona a eccessi di insoddisfazione. Tende a qualcosa di più elevato dei piacere materiali ma è destinata a ricadervi.

Corrispondenze: segno del Capricorno. Numero portafortuna: 6. Colore: azzurro. Pietra: zaffiro. Metallo: platino.

Berenice

Significato: portatrice di vittoria
Origine: greca
Onomastico: 4 ottobre

È diffuso in tutta Italia anche nella forma abbreviata **Nice** ed è più frequente nel Nord. Tra il IV secolo a.C. e il I secolo d.C. fu il nome di varie regine e principesse di Giudea, Egitto e Siria, tra cui la sposa in seconde nozze del re d'Egitto Tolomeo I. La diffusione del nome è comunque legata principalmente alla tragedia di Racine *Berenice* e al dramma di Corneille *Tito e Berenice*. La strada alla quale è destinata è stretta e irta di ostacoli, ma conduce e vette elevatissime. Dagli ostacoli, dai nemici gelosi del suo destino e della sua audacia sa difendersi benissimo grazie al suo autocontrollo, al suo senso della misura, alla sua tenacia, alla sua indifferenza verso i giudizi altrui, alla certezza in se stessa.

Corrispondenze: segno del Capricorno. Numero portafortuna: 7. Colore: verde. Pietra: smeraldo. Metallo: oro.

Bettina ➡ Elisabetta

Bianca Bianco

Significato: di carnagione bianca, lucente
Origine: germanica
Onomastico: 2 dicembre

È un nome diffuso in tutta Italia, anche nelle alterazioni doppie **Bianca Maria** o **Biancamaria**, **Bianca Rosa** o **Biancarosa** e **Biancaneve**. Il maschile è molto più raro e lo si trova quasi esclusivamente in Toscana. L'origine del nome è medioevale, in uso sia nel tardo latino *Blancus*, utilizzato come soprannome, sia nel nome personale germanico *Blanko*. La diffusione è avvenuta per due vie, la prima legata al nome di dinastie spagnole, francesi e italiane, la seconda, più propriamente religiosa, per il culto di B. di Castiglia, regina di Francia, madre di Luigi IX il Santo. Per il suo significato il nome potrebbe essere anche sinonimo di altri nomi femminili, come Alba, Albina, Candida, Chiara, Clara, Nives e addirittura avvicinato a Immacolata. Da questo punto di vista l'accostamento non appare azzardato, in quanto B. viene festeggiata anche nel giorno della Madonna della Neve (5 agosto). Tra i personaggi storici si ricorda soprattutto l'imperatrice B. Maria Sforza, moglie di Massimiliano d'Austria, ma il personaggio che maggiormente caratterizza questo nome rimane l'eroina della fiaba dei fratelli Grimm *Biancaneve e i sette nani*. Nota in Italia l'attrice di teatro B. Toccafondi. È un capo, una dominatrice ma la sua autorità si impone senza forzature, senza ricatti. Emerge tra gli altri come leader indiscusso e a nessuno viene in mente di ribellarsi poiché B., alle doti proprie della leadership, affianca l'allegria, il buon umore e l'amore che irradia gaiamente intorno a sé. È più fedele in amicizia che in amore.

Corrispondenze: segno del Cancro. Numero portafortuna: 9. Colore: giallo. Pietra: topazio. Metallo: oro.

Bibiana ➡ Viviana

Bona

Significato: buona
Origine: latina
Onomastico: 29 maggio

È un nome dal carattere aristocratico molto in auge nel Medioevo che ha ritrovato diffusione in epoca recente per imitazione dell'onomastica di casa Savoia. Il nome fa trasparire la sua chiara origine latina dall'aggettivo *bonus* 'buono'. L'apparenza è quella di una donna semplice e tranquilla, ma B. possiede una tenacia incrollabile, un'ostinazione che può sconfinare nella provocazione, una determinazione da eroina.

Corrispondenze: segno dei Gemelli. Numero portafortuna: 4. Colore: rosso. Pietra: rubino. Metallo: mercurio.

Brigida

Significato: l'eccelsa
Origine: irlandese
Onomastico: 8 ottobre

È un nome che in Italia è scarsamente diffuso. È invece molto comune nei paesi nordici come *Birgitta* in Svezia o *Birgit* in Irlanda grazie alla s. B. martire svedese. Il nome B. è di origine celtica e deriva da *Brighid*, nome pagano in onore della dea celtica delle arti e delle scienze *Brigantia* (paragonabile a Minerva) che significa 'l'eccelsa'. Alcuni studiosi attribuiscono a *Brigantia* l'origine anche del nome della cittadina austriaca Bregenz sita sul lago di Costanza. È un bel groviglio di contraddizioni e lo dimostra sin da bambina. A scuola è pasticciona, indisciplinata, incostante nel rendimento, e ha qualche lampo di genio; nella vita di adulta è giudicata capricciosa poiché alterna momenti di eccitazione e di depressione, periodi di gioia profonda e di cupa angoscia. Ma la grande abilità a districarsi dalle difficoltà dell'esistenza e il fascino che questo suo altalenare tra alti e bassi le procura le permettono di andare avanti e di conquistarsi amori e amici.

Corrispondenze: segno dell'Acquario. Numero portafortuna: 9. Colore: rosso. Pietra: rubino. Metallo: oro.

Brunilde

SIGNIFICATO: guerriera dalla chioma scura e lucente
ORIGINE: germanica
ONOMASTICO: 1 novembre

È un nome accentrato soprattutto nel Nord e nel Centro, con significato ancora incerto a causa degli elementi autonomi che lo formano: il primo elemento *brun-* (➡ Bruno), aggettivo che si riferisce al colore scuro dei capelli e della carnagione, e il secondo elemento, *-hildjo*, senza un preciso significato. La diffusione del nome è stata promossa soprattutto dalla fama della valchiria B. eroina delle saghe nordiche dell'*Edda* e dei Nibelunghi, protagonista della tetralogia lirica di Wagner *L'anello del Nibelungo*. Priva di orgoglio e vanità, sempre pronta ad aiutare gli altri, soddisfatta di ciò che possiede, B. è una vera aristocratica. Allegra e vivace è sempre alla ricerca della felicità.

Corrispondenze: segno dell'Ariete. Numero portafortuna: 10. Colore: arancio. Pietra: diamante. Metallo: ferro.

Nomi di origine maschile

Caio

SIGNIFICATO: uccello
ORIGINE: latina
ONOMASTICO: 10 marzo

Il nome deriva dal latino *Caius*, che in realtà si scriveva *Gaius*, infatti all'epoca i romani non avevano ancora l'uso differenziato della 'c' e della 'g'. Si ritiene che con *gaius* i romani facessero riferimento a un uccello: la ghiandaia. Era nome molto frequente presso i romani, ma l'abitudine degli antichi giuristi di designare con *Tutius*, *Caius* e *Sempronius* (ancora adesso usati Tizio, Caio e Sempronio) una persona generica, senza identità, lo fece cadere in disuso. Conscio della sua unicità, C. è sempre alla ricerca di se stesso attraverso mille esperienze. Ha carattere vulcanico, è estremamente curioso e non cessa mai di sperimentare. Ogni singola esperienza gli serve infatti per affermare il suo essere unico.

Corrispondenze: segno del Cancro. Numero portafortuna: 1. Colore: rosso. Pietra: berillo. Metallo: oro.

Callisto

SIGNIFICATO: bellissimo
ORIGINE: greca
ONOMASTICO: 14 ottobre

Il nome deriva dal superlativo greco *kallistos*, ed è diffuso nell'Italia centro-settentrionale, particolarmente nell'Emilia Romagna. La maggior diffusione si è avuta grazie al papa s. C. I, martire a Roma nel 222, che legò il suo nome alle catacombe sulla via Appia, in cui si trova la cripta ufficiale dei papi del III secolo. Fu nome di altri tre papi e così si chiama anche il quarto satellite del pianeta Giove. Nemico delle avventure a ogni costo, è un pantofolaio che ama la vita familiare e gli amici. È sereno e gioioso, si interessa di giardinaggio e non cambierebbe mai la sua routine tranquilla con il rutilante mondo del rischio.

Corrispondenze: segno della Vergine. Numero portafortuna: 8. Colore: verde. Pietra: smeraldo. Metallo: rame.

Calogero

SIGNIFICATO: bel vecchio, di buona vecchiaia
ORIGINE: greca
ONOMASTICO: 18 giugno

Il nome è quasi totalmente accentrato in Sicilia, soprattutto nella zona di Agrigento: l'uso così esteso è insorto per il culto di s. C., eremita bizantino che visse nel VI secolo sul monte Gennaro presso Sciacca, dove ben il dieci per cento degli abitanti di sesso maschile porta questo nome. Per tradizione popolare s. C. è invocato per liberare gli indemoniati. Il nome greco era un appellativo, con significato anche reverenziale, attribuito agli eremiti e ai monaci bizantini di rito ortodosso, anche nell'Italia meridionale. È un vigoroso combattente e per la natura, che ama sopra ogni cosa, sarebbe disposto a lottare per tutta la vita. Rispettoso delle tradizioni, mostra sorprendenti capacità di comunicazione con gli altri.

Corrispondenze: segno del Capricorno. Numero portafortuna: 4. Colore: azzurro. Pietra: zaffiro. Metallo: mercurio.

Camillo Camilla

Significato: ministro di Dio
Origine: etrusca
Onomastico: 14 luglio

È accentrato per due terzi in Lombardia, e risale a un soprannome latino a sua volta di origine etrusca: con il termine *camillus* si indicava un fanciullo addetto alle cerimonie sacre. Il nome proprio apparve con Marco Furio C., generale romano che nel 396 a.C. conquistò Veio, mentre al femminile è nota la vergine cacciatrice che aiuta Enea contro Turno nell'*Eneide* di Virgilio. S. C. de' Lellis viene festeggiato dalla Chiesa come fondatore dell'Ordine dei Chierici regolari Camilliani (1584) ed è venerato come patrono degli ospedali. Tra i personaggi famosi: C. Benso di Cavour, statista (1810-1861); la giornalista C. Cederna e, nella letteratura italiana leggera del dopoguerra, il personaggio di don C. creato dallo scrittore Giovanni Guareschi.
È un irruento che usa questa forza per inseguire un'idea, un ideale, una passione. Il suo ardore impulsivo e generoso nasconde altre qualità di carattere morale: la rettitudine, la giustizia e la carità.
Corrispondenze: segno del Leone. Numero portafortuna: 1. Colore: giallo. Pietra: topazio. Metallo: oro.

Candido Candida

Significato: bianchissimo, luminoso, smagliante
Origine: latina
Onomastico: 19 marzo

È largamente diffuso in tutta Italia, in modo particolare nel Lazio, e deriva dal *cognomen* latino di età imperiale *Candidus*; nel Cristianesimo racchiude il significato di 'puro, sincero' e viene largamente usato al femminile.
La Chiesa ricorda s. C. martire a Roma, ucciso con quaranta compagni a Sebaste; s. C. vergine e martire a Milano durante la persecuzione di Diocleziano e un'altra omonima, battezzata da s. Pietro a Napoli. In minima parte la diffusione è stata promossa anche per via letteraria e teatrale, attraverso il racconto satirico del 1759 di Voltaire che ha questo nome per titolo e la commedia *Candida* di G. B. Shaw del 1900.
La sua unica preoccupazione sono gli altri, il benessere e la serenità altrui. Di sé non si cura per nulla. E questo aspetto fa di lui una persona più unica che rara.
Al suo mondo interiore tuttavia, ricco di poesia e dolcezza, non corrisponde un mondo esteriore altrettanto attraente.
Corrispondenze: segno della Vergine. Numero portafortuna: 5. Colore: giallo. Pietra: pirite. Metallo: argento.

Carlo Carla

SIGNIFICATO: uomo di condizione libera
ORIGINE: germanica
ONOMASTICO: 4 novembre

È uno dei nomi più frequenti e diffusi in Italia (è all'undicesimo posto tra i nomi maschili e al quattordicesimo tra i femminili): in Lombardia è presente in misura maggiore al femminile, anche nelle forme **Carola**, **Carlotta** e **Carolina**. Il nome francone *Karl* si è diffuso in Italia a partire dall'VIII secolo nelle forme latinizzate *Carolus* e *Carlus*, riallacciandosi al nome comune *karl* che presso i Franchi era nome di alti dignitari di corte. Nel 737, dopo che in Francia Carlo Martello ebbe assunto i poteri regali, il nome divenne quello tradizionale della dinastia detta appunto 'carolingia', che giunse al culmine con C. Magno (742-814), re dei Franchi e dei Longobardi, incoronato imperatore del Sacro Romano Impero da papa Leone III nell'anno 800 a Roma.

Con l'Impero carolingio il nome ebbe diffusione in tutta Europa; in Italia è sostenuto particolarmente dal culto per s. C. Borromeo (1538-1584), cardinale e arcivescovo di Milano, che attuò la Controriforma, riorganizzò la diocesi e attuò numerose forme di assistenza ai poveri e agli ammalati, soprattutto durante la peste del 1576. È patrono della città di Milano, dei catechisti, dei maestri, dei librai e dei rilegatori di libri ed è invocato contro il vaiolo e la peste. Il nome tradizionale C. di alcune importanti famiglie dinastiche, come i Borbone e i Savoia, diede l'impulso a un'ulteriore diffusione in tutta Italia. C. Alberto, C. Felice, C. Emanuele sono ormai divenuti nomi unitari, ripresi ideologicamente dai nomi dei re di Sardegna dell'Ottocento e dei duchi di Savoia.

Numerosissimi i personaggi con questo nome: il filosofo ed economista tedesco dell'Ottocento Marx; lo psicologo svizzero del Novecento C. Gustav Yung; lo scienziato e naturalista inglese Darwin; i poeti Baudelaire (1821-1867) e Porta (1775-1821); gli scrittori dell'Ottocento Dickens e Collodi; il commediografo veneziano del Settecento Goldoni e l'attore e regista C. Spencer Chaplin (1889-1977). È infine il nome dell'attuale papa Giovanni Paolo II, il polacco Karol Wojtyla. C. da bambino è uno scolaro attento, disciplinato, innamorato degli studi lunghi e metodici, mai in ozio, sempre impegnato in qualche attività. Questo impegno viene mantenuto anche da adulto sia nella vita professionale che nell'amore: C. può diventare un dongiovanni incallito oppure un amante fedelissimo. L'importante è che di amore ne dia e ne riceva molto, poco importa se in qualità o in quantità.

Corrispondenze: segno della Bilancia. Numero portafortuna: 3. Colore: rosso. Pietra: rubino. Metallo: bronzo.

Carmine ➡ Carmela

C

Casimiro Casimira

SIGNIFICATO: illustre nel comandare
ORIGINE: polacca
ONOMASTICO: 4 marzo

Il nome italiano, diffuso particolarmente nel Nord, riprende la forma latinizzata *Casimirus* del nome polacco originario. Si è affermato in ambienti cristiani a partire dal XV secolo per il culto di s. C., principe di Polonia, figlio di re C. IV, divenuto patrono della Lituania e invocato contro le malattie da raffreddamento e per mantenere la castità. È appassionato ai grandi ideali ma manca del rigore morale per realizzarli. Ama la libertà, l'audacia ed è carico di energia. Tuttavia cede spesso al nervosismo che gli impedisce di accettare l'autorità. L'anarchia che scaturisce lo costringe a portare le sue azioni alle estreme conseguenze... non sempre positive.
Corrispondenze: segno del Toro. Numero portafortuna: 6. Colore: blu. Pietra: zaffiro. Metallo: ferro.

Cassio Cassia

SIGNIFICATO: elmo metallico
ORIGINE: latina
ONOMASTICO: 15 maggio

Il nome gentilizio latino di età repubblicana *Cassius*, da cui il nome attribuito alla famosa via romana, deriva da un primo nome personale di probabile origine etrusca e divenne in età imperiale nome di plebei, schiavi e liberti. È distribuito al Nord e nel Centro, anche al femminile. La diffusione del nome è di derivazione sia ideologica da Gaio C. Longino, che assieme a Bruto assassinò Giulio Cesare nel 44 a.C., sia religiosa: la Chiesa festeggia, infatti, un s. C., martire in Francia nel 266, un altro s. C. vescovo di Narni del IV secolo, il 29 giugno, e una s. C. martire a Damasco. Aspro e sensuale, instabile nell'umore, C. attraversa momenti di angoscia profonda. Si estrae allora dalla realtà e vaga in mondi tutti suoi, fatti di immaginazione e sogni impossibili da realizzare.
Corrispondenze: segno dei Gemelli. Numero portafortuna: 9. Colore: rosso. Pietra: diamante. Metallo: bronzo.

Celestino

SIGNIFICATO: celeste, del cielo
ORIGINE: latina
ONOMASTICO: 6 aprile

Il nome deriva dal sostantivo latino *caelum* 'cielo', da cui deriva l'aggettivo *caelestis* 'celestiale, celeste, del cielo'. *Caelestis* e *Caelestinus* erano nomi molto usati nell'antica Roma; il primo in particolare era utilizzato indifferentemente al maschile e al femminile. Da *Caelestis* deriva **Celeste** oggi utilizzato esclusivamente al femminile. Il nome C. si ricorda nella storia perché adottato da C. I, papa nel 422, a da altri quattro suoi successori. L'ultimo fu C. V, che idealista e inadatto al potere, dopo pochi mesi di papato abdicò e fu confinato da Bonifacio VIII. In letteratura si ricorda *La Celestina* opera drammatica spagnola scritta da Fernando de Rojas alla fine del 1400 e più volte imitata nei secoli successivi. Fiero, fermo, provocatorio quel tanto da non passare mai inosservato, C. ha un coraggio che non indietreggia mai. Non ha timore di nulla e per questa ragione spesso finisce per lanciarsi in avventure folli o sublimi. L'essenziale è che C. riesce sempre ad uscirne vincente.

Corrispondenze: segno dell'Ariete. Numero portafortuna: 2. Colore: giallo. Pietra: topazio. Metallo: oro.

Cesare Cesarina

Significato: criniera, capelli folti, chioma
Origine: etrusca
Onomastico: 9 dicembre

L'etimologia del nome è incerta e variamente interpretata. Il *cognomen* latino *Caesar* è di probabile origine etrusca e di incerto significato; alcuni studiosi affermano che il nome C. sarebbe stato quello di un uomo che uccise un elefante in battaglia (in lingua maura l'elefante è appunto **Cesare**), altri lo collegano al colore degli occhi, *caesium*, o azzurro chiaro. Anche se la diffusione è ampia in tutta Italia, soprattutto in Lombardia e in Toscana, è un nome tipico delle Puglie nelle accezioni secondarie **Cesareo** e **Cesario** con l'originario significato di 'devoto a Cesare', in particolare nella provincia di Lecce. L'accentramento del nome in queste zone proviene dal culto per s. Cesario martire a Terracina, di cui è patrono, sotto la persecuzione di Nerone nel I secolo e per s. Cesarea eremita nel Trecento in una grotta presso Otranto. Il nome si è comunque diffuso a partire dal Rinascimento in onore di Gaio Giulio C., politico, condottiero, stratega e prosatore della letteratura latina, assassinato nel 44 a.C. in seguito a una congiura repubblicana. Con questo nome si ricordano C. Cantù, scrittore e storico dell'Ottocento, lo scrittore del Novecento C. Pavese; lo psichiatra e antropologo C. Lombroso; C. Beccaria, giurista ed economista del Settecento, autore dell'opera *Dei delitti e delle pene*; il patriota irredentista C. Battisti, ucciso dagli Austriaci durante la Prima guerra mondiale e lo storico, politico e letterato C. Balbo, autore di *Le speranze d'Italia* (1844); lo scrittore, giornalista e teorico del neorealismo cinematografico C. Zavattini. La sua brillante intelligenza gli fa perdere il rispetto per tutto. La sua esigente sensualità lo rende un instancabile amatore. La sua ambiguità, il suo narcisismo e la sua introversione rappresentano un vero ostacolo nei rapporti con gli altri.

Corrispondenze: segno dei Gemelli. Numero portafortuna: 2. Colore: blu. Pietra: zaffiro. Metallo: ferro.

C

Cesario ➡ Cesare

Cipriano Cipriana

Significato: nativo di Cipro, fatto di rame, color rame
Origine: greca
Onomastico: 16 settembre

È un nome di derivazione etnica latina affermatosi in età cristiana attraverso il culto per vari santi, tra cui s. C. Tascio Cecilio, vescovo di Cartagine e martire nel 258, patrono dell'Algeria, decapitato sotto Valeriano, e s. C. martire a Nicomedia sotto Diocleziano. Il nome è diffuso in tutta Italia, prevalentemente in Lombardia, in Veneto e in Toscana. Incantato dal bello, questo esteta abbellisce tutto ciò che contempla... i fiori, le donne, i paesaggi, le città. La sua modestia e la sua serenità sono promesse di una vita felice e ricca se vissuta vicino a lui. La magia della sua tensione estetica è un quotidiano incantesimo.
Corrispondenze: segno del Capricorno. Numero portafortuna: 4. Colore: verde. Pietra: smeraldo. Metallo: oro.

Cirillo

Significato: del Signore
Origine: greca
Onomastico: 14 febbraio

La base del nome è *kyrios*, signore, da cui deriva *Kyrillos*, successivamente latinizzato in *Cyrillus*. La diffusione del nome, accentrata al Nord e specialmente in Veneto e in Friuli Venezia Giulia, è legata in particolare al culto per s. C., missionario greco-bizantino, che, assieme al fratello Metodio, fu nell'VIII secolo l'inventore dell'alfabeto russo, ucraino, serbo e bulgaro, chiamato appunto 'cirillico'. Si ricordano un padre della Chiesa, vescovo a Gerusalemme, e un patriarca di Alessandria, dottore della Chiesa, rispettivamente del III e IV secolo. Testardo con un cuore d'oro. Così è C. il quale cede solo di fronte ai buoni sentimenti. Ma la sua vita è tutta un'avventura che la sua ostinazione gli procura, e i suoi cari – familiari o amici che siano – sono in balia di questi stravolgimenti. Tuttavia, a una persona dall'animo così buono si perdona tutto.
Corrispondenze: segno dell'Acquario. Numero portafortuna: 3. Colore: rosso. Pietra: rubino. Metallo: piombo.

Ciro Cira

Significato: re, signore, padrone
Origine: persiana
Onomastico: 29 gennaio

La base del nome è un adattamento greco dell'antico persiano Kurush, nome tradizionale dei re di Persia, della stirpe degli Achemenidi, C. il Grande (fondatore del primo grande Impero persiano) e C. il Giovane, vissuto tra il VI e il V secolo. La diffusione del nome, accentrato in Campania e in Sicilia dove è assai comune nella forma Cirino, è avvenuta grazie al culto di vari santi e martiri: s. C., vescovo di Alessandria, medico, martire nel 300 in Egitto, venerato a Roma e patrono di Portici, e s. Cirino martire a Lentini, patrono dei paesi Trecastagni e Sant'Alfio vicino a Catania. Come Cirillo C., proveniente dalla medesima famiglia etimologica, condivide una grande energia. Ma a differenza di Cirillo, C. è un freddo calcolatore che compie ogni sua azione in nome del 'dio denaro' al quale ambisce sopra ogni cosa.
Corrispondenze: segno del Cancro. Numero portafortuna: 3. Colore: giallo. Pietra: topazio. Metallo: oro.

Claudiano figlio di ➡ Claudio

Claudio Claudia

SIGNIFICATO: zoppo, claudicante
ORIGINE: latina
ONOMASTICO: 18 febbraio

È un nome gentilizio romano della prima età repubblicana, che si è distribuito ampiamente in tutta Italia, anche nella variante **Clodio** e nel patronimico **Claudiano**, per tradizione classica e cristiana. Storicamente riprende il nome del console e censore del IV-III secolo a.C. Appio C. il Cieco, che fece costruire il primo grande acquedotto e la via Appia, nonché degli imperatori romani Tiberio C. Germanico e C. Nerone Cesare Druso. Nella tradizione cristiana si è diffuso per il culto di s. C. martire a Ostia durante l'impero di Diocleziano. Tra i personaggi celebri si ricordano il poeta latino pagano Claudiano, vissuto fra il IV e il V secolo d.C.; il pittore francese Monet; il compositore e musicista cremonese Monteverdi (1567-1643), il compositore francese del Novecento Debussy; il direttore d'orchestra Abbado; l'attrice cinematografica statunitense Claudette Colbert e quella italiana Cardinale. È sempre circondato da amici, sia da bambino che da adulto. È un capo riconosciuto al quale ci si rivolge per chiedere aiuto e consigli, e per farsi guidare. La sua leadership indiscussa gli deriva dall'autorevolezza che sprigiona conquistata non con la forza ma con la facilità di chi l'ha iscritta nel proprio destino. È un saggio buono, coraggioso, fedele, solido e generoso.
Corrispondenze: segno dei Gemelli. Numero portafortuna: 1. Colore: arancio. Pietra: berillo. Metallo: rame.

C

Clemente Clementina

SIGNIFICATO: mite, benigno, indulgente
ORIGINE: latina
ONOMASTICO: 23 novembre

Il nome si è attestato soprattutto al Sud ed è di diffusione prevalentemente cristiana, particolarmente per il culto di s. C. I, papa dall'87 al 97, martire nel Chersoneso sotto Traiano, che nella sua *Lettera ai Corinti* sostenne il principio dell'ordinamento gerarchico della Chiesa. È patrono dei marinai, dei gondolieri, dei marmisti e dei bambini ammalati. Ben quattordici papi portarono dopo di lui questo nome. Altri santi venerati dalla Chiesa sono s. C., martire con Celso a Roma, santa C. martire degli Unni a Colonia, s. C. vescovo di Ancyra, invocato contro le malattie dello stomaco e dell'intestino. Trasparente come l'acqua, il nome C. fa brillare di clemenza chi lo porta. Tranquillo da bambino, C. da adulto si eleva passo dopo passo verso la suprema saggezza, la generosità più pura, la tolleranza più sincera e una grande capacità comunicativa.
Corrispondenze: segno della Vergine. Numero portafortuna: 6. Colore: rosso. Pietra: rubino. Metallo: rame.

Clodio ➡ Claudio

Cornelio Cornelia

SIGNIFICATO: munito di corno, resistente, duro
ORIGINE: latina
ONOMASTICO: 16 settembre

Il nome, diffuso nel Nord e soprattutto in Lombardia, deriva dall'antico nome latino della *gens Cornelia*, ed è divenuto illustre in età repubblicana grazie alla famiglia degli Scipioni, particolarmente per la fama di Publio C. Scipione l'Africano Maggiore (padre di Cornelia, la virtuosa madre di Tiberio e Gaio, i suoi 'gioielli'), di Publio C. Scipione l'Africano Minore, che furono protagonisti della Seconda guerra punica, e di Publio C. Scipione l'Emiliano, che risolse definitivamente il conflitto di Roma con Cartagine quale vincitore della Terza guerra punica. In età imperiale divenne anche nome individuale, oltre che gentilizio. Tra i santi ricordati dalla Chiesa s. C., centurione romano, che si convertì e fu battezzato da s. Pietro e divenne vescovo di Cesarea, oggi invocato in modo particolare contro gli incidenti in cui possono incorrere i bambini, s. C. papa e martire a Roma sotto Decio e s. Cornelia, martire in Africa. È l'intelligenza istintiva che non soggioga mai i sentimenti, l'amicizia più disinteressata, la fede più coraggiosa. L'amore per la sua donna è eterno ed è invincibile l'energia che possiede.

Corrispondenze: segno del Leone. Numero portafortuna: 6. Colore: rosso. Pietra: rubino. Metallo: oro.

Corrado Corradina

SIGNIFICATO: consigliere saggio, valoroso, audace
ORIGINE: germanica
ONOMASTICO: 19 febbraio

Di ampia diffusione in tutta Italia, soprattutto in Emilia Romagna e in Toscana, il nome si affermò già nel X secolo nelle forme latinizzate *Conradus* e *Corradus*, continuando la tradizione francone dall'originario nome germanico. Si diffuse per il prestigio della dinastia di re e imperatori del X-XIII secolo, (C. I re di Germania e duca di Franconia, l'imperatore C. II il Salico, Corradino di Svevia, figlio di C. IV, sconfitto nel 1268 a Tagliacozzo da Carlo d'Angiò), e per il culto di vari santi, tra cui particolarmente il santo francescano, eremita in Sicilia nel Trecento, C. Confalonieri, patrono dei cacciatori e della cittadina di Noto, dove il nome C. è di uso molto frequente. Famoso il biologo austriaco Konrad Lorenz, uno dei fondatori dell'etologia, la scienza che studia il comportamento degli animali. Incrollabile come una montagna, retto, deciso, forte ed esigente, C. vive in una continua tensione ideale che lo pone al di sopra delle altre persone. Sicuro fino a sembrare crudele, C. vive anche nella contraddizione: diviso fra cielo e terra, fra le aspirazioni più profonde e il successo sociale, la gloria, l'ambizione; irresistibilmente attratto dall'assoluto e dal contingente.

Corrispondenze: segno dell'Ariete. Numero portafortuna: 3. Colore: giallo. Pietra: topazio. Metallo: ferro.

Cosimo ➡ Cosma

Cosma

SIGNIFICATO: ornato, ordinato, riflessivo
ORIGINE: greca-bizantina
ONOMASTICO: 27 settembre

È un nome prevalentemente distribuito al Sud, in special modo nelle Puglie, e ha avuto uno sviluppo particolare in Sicilia durante il Basso Medioevo. Il nome originario venne ripreso anche dai musulmani convertiti al Cristianesimo e successivamente, a partire dal Quattrocento, è iniziata la sua italianizzazione nelle vari forme: **Cosmo, Cosimo, Cosmano, Cusumano.** Nella propagazione del nome, soprattutto nel Sud dove è forte l'influsso bizantino, ha sicuramente avuto peso il culto per i santi C. e Damiano, martiri in Sicilia durante le persecuzioni di Diocleziano. Nella forma Cosimo il nome ha avuto la massima espansione in Toscana grazie alla famiglia dei Medici, in cui il nome C. era ricorrente. Carattere freddino, appassionato alle scienze esatte e alle tecniche precise, C. è ordinato, metodico e razionale. Dà poco spazio ai sentimenti e mette il suo successo professionale sempre al primo posto a discapito dell'amore per le donne e per gli amici che considera aspetti della vita poco importanti.

Corrispondenze: segno del Leone. Numero portafortuna: 4. Colore: viola. Pietra: ametista. Metallo: ferro.

Costante

SIGNIFICATO: saldo, risoluto, tenace nella fede
ORIGINE: latina
ONOMASTICO: 29 gennaio

Il *cognomen* latino *Constans* è divenuto in età imperiale nome individuale, con riferimento alla risolutezza nella fede in ambienti cristiani, insieme con i nomi derivati **Costantino** e **Costanzo**, usati anche al femminile. La diffusione è larga in Italia e soprattutto in Lombardia e deriva dal culto in particolare per s. C. martire vescovo a Perugia nel II secolo e per s. Costanza, martire nel I secolo. Il nome fu portato da undici imperatori romani e bizantini, tra cui C. I detto 'il Grande' che nel 330 trasferì la capitale dell'Impero romano a Bisanzio, ribattezzata Costantinopoli. **Costanza** fu il nome della regina di Aragona e dell'imperatrice C. d'Altavilla, del XII secolo, madre di Federico II di Svevia, re di Sicilia poi incoronato imperatore. Nato per una vita da passare in mezzo alla natura, C. rifugge dalla vita reale, dagli onori, dal successo. Ha orrore della menzogna ed è profondamente umile.

Corrispondenze: segno del Sagittario. Numero portafortuna: 1. Colore: verde. Pietra: smeraldo. Metallo: rame.

Costantino ➡ Costante

Costanzo ➡ Costante

Cristiano Cristiana

SIGNIFICATO: che vive secondo la legge di Cristo
ORIGINE: greca
ONOMASTICO: 7 aprile

Il nome è diffuso nel Centro-Nord, ed è la continuazione dell'appellativo, tenuto segreto durante le persecuzioni, con cui si riconoscevano i seguaci della fede di Cristo. È più comune all'estero, soprattutto nell'Europa del Nord, nelle forme **Kristian**, **Christian** e **Christiane**, particolarmente in Danimarca, dove dal 1448 è nome tradizionale della casa regnante. La Chiesa onora s. Chrétien di Francia, patrono delle partorienti, s. C. martire in Polonia e santa C. di Bolsena, patrona dei mugnai. Sono il cuore e la volontà a dominare in C. In loro difesa sarebbe pronto alla ribellione ma se non vi arriva, è solo perché ha ripugnanza della violenza. La sua bontà ad ogni costo lo rende alquanto intransigente.

Corrispondenze: segno dell'Ariete. Numero portafortuna: 7. Colore: verde. Pietra: smeraldo. Metallo: rame.

Cristoforo

SIGNIFICATO: colui che porta, che diffonde Cristo
ORIGINE: greca
ONOMASTICO: 25 luglio

Il nome è diffuso in tutta Italia, più frequente in Sicilia, e riprende l'appellativo greco cristiano, poi latinizzato in *Christophorus*, nel significato di 'colui che porta in sé Cristo' (in senso mistico, chi ha ricevuto l'Eucarestia, il corpo di Cristo). Dal Medioevo riflette il culto per s. C. martire in Licia sotto Decio, ora venerato come patrono di automobilisti, viaggiatori, atleti, postini e ferrovieri. C. fu il nome di tre re di Danimarca tra il XII e il XV secolo. In una certa parte la diffusione del nome può essere stata promossa dal personaggio di fra' C. de *I promessi Sposi* di Alessandro Manzoni. Indolente, superficiale e lento, C. mostra le sue doti migliori – audacia, lucidità, ampiezza di vedute – solo in casi eccezionali. La quotidianità lo vede principalmente impegnato a dare il peggio di sé: superficiale fino alla crudeltà, gentile solo a tratti, senso di superiorità, desiderio di piacere senza dare nulla in cambio.

Corrispondenze: segno dell'Ariete. Numero portafortuna: 4. Colore: blu. Pietra: zaffiro. Metallo: bronzo.

Nomi di origine femminile

Carlotta ➡ Carlo

Carmela Carmelo

SIGNIFICATO: giardino di Dio
ORIGINE: ebraica
ONOMASTICO: 16 luglio

Presente quasi totalmente nel Sud, resta tuttavia al nono posto tra i nomi femminili. Numerose sono le varianti, tra cui **Carmen**, **Carmine**, **Carmelina**, **Carmelita** e **Carmela Maria**. La sua diffusione nasce dal nome del monte Karmel, in Palestina, nelle cui grotte il profeta Elia avrebbe compiuto alcuni miracoli. Il crociato calabrese Bertoldo fondò nel 1208 l'Ordine Carmelitano, quello degli eremiti di Nostra Signora del Carmelo. Nel 1251 il frate inglese Simone Stock affermò che sul monte Karmel gli era apparsa la Madonna. Attualmente il nome è conosciuto quasi esclusivamente in Italia e nei paesi di lingua spagnola, per i quali vale principalmente la versione **Carmen**, tornata in voga a partire dal secondo Ottocento grazie all'opera lirica omonima di Bizet, del 1875. Tra i personaggi famosi si ricorda il regista e attore Carmelo Bene. Due esseri convivono in C., uno gioioso, contento di vivere, vulcanico, mai stanco, l'altro intrattabile, tendente all'assoluto, carico di pensieri. Il suo fascino deriva da questo intruglio di gioie e dolori che ciò nonostante non impedisce alle sue migliori qualità di emergere: generosità, fedeltà, intuito.

Corrispondenze: segno dell'Acquario. Numero portafortuna: 8. Colore: giallo. Pietra: topazio. Metallo: oro.

Carmen spagnolo per ➡ Carmela

Carola ➡ Carlo

Carolina ➡ Carlo

Caterina Caterino

SIGNIFICATO: saettante, pura
ORIGINE: greca
ONOMASTICO: 29 aprile

È un nome molto diffuso in tutta la Penisola, particolarmente in Lombardia e in Sicilia, anche nella variante **Catterina** e soprattutto nella forma abbreviata **Rina**. Alla base vi è un nome tardo-greco e bizantino, forse derivato da Ècate, dea degli Inferi, o dall'epiteto di Febo *Hekatos*, con il significato di 'che saetta'. Si diffuse in tutto l'Oriente e in Occidente nella forma latinizzata *Catharina*, per incrocio etimologico con *katharos*, 'puro'. Il nome si è diffuso nel Tardo Medioevo soprattutto per il culto di due sante: s. C. di Alessandria d'Egitto, martire sotto l'imperatore Massimino Daia, e s. C. Benincasa da Siena, morta nel 1380, patrona d'Italia assieme a s. F. d'Assisi. In Oriente invece il nome si è sviluppato soprattutto nella forma **Katia**, particolarmente nei paesi di lingua slava, ed è in questa forma che lo si trova tra le minoranze di lingua slovena del

Friuli Venezia Giulia e come nome esotico di moda in Emilia Romagna e in Toscana, o nelle varianti **Catia**, **Katy** e **Ketty**. Tra i personaggi storici C. I di Russia, moglie di Pietro il Grande; C. II di Russia, detta 'la Grande'; C. de' Medici, che ordinò nella notte di s. Bartolomeo (24 agosto 1572) il massacro degli Ugonotti; C. d'Aragona, regina d'Inghilterra, la prima moglie di Enrico VIII; le attrici Katharine Hepburn, Catherine Deneuve e Rina Morelli.

A C. tutto è permesso. Ogni vetta è a portata di mano grazie a un insieme unico di qualità e virtù che la rendono unica. Orgoglio e umiltà, istinto e riflessione, forza e debolezza, tenerezza e crudeltà, C. usa ogni aspetto del suo variegato carattere per arrivare dove vuole.

Corrispondenze: segno dei Pesci. Numero portafortuna: 2. Colore: rosso. Pietra: rubino. Metallo: mercurio.

Catia (Katia) ➡ Caterina

Cecilia Cecilio

SIGNIFICATO: cieca, invisibile
ORIGINE: etrusca
ONOMASTICO: 22 novembre

Il nome è diffuso in tutta Italia, ma soprattutto in Lombardia. Deriva dal gentilizio latino *Caecilius* (una delle più antiche famiglie romane cui appartenne C. Metella, famosa per la grande tomba sulla via Appia), connesso per etimologia popolare con *caecus*, 'cieco'. Alla sua origine etrusca si farebbe risalire il suo secondo significato di 'invisibile', o, infine, quello di 'discendente da *Coeculus*', mitico fondatore di Palestrina o Preneste. La diffusione del nome è dovuta al culto di s. C. martire sotto Alessandro Severo nel III secolo, patrona della musica e dei musicisti. La sua diffusione a partire dal secolo scorso è aumentata grazie anche a un personaggio minore, la piccola morta di peste, de *I promessi sposi* di Alessandro Manzoni. A C. poco importa il successo nella vita professionale, il denaro o la gloria, poiché è irresistibilmente attratta dall'armonia delle cose, dal bello. E la grazia unita alla bellezza della semplicità e della pace la animano costantemente verso la ricerca del suo universo estetico. Non si accorge di essere infedele... il suono della sua musica interiore è troppo acuto.

Corrispondenze: segno dei Gemelli. Numero portafortuna: 1. Colore: azzurro. Pietra: zaffiro. Metallo: argento.

Celeste ➡ Celestino

C

Chantal

SIGNIFICATO: luogo della pietra
ORIGINE: francese
ONOMASTICO: 21 agosto

Poco diffuso e presente soprattutto al Nord e in Emilia Romagna, è un nome francese di moda piuttosto recente. Si è affermato anche per il culto di s. Giovanna Francesca Frémiot baronessa di C., che nel 1610 fondò ad Annecy l'Ordine della Visitazione di Santa Maria sotto la direzione di Francesco di Sales. È volubile, capricciosa, superficiale, di una superficialità un po' apparente. Quando si toglie le maschere che usa per nascondersi, si scopre tutto il suo pudore, la sua timidezza, la sua ritrosia. È lunatica ma sostanzialmente solo in apparenza poiché in realtà è una donna fedele, attenta e sensibile.
Corrispondenze: segno del Leone. Numero portafortuna: 5. Colore: giallo. Pietra: topazio. Metallo: rame.

Chiara Chiaro

SIGNIFICATO: luminosa, chiara; illustre, famosa
ORIGINE: latina
ONOMASTICO: 11 agosto

Il nome è ampiamente diffuso in tutta Italia, anche nelle varianti **Clara**, **Clarissa**, **Chiarina** e **Chiarella**. Dal personale latino *Clarus* di età imperiale, il nome si è diffuso dal Duecento soprattutto in ambienti cristiani per il culto di s. C. di Assisi, di nobile e ricca famiglia, discepola e seguace di s. F. e fondatrice dell'Ordine delle Clarisse, considerata la patrona delle ricamatrici e delle lavandaie, e invocata contro i disturbi agli occhi. La leggenda narra che C. non poté assistere ai funerali di s. Francesco perché malata nella sua cella, ma che le immagini della cerimonia si siano proiettate sulle pareti come ombre cinesi; in seguito a questa leggenda s. C. è diventata anche la protettrice della televisione. La Chiesa festeggia inoltre una s. C. di Montefalco (il 17 agosto), morta nel 1308, un s. Chiaro abate e un s. Chiaro eremita (il 25 maggio). Tra i personaggi celebri si ricordano Chiaro Davanzati, poeta fiorentino del Duecento e l'attrice cinematografica Calamai. C. è aristocratica, sicura di sé, imperiosa; è fatta per dominare gli altri ed è per questo che ama circondarsi di una corte di fedeli, piccola o grande che sia, e su di essa regna. Se le circostanze le sono avverse, preferisce ripiegare su se stessa e restare sola dal momento che è incapace di accettare un ruolo di secondo piano. C. sembra conoscere segreti nascosti ed è per questo che a lei ci si rivolge volentieri per chiedere consigli. A chi le si fa incontro C. esigerà molto ma saprà dare ancora di più.
Corrispondenze: segno del Sagittario. Numero portafortuna: 3. Colore: verde. Pietra: smeraldo. Metallo: oro.

Cinzia Cinzio

SIGNIFICATO: nativa di Cinto
ORIGINE: greca
ONOMASTICO: 23 maggio

Diffuso nel Nord e nel Centro, soprattutto in Emilia Romagna e in Toscana (anche nelle varianti **Cintia** e **Cinthia**) il nome, affermatosi come reminiscenza classica, mitologica e letteraria, è l'epiteto di Apollo e della sorella Artemide (in latino divenuta *Diana*) nati sul piccolo monte Cinto dell'isola di Delo nell'Egeo, dove, secondo la leggenda, Latona si era rifugiata per partorirli. Divenne un nome personale in epoca romana: C. fu infatti la donna amata dal poeta Properzio che la cantò nelle sue *Elegie*. Venne poi ripreso durante il Rinascimento. La sua è l'intelligenza del cuore, che comprende con immediatezza l'essenzialità delle cose. Ed è l'amore a essere al centro dei suoi interessi. Non tradirà né abbandonerà mai la famiglia, gli amici, i suoi cari, poiché la sua sintonia con la vita è quando si trova in loro compagnia.
Corrispondenze: segno della Bilancia. Numero portafortuna: 5. Colore: viola. Pietra: smeraldo. Metallo: argento.

Clara ➡ Chiara

Clarissa ➡ Chiara

Clelia

SIGNIFICATO: illustre, gloriosa, famosa
ORIGINE: latina
ONOMASTICO: 3 settembre

Il nome si è ampiamente diffuso in tutta Italia a partire dal Rinascimento per ripresa classica di personaggi della Roma antica come la giovane data in ostaggio con altre nove compagne al re etrusco Porsenna, dopo che questi aveva concluso la pace con Roma. La leggenda narra che una notte C. riuscì a fuggire dal campo nemico attraversando a nuoto il Tevere; con questo gesto ottenne la libertà e divenne un simbolo di eroismo. Il personaggio ispirò anche un romanzo di Garibaldi, che diede questo nome alla figlia. Audace fino a essere imprudente, testarda, arrogante e provocatoria, C. non cede facilmente le armi. Solo quando incontrerà un uomo che saprà intuire il bisogno di tenerezza e amore che la sua amata cela, C. le abbandonerà definitivamente.
Corrispondenze: segno del Leone. Numero portafortuna: 6. Colore: rosso. Pietra: rubino. Metallo: ferro.

C

Cloe

SIGNIFICATO: erba giovane, tenera, verde
ORIGINE: greca
ONOMASTICO: 1 novembre

Discretamente diffuso nel Nord, è un nome classico e letterario in voga a partire dal Rinascimento, la cui fortuna è legata al nome della protagonista del romanzo greco di Longo Sofista *Amori pastorali di Dafni e Cloe* del III secolo, che narra le vicende della giovane pastorella C. innamorata del pastore Dafni. Questo tema fu caro soprattutto all'ambiente letterario del Settecento. Alla stessa vicenda si è ispirato il compositore francese Ravel con il balletto del 1912 *Daphnis et Chloé*. Il nome greco originario era anche un epiteto di Demetra, la dea della natura, della terra e delle coltivazioni, la Cerere romana.

La sua personalità è fatta di sensualità, allegria e sensibilità alle mode passeggere. Ma la sua non è superficialità, è piuttosto curiosità. La sua fantasia intelligente la spinge in slanci mistici che difficilmente vengono compresi e accettati da chi le sta vicino.

Corrispondenze: segno dei Gemelli. Numero portafortuna: 2. Colore: blu. Pietra: zaffiro. Metallo: oro.

Clotilde

SIGNIFICATO: illustre, rinomata in battaglia
ORIGINE: germanica
ONOMASTICO: 3 giugno

È un nome di tradizione gotica, burgunda e francone di cui si trova documentazione a partire dal V secolo, e diffuso in tutta Italia, soprattutto nel Nord. Fu il nome della regina dei Franchi, moglie di Clodoveo, morta a Tours nel 545, che contribuì alla conversione al cristianesimo del suo popolo, divenuta santa per la Chiesa cattolica; viene invocata come protettrice dei bambini malati e dei notai. Fu anche nome tradizionale del casato dei Savoia: Maria C. fu moglie di Emanuele IV e regina di Sardegna dal 1796 al 1802. Il nome viene a volte utilizzato nella variante meno impegnativa **Tilde**.

Le sue principali qualità di calore, impegno, sensibilità ed equilibrio fanno di C. una moglie e una madre incomparabile. Non conosce altri mondi al di fuori della sua famiglia dove trova la realizzazione più piena di sé.

Corrispondenze: segno della Bilancia. Numero portafortuna: 8. Colore: arancio. Pietra: berillo. Metallo: oro.

Coletta, Colette ➡ Nicola

Colomba

Significato: colomba
Origine: latina
Onomastico: 19 febbraio

Quanto è raro trovare questo nome nella forma maschile (tutt'al più si trova come cognome), è altrettanto facile trovarlo nella forma femminile anche col diminutivo **Colombina**. Dato il significato mistico attribuito alla colomba come simbolo della purezza e della libertà, il nome C. ebbe e ha tutt'ora larga diffusione nel mondo cristiano. Contrariamente a quanto fa venire in mente il nome, C. non è un essere pacifico. È al contrario soggetta a scoppi d'ira piuttosto furiosi per l'intransigenza e un certo lato selvatico del suo carattere. **Corrispondenze:** segno del Capricorno. Numero portafortuna: 8. Colore: arancio. Pietra: berillo. Metallo: rame.

Concetta Concetto

Significato: concepita (senza peccato)
Origine: latina
Onomastico: 8 dicembre

È un nome prevalente al Sud, anche nelle varianti **Concettina**, **Concezia** (diffuso in Abruzzo), **Concetta Maria**; come **Concezione** è invece tipico della Liguria. La diffusione del nome iniziò nel tardo Medioevo con la devozione per l'Immacolata Concezione di Maria Vergine, che sarebbe venuta al mondo senza la macchia del peccato originale. Dopo la proclamazione del dogma da parte di Pio IX nel 1854 viene festeggiata l'8 dicembre. È un nome che si ritrova anche in Spagna, Paese di cui l'Immacolata Concezione è patrona. Gli uomini per lei perdono la testa. Sarà per il suo fascino che deriva da un felice connubio di durezza e severità, timidezza e dolcezza. Tuttavia C. è un'insicura e per questo suo aspetto essa è estremamente vulnerabile. **Corrispondenze:** segno del Sagittario. Numero portafortuna: 9. Colore: verde. Pietra: topazio. Metallo: ferro.

Consolata Consolato

Significato: consacrata alla Madonna della Consolazione
Origine: latina
Onomastico: 5 dicembre

È un nome proprio del Piemonte e del Sud, diffuso però in tutta Italia nella versione spagnola **Consuelo** sia per gli effetti della lunga dominazione spagnola nella Penisola sia per la popolarità raggiunta nel secolo scorso dal romanzo *Consuelo* di G. Sand del 1843, dove la protagonista è una gitana che riesce a diventare un'affermata cantante lirica. Il nome si è diffuso particolarmente in ambienti cristiani, riflettendo da un lato la devozione per Maria Santissima della Consolata (festa patronale, il 15 agosto, a Torino e in numerosi centri italiani), dall'altro per il culto di s. C. di Genova (di cui è patrona e dove sarebbero state portate dai Crociati le sue reliquie), martire in Palestina nel 1100. Il nome si riscontra anche nelle varianti **Consolazione**, **Consolina** e **Consola**, quest'ultima in uso anche al maschile. È nata per piacere a tutti e solo lei conosce il segreto di tanta fortuna. Leggiadra, vivace, gentile, fedele, socievole, C. è facile agli entusiasmi, alla vita caotica e non conosce la cattiveria.

Corrispondenze: segno della Bilancia. Numero portafortuna: 3. Colore: azzurro. Pietra: berillo. Metallo: argento.

Consuelo spagnolo per ➡ Consolata

Cora

SIGNIFICATO: ragazza, giovinetta
ORIGINE: greca
ONOMASTICO: 14 maggio

È oggi diffuso per lo più nel diminutivo **Corinna**, soprattutto nel Centro, a partire dal secolo scorso, grazie al successo del romanzo autobiografico del 1807 *Corinne ou de l'Italie* di Madame de Staël. L'autrice a sua volta riprese il nome da quello della poetessa Corinna del VI-V secolo a.C. C. era il nome della dea greca dell'oltretomba e dell'agricoltura, o Persefone, figlia di Demetra, e di una donna cantata da Ovidio nelle *Elegie*. La sua esistenza è alla perenne ricerca di un porto tranquillo e di una risposta alle sue tante domande. Non sarà facile per C. trovare sia l'uno che le altre. Ma se ci riuscirà, difenderà anche con la vita i faticosi risultati ottenuti a costo di dure lotte.

Corrispondenze: segno dei Pesci. Numero portafortuna: 1. Colore: blu. Pietra: zaffiro. Metallo: rame.

Cordelia

SIGNIFICATO: che ha cuore, buona d'animo
ORIGINE: latina
ONOMASTICO: 29 ottobre

Attestato prevalentemente in Emilia Romagna e in Toscana, il nome deve la sua fortuna a uno dei personaggi della tragedia di Shakespeare del 1606 *Re Lear*. Qui C. è l'unica delle figlie del re che segue la tragica sorte del padre, sacrificando la sua giovane vita e divenendo così nella storia della letteratura un simbolo di gentilezza, bontà e pietà femminile. Shakespeare derivò il nome di C. dalle *Chronicles of England, Scotland and Ireland* del cronista inglese Holinshed, del 1578, dove il nome appare nella forma **Cordeilla**, probabilmente derivato dal latino *cor*, 'cuore'. C. fu anche lo pseudonimo della scrittrice di racconti e romanzi per ragazzi, Virginia Tedeschi Treves, morta nel 1916. C. non conosce la durezza del suo nome. Tutto intorno a lei è luce soffusa, pace, serenità. Nel suo mondo l'amore, privato di qualsiasi tentativo di possesso, diventa il principio regolatore di armonia e di benessere.

Corrispondenze: segno dei Gemelli. Numero portafortuna: 10. Colore: blu. Pietra: rubino. Metallo: bronzo.

Corinna ➡ Cora

Cristina Cristino

SIGNIFICATO: consacrata a Cristo
ORIGINE: greca
ONOMASTICO: 24 luglio

È diffuso in tutta Italia, anche nella variante **Christina**, tipica delle zone di lingua tedesca e della provincia di Bolzano. Alla base è il nome individuale latino *Christina* derivato dal greco *Christós*, 'l'unto', 'l'eletto', nato all'inizio del cristianesimo, ma affermatosi dopo l'Editto di Costantino del 313 che legalizzava la religione cristiana.

Nel calendario cristiano si ricordano s. C. martire a Bolsena durante le persecuzioni di Diocleziano, patrona dei mugnai, della cittadina di Santa Cristina in Val Gardena e di Gallipoli; la beata C. di Como morta a Spoleto nel 1458; un s. C. patrono di Portoferraio. Altri personaggi noti furono la contessa Maria C. di Francia, duchessa di Savoia, e la regina C. di Svezia, salita al trono a soli sei anni nel 1632, donna di grande cultura e mecenate, che rinunciò al trono e si convertì al cattolicesimo.

Il personaggio venne magistralmente interpretato in un film dalla grande attrice Greta Garbo.

La sua acuta intelligenza e la sua ipersensibilità le impediscono di affrontare la vita con leggerezza d'animo, poiché ai suoi occhi risultano fin troppo evidenti i limiti e le manchevolezze delle persone e delle cose. Così C. riesce a realizzarsi con maggior facilità nella vita familiare dove, sotto i suoi dettami e grazie ai suoi insegnamenti, i familiari riescono a essere meno inadeguati. Buon per loro!

Corrispondenze: segno del Capricorno. Numero portafortuna: 6. Colore: verde. Pietra: smeraldo. Metallo: mercurio.

Damaso ➡ Damiano

Damiano Damiana

SIGNIFICATO: domatore
ORIGINE: greca
ONOMASTICO: 27 settembre

Il nome potrebbe collegarsi a un verbo greco che significa 'sottomettere', ma anche al dorico *damos*, cioè 'popolo', oltre che a Damia, uno degli appellativi di Cibele, divinità della terra e della fertilità, con il significato, quindi, di 'votato al culto di Cibele'. È di larga diffusione in tutta Italia, soprattutto nel Sud, e particolarmente nelle Puglie, sia nella forma **Addamiano** con il femminile, che nella variante **Damaso** al maschile. La Chiesa ricorda s. D. diacono, medico in Arabia del III secolo, martirizzato sotto Diocleziano con il fratello Cosma, e venerato come patrono di medici, barbieri e dentisti. Il suo segno è quello della giovinezza: dello spirito, del cuore, del corpo. Tutto in lui è intelligenza delle più fini e bellezza delle più delicate. Non ama impegnarsi in attività troppo faticose e predilige la contemplazione estetica. **Corrispondenze:** segno del Cancro. Numero portafortuna: 1. Colore: rosso. Pietra: rubino. Metallo: oro.

Daniele Daniela

SIGNIFICATO: giudicato da Dio
ORIGINE: ebraica
ONOMASTICO: 10 ottobre

È un nome diffuso in tutta Italia, anche in molte varianti, come **Daniel**, **Daniello**, **Danio**, **Dana**, **Nilo** e, soprattutto, **Danilo**. Nell'Antico Testamento è il nome del profeta autore del *Libro di Daniele*, che venne deportato a Babilonia nel VI secolo a.C., sotto Ciro il Grande. Qui assunse il nome di Baldassare e, divenuto ministro del re, venne scoperto mentre pregava il proprio Dio, nonostante fosse vietato dalle leggi imperiali. A causa di ciò fu gettato nella fossa dei leoni, ma si salvò per volontà divina. Il nome si è diffuso soprattutto nel secondo Novecento, in seguito a un vero e proprio *revival* dei nomi dell'Antico Testamento. L'onomastico festeggia s. D. martire francescano, decapitato nel 1227 dai musulmani a Ceuta, in Marocco. Tra i personaggi degni di nota, il patriota D. Manin, che diresse a Venezia l'insurrezione del 1848; lo scrittore inglese D. De Foe, autore tra l'altro del romanzo *Robinson Crusoe* (1719); l'attore cinematografico Danny Kaye. D. bambino

conquista con un sorriso. D. adulto è capriccioso ai limiti dell'egoismo e carico di una gioiosa voglia di vivere. Il suo fascino conquista tutte: donne anziane e giovani adolescenti. È ammirato per l'intelligenza, la seduzione, e la fortuna sempre dalla sua parte.
Corrispondenze: segno del Cancro. Numero portafortuna: 9. Colore: giallo. Pietra: topazio. Metallo: rame.

Danilo ➡ Daniele

Dante ➡ Durante

Dario Daria

Significato: che possiede, che mantiene il bene
Origine: persiana
Onomastico: 19 dicembre

Il nome è una ripresa classica, in uso dal Rinascimento, del nome dinastico tradizionale dei re Achemenidi di Persia del VI-IV secolo a.C., particolarmente legato alla fama di D. I, che combatté le Guerre persiane, fu sconfitto nel 490 a.C. a Maratona dagli Ateniesi e divenne personaggio di varie opere letterarie. La Chiesa onora s. D. martire a Nicea in epoca imprecisata. Il nome è diffuso in tutta Italia, soprattutto al Nord, e in Puglia nella variante **Addario**. Energia, ottimismo, buonumore sono le sue caratteristiche principali. Ma non è sempre così. Ci sono momenti di insicurezza, inquietudine, pessimismo. Sono gli amici e i familiari a dover intervenire per fornire a D. tutta la protezione e il conforto necessari. Talvolta è impulsivo ai limiti della violenza, esigente e ansioso.
Corrispondenze: segno dei Pesci. Numero portafortuna: 6. Colore: bianco. Pietra: diamante. Metallo: oro.

Davide

Significato: amato, diletto, amato da Dio
Origine: ebraica
Onomastico: 29 dicembre

È diffuso in tutta Italia, accentrato al Nord, anche nel diminutivo femminile **Davidina**, ed è un adattamento dal nome ebraico affettivo e religioso *Dawid*, attraverso il latino *David*, presente tuttora in Toscana. Nell'Antico Testamento D. è il secondo re d'Israele, profeta e abile guerriero, che affrontò e vinse, ancora giovinetto, il gigante filisteo Golia con una semplice fionda, suscitando la gelosia di re ➡ Saul, di cui fu poi successore (X secolo a.C). Celebri i suoi *Salmi*, inclusi nella *Bibbia* e divenuti testo di preghiera per ebrei e cristiani. È riconosciuto e festeggiato come santo dalla Chiesa cattolica. Che intelligenza, che capacità di seduzione, che volontà! D. ama la vita e da essa è riamato. Non è fatto per costruire ma per innalzare impalcature, non è interessato alla gloria o al successo ma alle verità più profonde e ai valori più assoluti. È uno spendaccione incallito, poiché per lui il denaro non ha alcuna rilevanza: è solo un mezzo per affermare la propria gioia di vivere.

Corrispondenze: segno dell'Ariete. Numero portafortuna: 4. Colore: blu. Pietra: diamante. Metallo: oro.

Decimo

Significato: decimo figlio
Origine: latina
Onomastico: 27 agosto

Di maggior frequenza in Emilia Romagna e in Toscana, deriva dal nome individuale latino *Decimus*, assegnato per convenzione al decimo nato della famiglia. Comodità, pacatezza, cultura, collezioni preziose, avventure da rubacuori sono gli aspetti che più rappresentano D. La routine del quotidiano è troppo stretta per uno come lui che predilige il lato più eccentrico delle cose.

Corrispondenze: segno del Toro. Numero portafortuna: 10. Colore: azzurro. Pietra: rubino. Metallo: oro.

Demetrio Demetria

Significato: terra madre
Origine: greca
Onomastico: 21 giugno

Il nome è presente in tutta Italia, con maggior rappresentanza in Calabria, e, nella forma **Dimitri**, in Emilia Romagna e in Toscana. Quest'ultimo nome è la forma slava che corrisponde a D. In Grecia originariamente aveva il significato di 'sacro a Demetra', dea della terra, delle coltivazioni, dell'oltretomba e della fecondità. Si festeggia in particolare s. D. martire a Tessalonica sotto Massimiano nel 306. D. è romantico quasi all'eccesso ed è appassionato alle arti e all'eloquenza. La sua intelligenza, al contrario del suo cuore, che si concede un'unica volta nella vita, non è mai a riposo e non cessa mai di mettersi alla prova.

Corrispondenze: segno dell'Acquario. Numero portafortuna: 8. Colore: giallo. Pietra: topazio. Metallo: rame.

Desiderio Desideria

Significato: nostalgia, carenza affettiva
Origine: latina
Onomastico: 23 maggio

Si è molto diffuso, a partire dall'età latino-imperiale, al Nord, anche nelle forme abbreviate **Derio**, **Dèsio**, **Desidera**. Alla base del nome è il sostantivo latino *Desiderium*, composto da *de*, la preposizione che indica un moto dall'alto in basso, e *sidera*, 'astri'. Il suo significato, quindi, è quello di 'trarre auspici dal cielo', di conseguenza, sul piano psicologico, allude al bisogno di colmare un vuoto. D., l'ultimo re dei Longobardi, vinto da Carlo Magno e deposto nel 774, divenne personaggio dell'*Adelchi*, di Alessandro Manzoni. La Chiesa festeggia s. D. vescovo, nato in Liguria e martire del III secolo. Ama lo sport, l'impegno fisico e i lavori manuali. Non è una persona complicata, la sua concretezza glielo impedisce. Si applica nel presente e non ha paura di affrontare il futuro. Per questo sa essere un padre e un marito assai rassicurante con il quale è facile superare le avversità della vita.
Corrispondenze: segno dello Scorpione. Numero portafortuna: 4. Colore: giallo. Pietra: granato. Metallo: bronzo.

Diego

Significato: istruito
Origine: greca
Onomastico: 12 novembre

È un nome molto diffuso al Sud, e in particolare nella zona agrigentina, in relazione alla lunga dominazione spagnola. Il nome greco originario, *Didachos*, si è affermato prima in lingua latina, ma si è soprattutto imposto nella trasposizione in spagnolo, che è appunto Diego. L'onomastico festeggia s. D., missionario francescano di Alcalà, appunto in Spagna, morto nel 1463. Tra i personaggi famosi, il pittore sempre spagnolo del 1600 D. Velazquez. Nuovo impulso alla sua diffusione è stato dato dal calciatore D. Armando Maradona. Dai libri e dallo studio trae gli insegnamenti della vita che lo rendono rigoroso fino alla ribellione e alla ribellione. Nemico giurato dei potenti e dei dominatori, D. è dotato di una generosità illimitata nei confronti dei più deboli e bisognosi. La passione è per lui uno spreco di tempo ed energie.
Corrispondenze: segno dello Scorpione. Numero portafortuna: 9. Colore: bianco. Pietra: diamante. Metallo: argento.

Dimitri slavo per ➡ **Demetrio**

Dino Dina

SIGNIFICATO: colui che giudica
ORIGINE: ebraica
ONOMASTICO: 30 settembre

Distribuito al Nord e al Centro, è la forma accorciativa dei diminutivi di molti nomi come ➡ Bernardo, ➡ Corrado, ➡ Gherardo, ➡ Riccardo, ➡ Aldobrando. Tuttavia nella *Genesi*, è nome proprio, a sé stante, precisamente quello di Dinah, figlia di Giacobbe e Lia.
Per quelle sue capacità intuitive D. è considerato un buon psicologo, un abile conoscitore dell'animo umano.
Per questa ragione ci si rivolge a lui per chiedere consigli e spiegazioni sui propri comportamenti. Tuttavia D. non vuole considerarsi un punto di riferimento per gli altri, dal momento che non riconosce o sottovaluta queste sue capacità. Uomo cortese, appassionato di montagna, di studi e di letture, D. è un uomo da stimare.
Corrispondenze: segno del Leone. Numero portafortuna: 6. Colore: blu. Pietra: ametista. Metallo: ferro.

Dionisio

SIGNIFICATO: figlio di Giove
ORIGINE: greca
ONOMASTICO: 8 aprile

Il nome è di scarsa diffusione in Italia in questa forma e ancor più rara quella femminile **Dionisia**; mentre la variante **Dionigi** e quella francese **Denis** e **Denise** trovano ampia diffusione. Il nome fa chiaramente trasparire la sua origine greca: Diónoso era un'importante divinità dell'Olimpo; figlio minore di Giove, era il dio della natura, del vino e dell'ebrezza, paragonabile al dio romano Bacco. Numerosi papi e teologi portarono questo nome: il più significativo da ricordare è D. d'Alicarnasso.
Un buon miscuglio di aspetti contrastanti fa di D. un uomo complicato da comprendere e impossibile da conoscere fino in fondo. Sembra a portata di mano, in realtà è lontanissimo. E tutti coloro che gli stanno vicino si sfiniscono in questa rincorsa. D. è riservato e comunicativo, è un sognatore incallito ma anche ambizioso di realizzare i propri progetti, intellettuale ma appassionato di lavori manuali, sembra sconfitto e invece subito riparte.
Corrispondenze: segno dell'Ariete. Numero portafortuna: 6. Colore: arancio. Pietra: acquamarina. Metallo: mercurio.

Domenico Domenica

Significato: destinato a Dio
Origine: latina
Onomastico: 4 agosto

È un nome molto diffuso in tutta Italia, soprattutto al Sud. Deriva dal latino *dominus*, 'signore', e assume il significato cristiano di 'consacrato al Signore', cioè 'a Dio', fin dal IV secolo. Successivamente venne usato anche per i figli nati la domenica. Nel Duecento ci fu una nuova rivalutazione del nome grazie a s. D. di Guzman, fondatore dei Domenicani, morto a Bologna nel 1220. Tra i santi si ricorda anche s. D. Savio, morto nel 1857. Numerosi i derivati da questo nome: **Menico**, **Dominica**, **Micuccia** e i diminutivi **Domenichina** e **Mimmo**. Non va poi dimenticato Meneghino, la maschera di Milano. Tra i personaggi celebri, il pittore rinascimentale D. Ghirlandaio, il pittore spagnolo del Cinquecento D. Theotokópulos, detto 'El greco' per la sua origine cretese; i musicisti del Settecento Scarlatti e Cimarosa (seconda metà del Settecento); lo scrittore contemporaneo D. Rea e il cantautore D. Modugno. Il vulcano lo simboleggia; tutto in lui è fuoco che cova, eruzione, energia, e tutto ciò che tocca diventa incandescente: amore, amicizia, professione, ideali, sogni. Se l'intelligenza e un pizzico di fortuna sono dalla sua, D. riesce a realizzare le proprie aspirazioni altrimenti la sua energia si trasforma in brace sotto la cenere, in una fiammella che aspetta il legno migliore per poter ardere di nuovo furiosamente.
Corrispondenze: segno del Capricorno. Numero portafortuna: 8. Colore: verde. Pietra: smeraldo. Metallo: mercurio.

Domiziano figlio di ➡ Domizio

Domizio Domizia

Significato: mansueto
Origine: latina
Onomastico: 1 luglio

È un nome che deriva dalla storia romana e in particolare da Tito Flavio Domiziano, imperatore dall'81 al 96 d.C. Alla base è il gentilizio latino *Domitius* di cui **Domiziano** e **Dominziana** al femminile è il patronimico. È abbastanza raro, di diffusione più accentrata al Nord e in Toscana. Tra i santi festeggiati dalla Chiesa, s. D. martire di Cesarea del IV secolo. La sottile vena di follia che lo pervade tutto viene decisamente repressa. Ciò procura a D. uno stress quotidiano che lede la sua salute. Il fatto è che D. ha paura di assumere comportamenti al di fuori della morale comune e per-

tanto soffoca le sue qualità più autentiche per nascondersi dietro la maschera del cittadino ordinario.

Corrispondenze: segno della Vergine. Numero portafortuna: 9. Colore: bianco. Pietra: diamante. Metallo: mercurio.

Donato Donata

Significato: regalato da Dio
Origine: latina
Onomastico: 7 agosto

Ampiamente distribuito in tutta Italia, e in particolare, nella sua forma alterata **Donatello**, in Toscana, era anticamente un soprannome, che divenne poi un nome individuale negli ambienti cristiani, solitamente attribuito a un figlio molto atteso e desiderato. L'onomastico festeggia il vescovo e patrono di Arezzo, confessore del IV secolo, o, secondo altri esperti di agiografia, martire sotto Giuliano l'Apostata. Tra i personaggi storici, l'architetto e pittore del Quattrocento Bramante, e lo scultore D. di Niccolò Betto Bardi, detto Donatello, della prima metà del Quattrocento, a cui si deve la forte diffusione in Toscana del nome. Presente ovunque la forma al femminile **Donatella**, il cui onomastico si festeggia il 22 ottobre. Solo nei momenti di crisi sa dare il meglio di sé rivelando le sue qualità migliori: instancabile energia, intraprendenza, coraggio che sconfina con l'eroismo.

Corrispondenze: segno dello Scorpione. Numero portafortuna: 1. Colore: giallo. Pietra: berillo. Metallo: cromo.

Duilio Duilia

Significato: valoroso in guerra
Origine: latina
Onomastico: 1 novembre

Qualche decennio fa si è verificata una decisa ripresa del nome gentilizio di età repubblica *Duilius*, favorita dalla gloria senza tempo del console Gaio D., che riportò la prima grande vittoria navale sui Cartaginesi nel 260 a.C. Con questo nome sono state chiamate poi molte navi da guerra della Marina italiana. Il nome latino dovrebbe derivare da *duellum*, forma arcaica di *bellum*, guerra. È diffuso in tutta Italia. Tra i personaggi del nostro secolo si ricorda il celebre pugile D. Loi. Lo si ammira per le sue qualità – generosità, passione, seduzione – ma allo stesso tempo lo si respinge per i comportamenti volubili come il vento e per i capricci che lo fanno assomigliare a un bambino viziato.

Corrispondenze: segno dei Gemelli. Numero portafortuna: 5. Colore: verde. Pietra: zaffiro. Metallo: argento.

Durante

Significato: che persevera, fermo, risoluto
Origine: latina
Onomastico: 11 febbraio

Il nome si è attestato a partire dal IX secolo dall'originario appellativo latino di significato augurale ('risoluto nella fede, nel bene'), e si è distribuito in tutta Italia, maggiormente in Abruzzo. La forma **Durando** è riscontrabile soprattutto in Emilia Romagna e in Toscana, ed è in uso dal Medioevo per l'influsso del nome parallelo provenzale *Durand*. Il nome abbreviato Dante, diffuso anche nella forma **Danto** in tutta Italia, e in particolare in Lombardia, in Emilia Romagna e in Abruzzo, è in uso già a partire da Duecento, ed è stato reso universale dalla fama del poeta Dante Alighieri (1265-1321), autore della *Divina Commedia*. La Chiesa ricorda s. Danto, martire cristiano a Cartagine nel IV secolo. A D. è bene non fare alcun torto, poiché è incapace di dimenticare e di perdonare i mali ricevuti. Il suo rancore è grande quanto la sua passione per l'amore, un amore che certamente non è carnale ma spirituale. La sua donna viene idealizzata, spiritualizzata, elevata al di sopra di tutti i mortali e tramite le sue virtù D. aspira all'armonia celeste e alla serenità assoluta dell'animo.
Corrispondenze: segno del Cancro. Numero portafortuna: 8. Colore: rosso. Pietra: smeraldo. Metallo: oro.

Nomi di origine femminile

Dafne

Significato: lauro, alloro
Origine: greca
Onomastico: 19 ottobre

Presente nel Nord e nel Centro, soprattutto in Emilia Romagna, è diffuso anche nella variante **Daphne**. Nella mitologia greca era il nome della ninfa, figlia del fiume Peneo in Tessaglia, che, per non cedere all'amore del dio Apollo, chiese e ottenne di essere trasformata in una pianta di alloro. Il mito di D. ha ispirato numerose opere letterarie, in particolare i componimenti poetici di Stazio, Ovidio, D'Annunzio e il melodramma *Dafne* di Rinuccini musicato da Peri nel 1594, oltre a famose opere pittoriche e scultoree, tra cui è da ricordare il gruppo marmoreo del Bernini *Apollo e Dafne*, del 1620, conservato a Roma nella Galleria Borghese. Fu il nome della scrittrice inglese del Novecento Du Maurier. La bambina precoce, sorridente e femminile diventa una donna che ama farsi ammirare, inseguire, desiderare. Maliziosa, seducente, vivace, esuberante, tenera, a D. le si perdona ogni infedeltà, ogni capriccio, ogni indecisione.

Corrispondenze: segno del Leone. Numero portafortuna: 4. Colore: verde. Pietra: smeraldo. Metallo: rame.

Dalia ➡ Delia

Dalila

Significato: povera, misera, umile
Origine: ebraica
Onomastico: 3 novembre

Diffuso nel Nord e nel Centro, soprattutto in Lombardia e in Toscana, è il nome ebraico, come si narra nell'Antico Testamento, della prostituta filistea amante di Sansone, giudice di Israele dell'XI secolo. D. sedusse e raggirò Sansone con tutto il suo fascino, tagliandogli nel sonno la folta chioma in cui stava il segreto della sua forza, e lo consegnò ai Filistei. *Sansone e Dalila* è anche il titolo di un'opera lirica del 1877 del musicista francese Saint-Saëns. Tra i personaggi noti si ricorda l'attrice cinematografica D. Di Lazzaro. Sempre spinta all'avventura e all'azione, D. cerca, così facendo, di dimostrare a se stessa le sue capacità e la sua superiorità. Poco portata alle gioie domestiche, D. non è il prototipo della donna fedele.

Corrispondenze: segno dello Scorpione. Numero portafortuna: 7. Colore: giallo. Pietra: rubino. Metallo: oro.

Debora

Significato: ape
Origine: ebraica
Onomastico: 1 novembre

Accentrato soprattutto in Emilia Romagna e in Toscana, molto diffuso anche nella variante **Deborah**, riprende il nome della profetessa dell'Antico Testamento del XIII secolo che sollevò il popolo ebraico contro l'oppressore cananeo Iabin, re di Asor. Insieme con Barac, valoroso ebreo, celebrò la sua vittoria in un cantico della *Bibbia*, il *Libro dei Giudici IV-V*. Questa vicenda ha ispirato alcune opere letterarie e una serie cinematografica di successo del secondo dopoguerra interpretata dall'attrice scozzese Deborah Kerr, che diede un nuovo impulso alla diffusione del nome in Italia. Nel calendario cristiano non sono presenti sante con questo nome. Ironia affilata, eloquenza, spiccato senso dell'uguaglianza e della giustizia, passione ai limiti dell'aggressività, fanno di D. un'avversaria temibile, sempre pronta a buttarsi nella lotta e ad andare fino in fondo. Deposte le armi, D. diventa un'amante appassionata, tenera, sensuale, che ogni uomi sognerebbe di avere al suo fianco.

Corrispondenze: segno del Capricorno. Numero portafortuna: 3. Colore: arancio. Pietra: berillo. Metallo: mercurio.

Delfina Delfino

SIGNIFICATO: utero
ORIGINE: greca
ONOMASTICO: 24 dicembre

L'origine di questo nome è controversa. Potrebbe derivare infatti dal greco *delphys*, 'utero', divenuto successivamente nome proprio latino, sostenuto dal culto di s. D. vescovo a Bordeaux tra il IV e il V secolo, o essere un nome etnico con significato di 'nativo di Delfi', la città greca famosa per il suo oracolo apollineo (il delfino è infatti il cetaceo caro ad Apollo), oppure potrebbe essere ancora messo in relazione con il carattere e con i valori simbolici di allegria e mansuetudine del cetaceo. Già dal XIII secolo, in Francia, *Dauphin* fu dapprima nome personale poi titolo onorifico per i signori del Delfinato (regione storica della Francia sud-orientale), assegnato in seguito al figlio primogenito erede al trono reale dopo che il Delfinato passò alla corona, nel 1349. Raramente il nome può essere anche una forma abbreviata di **Adelfina** e **Adelfino**. Le sue qualità di grazia, intuito, vivacità e bellezza fisica fanno di D. una donna veramente affascinante, che tutti desiderano avere come amante o come amica. Lei dispensa con generosità le sue doti, i suoi consigli e le sue intuizioni ma in cambio ha tanto bisogno di protezione e amore.
Corrispondenze: segno della Bilancia. Numero portafortuna: 1. Colore: giallo. Pietra: topazio. Metallo: oro.

Delia Delio

SIGNIFICATO: chiara, luminosa, divina
ORIGINE: greca
ONOMASTICO: 1 novembre

Ampiamente diffuso in tutta Italia anche nella forma alterata **Delina** in uso anche al maschile, è un nome di matrice classica e letteraria, in voga a partire dal Rinascimento come epiteto di ➡ Diana, nata e venerata con il fratello Apollo a Delo, l'isola delle Cicladi fatta sorgere dal dio Nettuno affinché la madre Latona vi potesse partorire. Ma potrebbe anche riferirsi a *Delia* (dal greco *dêlos*, 'chiaro'), il nome della donna amata da Tibullo, cantata nel primo libro delle sue *Elegie*. Il suo bisogno più urgente è di essere amata. È vivace, generosa, libera e simpatica. La sua capacità di compassione va di pari passo con un acuto senso della giustizia.
Corrispondenze: segno dell'Acquario. Numero portafortuna: 7. Colore: blu. Pietra: zaffiro. Metallo: oro.

Diana

Significato: luminosa, splendente, chiara
Origine: latina
Onomastico: 10 giugno

Ampiamente diffuso nel Centro e nel Nord anche nella variante **Dianella**, è un nome classico e mitologico, quello della dea italica e romana della caccia, divinizzazione della luna, la cui figura si fuse con quella della dea greca Artemide, figlia di Zeus e di Latona e sorella di Apollo, assorbendone tutte le prerogative. Nella mitologia D. era anche simbolo della castità, poiché mutò in cervo Atteone che l'aveva voluta vedere nuda. Il nome latino *Diana*, derivato forse da *Diviana* originato a sua volta da *dius*, 'luminoso', fu nome e soprannome in età imperiale, ma non si diffuse in ambienti cristiani in quanto considerato pagano. Soltanto dal XIII secolo divenne nome cristiano per il culto della beata D. d'Andalò, domenicana di Bologna. Nuovo impulso alla sua diffusione sarà sicuramente la precoce e tragica morte di Lady Diana, moglie divorziata del primogenito della regina Elisabetta II d'Inghilterra. La sua aristocratica alterezza la pongono al di sopra degli altri ai quali non resta che osservare e subire i suoi comportamenti audaci, incostanti, ribelli e capricciosi. La sua fantasia cela in realtà una certa disinvoltua e la sua originalità è dettata dall'instabilità.
Corrispondenze: segno dei Gemelli. Numero portafortuna: 3. Colore: rosso. Pietra: rubino. Metallo: rame.

Diletta Diletto

Significato: amata, prescelta
Origine: latina
Onomastico: 8 maggio

Diffuso nel Nord e nel Centro, nella forma maschile è in uso soprattutto in Toscana. È un nome affettivo attribuito generalmente a figli molto attesi, desiderati e amati. Nel rapporto con gli altri cerca la dolcezza, la raffinatezza e la tenerezza. Se non li trova, si rifugia in un mondo fatto di immaginazione e sogni. Se trova l'uomo che si dimostra come lei lo desidera, è la donna in assoluto più fedele sulla terra.
Corrispondenze: segno del Cancro. Numero portafortuna: 5. Colore: viola. Pietra: ametista. Metallo: stagno.

Dolores spagnolo per ➡ Addolorata

Dora ➡ Doris

Doris

Significato: proveniente dalla Doride
Origine: greca
Onomastico: 1 novembre

È un nome etnico e mitologico, diffuso principalmente nel Nord e nel Centro, corrispondente alla ninfa greca del mare, figlia di Oceano e Teti e madre delle Nereidi, che divenne in Grecia e a Roma nome personale femminile. Così si chiamava la moglie di Dioniso, tiranno di Siracusa. È il nome dell'attrice cinematografica americana D. Day. Come un essere che viene dal nulla, D. sfugge dalle mani in continuazione. La si vorrebbe tenere vicina per la sua fresca vivacità, la sua gioia di vivere, la sua fragilità, la sua fantasia, la sua malizia. Ma quando ha deciso di fuggire, nulla e nessuno la riesce a trattenere.
Corrispondenze: segno dei Gemelli. Numero portafortuna: 2. Colore: giallo. Pietra: topazio. Metallo: mercurio.

Dorotea

Significato: dono di Dio
Origine: greca
Onomastico: 6 febbraio

È un nome caduto in disuso nella forma maschile, anche se in epoca cristiana furono usate entrambe le forme. Il nome D. è composto dalle parole greche *doron* 'dono' e *théos* 'dio' con significato complessivo di 'dono di Dio'. Nel nostro linguaggio moderno è entrata in uso comune la parola dorotea o doroteiana per indicare la corrente della Democrazia cristiana che, nata come secessione dalla corrente tradizionale, prese il nome dal convento di s. D. a Roma dove si riunì per la prima volta nel 1959. Un'abbreviazione comune è **Tea**. D. è piuttosto inaccessibile. Possiede tutti di doni per piacere – intelligenza, sensibilità, generosità – ma a lei non interessa. Preferisce vagare nel suo mondo in cerca di risposte, evanescente e instabile come la luna.
Corrispondenze: segno del Toro. Numero portafortuna: 9. Colore: giallo. Pietra: topazio. Metallo: mercurio.

Eberardo

Significato: forte come un cinghiale
Origine: germanica
Onomastico: 22 giugno

Il nome è proprio del Nord; nelle varianti in Ev- è attestato più al Centro. A partire dall'VIII secolo, si lega al culto per vari santi, tra cui s. E. vescovo e confessore in Francia. È presente nelle varianti **Everardo**, **Everaldo**, **Evrardo** e, nel femminile, **Evarard**a. E. non spreca mai una parola come se fossero monete d'oro. È la sua intelligenza riflessiva che gli suggerisce di non parlare se non dopo aver ponderato le parole. Quale meravigliosa virtù sconosciuta ai più e racchiusa in un animo austero e solido!
Corrispondenze: segno dell'Ariete. Numero portafortuna: 3. Colore: rosso. Pietra: rubino. Metallo: ferro.

Edgardo

Significato: potente con la lancia
Origine: anglosassone
Onomastico: 8 luglio

Discretamente diffuso, ma più frequente in Emilia Romagna, il nome si è affermato per il prestigio del re d'Inghilterra del X secolo E. I e di E. re di Scozia dal 1097 al 1107. Ma si è affermato, a partire dall'Ottocento, soprattutto come nome letterario, grazie al romanzo del 1819 *The Bride of Lammermoor*, di W. Scott, che fu adattato per il melodramma di Gaetano Donizetti *Lucia di Lammermoor*, del 1835, dove il protagonista porta appunto questo nome. La Chiesa ricorda s. E., vescovo di Francia. Portarono questo nome, nella forma inglese e francese *Edgar*, gli scrittori Poe (1809-1849), Wallace (1875-1932) e Lee Masters (1869-1950), nonché il pittore Degas (1834-1917). E. è uomo metodico e sistematico che ama i gatti e le farfalle e, in generale, tutto ciò che vive, animali, persone, fiori e piante. Simpatico, vivace e profondamente intuitivo, E. non rivela a nessuno il suo segreto di felicità.
Corrispondenze: segno dei Gemelli. Numero portafortuna: 3. Colore: blu. Pietra: zaffiro. Metallo: mercurio.

Edmondo Edmonda

Significato: protettore di ricchezza
Origine: anglosassone
Onomastico: 20 novembre

È distribuito in tutta Italia, più frequente in Campania e in Emilia Romagna, dove è diffuso nelle forme abbreviate **Edmo** e **Edmeo**, usate anche al femminile. Il nome ha iniziato a diffondersi nella seconda metà dell'Ottocento per la fama del protagonista del popolare romanzo di A. Dumas padre *Il conte di Montecristo*. La Chiesa festeggia s. E., martire per decapitazione nell'870 e l'arcivescovo E. Rich di Canterbury, morto nel 1240 e patrono delle partorienti. Famoso lo scrittore dell'Ottocento E. De Amicis, autore del conosciutissimo libro *Cuore*. E. si dirige con passo sicuro verso il benessere che è scritto nel suo destino. Gli agi, che con determinatezza si conquista, non sono fini a se stessi ma fortemente voluti in vista della grande famiglia che intende formare, alla quale darà tutto di sé e dalla quale pretenderà ubbidienza e rispetto per tutto ciò che ha fatto.
Corrispondenze: segno del Leone. Numero portafortuna: 1. Colore: viola. Pietra: granata. Metallo: oro.

Edoardo Edoarda

SIGNIFICATO: che vigila sui beni
ORIGINE: anglosassone
ONOMASTICO: 13 ottobre

È distribuito in tutta Italia, soprattutto al Nord, e in Campania prevalentemente nella forma, forse dialettale, **Eduardo**, che potrebbe però essere stata ripresa anche dal latino ecclesiastico *Eduardus*. In Emilia Romagna è usata invece la forma **Odoardo**. La diffusione del nome si può far risalire alla fama dei re d'Inghilterra, da E. I del XIII secolo fino a E. VIII duca di Windsor, che abdicò nel 1936. La Chiesa ricorda s. E. detto il Confessore, re d'Inghilterra, morto nel 1066, e s. E. II principe anglosassone, martirizzato a dodici anni nel 979. Tra i personaggi di fama più recente, il drammaturgo e attore napoletano E. De Filippo e il poeta E. Sanguineti. Come Edmondo, E. ama la ricchezza e le grandi fortune che costruisce nel corso della sua vita. Si appassiona inoltre alla retorica, alle battaglie per le idee, ai nuovi orizzonti e agli spazi sterminati. È fondamentalmente un intellettuale.
Corrispondenze: segno del Capricorno. Numero portafortuna: 5. Colore: rosso. Pietra: rubino. Metallo: oro.

Efisio Efisia

SIGNIFICATO: cittadino di Efeso
ORIGINE: greca
ONOMASTICO: 15 gennaio

È un nome prettamente tipico della Sardegna: s. E. è patrono, infatti, dell'isola, oltre che del capoluogo, Cagliari. L'origine del nome potrebbe essere bizantina, dalla città di Efeso, sul mar Egeo. Il suo sviluppo come nome deriva proprio, a partire dal Medioevo, dal culto di s. E., martire a Pula sotto Diocleziano e debellatore degli eretici, come vuole la tradizione locale. Di fronte alle difficoltà E. fugge. Ma se questo comportamento è ritenuto da molti irresponsabile e codardo, non dimentichiamo che la fuga dalla realtà e la ricerca creativa sono le prerogative principali del vero artista, quello autentico, non quello che rifila patacche.

Corrispondenze: segno del Toro. Numero portafortuna: 8. Colore: verde. Pietra: rubino. Metallo: rame.

Egidio Egidia

Significato: capretto, figlio di Egeo
Origine: greca
Onomastico: 1 settembre

Il nome sembra derivare in forma diretta dal greco *aighidion*, che indica il piccolo della capra, il capretto. Ma a questo punto emerge una possibile connessione etimologica con il nome di quel mare greco, l'Egeo, che esprimerebbe in forma propria la caratteristica, comune alle onde di tutti i mari, di un movimento simile ai salti delle capre. Secondo la tradizione mitologica, però, tale mare venne così chiamato dopo che nelle sue acque si gettò il mitico re ateniese che portava questo nome, avendo creduto fallita l'impresa del figlio Teseo contro il Minotauro e Teseo stesso ucciso dal mostro. In questo caso allora Egidio significherebbe 'figlio di Egeo'. Sta di fatto che è attestata una ripresa del nome in ambiente latino a partire dal V secolo. Successivamente ha avuto una sua storia non solo in Italia, dove si è propagato maggiormente nel Nord e in particolare in Lombardia, ma anche in Francia, nella forma *Gilles*, presente anche nelle zone del Piemonte e della Valle d'Aosta come **Gillo**. L'onomastico si festeggia in onore di s. E., abate nel monastero di Arles in Provenza, morto nel 725, patrono dei tessitori e degli storpi. Tra i personaggi famosi, il regista cinematografico Gillo Pontecorvo e il critico d'arte Gillo Dorfles. L'ansia profonda che lo attanaglia sfocia in una frenetica attività grazie alla quale, il più delle volte, riesce ad arrivare al successo. Ma non è il successo che interessa a E. e per questo suo disinteresse viene giudicato cinico e superbo.

Corrispondenze: segno dell'Ariete. Numero portafortuna: 1. Colore: verde. Pietra: smeraldo. Metallo: mercurio.

Egisto Egista

Significato: allevato dalle capre
Origine: greca
Onomastico: 1 novembre

È un nome localizzato maggiormente in Toscana e nell'Italia settentrionale e ha cominciato a diffondersi nel Rinascimento, a ricordo della tradizione mitologico-letteraria greca, che voleva E. usurpatore di Micene e amante di Clitennestra, moglie di Agamennone. Secondo alcuni, però il nome non avrebbe un'etimologia comune a quella di ➡ Egidio che quasi tutti rilevano, ma sarebbe composto da un tema non meglio rilevato se non come 'pioppo' (*aighi*) e da un secondo elemento certo *sthenos*, che significa 'forte'. Secondo questa tesi, dunque, potrebbe significare 'resistente come un pioppo'.

Meticoloso, ordinato, preciso, E. è fatto per gli spazi piccoli, per le costruzioni in miniatura, per i lavori di precisione come l'orologiaio o l'orafo.

Corrispondenze: segno del Leone. Numero portafortuna: 4. Colore: blu. Pietra: smeraldo. Metallo: bronzo.

Eleano figlio di ➡ Elio

Elia

SIGNIFICATO: Dio è il mio Signore
ORIGINE: aramaica
ONOMASTICO: 20 luglio

Diffuso in tutta Italia, è un nome che, al di là dell'origine, si trova attestato fin dall'antichità come tipico nome biblico, in riferimento al primo profeta d'Israele. *El Yah* era il nome usato per indicare *Yavhè*, in quanto era vietato pronunciare direttamente il nome di Dio nella religione ebraica. Da qui, la derivazione ebraica del nome. Il nome è pienamente accettato dalla Chiesa cattolica, che riconosce il profeta E. tra i suoi santi. Portarono inoltre questo nome altri martiri, come un papa di origine bulgara morto nel 190, e il diacono compagno di san Dionigi, decapitato a Parigi nel 372. Tra i contemporanei famosi il regista cinematografico statunitense E. Kazan.

Non deve rinunciare alla sua vocazione di qualunque tipo sia. Se E. resterà sordo ai suoi richiami, la sua vita diventerà un inferno: la sua timidezza gli impedirà di comunicare, un malessere lo invederà tutto e non gli consentirà di vivere. La sua intelligenza e la sua capacità di seduzione saranno doti ingombranti e imbarazzanti.

Corrispondenze: segno dell'Acquario. Numero portafortuna: 3. Colore: blu. Pietra: zaffiro. Metallo: rame.

Eliano figlio di ➡ Elio

Eligio Eligia

SIGNIFICATO: eletto da Dio
ORIGINE: latina medioevale
ONOMASTICO: 1 dicembre

La presunta origine ecclesiastica viene messa in dubbio da taluni studiosi, che preferiscono far risalire il nome alla cultura germanica, nel significato di 'nobile guida'. Altri studiosi ancora lo fanno risalire a un attributo greco di Zeus, nel significato di 'luminoso, lucente'. Comunque sia, il nome è diffuso in tutta Italia, ed è in relazione con il culto di s. E., vescovo di Noyon, in Francia, morto in Olanda nel 660. S. E. fu abilissimo orefice e per questo la Chiesa lo festeggia come protettore di orafi e gioiellieri. Riflessivo, pacato, maniaco della precisione, pesa e valuta le cose mille volte, passando per incurabile indeciso. In realtà sono solo la sua intelligenza e la sua ossessione dell'ordine che lo trattengono in vista di un'azione. Quando la intraprende, è deciso, coraggioso e per nulla rinunciatario.
Corrispondenze: segno dell'Ariete. Numero portafortuna: 5. Colore: giallo. Pietra: topazio. Metallo: oro.

Elio Elia

SIGNIFICATO: sole
ORIGINE: greca
ONOMASTICO: 19 settembre

È un nome molto diffuso in tutta Italia anche nelle forme derivate, tra cui le più conosciute sono **Elios**, i patronimici **Eliano** (anche nella forma femminile) ed **Eleana**, **Elinda**, **Eliodoro** che significa 'dono del Sole'. Il tipo fondamentale deriva dal greco, trasferito poi come soprannome nella lingua latina, anche se esiste una forma di origine incerta, probabilmente etrusca, che ha dato vita al gentilizio romano, *Aelius*. L'onomastico si festeggia in onore di s. E., martire nel 310. La Chiesa ricorda il 20 luglio anche s. E. profeta del X secolo e vari monaci ed eremiti. Tra i personaggi contemporanei, E. Vittorini, scrittore, ed E. Petri, regista cinematografico. Solenne, maestoso, grave, il suo temperamento sembra tener lontano le avversità ma anche gli altri. Per questo la fantasia e l'avventura gli sono impossibili mentre la riflessione e la solitudine sono le necessarie conseguenze.
Corrispondenze: segno dell'Acquario. Numero portafortuna: 7. Colore: rosso. Pietra: ametista. Metallo: ferro.

Eliseo Elisea

SIGNIFICATO: il mio Dio è salvezza
ORIGINE: ebraica
ONOMASTICO: 14 giugno

È distribuito uniformemente nell'Italia centro-settentrionale e deriva dal nome del secondo profeta d'Israele, successore di Elia, che riposa in un sepolcro in Samaria dove, secondo s. Girolamo, 'i demoni ne hanno orrore'. Viene riconosciuto anche dalla Chiesa cattolica. Curiosamente in Italia molti sono disposti a credere che la sua forma femminile sia ➡ Elisa. Modesto, discreto, introverso, sognatore, E. è un abile costruttore di mondi immaginari. Tuttavia nella vita familiare è allegro, sereno, ottimista.

Corrispondenze: segno dei Pesci. Numero portafortuna: 5. Colore: arancio. Pietra: ambra. Metallo: oro.

Elviano figlio di ➡ Elvio

Elvio Elvia

Significato: di colore giallo-rossastro
Origine: latina
Onomastico: 27 ottobre

La sua origine è attestata dal nome gentilizio latino *Helvius*, derivato dal soprannome *helvius* che si riferisce al colore dei capelli tendenti al biondo-rossastro. È molto diffuso al Nord e al Centro anche nelle sue forme derivate che si rifanno ad altri nomi gentilizi latini, come il patronimico **Elviano**. Per la forma derivata **Elvino**, invece, l'origine del nome è diversa, traendo spunto, soprattutto nella sua diffusione emiliano-romagnola, dal successo del protagonista dell'opera lirica *La sonnambula* di Vincenzo Bellini. In questo caso l'origine è danese, con il significato di 'amico degli elfi'. La Chiesa ricorda s. E. vescovo della Gallia. Per essere deve apparire. Ed è solo grazie al calore, alla tenerezza e alla delicatezza che irradia, che E. riesce a conquistare molti amici. Altrimenti per i suoi tipici comportamenti fasulli sarebbe fuggito come la peste.

Corrispondenze: segno del Cancro. Numero portafortuna: 8. Colore: arancio. Pietra: berillo. Metallo: argento.

Emanuele Emanuela

Significato: Dio è con noi
Origine: ebraica
Onomastico: 26 marzo

Diffuso in tutta Italia nelle sue varie forme, ha molti derivati, **Emanuele**, **Emmanuele**, **Manuele**, nonché **Manuel**, **Manolo**, rispettivamente il corrispondente e il suo diminutivo in lingua spagnola. **Emanuele Filiberto** è invece un abbinamento inscindibile creatosi in rapporto al prestigio di alcuni re di casa Savoia che portarono questo nome. L'origine ebraica di E. è attestata nell'Antico Testamento dal profeta Isaia, che così denomina il futuro Messia, salvatore del popolo d'Israele. L'onomastico è in onore di s. E., martire con s. Teodosio in Asia Minore, ma la sua diffusione maggiore si è avuta a partire dal Cinquecento, con l'affermarsi del casato dei Savoia. La Chiesa festeggia anche s. E. Ruiz, morto nel 1860, il 10 luglio, e il beato spagnolo E. Domingo y Sol, morto nel 1909. Tra i personaggi celebri, il cinquecentesco duca di Savoia, Emanuele Filiberto, detto 'testa di ferro', il filosofo tedesco Kant (1724-1804) e il pilota automobilistico argentino Josè Manuel Fangio.

La sua natura è rivolta all'introversione tuttavia ha molte buone qualità: forza, fedeltà, generosità, ampiezza di vedute.

È solido e dotato di un'intelligenza vivace, ha capacità di sintesi e ha un cuore puro e semplice.

Corrispondenze: segno della Vergine. Numero portafortuna: 3. Colore: arancio. Pietra: rubino. Metallo: oro

Emiliano figlio di ➡ Emilio

Emilio Emilia

Significato: emulo, rivale
Origine: latina
Onomastico: 28 maggio

Il nome è stato ripreso, a partire dal Medioevo e dal Rinascimento, dall'antico gentilizio latino *Aemilius*, di probabile origine etrusca, e si è diffuso in tutta Italia, più compattamente in Lombardia. La Chiesa festeggia s. E. martire in Sardegna e santa E. di Vialar, che fondò a Marsiglia, nell'Ottocento, l'Istituto delle Suore di s. Giuseppe dell'Apparizione. Personaggi famosi furono M. E. Lepido, console romano che fece costruire la via Emilia; il politico rivoluzionario messicano Emiliano Zapata; gli scrittori Salgari (1863-1911) e Zola (1840-1902); la poetessa statunitense Emily Dickinson; il pittore veneziano del Novecento Vedova e lo scultore siciliano Greco. Nella forma derivata **Emiliano**, in uso anche al femminile e accentrata per lo più in Toscana, viene festeggiato, il 6 dicembre, s. E. vescovo di Nantes, patrono di Trevi (PG) e dei farmacisti. Pur di raggiungere gli scopi prefissi utilizza stratagemmi e compromessi. È astuto, deciso e intraprendente. Un simile comportamento gli è assai utile nella vita professionale dove ottiene sempre il meglio; nella vita familiare tuttavia si mostra ottimista, attento e fedele. La sua donna però non deve mai stancarsi di ammirarlo e lodarlo.

Corrispondenze: segno dei Gemelli. Numero portafortuna: 8. Colore: blu. Pietra: lapislazzuli. Metallo: argento.

Enea

Significato: lodato, approvato
Origine: greca
Onomastico: 15 novembre

L'antico nome greco *Aineias*, latinizzato in *Aeneas*, era popolarmente interpretato con il significato derivato da *ainos* ('terribile, che incute paura'), ma alla base del nome personale esiste anche un'etimologia pregreca di significato incerto, forse dal nome di *Aina*, ossia Afrodite, divinità dell'amore: il nome potrebbe significare, quindi, anche 'figlio di Aina'. L'uso, dal Medioevo, riprende comunque il nome dell'eroe troiano figlio del re Priamo e della dea Afrodite, fondatore della stirpe da cui sarebbero discesi i Romani. Il nome è già presente nell'*Iliade* di Omero, ma si è diffuso soprattutto attraverso la lettura dell'*Eneide* di Virgilio, distribuendosi in tutta Italia, con maggiore frequenza nel Nord e in Emilia Romagna. Nel Settecento la fortuna del nome aumentò grazie al melodramma di P. Metastasio *Didone abbandonata*, di cui E. è il protagonista maschile. La Chiesa festeggia il beato E. di Faenza dei Servi di Maria, morto nel 1437. È un uomo dal fascino immenso. È un cavaliere che è sempre in partenza per qualche avventura dello spirito o del cuore. Agli altri si può solo augurare di venire contagiati dal suo fascino.
Corrispondenze: segno dei Pesci. Numero portafortuna: 6. Colore: giallo. Pietra: rubino. Metallo: oro.

Ennio

Significato: predestinato, favorito (da Dio)
Origine: latina
Onomastico: 1 novembre

Dal gentilizio latino *Ennius*, poi divenuto nome personale, forse di origine messapica, il nome si è attestato, a partire dal Rinascimento, più diffusamente al Nord e al Centro. È stato reso illustre dal poeta epico e tragico latino Quinto E., nato a Rudiae, presso Lecce, nel 239 a. C. La sua ironia sfiora l'impertinenza e l'insolenza. Tuttavia a volte si toglie questa armatura ingombrante e allora diventa uno spasso per chi gli sta accanto.
Corrispondenze: segno del Toro. Numero portafortuna: 10. Colore: azzurro. Pietra: topazio. Metallo: rame.

Enrico Enrica

Significato: potente, dominatore nella sua patria
Origine: germanica
Onomastico: 13 luglio

Il nome è diffuso in tutta Italia. Nel Nord, particolarmente in Lombardia, è

dominante la forma Enr-, mentre nel Lazio e in Campania prevale la variante Err-; in Calabria è diffusa anche la forma **Errigo**. **Arrigo** è una variante con forza di nome proprio, attestata già dall'XI secolo soprattutto in Toscana. Il nome germanico di base si è affermato in Italia per il prestigio di imperatori e re di Germania, Sassonia, Svevia e Lussemburgo, ma nella storia ben quattro re di Francia, due del Portogallo e otto d'Inghilterra portarono il nome E.: tra questi, famoso E. VIII, che promosse lo scisma dalla Chiesa cattolica e si proclamò capo della Chiesa anglicana nel 1531. La Chiesa ricorda s. E., secondo imperatore di Germania, morto nel 1024. Molti i personaggi storici con questo nome: il fisico italiano Fermi; l'eroe della Prima guerra mondiale Toti; il presidente statunitense H. Truman; i pittori francesi H. Matisse e H. Toulouse Lautrec, il pittore italiano Baj; il drammaturgo norvegese H. Ibsen (1828-1906); il tenore Caruso (1873-1921). E. è chiaro e allegro come il suo nome. Il suo aspetto è cavalleresco, ricco di una grazia semplice e aristocratica. Non insegue né il denaro né la conoscenza; ha bisogno di credere in qualche utopia per fuggire dalla realtà con la quale, ciò malgrado, comunica con inaspettata facilità. È generoso, entusiasta e vivace.
Corrispondenze: segno del Sagittario. Numero portafortuna: 9. Colore: viola. Pietra: ametista. Metallo: argento.

Eraldo

SIGNIFICATO: forte, valoroso nell'esercito
ORIGINE: germanica
ONOMASTICO: 25 giugno

È distribuito prevalentemente al Nord, soprattutto in Liguria, e nel Centro, anche nella variante Erardo, e significa anche 'vecchio guerriero'. Può essere altresì una variante fonetica o un'alterazione di ➡ Aroldo. Viene festeggiato anche il 12 luglio, in ricordo di s. E., vescovo di Moriana nel XII secolo. Serietà, gravità, austerità imbrigliano il suo carattere naturalmente portato al sogno e alla contemplazione. Come se la razionalità e la riflessione volessero smorzare gli slanci dell'intuizione e dell'impulsività.
Corrispondenze: segno del Cancro. Numero portafortuna: 2. Colore: blu. Pietra: diamante. Metallo: mercurio.

Erasmo

SIGNIFICATO: amato, desiderato
ORIGINE: greca
ONOMASTICO: 2 giugno

Il nome si è variamente distribuito in Italia: nel Lazio e in Campania prevale la forma canonica; nel Centro-Sud **Eramo**; nel Nord, soprattutto in Veneto, **Ermo**. Vi sono infine le forme **Elmo** e **Telmo** nel Centro-Nord,

nonché **Telma** e **Thelma** per il femminile. Il nome greco originario era affettivo e augurale, con il significato di 'desiderato' riferito ai figli, frequente anche nella Roma antica e a partire dal Medioevo. Si è diffuso soprattutto grazie al culto per s. E., detto Elmo, vescovo e martire di Formia di cui è patrono, morto nel 303, venerato anche come patrono di Gaeta e dei marinai, che già dal Medioevo ne invocavano la protezione contro i 'fuochi di sant'Elmo', vale a dire i fenomeni luminosi provocati dall'elettricità, che di notte si verificavano in cima agli alberi delle navi. Dal nome dello stesso santo, nella forma Rasmo, deriva il 'mal di rasmo', cioè il mal di ventre; pare infatti che il martire fosse stato sventrato. Famoso l'umanista olandese E. da Rotterdam, autore nel 1509 della celeberrima satira contro la teologia scolastica *Elogio della follia*. La perfezione è il suo ideale e gli procura cocenti delusioni. Le approssimazioni e il pressapochismo che lo circondano lo fanno impazzire ma a nulla valgono i tuoi tentativi per rimediarvi. È ambizioso e competitivo, ed è notevolmente portato per la musica e i lavori manuali.
Corrispondenze: segno del Sagittario. Numero portafortuna: 8. Colore: giallo. Pietra: diamante. Metallo: ferro.

Ercolano ➡ Ercole

Ercole Ercolina

SIGNIFICATO: illustre grazie alla protezione di Era
ORIGINE: greca
ONOMASTICO: 12 agosto

Il nome greco originario *Heracles* si è latinizzato in *Hercules* per il tramite dell'etrusco *Hercles* e ha avuto ampia diffusione in tutta Italia, in modo più compatto al Nord, a partire dal Trecento. La matrice è classica e letteraria, per la fama del figlio di Zeus e Alcmena, dio degli atleti, celebre per la sua forza eccezionale che gli consentì di sostenere le fatidiche 'dodici fatiche'. Nel Nord il nome si diffuse anche per il prestigio di marchesi e duchi di Modena e Reggio Emilia dal XV al XVIII secolo. L'onomastico ricorda s. E., patrono di Salò, che fu vescovo di Brescia. Il nome **Ercolano** deriva dal latino *Herculanus* con il significato di 'sacro, dedicato a Ercole'. La Chiesa festeggia il 7 novembre s. Ercolano, vescovo e martire di Perugia del VI secolo. Del mito greco E. condivide il dilemma tra la virtù e il piacere, i rigidi principi morali e le attrattive della dolce vita. Per superare questi aspetti contraddittori del suo carattere, E. fa ricorso all'autoironia, alla levità e alla spensieratezza con cui affronta le cose.
Corrispondenze: segno dell'Acquario. Numero portafortuna: 4. Colore: blu. Pietra: rubino. Metallo: ferro.

Eriberto

Significato: illustre nel suo esercito
Origine: germanica
Onomastico: 16 marzo

Il nome è di tradizione longobarda, per il prestigio dei re **Ariperto** I e II, che regnarono dal 653 al 712. Il femminile è piuttosto raro; al maschile sono in uso anche le varianti **Ariberto** ed **Erberto**. È accentrato al Nord e raro nel Centro, e si è diffuso soprattutto per il culto di s. E. arcivescovo di Colonia, morto nel 1021, e di s. Ariberto, vescovo di Tortona nel IV secolo. Vigore, forza, virilità ma anche allegria, spontaneità, estroversione. Questo è E. troppo impaziente e curioso per analizzare le cose, troppo fantasioso e poetico per i rigori della scienza.
Corrispondenze: segno dei Gemelli. Numero portafortuna: 1. Colore: giallo. Pietra: lapislazzuli. Metallo: stagno.

Ermanno

Significato: uomo d'esercito
Origine: germanica
Onomastico: 7 aprile

La diffusione del nome, di tradizione longobarda, si è verificata in tutta Italia, soprattutto in Lombardia e nelle zone di Milano e Como, a partire dal X secolo, nelle forme in latino medioevale *Harimannus, Hermannus* e *Armannus.* Gli 'Arimanni' erano, nella società longobarda, gli 'uomini liberi' che possedevano terre ereditarie e combattevano come guerrieri per difendere punti strategici. I nomi E. e ➡ Armando hanno dato origine alla recente forma **Ermando**, usata anche al femminile; altre varianti in uso sono **Ermano** e **Armanno.** La Chiesa festeggia il beato E. di Colonia, morto nel 1241, patrono dei celibi. L'eccesso abita in lui; ogni aspetto della sua personalità contraddittoria è portato alle estreme conseguenze: amore, ribellione, avventura, regola, contemplazione, rigore. Ammalia con la sua carica seducente e i suoi molteplici desideri che non riesce a soddisfare.
Corrispondenze: segno dei Gemelli. Numero portafortuna: 2. Colore: bianco. Pietra: diamante. Metallo: ferro.

Ermenegildo Ermenegilda

Significato: capace nei sacrifici
Origine: germanica
Onomastico: 14 aprile

Il nome, di tradizione gotica, si attestò in Spagna già dal VI secolo, per la fama del re visigoto Herminigild, che nel 585 fu fatto giustiziare dal padre

per aver abiurato la religione ufficiale ariana ed essersi convertito al cattolicesimo. Il culto per questo personaggio, divenuto santo della Chiesa cattolica, può avere in parte promosso l'introduzione del nome anche in Italia, soprattutto nel Nord, dove si ritrovano al femminile la variante **Zilda** e le forme ridotte e più diffuse **Gildo** e **Gilda**. Gilda è anche un personaggio del *Rigoletto* di G. Verdi, un'opera del 1851, che ha sicuramente contribuito alla diffusione al nome. Comunemente la Chiesa ricorda s. E. martire a Tarragona nel 585. A E. non importa dimostrarsi fedele nei confronti delle donne che ama. È versatile e incostante, e mal sopporta le avversità al punto che è disposto a cambiare completamente vita, professione, amore alle prime avvisaglie di difficoltà.
Corrispondenze: segno della Bilancia. Numero portafortuna: 4. Colore: azzurro. Pietra: ametista. Metallo: argento.

Ermes

SIGNIFICATO: che annuncia, che riferisce
ORIGINE: greca
ONOMASTICO: 4 gennaio

È il nome greco del dio, figlio di Zeus e di Maia, che era messaggero degli dei, protettore dei viandanti, degli araldi, dei mercanti, dei ladri e delle greggi, corrispondente al dio romano Mercurio. Mantenendo questo collegamento con il mito, il nome era comune sia in Grecia sia nella Roma imperiale, come gentilizio prima e poi come nome personale di schiavi e liberti. È attualmente diffuso soprattutto al Nord e in particolare in Emilia Romagna. Tra le varianti più in uso si ricordano: **Hermes**, **Ermete** e il femminile **Ermentina**. La diffusione è avvenuta anche per il culto di s. Ermete, martire a Bologna sotto Diocleziano. Il suo unico nemico è la noia. Per il resto il suo coraggio straordinario riuscirebbe a sconfiggere un intero esercito. È temerario, retto e ignora la meschinità dei compromessi.
Corrispondenze: segno della Vergine. Numero portafortuna: 3. Colore: blu. Pietra: diamante. Metallo: rame.

Ernesto Ernesta

SIGNIFICATO: serio, severo, onesto, fedele
ORIGINE: germanica
ONOMASTICO: 7 novembre

Il nome si è affermato in Italia a partire dal tardo Medioevo, e si è diffuso ampiamente, ma più compattamente al Nord. Nelle forme abbreviate **Erno** ed **Erna** è attestato soprattutto nella provincia di Bolzano. È un nome appartenuto a vari santi, tra cui s. E. abate di Zwiefalten, in Germania, predicatore in Arabia e il conte di Hobenstein, arcivescovo di Praga, martire di Svevia, festeggiato il 13 luglio. Famosi lo scrittore statunitense E. Hemingway, l'attore teatrale Calindri e il guerrigliero Guevara, detto 'Che'. Ha due nature contrastanti altrettanto forti e prorompenti, che non gli agevolano la vita: l'una preoccupata delle convenzioni sociali, del successo, dei riconoscimenti, l'altra incurante dei formalismi, dei valori e delle norme tradizionali. Se a ciò aggiungiamo un cuore tenero e generoso, la miscela diventa esplosiva. **Corrispondenze:** segno dello Scorpione. Numero portafortuna: 9. Colore: giallo. Pietra: opale. Metallo: rame.

Eros

SIGNIFICATO: amore
ORIGINE: greca
ONOMASTICO: 24 giugno

È il nome, nella mitologia greca, del dio dell'amore, corrispondente al latino Cupido, già nome personale nel mondo ellenistico e romano. È diffuso prevalentemente al Nord, soprattutto in Emilia Romagna, anche per il culto di s. E. martire in Armenia. Lo si trova anche nella variante **Heros**. È troppo facile definirlo debole, codardo o rinunciatario solo perché di fronte alle difficoltà della vita o agli avversari preferisce voltare le spalle e andarsene. È un filosofo, un pensatore, un saggio al quale non è certo sfuggita la differenza tra l'incolumità della rinuncia e i rischi sicuri di un'incerta vittoria. **Corrispondenze:** segno del Capricorno. Numero portafortuna: 5. Colore: verde. Pietra: smeraldo. Metallo: stagno.

Ettore

SIGNIFICATO: reggitore (del popolo)
ORIGINE: greca
ONOMASTICO: 20 giugno

Il nome è di matrice classica e letteraria, e riprende, a partire dal Medioevo, la fama dell'eroe troiano dell'*Iliade*, figlio di Priamo, strenuo difensore di Troia, che morì per mano di Achille, determinato a vendicare la morte dell'amico Patroclo ucciso appunto dall'eroe troiano. Si è ampiamente diffuso nel Nord, soprattutto in Lombardia e nel Trentino, e ha avuto nuovo incremento nell'Ottocento grazie al popolare romanzo storico di M. d'Azeglio *Ettore Fieramosca*, condottiero di ventura, che guidò vittoriosamente la disfida di Barletta contro i Francesi nel 1503. Sono discretamente in uso anche le forme femminili **Ettora** ed **Ettorina**. È facile alla collera e sa vivere nell'azione. Chi gli vive accanto conosce la fatica di tenere il passo a tutta la sua frenesia di vita. E. è fedele, coraggioso, sincero, ama il successo e la gloria, e non conosce il dubbio né l'odio. La sua preoccupazione costante è il benessere dei suoi cari che lascia, tuttavia, in balia delle sue gesta.

Corrispondenze: segno dei Pesci. Numero portafortuna: 6. Colore: giallo. Pietra: topazio. Metallo: rame.

Eugenio Eugenia

SIGNIFICATO: ben nato, di nobile stirpe
ORIGINE: greca
ONOMASTICO: 13 luglio

Assai diffuso in tutta Italia, continua il nome già comune sia in Grecia sia a Roma in età imperiale. Quattro papi, sovrani e principi ne promossero la diffusione che avvenne in particolare per la fama di E. di Savoia, comandante delle forze francesi contro i Turchi dal 1693 al 1735, e di E. Emanuele, principe di Carignano, dell'Ottocento. La Chiesa ricorda s. E. vescovo di Cartagine; un vescovo di Toledo e s. E. diacono di san Zenobio in Firenze, di cui è patrono. Famosi il drammaturgo statunitense O'Neill, il commediografo francese Ionesco, entrambi del Novecento, e il poeta Montale (1896-1981). È una personalità carica di qualità un po' roboanti: serietà, solidità e senso morale. Per E. diventa davvero difficile far capire agli altri che la sua straordinaria gioia di vivere può mitigare tanto rigore morale.
Corrispondenze: segno dei Gemelli. Numero portafortuna: 3. Colore: blu. Pietra: zaffiro. Metallo: argento.

Eusebio Eusebia

SIGNIFICATO: che onora gli dei
ORIGINE: greca
ONOMASTICO: 26 settembre

È un nome che non è più molto frequente come nei secoli passati. Il suo significato è alquanto mistico; deriva infatti dall'aggettivo greco *eusebés*, 'pio, religioso', più il verbo greco *sebo* 'venerare' con significato complessivo di 'venerare, onorare gli dei'. La tolleranza, la carità e la compassione non sono il suo forte. Fiero e virile, non permette ai suoi avversari di controbattere le sue convinzioni. È un combattente strenuo che difficilmente sa accettare la sconfitta.
Corrispondenze: segno del Cancro. Numero portafortuna: 4. Colore: arancio. Pietra: topazio. Metallo: oro.

Eustachio

SIGNIFICATO: che dà buoni frutti
ORIGINE: greca
ONOMASTICO: 20 settembre

Anche questo era un nome molto più frequente nei secoli passati. Deriva dal-

l'unione di due parole greche *éu* cioè 'bene, buono' e *stachys* 'spiga', il cui significato ben augurale nel complesso era 'fruttifero, che dà buoni frutti, che dà buone spighe'. C'è da notare come spesso i nomi personali diventino cognomi, lo dimostra Bartolomeo Eustachio, noto anatomista del 1500, a cui si deve il nome del condotto membranoso dell'orecchio 'tromba di Eustachio'. Una triade davvero indovinata di qualità – forza, lealtà, intelligenza – fanno di E. un uomo prezioso e unico. Per proteggere chi ama, sarebbe disposto a spostare una montagna. È appassionato di animali e della natura.
Corrispondenze: segno del Capricorno. Numero portafortuna: 7. Colore: rosso. Pietra: rubino. Metallo: ferro.

Evaristo

SIGNIFICATO: che piace, amato
ORIGINE: greca
ONOMASTICO: 26 ottobre

È un nome ampiamente diffuso in Italia, particolarmente in Emilia Romagna e nel Lazio, anche nella forma abbreviata **Varisto**, e riflette il culto per s. E. papa, nativo di Betlemme, che subì il martirio sotto Traiano nel 117. La sua acuta intelligenza e un intuito eccezionale gli suggeriscono immagini, visioni, messaggi che gli altri non riescono a percepire. Per questo suo aspetto vaticinante E. spaventa il suo prossimo. Il terrore di rimanere solo gli fa rinnegare le sue doti ma inutilmente.
Corrispondenze: segno del Cancro. Numero portafortuna: 8. Colore: bianco. Pietra: diamante. Metallo: oro.

Everardo ➡ Eberardo

Ezio Ezia

SIGNIFICATO: amante, amico
ORIGINE: greca
ONOMASTICO: 6 marzo

Il termine greco *Aetios*, da *aetos*, 'aquila', si è adattato nel nome gentilizio latino *Aetius*, divenuto poi anche nome personale. Si è diffuso per la fama di Flavio E., generale dell'imperatore Valentiniano III, che sconfisse Franchi e Burgundi e che fu assassinato nel 453. Il nome si è diffuso dal 1846 per la fama dell'eroico personaggio dell'opera di G. Verdi *Attila*. È diffuso al Nord e al Centro ed è abbastanza raro al Sud. Intelligenza, vivacità, fascino, sincerità fin troppo sbandierata gli conquistano vaste schiere di amici e di nemici. Non è possibile in sua presenza assumere un atteggiamento di indifferenza.

Corrispondenze: segno del Leone. Numero portafortuna: 8. Colore: rosso. Pietra: opale. Metallo: rame.

Nomi di origine femminile

Ebe

Significato: bellezza giovanile
Origine: greca
Onomastico: 22 agosto

Diffuso al Nord e al Centro, nella forma maschile **Ebo** è presente solo in Emilia Romagna. È il nome mitologico ripreso nel Rinascimento dalla dea della giovinezza, figlia di Zeus e di Era, coppiera degli dei. E. si nota in mezzo a tanti altri. Sarà perché la sua estroversione, il suo ottimismo, la sua rettitudine, la sua gentilezza e la sua gioia di vivere le attirano la fiducia di tutti e la rendono una vera e propria leader.
Corrispondenze: segno dei Pesci. Numero portafortuna: 3. Colore: arancio. Pietra: opale. Metallo: bronzo.

Edda

Significato: guerra
Origine: inglese
Onomastico: 7 luglio

Nome in auge durante il periodo fascista, è stato probabilmente portato in Italia dal romanzo di Henrik Ibsen *Hedda Gabler*. Il nome *Hedda o Haedda* diffuso nel Nord Europa pare trovi origine dal termine anglosassone *hesdhu* cioè 'guerra'. E. si dedica con bontà e pazienza inesauribili alla cura della sua famiglia. Ma, a volte, tra le pieghe della sua modestia, della sua tranquillità e della sua dolcezza si fa largo un lato autoritario e possessivo del suo carattere che prende alla sprovvista anche chi le sta accanto.
Corrispondenze: segno del Cancro. Numero portafortuna: 10. Colore: azzurro. Pietra: ametista. Metallo: stagno.

Edvige

Significato: battaglia sacra
Origine: germanica
Onomastico: 4 ottobre

È un nome presente maggiormente nel Nord, anche nella variante **Edwige**. Alla sua diffusione hanno contribuito numerosi personaggi storici, tra cui

una regina di Polonia nel Trecento e una regina di Svezia nel Seicento. In ambienti cristiani si ricorda s. E. duchessa di Polonia e moglie di Enrico il Barbuto, morta nel 1245, venerata come protettrice delle spose. Ma è soprattutto con il dramma di Ibsen _L'anitra selvatica_ del 1884 che questo nome ha ottenuto una certa notorietà nella variante norvegese **Hedvig**, dal nome della protagonista. E. è dura e ferma come una roccia. Non conviene mancarle di rispetto o tradire la sua fiducia; la sua vendetta, ordita da un'intelligenza fine e vivace e da una forza di volontà straordinaria, sarà tremenda.
Corrispondenze: segno del Toro. Numero portafortuna: 8. Colore: verde. Pietra: smeraldo. Metallo: ferro.

Elda

SIGNIFICATO: battaglia
ORIGINE: germanica
ONOMASTICO: 4 febbraio

È diffuso in tutta Italia, soprattutto nel Nord e in Toscana. Si è affermato a partire dall'Ottocento come variante del nome germanico _Hilda_. Secondo una leggenda s. Helda era una damigella di s. Elena, madre dell'imperatore Costantino. Ama la famiglia numerosa; è una madre attenta, generosa, paziente e a volte un po' severa. La sua natura un tantino schiva le fa preferire la felicità sicura e tranquilla della vita familiare ai tumulti della vita professionale.
Corrispondenze: segno della Vergine. Numero portafortuna: 7. Colore: rosso. Pietra: diamante. Metallo: argento.

Elena Èleno

SIGNIFICATO: splendore del sole
ORIGINE: greca
ONOMASTICO: 18 agosto

È uno dei nomi più diffusi in Italia al femminile, essendo al quindicesimo posto, anche nella variante doppia **Elena Maria**. È un nome fondamentalmente cristiano grazie al culto di molte sante, la più nota delle quali fu s. E. imperatrice romana, madre di Costantino, scopritrice in Terrasanta della vera croce di Cristo, che venne riportata a Roma, dove s. E. fece costruire la Chiesa di Santa Croce in Gerusalemme. Ma è anche un nome di matrice mitologica, essendo E. figlia di Zeus, moglie di Menelao, rapita da Paride e causa della guerra di Troia. La fama del nome è stata comunque rinnovata in epoca contemporanea grazie al prestigio della regina d'Italia E. di Savoia, principessa del Montenegro, moglie di Vittorio Emanuele III. Sicura di sé, della sua forza e del suo giudizio, E. avrebbe il valore necessario per imporsi sugli altri. Se non lo fa, è perché ha troppo rispetto per le libertà altrui e per l'autodeterminazione di ciascuno. **Corrispondenze:** segno del Cancro. Numero portafortuna: 4. Colore: giallo. Pietra: topazio. Metallo: oro.

Eleonora

SIGNIFICATO: cresciuta nella luce
ORIGINE: germanica
ONOMASTICO: 21 febbraio

È un nome molto diffuso in tutta Italia, anche nelle forme derivate **Leonora**, **Nora**, **Norina**. È apparso in Europa nel XII secolo, precisamente in Francia da dove si è propagato in Inghilterra, in Portogallo, in Spagna e in Italia, grazie al nome di alcune regnanti, tra cui la regina di Francia e d'Inghilterra E. D'Aquitania, madre di Riccardo Cuor di Leone. L'origine del nome sembrerebbe germanica, con una prima parte *ali-* che significa 'crescere', mentre il secondo elemento è di etimo incerto. Per alcuni studiosi potrebbe anche significare 'compassione'. In Italia il nome si è affermato di recente essenzialmente come nome laico: esistono infatti alcune sante tutte straniere e non riconosciute ufficialmente dalla Chiesa. La maggior diffusione si è avuta nel tardo Ottocento grazie alle protagoniste di due opere di Verdi, il *Trovatore* e *La forza del destino*; la variante **Nora** è divenuta popolare con il dramma di Ibsen *Casa di bambola*. Esiste infine la variante **Elianora** dall'incrocio con ➡ Elia. Tra i personaggi noti l'attrice teatrale E. Duse, morta nel 1924. E. nasce sotto una buona stella che le regala doni preziosi: un'incomparabile capacità psicologica di perspicacia e di compassione, una sincerità tra le più pure, una diplomazia raffinata, un acuto senso di osservazione. Grazie a questi migliori auspici per E. è impossibile non emergere nella vita professionale e privata.
Corrispondenze: segno dei Gemelli. Numero portafortuna: 8. Colore: arancio. Pietra: berillo. Metallo: oro.

Eletta

SIGNIFICATO: scelta, prediletta
ORIGINE: latina
ONOMASTICO: 1 novembre

È un nome affettivo e augurale con il significato cristiano di 'eletto da Dio per la salvezza dello spirito', dal latino *electus*, ossia destinato a eccellere per doti e qualità. Poco presente nel Nord, più diffuso in Emilia Romagna e in Toscana, fu il nome della madre di Francesco Petrarca. E. non cammina, danza; ride, sospira, emana un'incomparabile gioia di vivere. Non è fatta per gli impegni a lunga o breve scadenza. Si infatua e subito si stanca del suo innamorato. Capricciosa e maliziosa, è un piacere cadere nella sua trappola.

Corrispondenze: segno del Capricorno. Numero portafortuna: 2. Colore: giallo. Pietra: topazio. Metallo: mercurio.

Elettra

SIGNIFICATO: scintillante, che risplende
ORIGINE: greca
ONOMASTICO: 1 novembre

Dal greco *elektron*, 'ambra', con riferimento alle proprietà magnetiche dell'ambra, è diffuso nel Nord e nel Centro, soprattutto in Lombardia, in Emilia Romagna e in Toscana. È un nome di matrice mitologica legato alla figlia di Agamennone che con il fratello Oreste uccise la madre Clitennestra per vendicare il padre. Il mito ha ispirato nel passato Euripide e Sofocle, e più recentemente Alfieri che descrisse la vicenda nelle tragedie *Agamennone* e *Oreste* e O'Neill autore di *Il lutto si addice a Elettra* del 1931. Negli anni Venti il nome è stato dato allo yacht su cui Guglielmo Marconi perfezionò le sue ricerche. L'elevata considerazione che ha di se stessa non le impedisce di trarre un profondo piacere dalla compagnia degli amici e dall'amore per la famiglia. Decisa, coraggiosa e intelligente, E. sa essere una madre sulla quale contare in caso di qualsiasi difficoltà.

Corrispondenze: segno del Sagittario. Numero portafortuna: 7. Colore: verde. Pietra: rubino. Metallo: ferro.

Elisa ➡ Elisabetta

Elisabetta Eliso

SIGNIFICATO: il mio Dio è perfezione
ORIGINE: ebraica
ONOMASTICO: 5 novembre

È un nome distribuito in tutta Italia, anche grazie alle numerose varianti, tra cui **Elisa**, presente numericamente più del nome originario, e **Lisa**, di vastissima diffusione. L'origine ebraica era un composto di *'El*, Dio e *sheba*; quest'ultima parte significa 'sette' e viene inteso simbolicamente come il numero perfetto. Il nome si è affermato anche in ambienti cristiani grazie a s. E. moglie di Zaccaria e madre di s. Giovanni Battista e di s. E. d'Ungheria patrona del terzo ordine francescano, ed è passato in tutte le lingue d'Europa fino a formare altre varianti come **Isa**, **Betta** e **Isabella**. Quest'ultimo è un nome di derivazione dall'antico spagnolo medioevale e diffuso grazie soprattutto al prestigio di alcune regine, tra cui si ricordano I. la cattolica, regina di Castiglia e I. II di Borbone, regina di Spagna. Tra i personaggi celebri le regine d'Inghilterra, un'imperatrice di Russia, due regine di Ungheria; le attrici cinematografiche Bette Davis ed Elisabeth Taylor. La maestà è dalla sua parte. Conscia di ciò, E. è seria, grave, concentrata nelle sue attività, preoccupata della missione di donna e madre. Talvolta, quando le è impossibile portare il peso di tale responsabilità, si nasconde dietro la maschera dei diminutivi e prende fiato.

Corrispondenze: segno del Toro. Numero portafortuna: 9. Colore: arancio. Pietra: ambra. Metallo: oro.

Elsa ➡ Elisabetta

Elvira Elviro

Significato: amica della lancia
Origine: germanica
Onomastico: 16 luglio

Diffuso in tutta la Penisola anche nella variante maschile **Elvirio**, è un nome spagnolo di tradizione visigota affermatosi in Italia dal Settecento. La diffusione è avvenuta, infatti, soprattutto attraverso la conoscenza di opere drammatiche e liriche tra cui il *Dom Juan ou le festin de pierre* di Molière del 1665, il *Don Giovanni* di Mozart del 1787, i *Puritani* di Bellini, l'*Ernani* di Verdi, l'*Ettore Fieramosca* di D'Azeglio, dove è comunque presente un personaggio che porta questo nome. In ambienti cristiani il nome ricorda s. E. vergine e martire e una s. E. badessa in Germania nell'XI secolo. E. sente un bisogno sfrenato di agire, di amare, di creare. Ma questa sua necessità è talmente assoluta e totalizzante che il successo e la felicità che saprà realizzare intorno a sé non le basteranno mai. La sua energia selvaggia e inesauribile sarà per lei fonte di continue frustrazioni.

Corrispondenze: segno dei Pesci. Numero portafortuna: 5. Colore: giallo. Pietra: topazio. Metallo: oro.

Emma

Significato: lupo
Origine: germanica
Onomastico: 19 aprile

Il nome E. è molto diffuso in Italia, mentre non si conoscono forme al maschile. Si può dire con certezza che il nome è di origine germanica, ma quale sia l'esatta etimologia della parola è difficile dirsi con sicurezza. Una delle ipotesi mette in relazione il nome con *imr*, termine germanico che significa 'lupo' animale sacro a Odino. La poesia, la musica e le arti toccano le corde più profonde della sua anima. E. vive di impressioni, di emozioni, di sensibilità. La sua raffinatezza e generosità la rendono ostile alle astrazioni e la allontanano irreparabilmente dal senso pratico.

Corrispondenze: segno della Bilancia. Numero portafortuna: 3. Colore: giallo. Pietra: topazio. Metallo: oro.

Erica

SIGNIFICATO: unica padrona
ORIGINE: germanica
ONOMASTICO: 18 maggio

È diffuso soprattutto nel Nord e particolarmente nella provincia di Bolzano (dove è frequente la forma maschile **Erich**), anche nella variante **Erika**. Alla base del nome è lo scandinavo **Erik**, tradizionale della casa regnante svedese dal Medioevo al Rinascimento. È divenuto nome di moda recente per esotismo e per influenza letteraria dalla popolare novella di Ellen Bayley *Noi due*, del 1884. Si è diffuso inoltre per l'erronea assimilazione di E. con la pianta selvatica delle brughiere coltivata anche per ornamento. Tra i personaggi famosi si ricordano il navigatore vichingo del I secolo a.C. Erik il Rosso e lo scrittore tedesco Erich Maria Remarque, morto nel 1970.

Credere nella propria intelligenza e nelle proprie capacità di analisi e sintesi aiuta ad affermarsi nella vita. E. ha imparato la lezione e ha fatto di questo atteggiamento un'abitudine. Osservare con sguardo lucido e amichevole il mondo che la circonda l'aiuta ancora di più ad ottenere il successo che si merita.

Corrispondenze: segno della Bilancia. Numero portafortuna: 3. Colore: viola. Pietra: ametista. Metallo: oro.

Erminia Erminio

SIGNIFICATO: potente come il dio Ermin
ORIGINE: germanica
ONOMASTICO: 25 agosto

È un nome di matrice letteraria, ripreso dal poema del Tasso *Gerusalemme liberata* dove E. è la giovane figlia del re di Antiochia, innamorata di Tancredi a sua volta invaghito di Clorinda.

Altre interpretazioni etimologiche lo identificano come un nome etrusco di significato ignoto, o addirittura come un nome di origine etnica con il significato di 'nativo di Armenia'. È distribuito in tutta Italia, soprattutto nel Nord, anche come nome cristiano, per il culto di s. E. badessa di Reims. Viene spesso utilizzato in una variante vezzeggiativa meno impegnativa e cioè **Mina**, che deriva a sua volta dalla forma **Ermina**. La passione è importante ma solo se è lei a condurre il gioco. Non ama mettersi in discussione e non le basta essere amata, vuole essere desiderata, adorata, quasi venerata come una dea. Capricciosa di natura, E. giudica le cose e le persone con troppa fretta e questo le procura più di un'antipatia.

Corrispondenze: segno dell'Acquario. Numero portafortuna: 6. Colore: blu. Pietra: rubino. Metallo: ferro.

Ersilia Ersilio

Significato: rugiada
Origine: etrusca
Onomastico: 1 novembre

Alla base dell'origine del nome è il gentilizio e personale latino di origine etrusca appartenuto alla matrona sabina rapita e divenuta, seconda la leggenda, moglie di Romolo, fondatore e primo re di Roma. È distribuito in tutta Italia, ampiamente nel Nord e più raro nel Sud. Nel calendario cattolico non sono presenti sante con questo nome. E. è più amica che sposa. Le sue impareggiabili doti di comunicatività, semplicità, schiettezza assoluta, sincerità, facilità nei rapporti la rendono infatti la persona più adatta alla quale rivolgersi per una confidenza, un consiglio, un aiuto. Ma in un rapporto d'amore, per il quale E. non mostra alcun particolare interesse, ci vuol ben altra cosa.

Corrispondenze: segno della Bilancia. Numero portafortuna: 1. Colore: giallo. Pietra: zaffiro. Metallo: argento.

Ester

Significato: stella
Origine: persiana
Onomastico: 1 luglio

Uniformemente distribuito in tutta Italia (anche nella variante **Esther** e nella forma maschile **Esterino**), il nome ebraico-cristiano è probabilmente un adattamento dall'assiro-babilonese *Ishtar*, nome della dea della fecondità e dell'amore, poi assimilata ad Afrodite. Nell'Antico Testamento E. era la bellissima moglie di Assuero di Babilonia, protagonista del *Libro di Ester*, che impedì una strage contro i giudei di Persia, venerata santa dalla Chiesa cattolica.

Le sue vicende ispirarono le opere omonime di Racine, del 1689, e di Händel, del 1720. Ha un'innata sensualità e piacere per le cose concrete che le assicurano un certo equilibrio. Tuttavia la sua natura più profonda è quella di essere volubile e di alternare fasi di euforia a periodi di cupa depressione.

Corrispondenze: segno della Bilancia. Numero portafortuna: 3. Colore: rosso. Pietra: rubino. Metallo: rame.

Eulalia Eulalio

SIGNIFICATO: che parla bene, eloquente
ORIGINE: greca
ONOMASTICO: 12 febbraio

Tipico soprattutto del Centro-Nord, si presenta nella forma maschile quasi esclusivamente nella zona del Sassarese. È un nome cristiano affermatosi per il culto di vari santi, tra cui si ricordano s. E. martire a Mérida in Spagna nel 304 e un s. E. vescovo a Siracusa nel V-VI secolo. E. non cerca mai di mettersi in mostra, di primeggiare, di pavoneggiarsi. È troppo modesta, dolce, riservata e pudica. Preferisce esserci ma un po' in disparte. In amore si accorgerà di lei un uomo sensibile e deciso che coglierà questo fiore delicato e resterà insieme a lei per tutta la vita.

Corrispondenze: segno della Vergine. Numero portafortuna: 1. Colore: rosso. Pietra: rubino. Metallo: argento.

Eva Evo

SIGNIFICATO: madre dei viventi
ORIGINE: ebraica
ONOMASTICO: 14 marzo

Ampiamente distribuito in tutta Italia, soprattutto nel Nord, è un nome ebraico ripreso dalla prima donna, progenitrice del genere umano, creata da Dio secondo il *Genesi* dalla costola di Adamo. Fu riconosciuta santa, anche se non ufficialmente, dalla Chiesa: nel calendario cristiano infatti si festeggia con questo nome una beata E. di s. Martino. Secondo altre interpretazioni il nome significherebbe anche 'serpente', 'vipera'. Sono presenti inoltre le varianti **Ewa**, **Evi** e l'alterato spagnolo **Evita**, che fu il nome della moglie del generale e uomo politico argentino Juan Domingo Perón. In uso, anche se non ampio, il nome doppio **Eva Maria**. È E. che si sceglie il proprio destino. Dal momento che rifiuta il concetto di donna così come le tradizioni e le consuetudini lo vogliono, E. si mette direttamente a confronto con l'uomo in tutti i campi, sia professionale che familiare, e detta le sue condizioni. Siamo ai limiti della ribellione, ma se riuscirà a trovare il modo per mediare, E. sarà l'artefice di una vera felicità.

Corrispondenze: segno dell'Ariete. Numero portafortuna: 5. Colore: blu. Pietra: zaffiro. Metallo: oro.

Evelina Evelino

SIGNIFICATO: ringraziamento
ORIGINE: germanica
ONOMASTICO: 2 dicembre

La diffusione del nome, documentato già dal VI secolo, è avvenuta per moda recente soprattutto in seguito alla fama della protagonista del romanzo del 1778 *Evelina*, della scrittrice inglese Fanny Burney, e successivamente per l'omonimo racconto di Joyce in *Gente di Dublino*. Benché sprovvisto di una tradizione affermata e di una base certa (per alcuni interpreti infatti potrebbe essere anche un diminutivo di ➡ Eva, con il medesimo significato), il nome ha dato origine a numerose varianti, quali **Avelina**, **Avellina**, **Evelia**, **Averia**, tutte in uso anche al maschile e presenti nel Nord e nel Centro. Il capriccio è la sua unica regola. E. è graziosa, leggiadra, sensuale e seducente, adora i piaceri della vita e gli amori, che affronta con la leggerezza di una bambina che non conosce il significato della parola fedeltà.

Corrispondenze: segno della Bilancia. Numero portafortuna: 6. Colore: verde. Pietra: smeraldo. Metallo: rame.

Nomi di origine maschile

Fabiana ➡ Fabio

Fabiano figlio di ➡ Fabio

Fabio Fabia

SIGNIFICATO: della fava
ORIGINE: latina
ONOMASTICO: 31 luglio

Il nome riprende il nome gentilizio latino *Fabius*, presente anche nel femminile *Fabia*, che pare essere un soprannome, forse di origine etrusca, derivato da *faba*, la 'fava'. Dalla *gens* patrizia *Fabia* discese Quinto F. Massimo, detto 'il Temporeggiatore', che fu a capo dell'esercito romano contro Annibale nella Seconda guerra punica. F. Massimo è divenuto da allora un nome unitario, ora discretamente diffuso. Il nome F. è ampiamente distribuito nel Nord e nel Centro, ed è comune nella provincia di Cagliari. La diffusione del nome si è verificata non soltanto per ragioni classiche e storiche, ma anche per il culto cristiano di alcuni santi, tra cui s. F. vescovo di Antiochia, del III secolo, decapitato in Mauritania. La forma alterata **Fabiola** è divenuta di moda grazie al personaggio del romanzo del 1853 *Fabiola o la Chiesa delle catacombe*, del cardinale inglese N. P. Wiseman. Il bambino disciplinato e servizievole diventa un adulto seducente e seduttore. La gentilezza, che è la sua qualità principale, e la sua leggerezza non si traducono in superficialità o infedeltà ma più semplicemente in gioia di vivere e di amare.

Corrispondenze: segno del Leone. Numero portafortuna: 1. Colore: giallo. Pietra: topazio. Metallo: oro.

Fabrizio Fabrizia

SIGNIFICATO: artigiano,fabbro, lavoratore
ORIGINE: latina
ONOMASTICO: 11 luglio

A partire dall'ultimo Medioevo, il nome si è diffuso, soprattutto nel Nord e nel Centro, dall'antico gentilizio latino *Fabricius*, forse di origine etrusca e di incerto significato: la più antica interpretazione ne riconduceva l'etimologia a *faber*, 'fabbro'. Il nome fu reso illustre da Gaio F. Luscino, console e censore del III secolo a.C., esempio di rettitudine e di valore durante la Guerra tarantina.

La Chiesa ricorda s. F. martire, detto anche **Fabriziano**. È un nome anche di diffusione letteraria, per la fama del personaggio F. del Dongo nel romanzo *Il rosso e il nero* di Sthendal del 1830.

Non è facile stare accanto a F., l'indipendenza personificata. È totalmente incapace di obbedire e di stare alle regole; la disciplina e il senso della gerarchia semplicemente non esistono per lui. Ma con un sorriso seducente e una battuta spiritosa si fa perdonare tutto.

Corrispondenze: segno dell'Acquario. Numero portafortuna: 2. Colore: rosso. Pietra: rubino. Metallo: mercurio.

Fausto Fausta

SIGNIFICATO: felice, prospero, favorevole
ORIGINE: latina
ONOMASTICO: 19 novembre

È stato ripreso a partire dal Rinascimento dall'antico nome latino gentilizio *Faustus*, con significato augurale, ma ha anche una matrice letteraria e teatrale: ricalca, infatti, il nome di Johannes Faust, mago e taumaturgo del Cinquecento, divenuto protagonista di molte opere letterarie moderne europee, in particolare del dramma *Faust* di W. Goethe e di opere liriche e musicali di R. Wagner, H. Berlioz, C. Gounod, F. Liszt. L'onomastico festeggia s. F. diacono e martire di Alessandria del IV secolo, e s. Faustino, martire a Brescia sotto Adriano, festeggiati il 15 febbraio. Soltanto nell'azione, nel movimento, nel cambiamento F. riesce a trovare una vera dimensione di vita. È per l'ansia che cova in lui e che non gli dà tregua un istante. Ma la dedizione e la capacità di applicarsi totalmente per conseguire i propri fini, lo ricompensano di tanta fatica.

Corrispondenze: segno del Leone. Numero portafortuna: 1. Colore: bianco. Pietra: topazio. Metallo: mercurio.

Fedele

Significato: che osserva la fede, anima piena di fede
Origine: latina
Onomastico: 13 marzo

È un antico nome che continua il soprannome e poi nome personale latino *Fidelis*, molto usato in ambienti cristiani. Piuttosto diffuso in tutta Italia, si è attestato anche per il culto di vari santi, tra cui s. F. Carpoforo, patrono di Arona, e s. F. martire a Como sotto Massimiano, che si festeggia il 28 ottobre. La variante **Fidelio**, accentrata particolarmente al Nord e nel Centro, si è affermata a partire dall'Ottocento per il nome dell'*ouverture* di L. van Beethoven *Fidelio o l'amore coniugale*. È un uomo con un certo carisma e con una naturale propensione al comando. Per conquistare la vetta è disposto a tutto e non ne fa mistero. È passionale, generoso, nobile ma anche scaltro, deciso, perspicace.

Corrispondenze: segno del Leone. Numero portafortuna: 1. Colore: giallo. Pietra: diamante. Metallo: oro.

Federico Federica

Significato: potente in pace, che domina con la pace
Origine: germanica
Onomastico: 18 luglio

L'antica forma **Frederigo** o **Frederico** si è evoluta nell'attuale forma italiana, anche attraverso le forme latino-medioevali *Fredericus* e *Frederigus*. Il nome si è attestato in tutta Italia, particolarmente nel Nord e in Lombardia, a partire dal Medioevo, per il prestigio di imperatori e sovrani. Alcuni re di Sicilia del casato degli Aragona portarono questo nome. Fu anche il nome di molte dinastie nordiche, quella d'Austria, di Danimarca, di Sassonia e di Prussia. F. I imperatore di Germania e del Sacro Romano Impero, detto 'Barbarossa' (1122-1190), è forse il più conosciuto. L'onomastico festeggia s. F. vescovo di Utrecht, martire nell'838, nonché s. F. vescovo di Liegi, morto nel 1121, che viene ricordato il 27 maggio e invocato per riacquistare l'udito. Tra i personaggi famosi si ricordano il cardinale F. Borromeo, cui ha dato grande rilievo ne *I promessi sposi* Alessandro Manzoni; i poeti tedeschi Hölderlin e Novalis; il grande regista italiano Fellini.

Nel suo destino sta scritta la parola successo. F. lo sa e per ottenerlo usa tutto il suo valore e ogni briciola del suo talento. È ombroso, grave, preoccupato che gli altri lo riconoscano come capo, sempre teso come una corda di violino. Dagli altri esige più che concedere, prende piuttosto che condividere e questo in amore è un vero stress.

Corrispondenze: segno della Vergine. Numero portafortuna: 5. Colore: giallo. Pietra: diamante. Metallo: oro.

Felice Felicia

Significato: favorito dagli dei, felice, fertile
Origine: latina
Onomastico: 14 gennaio

Il nome continua il soprannome e poi nome augurale latino *Felix*, originariamente inteso con il significato di 'ricco di messi e di frutti'. È ampiamente diffuso in tutta Italia, anche nella variante maschile **Felicissimo**. Nel Lazio è in uso nella forma **Felicetto**, in Sardegna come **Felicino**, in Umbria come **Feliciano**, usate anche al femminile. L'uso del nome era molto comune in età cristiana, con riferimento alla felicità della vita eterna e la sua diffusione è dovuta in gran parte all'alto numero di santi così chiamati: tra questi, s. F. di Nola, imprigionato sotto la persecuzione di Diocleziano e, secondo la leggenda, liberato da un angelo, invocato contro la peste e la guerra, patrono di Zurigo; santa Felicita martire, ricordata il 23 novembre; s. Felicissimo, martire a Todi, festeggiato il 26 maggio; s. F. di Valois, fondatore dell'Ordine della Santissima Trinità, ricordato il 20 novembre; s. F. cappuccino di Cantalice, morto nel 1587, invocato contro i disturbi circolatori. Fu il nome di tre papi e di duchi, tra cui F. duca di Savoia. Si ricordano anche il musicista e compositore tedesco dell'Ottocento Mendelssohn; il drammaturgo e poeta spagnolo del Cinquecento Lope de Vega Carpio; la cantante spagnola dell'Ottocento M. Felicita Malibran. Per trovare la felicità F. ingaggia lotte, parte per avventure a volte sconclusionate, sostiene le cause più disperate a favore degli oppressi, dei deboli, degli emarginati. Non conosce pace e coinvolge allegramente i suoi familiari e amici in queste imprese. Loro non sono tanto contenti ma lo assecondano e, quando fallisce, devono essere sempre pronti a consolarlo.
Corrispondenze: segno del Leone. Numero portafortuna: 2. Colore: rosso. Pietra: rubino. Metallo: oro.

Feliciano figlio di ➡ Felice

Ferdinando Ferdinanda

Significato: coraggioso nella pace
Origine: visigota
Onomastico: 30 maggio

È molto diffuso in tutta Italia, anche nelle forme **Fernando**, **Nando**, **Nandino**, usati anche al femminile. Il nome risale all'occupazione dei Visigoti in Spagna, terra che ha adottato il nome **Fernando** nell'ultimo Medioevo. In Italia il nome si è diffuso proprio dalla dominazione spagnola: molti re, principi e duchi di varie dinastie (Asburgo, Borbone, Lorena, Gonzaga, Medici) portarono questo nome, che ha tuttavia rilievo anche nella

tradizione sacra, in relazione a s. F. III, re di Castiglia, morto nel 1252, patrono della Spagna e fondatore dell'Università di Salamanca. Altri ancora sono i personaggi celebri con questo nome: tre imperatori di Germania di casa Asburgo e alcuni re d'Aragona. È il nome di F. Cortes, conquistatore spagnolo del Messico (1485-1547), e del navigatore portoghese F. Magellano (1480-1521), che compì la prima circumnavigazione del globo terrestre. Non sopporta di essere preso in giro; manca totalmente di senso dell'umorismo e di elasticità mentale. Questa sua vulnerabilità viene in parte ricompensata dalle qualità del suo cuore nobile che lo aiutano ad arrivare al successo. Se le circostanze gli sono avverse, tuttavia, si ripiega nell'amarezza e nella scontrosità; sta ai familiari aiutarlo a ritrovare la sua giusta dimensione.
Corrispondenze: segno del Toro. Numero portafortuna: 3. Colore: giallo. Pietra: topazio. Metallo: rame.

Fermo

Significato: saldo, solido, costante, perseverante (nella fede)
Origine: latina
Onomastico: 1 giugno

Alla base c'è il nome personale e gentilizio latino *Firmus*, assai diffuso in ambienti cristiani con il significato di 'saldo nella fede'. Il nome è accentrato soprattutto in Lombardia, anche nella forma **Firmo**, ma sono in uso anche le forme **Fermino**, **Firmino**, **Firminio**, anche al femminile. La Chiesa festeggia parecchi santi, tra cui s. F. martire a Cartagine sotto Massimiano e s. F. vescovo del III secolo e martire ad Amiens. *Fermo e Lucia* fu il titolo della prima stesura del romanzo *I promessi sposi* di A. Manzoni. Gli eventi gli scivolano accanto senza che F. mostri il minimo interesse ad afferrarli o entrarne a far parte. Preferisce essere uno spettatore che osserva le circostanze della vita senza prenderle mai di petto. È ubbidiente, capace di sottomettersi al comando di un capo, fedele. Servono anche queste persone.
Corrispondenze: segno del Toro. Numero portafortuna: 3. Colore: arancio. Pietra: smeraldo. Metallo: mercurio.

Fernando ➡ Ferdinando

Ferruccio

Significato: forte (come il ferro)
Origine: latina
Onomastico: 16 giugno

Il nome riprende l'antico personale latino *Ferrutius*, collegato con 'ferro'. Nel Medioevo potrebbe aver avuto una ripresa come diminutivo di **Ferro**, o un

vezzeggiativo del primo elemento di nomi oggi scomparsi come **Ferraguto** o **Ferraù**. È diffuso nel Nord e nel Centro, è raro nel Sud, e si ritrova raramente al femminile. La Chiesa ricorda s. **Ferruzio** o F. martire nel IV secolo a Magonza. Ma la diffusione è avvenuta soprattutto per la fama del condottiero fiorentino ➡ Francesco Ferrucci, che combatté contro gli imperiali nel 1530, durante l'assedio di Firenze, e fu poi ucciso da Maramaldo, benché fosse già gravemente ferito ("Tu uccidi un uomo morto!"). Il suo carattere contraddittorio non è un segreto per F. Sa di essere un uomo mite, dolce, sensibile, scrupoloso, gentile ma anche forte come il ferro, energico, tenace, determinato. Da questa contraddizione F. sa trarre il lato più affascinante di sé e volgere a suo vantaggio ciò che sembra un punto di debolezza.
Corrispondenze: segno del Sagittario. Numero portafortuna: 8. Colore: bianco. Pietra: topazio. Metallo: ferro.

Fidelio, Fidelia ➡ Fedele

Filiberto

Significato: illustre, famoso
Origine: germanica
Onomastico: 20 agosto

Il nome è documentato in Francia a partire dal Medioevo, nella forma latinizzata *Filibertus*, e si è attestato nel Nord e nel Centro. Alla sua diffusione ha contribuito il prestigio di F. I e F. II e di Emanuele F., duchi di Savoia nel XV e XVI secolo; F., infatti, è divenuto nome tradizionale di questa dinastia. La Chiesa ricorda s. F. abate della Vandea, martire in Spagna nel 685. L'esistenza di F. sembra non essere di questo mondo e altrove lui la cerca. Ma al di fuori dei confini della realtà c'è l'ignoto, l'inaccessibile, l'improbabile. La sua passione per questa ricerca contagia anche chi, amandolo, gli sta vicino. Sebbene, tuttavia, l'esito positivo di tanto cercare non sia affatto scontato, F. non demorde mai.
Corrispondenze: segno dell'Acquario. Numero portafortuna: 9. Colore: bianco. Pietra: diamante. Metallo: argento.

Filippo Filippa

Significato: che ama i cavalli
Origine: greca
Onomastico: 26 maggio

Il nome è distribuito in tutta Italia, ma è rappresentato, secondo le regioni, in diverse varianti: **Firpo** è tipico del Nord; Lippo di Firenze e di tutta la

Toscana; **Filippo Neri** e **Filipponeri** sono accentrati nella Sicilia orientale, per il culto di s. F. Neri, fondatore della Congregazione dell'Oratorio, morto a Roma nel 1595, patrono di insegnanti ed educatori. La Chiesa ricorda anche s. Filippina vergine clarissa, il 17 novembre; s. F. apostolo martirizzato sulla croce, il 1° maggio e s. F. vescovo di Eraclea, martire sotto Diocleziano. Sono usati anche i diminutivi **Filippino** e **Filippina**. È appartenuto a sovrani e re di Macedonia, di Francia e di Spagna, tra cui F. I 'il Bello'. Fu il nome dell'architetto e orafo fiorentino del Trecento Brunelleschi; del pittore toscano del Seicento Lippi; dello scrittore e poeta del Novecento Marinetti, fondatore del Futurismo e dello scrittore e pittore metafisico De Pisis. F. si spezza ma non si piega. La sua virilità, la sua autorità, l'intelligenza, la memoria, la coscienza dei diritti e dei doveri, la capacità di sintesi lo rendono adatto al comando e al successo. Gli manca un po' d'umorismo, di gioiosa vivacità, di indulgenza perché questo suo desiderio di imporsi possa essere ben accetto e incoraggiato dagli altri.

Corrispondenze: segno dell'Acquario. Numero portafortuna: 1. Colore: verde. Pietra: smeraldo. Metallo: ferro.

Fiore Fiora

Significato: piccolo fiore
Origine: latina
Onomastico: 31 dicembre

Presente in tutta Italia, è ampiamente diffuso soprattutto nella variante **Fiorello**, in uso anche al femminile. Di discreta diffusione sono anche le varianti **Fiorino**, **Fioretto**, **Fiorito**. È un nome latino affettivo e augurale, con il significato anche di 'fiorito nella fede'. In ambienti cristiani si è affermato grazie al culto di molti santi, tra cui s. F. martire a Catania; s. Fiora martire a Roma con Lucilla e altri ventuno compagni durante le persecuzioni dell'imperatore Gallieno; s. Fiorina martire a Roma nel IV secolo; s. F. vescovo di Pola, ritiratosi a vivere da eremita e morto nel IV secolo. Leggero, allegro, amante del lusso, del bello e delle cose raffinate, ottimista inguaribile, F. affronta la vita a cuor leggero, con quel tanto di superficialità tipica di chi rifugge dallo sforzo e dagli impegni. È voluttuoso e affascinante, e non c'è donna che resista alla sua seduzione.

Corrispondenze: segno dell'Acquario. Numero portafortuna: 6. Colore: giallo. Pietra: topazio. Metallo: argento.

Fiorenzo Fiorenza

Significato: che è in fiore
Origine: latina
Onomastico: 14 febbraio

Il nome deriva dal soprannome augurale latino di età imperiale *Florens*, divenuto successivamente nome individuale ed è diffuso in tutta Italia. È presente anche nelle varianti **Florenzo** e **Florenzio**, nonché nelle forme alterate **Fiorentino** e **Fiorente**, quest'ultima usata sia al femminile sia al maschile. L'onomastico ricorda s. F. martire, patrono di Avellino. La Chiesa festeggia anche s. F. vescovo di Strasburgo nel VII secolo, s. F. martire a Perugia durante la persecuzione di Decio (10 novembre) e una s. F. martire di Poitiers, in Francia, sotto l'imperatore Diocleziano. F. ama esplorare tutti i campi e questa sua versatilità rischia di venire imbrigliata e soffocata se è costretto ad attenersi alle regole o se ingabbiato da qualche legame. Seduce e poi scappa; ma F. sa usare talmente bene il suo fascino che ogni bugia o fuga gli viene perdonata.

Corrispondenze: segno del Cancro. Numero portafortuna: 9. Colore: arancio. Pietra: berillo. Metallo: rame.

Flaminio Flaminia

Significato: sacerdote, sacro
Origine: latina
Onomastico: 2 maggio

È un nome di matrice classica e riprende l'antico gentilizio latino *Flaminius*, che a partire dal Rinascimento si è diffuso particolarmente nel Nord e nel Centro. Il personaggio più noto nella storia con questo nome è il console romano Caio F. Questi fece costruire la via Flaminia, che collega Roma a Rimini passando attraverso l'Umbria e le Marche e fu sconfitto da Annibale nel corso della Seconda guerra punica nella battaglia del Trasimeno del 217 a.C. La Chiesa festeggia una s. F., martire nel 303 a Nicomedia, che nella tradizione popolare viene invocata contro le malattie degli occhi e una s. F., martire in Oriente durante la persecuzione di Diocleziano. La sua grazia e la sua tenerezza nascondono la vera natura di F.: un uomo fatto per il comando, al cui fascino prorompente difficilmente si sfugge. Tuttavia la rete è ricolma di piaceri. Per arrivare al successo e agli onori, F. non è disposto a tutto, soprattutto alle meschinità e ai compromessi.

Corrispondenze: segno dell'Ariete. Numero portafortuna: 1. Colore: giallo. Pietra: topazio. Metallo: oro.

Flaviano figlio di ➡ Flavio

Flavio Flavia

Significato: biondo, giallo dorato
Origine: latina
Onomastico: 22 giugno

Il nome è accentrato per lo più nel Centro-Nord e riprende il gentilizio latino *Flavius*, a sua volta derivato dal soprannome *Flavus*, cioè 'dai capelli color giallo oro'. Molto diffusa è la forma patronimica derivata **Flaviano**, usata anche al femminile. F. fu il nome degli imperatori del I secolo Tito F. Vespasiano, che fece costruire il Colosseo, il Tempio della Pace e la via Flavia, che va da Trieste a Pola, e di suo figlio Tito F. Domiziano. A F. Gioia, vissuto tra il XIII e il XIV secolo, è stata attribuita l'invenzione della bussola. Il suo animo puro ignora le bassezze e le meschinità della vita. È un essere che non è fatto per vivere nella routine quotidiana, nel presente. La sua dimensione sono le vicende cavalleresche, i tornei, i castelli nei quali abitava sempre una principessa infelice da andare a salvare.

Corrispondenze: segno della Bilancia. Numero portafortuna: 3. Colore: giallo. Pietra: topazio. Metallo: oro.

Folco

SIGNIFICATO: combattente per il popolo
ORIGINE: germanica
ONOMASTICO: 22 maggio

È un nome modestamente diffuso in Toscana, mentre in Italia si è introdotto nell'VIII secolo per poi diventare raro già alla fine del Medioevo. La sua origine germanica divenne propria delle lingue longobarde. Alla base del nome c'è la radice *volk-*, che nelle lingue nord-europee significa 'popolo'. La presenza attuale un po' in tutta la penisola si deve alla conoscenza, approfonditasi anche attraverso la scuola, della vita di Dante Alighieri: Beatrice, infatti, era la figlia di F. Portinari. L'onomastico ricorda s. F., confessore, vissuto ad Aquino nel XII secolo. Tra i personaggi celebri, il regista cinematografico Quilici. È un capace oratore, è sicuro di sé e delle sue qualità, è equilibrato e ottimista, ed è generoso. Per vivere, ha bisogno che il suo cuore sia sempre in fiamme: per un ideale o per una donna.

Corrispondenze: segno del Capricorno. Numero portafortuna: 4. Colore: verde. Pietra: smeraldo. Metallo: argento.

Fortunato Fortunata

SIGNIFICATO: favorito dalla sorte
ORIGINE: latina
ONOMASTICO: 6 dicembre

È ampiamente diffuso in tutta Italia, più compattamente nel Sud, e riprende il nome augurale latino *Fortunatus*. Soprattutto nelle Puglie è presente nella variante **Affortunato**, usata anche al femminile. La Chiesa festeggia s. F. martire in Africa, s. F. Venanzio, patrono dei poeti (il 14 dicembre) e una s. F., talvolta nominata anche come **Fortuna**, martire in Palestina sotto

Diocleziano (il 14 ottobre). Fa della sua vita ciò che vuole. F. è un originale che si mostra molto agguerrito nella vita professionale, dove miete successi a non finire. Non è amante della provocazione e della vita familiare che trova assai poco stimolante e noiosa.

Corrispondenze: segno dei Pesci. Numero portafortuna: 2. Colore: arancio. Pietra: lapislazzuli. Metallo: rame.

Fosco Fosca

Significato: bruno, scuro
Origine: latina
Onomastico: 2 giugno

L'aggettivo latino *fuscus*, cioè 'di colore scuro', riferito al colore dei capelli, divenuto nome proprio in età imperiale come *Fuscus* (anche nel diminutivo *Fusculus*), è all'origine di questo nome, che si è accentuato particolarmente in Toscana. Il nome F. si è introdotto nell'uso comune per il culto di s. F., martire a Roma con s. Donaziano, e di una s. F., martire a Ravenna nel 250 con s. Maura; la variante **Foscolo** è in uso dall'Ottocento per la fama del poeta Ugo Foscolo (1778-1827), amato anche per il suo impegno politico e civile nel Risorgimento; **Foscaro** e **Foscarino** (in uso anche al femminile), documentati dall'VIII secolo nelle forme latinizzate *Fuscari* e *Fuscherius*, pare siano stati in voga già dal Medioevo e dal Rinascimento per la fama della famiglia veneziana Foscari. Il nome ha avuto, inoltre, una discreta diffusione a partire dal primo Novecento come quello della protagonista nel romanzo *Il fuoco* di D'Annunzio. La ribellione fa parte del suo carattere e ad essa F. non rinuncia mai nemmeno quando i limiti di un simile comportamento diventano evidenti. È troppo orgoglioso per ammettere di aver sbagliato ed è troppo presuntuoso per rimproverare se stesso e cambiare.

Corrispondenze: segno del Cancro. Numero portafortuna: 8. Colore: blu. Pietra: diamante. Metallo: argento.

Francesco Francesca

Significato: francese
Origine: germanica
Onomastico: 4 ottobre

È uno dei nomi maggiormente presenti in Italia: è infatti al sesto posto al maschile e all'undicesimo nel femminile, comprese le varianti **Cesco, Checchino, Ciccio, Cecco.** Tra i nomi doppi sono molto usati, particolarmente nel Sud, **Francesco Paolo, Francesco Saverio** e **Francesca Maria.** La base del nome si ritrova nel latino medioevale, e deriva dal germanico *franki-sk*, segno dell'appartenenza dei Franchi al popolo germanico. Successivamente il valore etnico del soprannome indicò i Francesi in genere, e solo a partire dall'XI secolo si trasformò in nome proprio. Dal Trecento in avanti il nome acquisì una valenza anche religiosa grazie al culto di s. F. d'Assisi (1181-1226) che, di famiglia molto facoltosa, rinunziò a tutti i suoi beni per vivere in assoluta povertà e che è divenuto compatrono d'Italia insieme con s. Caterina da Siena. Molti sono comunque i santi con questo nome, tra cui s. F. di Sales, protettore degli scrittori e dei giornalisti, vescovo di Ginevra, festeggiato il 24, il 29 gennaio e il 28 dicembre; s. F. da Paola, eremita francescano, patrono di Cosenza, fondatore dell'Ordine dei Minimi, ricordato il 2 aprile; s. F. Saverio, missionario gesuita del Cinquecento, patrono del Giappone e dei marinai; santa F. Romana, festeggiata il 9 marzo, invocata come patrona delle vedove e degli automobilisti. Molti sono ovviamente i personaggi storici da ricordare, come l'imperatore d'Austria F. Giuseppe (1830-1916), detto 'Cecco Beppe'; a partire dall'uso di questo diminutivo entrò nella lingua italiana il termine 'cecchino', cioè soldato austriaco, tiratore di precisione. Altri personaggi di fama sono il politico dell'Ottocento Crispi; il filosofo del Settecento F. Marie Arouet, detto 'Voltaire'; il filosofo inglese della seconda metà del Cinquecento Bacon; i pittori Mazzola detto 'il Parmigianino' (1503-1540) e lo spagnolo Goya (1746-1828); i poeti Cecco Angiolieri (1260 circa-1311 o 1313) e Petrarca (1304-1374); lo scrittore francese del Cinquecento Rabelais e lo scrittore cecoslovacco Kafka (1883-1924); il musicista ungherese dell'Ottocento Liszt e il viennese Schubert (1797-1828); il regista francese del nostro secolo Truffaut; i cantautori italiani Guccini e De Gregori. Per F. la libertà è un'esigenza, una necessità, non è un capriccio. In suo nome, F. è pronto a usare tutte le armi possibili, eloquenza, forza, dialogo. È un amante ombroso, fedele alla sua compagna del momento, ma sempre teso a nuove conquiste.

Corrispondenze: segno dell'Ariete. Numero portafortuna: 4. Colore: blu. Pietra: zaffiro. Metallo: ferro.

Franco Franca

SIGNIFICATO: uomo libero
ORIGINE: germanica
ONOMASTICO: 12 settembre

È un nome di altissima frequenza in tutta Italia, a volte usato come forma abbreviata di ➡ Francesco. Autonomamente si è diffuso, a partire dal IX secolo, sia per derivazione etnica, con il significato di 'appartenente al popolo dei Franchi', l'antico popolo germanico che occupò la terra poi chiamata Francia, sia come esplicativo della condizione sociale di 'uomo libero', quando gli stessi Franchi conquistarono pieni diritti nella Gallia romana. Il culto di s. F. di Assergi, patrono di Francavilla al Mare, e di s. F. di Vitalta, badessa di Piacenza nel XIII secolo, ha dato ulteriore impulso alla diffusione del nome, ma la Chiesa festeggia in particolare s. F. martire religioso francescano, apostolo del Giappone, ucciso nel 1622. È un viaggiatore tranquillo, che affronta la vita con calma senza forzare il passo. Va incontro alle difficoltà e le supera senza crearsi patemi d'animo. Con la stessa disinvoltura con cui percorre la strada della vita, ama le donne, tutte quelle che incontra. **Corrispondenze:** segno dell'Ariete. Numero portafortuna: 8. Colore: blu. Pietra: zaffiro. Metallo: argento.

Fulgenzio Fulgenzia

SIGNIFICATO: luminoso
ORIGINE: latina
ONOMASTICO: 1 gennaio

Il nome è riscontrato in tutta Italia, prevalentemente nel Nord e soprattutto nella forma femminile, e ricalca il soprannome latino di significato augurale *Fulgentius*. Si è diffuso particolarmente per il culto di s. F. di Ruspe, presso Tunisi, abate e vescovo, vissuto tra il V e VI secolo. Non c'è ostacolo che lo riesca a deprimere, difficoltà che lo scoraggi. F. è ostinato, fecondo, saggio, misurato, coraggioso. Dà grande importanza ai valori morali tra cui, sommo tra tutti, la tolleranza.
Corrispondenze: segno dell'Ariete. Numero portafortuna: 9. Colore: rosso. Pietra: rubino. Metallo: oro.

Fulvio Fulvia

SIGNIFICATO: biondo acceso
ORIGINE: latina
ONOMASTICO: 7 maggio

È diffuso ampiamente in tutta Italia e ricalca il nome gentilizio romano della *gens Fulvia*, a cui appartenne fra gli altri personaggi storici noti F., moglie di Marco Antonio, che ebbe parte determinante nel decidere la sorte di Cicerone, di cui era acerrima nemica. Si riscontrano anche le forme **Fulvo** e **Fulviano**. La Chiesa ricorda s. F., martire con i fratelli Agostino, Augusto e Fulvia. Come gli animali che marcano il loro territorio, F. si costruisce un mondo misterioso tutto suo, del quale è estremamente geloso e che nessuno può penetrare. Gli intrusi vengono allontanati in malo modo sebbene F. sia un essere ardente e fragile, che preferirebbe fare a meno della scortesia e della violenza.
Corrispondenze: segno del Cancro. Numero portafortuna: 8. Colore: bianco. Pietra: diamante. Metallo: oro.

Furio

SIGNIFICATO: in preda al furore
ORIGINE: latina
ONOMASTICO: 1 novembre

Il nome personale *Fusus*, di origine forse etrusca, si è evoluto nella forma latina *Fusius*, da cui è derivato il gentilizio *Furius*, appartenuto a Marco F. Camillo, che conquistò Veio nel 396 a.C. e che si meritò l'appellativo di 'secondo fondatore di Roma' per avere liberato nel 390 la città dai Galli. Non sono presenti nel calendario cristiano santi con questo nome. Per ottenere la felicità, bene supremo al quale tende per natura, non compie sforzi smisurati o balzi impensati; la sua saggezza, il suo equilibrio, la sua lucida intelligenza sono già di per sé doti che gli procurano felicità: la felicità di un saggio che nel profondo del suo cuore sa discernere tra la vacuità delle cose e la pienezza dei valori.

Corrispondenze: segno della Bilancia. Numero portafortuna: 9. Colore: arancio. Pietra: rubino. Metallo: bronzo.

Nomi di origine femminile

Fabiola ➡ Fabio

Fanny ➡ Stefano

Fedora

SIGNIFICATO: dono di Dio
ORIGINE: greca
ONOMASTICO: 6 febbraio

Diffuso in tutta Italia, soprattutto in Toscana, è un nome di moda esotica e teatrale in voga dalla fine dell'Ottocento. La sua fortuna è legata infatti al romanzo del 1882 *Fedora* dell'autore teatrale francese Sardou e all'omonima opera lirica di Giordano del 1889, il cui libretto è tratto dal dramma francese. Creativa, vitale, attiva, ottimista un giorno, pigra, spenta, pessimista il giorno dopo: così è F. Pertanto in ogni momento della sua vita non si sa con quale spirito affronterà le cose, con quello vincente e positivo o con quello svogliato e negativo. Ma da questo groviglio inestricabile quanto fascino, almeno tanto quanto l'impegno necessario per districare una simile matassa.

Corrispondenze: segno del Capricorno. Numero portafortuna: 1. Colore: verde. Pietra: rubino. Metallo: argento.

Fedra Fedro

SIGNIFICATO: brillante, splendente, vivace
ORIGINE: greca
ONOMASTICO: 29 novembre

Accentrato soprattutto in Toscana, è un nome di matrice sia classica e letteraria sia cristiana.

Il nome femminile riprende quello della mitica figlia di Minosse e Pasifae, moglie di Teseo e innamorata del figliastro Ippolito. Respinta dal giovane, F. lo accusò falsamente di averla voluta sedurre, provocandone la morte, e in conseguenza di ciò si uccise. Il mito di F. è stato ripreso da Euripide, Sofocle, Seneca e, in tempi più recenti, da Racine nella tragedia *Phèdre* del 1677 e dal D'Annunzio nel 1909.

La forma maschile si è affermata per la fama del grande scrittore latino del I secolo di origine macedone, schiavo di Augusto a Roma, che introdusse nella letteratura latina il genere della favola, ispirandosi a Esopo. In ambienti cristiani s. F. fu un martire dei primi secoli del cristianesimo, fatto morire nella resina bollente.

Desidera mostrarsi emancipata e indipendente a tutti i costi ma quando vuole anche imporre i propri punti di vista originali e anticonformisti diventa ridicola e paradossale.

Corrispondenze: segno dei Gemelli. Numero portafortuna: 8. Colore: blu. Pietra: rubino. Metallo: rame.

Felicita

SIGNIFICATO: fertile, favorita dagli dei
ORIGINE: latina
ONOMASTICO: 14 gennaio

Diffuso soprattutto in Piemonte e in Lombardia, attestato anche nella variante **Felicità**, continua il nome augurale latino riferito in ambienti cristiani alla beatitudine della vita eterna. A Roma era anche il nome di una dea della fecondità, della ricchezza e dell'abbondanza.

La Chiesa ricorda s. F. martire a Roma con i suoi sette figli sotto Marco Aurelio, invocata dalla tradizione popolare per concepire figli maschi, e una s. F. martire a Cartagine nel 207.

Se un uomo desidera vivere accanto a una donna ricca di qualità, deve essere disposto a pagarne il prezzo: F. è indipendente, rispetta l'autorità, pratica la solidarietà, la generosità, la carità. Queste virtù la portano spesso fuori casa, ad assistere i più bisognosi. Non si può tenere tutto per sé un essere con tali pregi.

Corrispondenze: segno del Cancro. Numero portafortuna: 5. Colore: giallo. Pietra: topazio. Metallo: ferro.

Fiamma

SIGNIFICATO: splendente come una fiaccola
ORIGINE: medioevale
ONOMASTICO: 1 novembre

Distribuito soprattutto nel Centro-Nord anche nella forma alterata **Fiammetta**, fu un antico soprannome medioevale poi divenuto nome personale riferito alla luminosità, all'ardore dei sentimenti e della fede. Ha avuto ampia diffusione grazie anche alle opere del Boccaccio, tra cui si ricorda la *Elegia di Madonna Fiammetta* del 1344, dedicata alla donna amata. F. è anche il nome di una maschera toscana; nella commedia dell'arte è il nome tipico del personaggio della giovane serva.

Innocente ma anche ambiziosa, sensuale e vivace, F. si lascia guidare dagli impulsi del momento e non si sofferma mai a riflettere sulle cose. La sua grazia incantevole si ritrova nel dolce suono del suo nome che seduce, seduce, seduce.

Corrispondenze: segno del Sagittario. Numero portafortuna: 3. Colore: blu. Pietra: zaffiro. Metallo: ferro.

Filomena Filomeno

SIGNIFICATO: fedele all'amore e all'amicizia
ORIGINE: greca
ONOMASTICO: 5 luglio

Accentrato soprattutto nel Sud, è un nome di matrice cristiana e mitologica. Nella mitologia il nome si è incrociato con l'appellativo personale greco *Filomela*, la principessa figlia del re ateniese Pandione sedotta da Tereo, marito della sorella Progne, che fu trasformata in usignolo.

L'accostamento con il canto dolce e melodioso di questo uccello offre una seconda interpretazione del nome con il significato di 'amante del bel canto e della luna'.

In ambito cristiano il nome si è diffuso per il culto di numerosi sante e santi: s. F. martire a Roma sotto Diocleziano, le cui reliquie furono trovate nella Chiesa di s. Lorenzo a San Severino Marche, dove è intensamente venerata; s. F. vergine e martire a Roma sotto Diocleziano; un s. F. martire ad Ankara e un s. F. martire in Tracia. Nella letteratura F. è una delle voci narranti nel *Decamerone* di Boccaccio; *Filumena Marturano* è una commedia del 1946 dell'attore e commediografo napoletano Eduardo De Filippo. F. conduce la sua vita all'insegna della rettitudine, degli amori puri e casti, delle grandi passioni. La sua pacata intelligenza e la sua acuta sensibilità le attribuiscono un fascino che F. non sa di possedere. E questo la rende ancora più affascinante.

Corrispondenze: segno della Vergine. Numero portafortuna: 5. Colore: bianco. Pietra: diamante. Metallo: oro.

Fiorella, Fiorello ➡ Fiore

Flora Floro

Significato: fiore
Origine: latina
Onomastico: 24 settembre

Ampiamente distribuito in tutta la Penisola, è un nome personale derivato dalla divinità romana, forse di origine sabina, *Flora*, dea dei fiori e della fioritura primaverile, sposa di Zefiro, il vento gentile. Alla dea erano dedicate le feste *Floralie* che si celebravano nella Roma antica all'inizio del mese di maggio e il nome veniva simbolicamente attribuito ai bambini nati in questa stagione. Numerose sono le varianti, tra cui **Floria** (tipica della Toscana), **Floriana**, **Florinda**, **Florita**, tutte in uso anche al maschile, e **Floris**, propria del Veneto soltanto al maschile. La diffusione è avvenuta in ambienti cristiani per il culto di s. F. martire romana del III secolo, ma il maggiore impulso si è sicuramente determinato per via letteraria. Florio è infatti il protagonista con Biancofiore del poemetto in francese antico dell'XI secolo che ha ispirato molti romanzi e poemi medioevali; Florinda è a partire dal Cinquecento la prima amorosa nella commedia dell'arte fino a Goldoni; Florindo è un personaggio dell'opera lirica di Mascagni *Le maschere* del 1901. F. è sicuramente una donna affascinante, la natura è stata benigna con lei sia nel fisico che nell'animo. Tuttavia si scorge in lei qualcosa che non convince. È come se dietro i suoi comportamenti si intravedesse un'altra persona. È poco convincente, manca di spontaneità e sincerità. Infatti F. non aspetta altro: che qualcuno sappia toglierle con dolcezza la maschera e godere del suo cuore troppo sensibile.
Corrispondenze: segno della Bilancia. Numero portafortuna: 6. Colore: verde. Pietra: smeraldo. Metallo: argento.

Floriana ➡ Flora

Frida Frido

Significato: amicizia, pace, sicurezza
Origine: germanica
Onomastico: 25 settembre

Distribuito soprattutto in Trentino e in Friulia Venezia Giulia, rappresenta l'italianizzazione del nome tedesco *Frieda*, proprio della provincia di Bolzano e delle zone anche italiane a più stretto contatto con tradizioni e cultura germaniche. In alcuni casi potrebbe essere anche la forma abbreviata di → Sigfrido. L'essenziale è mettersi in mostra, essere ammirata e invidiata. F. è mossa da un'incrollabile fede nella forza delle idee. Sa percorrere la propria strada fino in fondo senza dubbi o tentennamenti. Odia il calcolo e le meschinità.

Corrispondenze: segno dei Pesci. Numero portafortuna: 10. Colore: azzurro. Pietra: opale. Metallo: oro.

Nomi di origine maschile

Gabriele Gabriela

SIGNIFICATO: uomo di Dio, eroe con l'aiuto di Dio
ORIGINE: ebraica
ONOMASTICO: 24 marzo

Il nome è di ampia diffusione in tutta Italia, anche al femminile, e lo si ritrova nelle varianti **Gabriello**, **Gabriella**, **Gabbriello**, **Gabbriella**, tipiche della Toscana, **Gabrio**, accentrato nel Nord, e **Gabriel**, tipico della provincia di Bolzano. È un nome di tradizione cristiana che ricorda l'arcangelo che informò Zaccaria della nascita di s. Giovanni Battista e che, nel Vangelo, si presentò a Maria per annunciarle che era destinata a diventare la madre di Cristo. Come il 'messaggero di Dio' è invocato, nella tradizione popolare, quale patrono di postini, giornalai, corrieri, ambasciatori e delle telecomunicazioni. L'arcangelo G. è ricordato nella Bibbia come uno dei sette spiriti maggiori del Cielo; per gli Ebrei è il 'principe del fuoco'; per i musulmani è lo spirito della verità che avrebbe ispirato il Corano a Maometto. La Chiesa festeggia anche s. G. detto 'della Vergine Addolorata', confessore in Abruzzo nell'Ottocento, e la beata G. Burla, martire a Valenciennes. Tra i vari personaggi della storia si ricordano il patriota e letterato dell'Ottocento Rossetti; il ministro dell'istruzione pubblica Casati, che emanò nel 1959 la prima legge della scuola; il poeta e scrittore D'Annunzio (1863-1938); il pittore e poeta inglese dell'Ottocento Dante G. Rossetti; l'attore teatrale e cinematografico del nostro secolo Ferzetti. Particolarmente noto in Italia è anche lo scrittore sudamericano G. Garcia Marquez, premio Nobel per la letteratura, autore di *Cent'anni di solitudine.*
G. vuole essere il preferito, dai genitori, a scuola, tra gli amici, e le chance per esserlo le ha tutte. Ha fascino da vendere e, malgrado la sua irrefrenabile tendenza alla chiacchiera facile, riesce a sedurre tutti. Il suo dono migliore è il garbo con cui affronta le cose e le persone, e con il quale si fa perdonare tutto anche qualche capriccio di troppo.

Corrispondenze: segno del Sagittario. Numero portafortuna: 9. Colore: blu. Pietra: zaffiro. Metallo: rame.

G

Gaetano Gaetana

SIGNIFICATO: nativo di Gaeta
ORIGINE: latina
ONOMASTICO: 7 agosto

Il nome riprende il soprannome latino *Caietanus*, divenuto in seguito anche nome personale con il significato di 'oriundo di Gaeta'. Secondo la leggenda la città avrebbe preso il nome da *Cajeta* nutrice di Enea, come racconta Virgilio nell'*Eneide*. Il nome si è diffuso, a partire dal Cinquecento, soprattutto nel Sud, particolarmente in Campania e in Sicilia, per il culto di s. G. di Thiene, morto nel 1547, che fondò la congregazione dei Padri Teatini, nello spirito della Controriforma e ideò a Napoli i Monti di Pietà. Patrono di Ariano nel Polesine, è invocato nella tradizione popolare per guarire le cisti. Nella storia si ricordano lo storico e uomo politico Salvemini (1873-1957) e il compositore e musicista dell'Ottocento Donizetti. Il suono limpido del suo nome rievoca l'innocenza e la purezza di questo giovane. Teso alla ricerca interiore, all'ascesi, alla compassione, G. è fondamentalmente un sognatore, un idealista, un poeta raffinato.

Corrispondenze: segno del Cancro. Numero portafortuna: 3. Colore: giallo. Pietra: topazio. Metallo: ferro.

Galeazzo

SIGNIFICATO: giocondo, lieto
ORIGINE: sassone
ONOMASTICO: 5 novembre

Il nome si è affermato a partire dal Quattrocento come tradizionale dell'antica famiglia feudale milanese dei Visconti e più tardi della famiglia degli Sforza, gli uni e gli altri signori di Milano. Al significato etimologico proposto potrebbe sostituirsi quello di 'munito di elmo' se si dà credito agli studiosi che collegano il nome al latino *galea*, 'elmo' appunto. È diffuso soprattutto nel Nord e nel Centro, e particolarmente in Lombardia, in Emilia Romagna e in Toscana. La Chiesa ricorda soltanto un s. G. vescovo.

La sua personalità è costantemente minata dalla nervosità, che spezza in mille frammenti il suo nucleo sostanzialmente positivo e che disperde le sue buone qualità nello spazio. Il lavoro di G. è di cercare di recuperare i pezzi e restituire loro un senso.

La pace, l'inattività significano pertanto l'autodistruzione mentre l'energia, il susseguirsi frenetico di azioni, la ricerca sono la sua salvezza e la sua unica modalità di espressione.

Corrispondenze: segno dei Gemelli. Numero portafortuna: 2. Colore: bianco. Pietra: diamante. Metallo: oro.

Galileo Galilea

SIGNIFICATO: nativo della Galilea
ORIGINE: ebraica
ONOMASTICO: 1 novembre

È diffuso al Nord e al Centro, fino all'Abruzzo, e si è caratterizzato in un primo tempo come nome cristiano, in ricordo dell'altopiano centrale della Palestina dove si svolse la vita privata di Cristo, chiamato per questo anche 'il Galileo'.

In parte la diffusione del nome è avvenuta anche per il prestigio dello scienziato e filosofo di Pisa G. Galilei (1564-1642), che difese il sistema copernicano secondo il quale il Sole, e non la Terra, era al centro dell'universo: in riferimento alla persecuzione sostenuta dal Galilei per opera della Chiesa, il suo nome fu caro successivamente negli ambienti anarchici come un segno di anticlericalismo. Nel calendario cattolico non appaiono santi con questo nome.

L'energia che lo alimenta in continuità trae a sua volta nutrimento da una miscela esplosiva fatta di qualità contrastanti tra loro: dolcezza e violenza, tenerezza ed egoismo, spontaneità e astuzia. Come si fa a stancarsi di una tale complessa personalità?

Corrispondenze: segno dell'Ariete. Numero portafortuna: 3. Colore: blu. Pietra: zaffiro. Metallo: ferro.

Gandolfo Gandolfa

SIGNIFICATO: lupo dotato di forza magica
ORIGINE: germanica
ONOMASTICO: 3 aprile

Il nome, documentato in Italia dall'VIII secolo, è accentrato nella Sicilia occidentale, dove è frequente anche al femminile, soprattutto nella provincia di Palermo.Il significato originario deriva dai termini germanici che compongono il nome, *gand*, 'verga magica', e *wulfa*, 'lupo': il lupo era infatti nel mondo germanico un animale sacro, dalle qualità soprannaturali. La Chiesa ricorda s. G. da Binasco, vissuto nel XIII secolo, predicatore dei Frati Minori in Sicilia.

I suoi modi bruschi gli servono per nascondersi; è mite, dolce, comprensivo, innamorato della vita. Avverte tuttavia che il suo mondo interiore stenta ad adattarsi alla realtà e di conseguenza cerca uno scudo con il quale difendersi. Se dunque vi capita di osservarlo burbero, prevaricatore, aggressivo, sgarbato, non giudicatelo per ciò che vedete, ma cercate di togliergli la maschera. Non sarà facile ma resterete sorpresi da ciò che scoprirete.

Corrispondenze: segno del Toro. Numero portafortuna: 7. Colore: blu. Pietra: rubino. Metallo: argento.

G

Gaspare Gaspara

SIGNIFICATO: splendente
ORIGINE: iranica
ONOMASTICO: 6 gennaio

Il nome, diffuso in tutta Italia e soprattutto in Sicilia, potrebbe risalire al nome iranico della divinità dell'aria, *Wayna*, o alla parola sanscrita *gathaspic*, cioè 'colui che ispeziona'. Si presenta anche nelle varianti **Gasparre**, **Gasparo**, **Gaspero**, **Gasparino**, tutte in uso anche al femminile. Il nome riflette il culto per uno dei tre re Magi, che con Baldassare e Melchiorre venne dall'Oriente a Betlemme per portare doni a Gesù, riconoscendone in questo modo la divinità. La Chiesa festeggia anche il 12 giugno s. G. Bertoni, morto nel 1859, e il 2 gennaio s. G. detto 'del Bufalo', fondatore della congregazione dei Missionari del Preziosissimo Sangue, morto nel 1837. Famosi, la poetessa veneta G. Stampa (1523-1554) e il compositore e musicista G. Spontini (1774-1851). Strano miscuglio di rudezza, forza, garbo e innocenza. G. è un puro di una purezza violenta, che rifiuta con decisione il compromesso, le meschinità, e i difficili meccanismi della vita sociale. Il suo mondo è quello dei bambini, con i quali ama stare, senza complicazioni o parole di troppo, dove tutto è semplice e privo di sofisticazioni.

Corrispondenze: segno del Leone. Numero portafortuna: 1. Colore: blu. Pietra: zaffiro. Metallo: oro.

Gastone

SIGNIFICATO: ospite, straniero
ORIGINE: germanica
ONOMASTICO: 6 febbraio

Il germanico *gastiz*, 'straniero' è all'origine del nome francese *Gaston*, d'origine etnica con il significato di 'abitante della Guascogna', divenuto di gran moda nell'Ottocento. Già nel Medioevo era il nome tradizionale dei visconti di Bearn, dei conti di Foix (tra cui un duca di Nèmours, morto giovanissimo a Ravenna nel 1512 nella guerra contro la Lega Santa), e fu il nome del duca di Orléans, figlio di Enrico IV. La Chiesa ricorda s. G. di Arras, martire nel 540.

La vita sembra facile per lui ma infatti solo all'apparenza. Il suo carattere possiede tante buone qualità, tra cui spiccano perspicacia, intelligenza, fascino, affetto, ma qualcosa non va. La sua smisurata ambizione, invece di essergli utile per ottenere ciò che vuole, si cristallizza nella vanità più esasperata che lo condanna a restare con un pugno di mosche in mano.

Corrispondenze: segno del Cancro. Numero portafortuna: 4. Colore: verde. Pietra: smeraldo. Metallo: oro.

Gavino Gavina

SIGNIFICATO: nativo di Gabi
ORIGINE: latina
ONOMASTICO: 25 ottobre

Il nome risale al soprannome e nome personale latino *Gabinus* o *Gavinus*, attestato in documenti sardi medioevali, che può forse essere ricondotto a *Gabii*, antica città presso Roma; è tipico della Sardegna, soprattutto del Sassarese. Riflette l'antico e radicato culto dell'isola nei confronti di s. G., martire e soldato a Porto Torres nel IV secolo con Gennaro e Proto, o forse martire durante le persecuzioni di Diocleziano, onorato come patrono di Sassari. La forma modificata **Baìngio**, in uso anche al femminile, è anch'essa ampiamente diffusa in Sardegna. G. ama la vita e la affronta con l'equilibrio, la salute fisica e morale, il vigore intellettuale da far invidia a chiunque.
Corrispondenze: segno del Leone. Numero portafortuna: 6. Colore: verde. Pietra: smeraldo. Metallo: mercurio.

Gennaro Gennarina

SIGNIFICATO: consacrato, devoto a Giano
ORIGINE: latina
ONOMASTICO: 19 settembre

Il nome è accentuato per due terzi in Campania, ma è distribuito in tutto il Sud, e risale al latino *Ianuarius*, derivato da *Ianus*, 'Giano', il dio bifronte delle chiavi del cielo, dell'inizio dell'anno e del passaggio delle porte e delle case, che veniva adorato come quello che presiedeva all'inizio e alla fine di ogni atto e di ogni avvenimento. Il nome era in genere attribuito ai bambini nati nel mese di gennaio: *Ianuarius* era infatti il nome dell'undicesimo mese dell'anno secondo il calendario romano, mentre è diventato il primo dopo la riforma del II secolo d.C. Vi è connesso il culto di s. G. vescovo a Benevento, che nel III secolo fu decapitato a Pozzuoli con altri compagni durante le persecuzioni di Diocleziano. S. G. è patrono di Napoli e oggetto di un culto popolare particolarmente intenso: nel Duomo della città sono custodite due ampolle contenenti sangue allo stato solido, attribuito al martire, che si scioglie inspiegabilmente due volte l'anno a maggio e a settembre, durante una cerimonia alla quale partecipano migliaia di fedeli, intensamente coinvolti dal punto di vista emotivo.
Corrispondenze: segno dei Gemelli. Numero portafortuna: 4. Colore: rosso. Pietra: rubino. Metallo: ferro.

Gerardo Gerarda

SIGNIFICATO: valoroso con la lancia
ORIGINE: germanica
ONOMASTICO: 13 ottobre

G

Dal germanico *ger*, lacuna e *hard*, potente, ardito. Il nome è riscontrato in tutta Italia con differente distribuzione in base alle varianti **Gherardo**, **Girardo**, **Geraldo**, **Gerardino**, **Gelardo**. La diffusione si deve a modelli lette-rari e teatrali medioevali, oltre che al culto di santi quali per esempio s. G. vescovo, patrono di Potenza, morto nel 1122, e s. Geraldo Maiella, vissuto nel Settecento, confessore laico della Congregazione del Santissimo Redentore. Un'altra personalità che si alimenta alla fonte della contraddizio-ne: G. è allo stesso tempo bambino viziato e adulto che vuole essere ubbi-dito, indifeso da proteggere e protettore, fedele e incostante, intellettuale e teso all'azione, buono e cattivo. Il tutto viene condito da un certo fascino, che non guasta mai.

Corrispondenze: segno del Toro. Numero portafortuna: 8. Colore: arancio. Pietra: berillo. Metallo: rame.

Geremia

Significato: Dio ha innalzato, ha salvato
Origine: ebraica
Onomastico: 1 maggio

Alla base della diffusione del nome, che è discretamente distribuito in tutta Italia, c'è il secondo dei profeti maggiori della *Bibbia*, vissuto tra il VII e il VI secolo a.C. e festeggiato anche come santo dalla Chiesa cattolica, che condannò la corruzione morale e annunciò la distruzione del Tempio. A lui furono attribuite le *Lamentazioni* ('geremiadi'), contestate però dagli esperti di esegesi. Il 7 giugno la Chiesa ricorda anche un s. G. monaco e martire di Cordoba. Si trova a suo agio nell'imprenditoria e nell'iniziativa privata. Grazie al suo robusto senso di responsabilità, nella vita professio-nale G. riesce sempre a conquistarsi un posto al sole; le difficoltà non gli fanno paura, le affronta con intelligenza e pacatezza e finisce sempre col-l'imporre le sue opinioni.

Corrispondenze: segno del Capricorno. Numero portafortuna: 2. Colore: rosso. Pietra: rubino. Metallo: oro.

Germano Germana

Significato: oriundo della Germania o fratello (sorella)
Origine: latina
Onomastico: 31 luglio

Per il nome latino di età imperiale *Germanus* si può pensare a un'origine etnica, come 'appartenente a popolazioni germaniche' o a un'origine cri-stiana, con il significato di 'fratello, sorella nella fede'. In ambito romano si ricorda anche il figlio adottivo dell'imperatore Tiberio, che sconfisse sul Reno i Germani di Arminio (14-16 d.C.) e si meritò per questo l'appellativo di 'Germanico'. Il nome è diffuso in tutta Italia, soprattutto nel Nord: sono in uso anche le varianti **Germanio** e **Germanico**. La Chiesa ricorda s. G. vescovo, morto a Ravenna nel 448, onorato come patrono dei bambini. La sua straordinaria rettitudine lo obbliga a vivere nel suo mondo di sogni; il suo cuore fin troppo tenero lo costringe a comportarsi ai limiti della scontrosità. In fondo G. è un bambino in perenne fuga, sempre tentato dall'avventura e dalla seduzione, sempre innamorato di tutte le donne e in costante movimento.

Corrispondenze: segno dell'Acquario. Numero portafortuna: 4. Colore: giallo. Pietra: topazio. Metallo: rame.

Geronimo ➡ Girolamo

Gervasio Gervasia

Significato: potente con la lancia
Origine: germanica
Onomastico: 19 giugno

L'origine germanica del nome è incerta: potrebbe infatti derivare anche dal greco significando 'uomo a cui è segnata una lunga vita'. È distribuito in tutta Italia e particolarmente nel Nord, anche nella variante **Gervaso**, e riflette il culto di s. G. martire a Milano nell'anno 62 con il fratello Protasio, entrambi onorati come compatroni di Milano e patroni di Bormio, Domodossola e Rapallo. Se potesse vivere cento destini diversi, lo farebbe senza pensarci un attimo. Non è mai dove lo si crede, e riesce sempre a confondersi tra la folla, a far perdere le proprie tracce, a scomparire nel nulla. La sua enorme curiosità lo costringe a vagare perennemente e a intraprendere i ruoli più disparati solo per vedere l'effetto che fa.

Corrispondenze: segno dei Pesci. Numero portafortuna: 9. Colore: azzurro. Pietra: opale. Metallo: mercurio.

Gherardo ➡ Gerardo

Giacinto Giacinta

Significato: di colore violetto
Origine: pregreca
Onomastico: 17 agosto

Nella mitologia greca G. era uno splendido giovane amato da Apollo, che lo uccise per errore con un dardo. La leggenda narra che sulla sua tomba nacque un fiore che prese il suo nome. Di discreta diffusione in tutta Italia, più

G

frequente al Nord, soprattutto in Piemonte al femminile, ricorda il culto di s. G. Odrowatz, predicatore del XII secolo, missionario nell'Europa orientale, onorato come patrono della Polonia e invocato contro la morte per annegamento. È il nome del politico Pannella. G. è un uomo complicato, sempre indeciso, instabile, mai dello stesso umore, della stessa idea, si stanca delle passioni come fossero abiti. Ma non lo fa per capriccio o volubilità, la sua è piuttosto una malattia di vita, l'impossibilità a trovare una propria identità, l'incapacità di conoscersi, l'insoddisfazione di sé.

Corrispondenze: segno della Vergine. Numero portafortuna: 8. Colore: bianco. Pietra: diamante. Metallo: argento.

Giacobbe ➡ Giacomo

Giacomo Giacoma

Significato: Dio ha protetto
Origine: ebraica
Onomastico: 25 luglio

Il nome è distribuito in tutta la penisola, e si presenta anche nelle varianti **Iacopo** e **Jacopo**, proprie della Toscana, spesso abbreviate nelle forme medioevali **Lapo** e **Puccio**. La variante **Giacobbe** (festeggiata il 15 di luglio), anch'essa presente in tutta Italia, ricorda il figlio di Isacco e Rebecca, patriarca di Israele e fratello di Esaù, che sottrasse al fratello il diritto di primogenitura vendendolo per un piatto di lenticchie. Il nome si è diffuso particolarmente per il culto di s. G. apostolo, fratello di s. Giovanni Evangelista, detto 'il Maggiore', martire decapitato nel 44 d.C. sotto Erode Agrippa, patrono della Spagna (il suo corpo riposa al celebre santuario di Compostela, in Spagna), dei pellegrini e dei viaggiatori, e di s. G. detto 'il Minore', apostolo e martire a Gerusalemme, patrono dei barcaioli e dei pasticceri, festeggiato il 1° maggio. G. fu il nome di due re d'Inghilterra, di sette re di Scozia e di due re di Aragona. Numerosi i personaggi che la storia ricorda: il filosofo svizzero illuminista del Settecento Jean Jacques Rousseau; il pittore veneziano del Cinquecento Iacopo Robusti detto 'il Tintoretto'; lo scultore toscano Iacopo della Quercia (1371-1438) e lo scultore del nostro secolo G. Manzù; i poeti Iacopone da Todi (1236-1306), Leopardi (1798-1837), il francese del Novecento Prévert; l'avventuriero veneziano del Settecento Casanova; lo scrittore irlandese Joyce; il compositore Puccini (1858-1924). Nel suo destino c'è la battaglia, fisica o con la parola, per gli ideali o solo per difendere se stesso o i suoi cari. G. è incapace di accettare ciò che si definisce consuetudini, tradizioni, sistemi filosofici predeterminati. Così la sua vita è tutta una lotta, che affronta con un'energia che sembra inesauribile.

Corrispondenze: segno dei Gemelli. Numero portafortuna: 4. Colore: rosso. Pietra: rubino. Metallo: rame.

Gianni ➡ Giovanni

Gilberto Gilberta

SIGNIFICATO: abile, illustre nell'uso della lancia
ORIGINE: germanica
ONOMASTICO: 4 febbraio

Il nome è diffuso nel Nord e in Toscana; nelle forme **Giliberto** e **Ciliberto** è proprio della Campania. Altre varianti in uso sono **Egilberto** e **Gisberto**. Si è affermato per tradizione longobardica a partire dalla forma **Ghisalberto**, e per tradizione francone attraverso il francese antico **Gilbert**. Si è diffuso anche per il culto di s. G. di Sempringham, dell'Ordine dei Gilbertini d'Inghilterra, del I secolo d.C. G. sa affrontare la vita con l'equilibrio e la saggezza di chi ha capito che la felicità non sta nei risultati che ottieni ma nelle cose che fai. Il suo estro creativo, la sua acuta intelligenza, il suo senso estetico gli impediscono di annoiarsi e gli fanno vedere sempre il lato positivo delle cose. Con la donna che ama e della quale è totalmente schiavo, è tenero, delicato, affettuoso e fedelissimo.
Corrispondenze: segno dei Gemelli. Numero portafortuna: 2. Colore: blu. Pietra: zaffiro. Metallo: argento.

Gildo ➡ Ermenegildo

Gino ➡ Igino

Gioacchino Gioacchina

SIGNIFICATO: Dio mette sulla buona strada
ORIGINE: ebraica
ONOMASTICO: 16 aprile

Il nome si è diffuso dal Tardo Medioevo in tutta Italia, in Toscana anche nella variante **Giovacchino**. La sua affermazione risale in parte al culto di s. G. sposo di s. Anna e padre della Vergine Maria e in parte, alla notorietà del monaco cistercense G. da Fiore, morto nel 1202, profeta e fondatore del convento di s. Giovanni in Fiore. Ma dal Risorgimento un nuovo impulso è venuto dal prestigio del re di Napoli G. Murat (1767-1815), cognato di Napoleone Bonaparte, fucilato a Pizzo Calabro dalle truppe borboniche, dove era sbarcato per tentare di sollevare le popolazioni contro i Borboni. Famosi il musicista e compositore di Pesaro (1792-1868) G. Rossini e il poeta dialettale romanesco G. Belli (1791-1863). G. è un uomo di fede, di preghiera, di contemplazione, di poesia, destinato a virtù elevate e a un certo misticismo. A volte tradisce un

G

po' di intolleranza e violenza tipiche di chi, come lui, si sente chiamato a missioni elevate e poco accetta chi si pone sul suo cammino come ostacolo.
Corrispondenze: segno dell'Acquario. Numero portafortuna: 3. Colore: bianco. Pietra: diamante. Metallo: argento.

Giobbe

Significato: perseguitato, provato da Dio
Origine: ebraica
Onomastico: 10 maggio

È un nome raro e ormai disperso, che risale al protagonista del *Libro di Giobbe* dell'Antico Testamento, divenuto esempio di pazienza, giustizia e fiducia in Dio, in cui non perse mai la fede, nonostante le innumerevoli sofferenze che lo afflissero. Riconosciuto santo dalla Chiesa cattolica, è considerato il patrono non solo dei tessitori ma anche dei lebbrosi. Adora i libri di cui si nutre instancabilmente, ama imparare e accumulare conoscenze. Tuttavia è appassionato anche di viaggi, avventure, di conoscere nuovi orizzonti e nuove persone. Carico di energie, G. non è mai fermo e teme che la famiglia, per i legami saldi che crea e il bisogno di continuità che esprime, sia un ostacolo alla sua sete di cose nuove.
Corrispondenze: segno del Sagittario. Numero portafortuna: 3. Colore: blu. Pietra: zaffiro. Metallo: argento.

Gioele

Significato: Dio è il mio signore
Origine: ebraica
Onomastico: 13 luglio

È ormai raro e disperso, e riprende il nome del secondo profeta minore dell'Antico Testamento (IV-III secolo a.C.). È anche nome cristiano, oltre che per il culto di questo profeta, in relazione al beato G. di Monte Sant'Angelo, abate presso Taranto nel XII secolo. Ha un coraggio esemplare ed è un amico fidato più che un amante fedele. G. è un folletto tutto vivacità e gioia di vivere, sempre allegro, ottimista, disponibile ed estroverso. Si nutre di un insaziabile bisogno di attività e infatti non è mai fermo.
Corrispondenze: segno del Cancro. Numero portafortuna: 6. Colore: blu. Pietra: zaffiro. Metallo: argento.

Giona

Significato: colomba
Origine: ebraica
Onomastico: 11 febbraio

Il nome risale a quello del profeta del *Libro di Giona* dell'Antico Testamento, che, secondo la tradizione, fu inghiottito da una balena per aver disobbedito a Dio e dopo tre giorni rigettato su una spiaggia della Palestina: per questo motivo il nome è diventato per il cristianesimo il simbolo della morte e della resurrezione di Cristo. È anche nome cristiano, piuttosto raro in Italia, per il culto del profeta stesso e per quello di s. G. monaco bizantino del VI secolo in Palestina. È un eterno giovinetto non tanto nel fisico quanto sicuramente nell'animo. È virile, disinteressato, coraggioso, fedele e... molto sfortunato. Per contrastare questo triste destino, G. fa ricorso a tutta la sua energia e al suo entusiasmo, e talvolta riesce vincitore.

Corrispondenze: segno dei Gemelli. Numero portafortuna: 2. Colore: bianco. Pietra: diamante. Metallo: mercurio.

Gionata ➡ Giona

Giordano Giordana

Significato: fiume che scorre presso Dan
Origine: ebraica
Onomastico: 5 settembre

È piuttosto diffuso soprattutto nel Nord, particolarmente in Lombardia, Emilia Romagna e Toscana, e continua il nome derivato dall'omonimo fiume, divenuto sacro per i cristiani perché vi fu battezzato Cristo: Dan era l'antica città biblica accanto alla quale scorreva il fiume. Il nome si è diffuso durante le crociate e per il culto del beato G., martire in Sassonia e Generale dell'Ordine dei Predicatori, e di un beato G., abate in Puglia nel XII secolo. Tra i personaggi storici si ricorda G. Bruno (1548-1600), filosofo domenicano, accusato di eresia e arso vivo a Roma. Divenuto in ambienti anarchici simbolo della libertà di pensiero contro l'oscurantismo, il nome si è distribuito anche nella variante doppia **Giordano Bruno**. La sua rettitudine è ammirevole ma a volte si trasforma in rigidità. La sua serietà incute rispetto ma talvolta sconfina nella cupezza. L'osservanza del proprio codice morale e delle proprie regole di comportamento è totale ma impedisce a G. di porsi nei confronti della vita e degli altri con la leggerezza che fa bene al cuore e che aiuta a conquistare il benessere psicofisico.

Corrispondenze: segno del Toro. Numero portafortuna: 2. Colore: blu. Pietra: smeraldo. Metallo: rame.

Giorgio Giorgia

Significato: lavoratore della terra
Origine: greca
Onomastico: 23 aprile

Il nome è ampiamente diffuso in tutta Italia, anche nelle varianti al femminile **Georgia**, **Giorgiana** e **Georgiana**, **Giorgina**. La diffusione del nome riprende il culto di vari santi, tra cui il più venerato è s. G. di Lydda, tribuno martirizzato in Palestina al tempo di Diocleziano, patrono dell'Inghilterra, della Russia, di Ferrara, Campobasso, Reggio Calabria e protettore dei cavalieri: secondo la leggenda, infatti, cavalcando un destriero bianco avrebbe ucciso con la lancia un drago, simbolo del male, per liberare una principessa. Molti ordini cavallereschi hanno assunto in suo onore questo nome, che si è diffuso anche per il prestigio di sei re di Gran Bretagna e Irlanda e di due re di Grecia. Numerosi nella storia i personaggi famosi: il rivoluzionario francese del Settecento Danton; il vescovo e filosofo irlandese del Settecento Berkeley e il filosofo tedesco Heghel (1770-1831); il pittore G. da Castelfranco detto 'Giorgione' (1477-1510); il pittore francese Braque, i pittori metafisici De Chirico e Morandi; il pittore e storico dell'arte toscano del Cinquecento Vasari; il poeta inglese Byron; lo scrittore belga Simenon, il francese cattolico Bernanos, l'argentino Borges, l'inglese del Novecento Orwell, la scrittrice francese dell'Ottocento Sand, il romanziere brasiliano del Novecento Amado; il compositore tedesco del Settecento Haendel e il musicista francese Bizet; il musicista e compositore statunitense Gershwin; l'ufficiale sovietico Gagarin, protagonista del primo volo umano nello spazio. Chi porta questo nome è dominatore, egocentrico, amante delle grandi fortune, del denaro, delle attività fruttuose, assetato di conquiste oppure totalmente rivolto alla metafisica, ai numeri, alle astrazioni, alle contemplazioni. Esiste anche chi con questo nome è spinto irresistibilmente verso entrambe le nature. In comune, tuttavia, hanno sempre la sete di possesso sia che si tratti di cose materiali che di sapere e conoscenza.

Corrispondenze: segno dello Scorpione. Numero portafortuna: 4. Colore: giallo. Pietra: topazio. Metallo: rame.

Giosuè

Significato: Dio è salvezza
Origine: ebraica
Onomastico: 1 settembre

Il nome è distribuito in tutta Italia, soprattutto in Sicilia nelle varianti **Gesuè** e **Gesuele**, e riprende quello del condottiero ebreo del XIII secolo a.C., figlio di Nun, succeduto a Mosè nella guida del popolo di Israele, con cui vinse i Cananei e occupò la Palestina. Si racconta che G. abbia fatto fermare il sole per poter completare la vittoria sui nemici. Si riscontra anche la forma più rara Giòsue, con la pronuncia tradizionale del latino ecclesiastico. In Italia è un nome prevalentemente cristiano, per il culto sia dello stesso G., sia del beato G., abate tra l'VIII e il IX secolo nell'Abbazia di s. Vincenzo al Volturno. Fu il nome del poeta e critico letterario dell'Ottocento Carducci, da cui è stato ripreso come moda letteraria, anche nella forma Giòsue, usata dal poeta stesso negli ultimi anni di vita. G. è difensore della pace, è la pace stessa, fatta persona. Nulla potrebbe indurlo a muovere le mani, a prendere le armi o a ferire qualcuno con le parole. La sua generosità, altra caratteristica preponderante della sua personalità, è così vasta da sconfinare nell'abnegazione. **Corrispondenze**: segno del Leone. Numero portafortuna: 3. Colore: rosso. Pietra: rubino. Metallo: oro.

Giovanni Giovanna

SIGNIFICATO: Dio ha avuto misericordia
ORIGINE: ebraica
ONOMASTICO: 24 giugno

Per importanza di diffusione è il secondo tra i nomi maschili e il sesto tra i femminili in Italia. Numerosi sono anche i derivati e i nomi doppi, tra cui **Giovannino**, **Giovanni Maria**, **Giovannantonio**, **Giovannico**, peculiare della Sardegna; al femminile, **Gioanna** e **Giovannina**. **Giovanni Battista**, o **Gian Battista** (accorciativo: **Giobatta**), è un nome unitario, nato dal culto di s. G. Battista, per distinguerlo da s. G. Evangelista. La forma abbreviata **Gianni**, in uso anche al femminile, è in assoluto la più diffusa, documentata già a partire dal XII secolo, e si presenta anche nelle alterazioni **Giannetto**, **Giannino**, **Giannello**. Tra le varianti, si è affermata anche la forma **Ivan**, corrispondente slavo di G., accentata soprattutto nel Friuli Venezia Giulia. Con questo nome, nella storia si ricordano sei zar di Russia, tra cui il più famoso fu I. IV 'il Terribile', vissuto nel Cinquecento. Nella forma italianizzata **Ivano** è presente per lo più in Toscana e in Emilia Romagna, anche al femminile. L'origine del nome è formata dall'abbreviazione ebraica di *Iahweh*, che venne adottata in greco come *Ioannes* e in latino come *Ioannis*. La diffusione trae origine fin dal cristianesimo dal culto di s. G. Battista, che battezzò Cristo nel Giordano, e di s. G. Evangelista, fratello di Giacomo, l'apostolo prediletto da Cristo. La fama del nome è continuata senza interruzioni anche nel Medioevo: più di cento sono, infatti, i santi e i beati del periodo; il più importante è s. G. Crisostomo, patriarca di Costantinopoli e padre della Chiesa, morto nel 407. Nei periodi successivi vanno ricordati santa Giovanna d'Arco, arsa sul rogo come eretica dagli Inglesi nel 1431 e festeggiata il 30 maggio; s. G. Bosco, fondatore della Congregazione dei Salesiani, morto a Torino nel 1888. Al successo del nome hanno in ogni caso contribuito non solo gli innumerevoli santi e beati, ma anche molti sovrani di stati europei, tra cui si ricorda il re d'Inghilterra G. soprannominato 'Senzaterra', successore del fratello Riccardo Cuor di Leone nel 1199, Giovanna I d'Angiò, regina di Napoli nel Trecento, Giovanna la Pazza, regina di Castiglia nel Cinquecento. Con questo nome si ricordano ancora due re di Francia, otto imperatori bizantini, sei re del Portogallo, il condottiero del Cinquecento G. de' Medici, detto 'dalle Bande Nere' e il duca di Borgogna G. 'Senza paura' (1371-1419). Ventitre furono i papi così chiamati, tra cui G. XXIII, detto 'il

G

papa buono', che convocò il secondo Concilio ecumenico. Dopo di lui sono due i papi con il nome doppio **Giovanni Paolo**. Tra i personaggi della storia, vanno ricordati il filosofo del Settecento Vico; lo psicologo svizzero Piaget; il pittore del Settecento Tiepolo; il poeta dell'Ottocento Pascoli; gli scrittori del Novecento Verga, Guareschi e Rodari; i musicisti del Settecento Bach, Pergolesi e Paisiello; il musicista dell'Ottocento Brahms; il presidente degli Stati Uniti d'America Kennedy, morto nel 1963; gli attori di cinema Gabin, Wayne, Fonda e il regista Ford. Tra i nomi italiani, G. ha la particolarità di avere quattro tipi di abbreviazioni che hanno assunto la valenza di nome proprio: **Gianni**, **Nanni**, **Vanni** e **Zani**. La sua vita si svolge all'insegna della ricerca dell'assoluto e dunque all'insegna dell'attività frenetica, mai paga, mai domata, mai sazia. Si può sempre andare oltre, aspirare a vette più alte, ambire a valori sempre più puri. G. si interroga senza sosta su tutto ciò che gli accade e lotta ferocemente per trovare una risposta. La sua natura è fatta di pulsioni, di slanci, di mutamenti improvvisi, di contraddizioni. In amore è fugace, fedele alla donna che ama in quel momento ma ansioso di trovarne subito un'altra.

Corrispondenze: segno del Leone. Numero portafortuna: 5. Colore: giallo. Pietra: topazio. Metallo: oro.

Girolamo Girolama

SIGNIFICATO: nome sacro
ORIGINE: greca
ONOMASTICO: 8 settembre

Il nome greco originario è stato adottato nel latino imperiale, particolarmente in ambienti cristiani, e ha successivamente subìto modificazioni nel latino medioevale, dando origine, nel volgare italiano, alle forme **Gerolamo**, **Geromino**, **Gerolima**. Meno diffusa è la variante **Geronimo**, derivata direttamente dal latino *Hyeronymus*, accentata soprattutto in Liguria. La Chiesa festeggia s. G. di Aquileia, dottore della Chiesa, s. G. Miani, fondatore della Congregazione dei Padri somaschi, patrono degli orfani, e un s. G. di Stridoni, il 30 settembre, patrono degli archeologi e dei bibliotecari. Fu il nome del frate domenicano del Quattrocento Savonarola, animatore della Repubblica Fiorentina e mandato al rogo dopo essere stato accusato di eresia; del pittore fiammingo Bosch, autore di dipinti popolati da forme bizzarre e mostruose; dello scrittore umorista inglese J. K. Jerome, i cui romanzi più famosi furono *Tre uomini in barca* (1889) e *Tre uomini a zonzo* (1900). Stare insieme a lui è un po' faticoso, poiché G. è sempre certo di essere dalla parte della ragione ed è fermamente convinto che le sue certezze siano assolute. Tuttavia è anche un uomo dedito alla meditazione, alla generosità, alla pratica dell'intelligenza, il che aiuta a sopportarlo.

Corrispondenze: segno dell'Acquario. Numero portafortuna: 3. Colore: rosso. Pietra: rubino. Metallo: ferro.

Giuliano figlio di ➡ Giulio

Giulio Giulia

SIGNIFICATO: sacro a Giove
ORIGINE: latina
ONOMASTICO: 22 maggio

Il nome è la continuazione dell'antico gentilizio latino *Iulius*, proprio della *gens Julia* da cui discendeva G. Cesare. È molto probabile che si tratti di un nome derivato di *Iovis*, 'Giove'. Secondo alcuni studiosi, invece, il nome avrebbe addirittura un'origine greca derivando da *Joulus*, con il significato di 'lanugginoso'. Il nome è presente in tutta Italia, anche nelle forme alterate **Giulietto** (la cui diffusione, soprattutto al femminile, è stata promossa, a partire dall'Ottocento, dalle rappresentazioni teatrali della tragedia *Romeo e Giulietta* di Shakespeare), **Zulino**, **Giulio Cesare**, che non è un nome doppio ma unitario. Il patronimico **Giuliano**, anch'esso di ampia distribuzione, con il significato di 'appartenente alla *gens Iulia*', continua il nome gentilizio latino derivato da *Julius*, e si è diffuso per il culto di s. G., martire sotto Diocleziano in Antiochia nel II secolo. Molti i santi ricordati dalla Chiesa, tra cui papa G. I (336-352), festeggiato il 12 aprile, e s. G. prete e confessore di Milano, vissuto tra il 330 e il 400, patrono dei muratori, festeggiato il 31 gennaio. Tra i personaggi storici, il papa G. II, francescano (1443-1513); Giuliano l'Apostata, imperatore romano del Trecento, autore di composizioni e lettere; lo scrittore francese d'avventura Verne; l'attrice Giulietta Masina; la cantante Greco. G. è un capo, un autoritario, un duro, un uomo tutto d'un pezzo. Lucido, coraggioso, fedele, G. è nato per essere un cavaliere, un condottiero, un combattente. Tuttavia ha sbagliato, fortunatamente, epoca. Chissà che tra le sue tante doti non ne faccia prevalere altre di maggiore attualità.
Corrispondenze: segno dell'Acquario. Numero portafortuna: 4. Colore: rosso. Pietra: rubino. Metallo: bronzo.

Giuseppe Giuseppa

SIGNIFICATO: Dio aggiunga
ORIGINE: ebraica
ONOMASTICO: 19 marzo

È in assoluto il nome più frequente in Italia al maschile, al ventisettesimo posto tra i nomi femminili, ma, nell'alterazione **Giuseppina**, al terzo posto. **Beppe**, **Beppino**, **Bepi**, **Peppe**, **Peppino**, **Pinuccio**, **Giuseppantonio**, **Giusi** e **Pinuccia** sono varianti di larghissima diffusione in tutta la penisola. Tra i diminutivi, **Pino** deriva in alcuni casi da altri nomi, come Filippo e Giacomo. L'origine ebraica di G. deriva dal nome del figlio di Giacobbe, venduto per

G

gelosia come schiavo dai fratelli. La matrice più importante è quella cristiana, per il culto nato in Oriente nel IV secolo (in Occidente, invece, nell'XI secolo) per s. G., padre di Gesù e sposo di Maria Vergine. È patrono del Canada, del Perù, dei falegnami, dei carpentieri, degli ebanisti, dei moribondi e dei papà, e viene invocato per ottenere un buon matrimonio. Una seconda matrice è certamente laica, ma più recente, e deve la sua fama a personaggi storici dell'Ottocento, tra cui gli imperatori d'Austria G. I e II, e soprattutto Francesco G. (1830-1916); l'imperatrice dei Francesi, moglie di Napoleone I, G. Beauharnais; e, in Italia, i tre personaggi più famosi del Risorgimento, Mazzini, Garibaldi e Verdi. Altri personaggi famosi furono il dittatore sovietico Stalin, morto nel 1953; lo scrittore inglese di origine polacca Conrad e lo scrittore siciliano del Novecento Tomasi di Lampedusa; il poeta Ungaretti; l'attore e commediografo Peppino De Filippo. G. è un falegname che costruisce edifici di materiale indistruttibile. Le sue qualità sono fatte per durare nel tempo: serietà, riflessione, ostinazione, intelligenza senza fronzoli, cuore sincero, discrezione, laboriosità e coraggio. Cosa può esigere di più la donna prescelta da un simile campione di virtù?

Corrispondenze: segno del Cancro. Numero portafortuna: 1. Colore: rosso. Pietra: rubino. Metallo: ferro.

Giustino ➡ Giusto

Giusto Giustina

Significato: giusto, onesto
Origine: latina
Onomastico: 3 novembre

Il nome, diffuso in tutta Italia, presente al maschile soprattutto in Sicilia, al femminile in Sardegna, continua il soprannome e poi nome latino di età imperiale *Iustus*, usato in ambienti cristiani con il significato di 'probo, retto nella fede cristiana'. La Chiesa ricorda s. G. martire sotto Diocleziano a Trieste, di cui è patrono, nel 279, e una s. G. martire in Sardegna, patroni di Calangianus e di Uta, paesi del Sassarese. Dal latino *Iustus* derivò in età imperiale il diminutivo *Iustinus*, da cui il nome **Giustino**, distribuito in tutta Italia sia al maschile sia al femminile, che ricorda il culto di s. G. martire a Roma nel 165, e di s. G. vescovo di Chieti nel IV secolo e patrono di Chieti. Tra i personaggi storici si ricorda il politico Giustino Fortunato, morto nel 1932, uno dei fautori della soluzione del problema del Mezzogiorno con l'intervento dello Stato. Alcuni aspetti del suo carattere spaventano e allo stesso tempo affascinano: la sua logica irrazionale ed eccessiva lo conducono a un perenne stato di tensione angosciosa della quale nessuno, G. compreso, ne comprende l'origine. Per il resto è intelligente, acuto, vivace, gentile, ama piacere e suscitare forti passioni. Le donne che lo hanno amato, e alle quali non è mai stato fedele, lo hanno perdonato, perché ha fatto conoscere loro la vera felicità di coppia.

Corrispondenze: segno del Cancro. Numero portafortuna: 8. Colore: rosso. Pietra: rubino. Metallo: rame.

Glauco

Significato: lampeggiante, ceruleo, scintillante
Origine: greca
Onomastico: 1 novembre

Il nome greco originario si riferiva soprattutto al colore degli occhi e del mare; si è diffuso in tutta Italia, soprattutto in Friuli Venezia Giulia, in Veneto e nel Lazio, come nome di matrice classica e letteraria. Omero narrava nell'*Iliade* di un G., valoroso guerriero che portò aiuto ai Troiani; Virgilio e Dante ricordano il mitico pescatore della Beozia, innamorato di Scilla e trasformato in dio marino, protagonista anche della lirica del 1903 *Ditirambo II* in *Alcyone* di D'Annunzio. Narcisista e grande narratore di storie, G. sembra dotato di qualità soprannaturali che lo spingono a occuparsi di occultismo. Forte di uno straordinario istinto di conservazione, riesce sempre a togliersi dai guai e non teme i colpi anche mortali che la sorte gli riserva... sa sempre come evitarli o come pararli. Una dote incredibilmente utile!

Corrispondenze: segno del Cancro. Numero portafortuna: 10. Colore: azzurro. Pietra: lapislazzuli. Metallo: oro.

Goffredo

Significato: in pace con Dio, amico di Dio
Origine: germanica
Onomastico: 8 settembre

Il nome, presente in tutta Italia, più compatto in Toscana, si è affermato anche nelle varianti **Giuffrida**, tipica dell'Emilia Romagna, e **Giuffrido**, soprattutto in Calabria. La primaria tradizione del nome in Italia è longobardica, dal VII secolo, poi francone e francese antica. Il nome si è diffuso particolarmente per il prestigio del duca G. di Buglione, che prese parte alla Prima Crociata e, nel 1099, dopo aver conquistato Gerusalemme, rifiutò il titolo di re per assumere quello di difensore del Santo Sepolcro. Fu l'eroe dei poemi di Tasso *Gerusalemme liberata* e *Gerusalemme conquistata*. Nella storia, si ricorda il combattente genovese Mameli, poeta e patriota, che prese parte alla Prima guerra d'indipendenza e che a Roma nel 1849 morì sul Gianicolo per mano dei Francesi. Nel 1847 scrisse l'inno *Fratelli d'Italia*. La vita privata e professionale conoscono due G. separati e ben distinti. Nell'ambito del lavoro si mostra sagace, calcolatore, sospettoso, prudente, riflessivo, intelligente, ambizioso quanto basta e capace di scegliersi gli allea-

G

ti che più gli convengono. Nella vita familiare è invece disinteressato, tenero, affettuoso, fedele. E ciò che più sorprende è che G. non fa nessuna fatica a mutare d'atteggiamento.

Corrispondenze: segno del Toro. Numero portafortuna: 7. Colore: giallo. Pietra: topazio. Metallo: rame.

Gregorio

SIGNIFICATO: sveglio, attivo, vigilante
ORIGINE: greca
ONOMASTICO: 3 settembre

Rifacendosi al nome latino di età imperiale *Gregorius* adattato dal greco *Gregorios*, derivante da un verbo che significa 'essere svegli, essere desti', il nome si è propagato in ambienti cristiani con riferimento all'essere pronti e attivi nel professare e diffondere la fede. È stato il nome di sedici papi, tra cui s. G. Magno, vissuto nel VI secolo, che durante il suo papato ottenne la conversione dei Longobardi al cattolicesimo, contenendone parzialmente l'avanzata in Italia: egli raccolse il repertorio dei canti della Chiesa (detti appunto 'Canti gregoriani'), riordinò la *Schola cantorum*, ed è venerato per questo motivo come patrono dei musicisti e dei cantori. La Chiesa festeggia anche s. G. Nazianzeno, vescovo, dottore e confessore in Cappadocia, patrono dei poeti, il 9 maggio; s. G. Nisseno di Nissa in Cappadocia, il 9 marzo; s. G. Barbarigo, vescovo di Bergamo e di Padova, il 16 giugno; s. G. di Tours, cronista francese del VI secolo. Nelle varianti al femminile **Gregoria** (**Gorina** e **Goretta**) si festeggia il 12 marzo. È un uomo di intelligenza e di cuore, ama le idee, sa scrutare in profondità e vede lontano. La tenera gioia di vivere, che lo caratterizzava da bambino, lo abbandona nell'età adulta quando si fa spazio una certa gravità. Appassionato di metafisica, scienze astratte, e portato per la ricerca intellettuale, G. si serve delle azioni per verificare le proprie teorie.

Corrispondenze: segno del Leone. Numero portafortuna: 3. Colore: violetto. Pietra: ametista. Metallo: oro.

Gualtiero

SIGNIFICATO: che comanda l'esercito
ORIGINE: germanica
ONOMASTICO: 5 novembre

È un nome attestato già nella tradizione longobarda e dal X secolo in quella francone, distribuito nel Nord e nel Centro, anche nelle varianti **Gualtieri** e **Gualterio**. La Chiesa festeggia s. G. martire in Frisia, e, il 2 agosto, un beato G. dell'Ordine dei Confessori in Portogallo. Il nome **Walter**, distribuito soprattutto nella provincia di Bolzano, è una variante

inglese, che si è diffusa in epoca recente particolarmente per moda letteraria. Riprende, infatti, il nome di W. Scott, scrittore scozzese del primo
Ottocento, autore di romanzi ispirati alla tradizione popolare medievale,
dei quali il più noto a tutti è il romanzo *Ivanhoe*.
Attivo fino allo sfinimento di chi gli sta accanto, G. ha bisogno dell'azione per mettere in pratica tutte le sue buone qualità: rettitudine, buon
cuore, assoluta sincerità, audacia, caparbietà, e per difendere la verità.
Agli appartenenti alla sua sfera familiare riserva amore puro e fedeltà
assoluta.
Corrispondenze: segno del Sagittario. Numero portafortuna: 9. Colore: arancio. Pietra: ametista. Metallo: ferro.

Guglielmo Guglielmina

SIGNIFICATO: uomo protetto dalla volontà
ORIGINE: germanica
ONOMASTICO: 10 febbraio

Il nome, documentato in Italia dal IX secolo, si è distribuito ampiamente
anche in numerose varianti: le maschili **Villelmo**, **Villermo**, **Wilem**; le
femminili **Villermina**, **Wilhelmina** e **Guglielmina**. Numerose anche le
forme abbreviate: **Gelmo**, **Velmo**, **Zelmo**, **Lemmo** e **Memmo**. Il nome
William, di moda esotica recente, è ripreso dall'identico nome inglese ed
è accentrato soprattutto in Emilia Romagna.
Il femminile **Wilma**, diffuso soprattutto nel Centro-Nord, è un nome a sua
volta di moda esotica ripreso dal tedesco come forma abbreviata di
Wilhelma, Guglielma. Il nome G. si è affermato per il culto di vari santi,
tra cui s. G. morto nel 1157, eremita a Maravalle presso Siena, patrono dei
carcerati, e s. G. da Vercelli, fondatore di monasteri e della Congregazione
dei Benedettini di Montevergine. È stato promosso anche per via letteraria
dalla conoscenza dell'opera lirica del 1829 *Gugliemo Tell*, di Rossini, ispi-
ratosi all'omonima tragedia di Schiller del 1804. È il nome di tre re di
Sicilia, di tre re dei Paesi Bassi, di quattro re d'Inghilterra e di due imperatori di Germania e di Prussia.
Nella storia si ricordano anche il conte di Poitiers, G. IX di Aquitania
(1071-1127), che combatté in Terra Santa contro il Saladino e fu un raffinato poeta provenzale; il filosofo e matematico tedesco Leibniz (1646-
1716); il drammaturgo e poeta inglese Shakespeare (1564-1616). G. è un
idealista che alterna momenti di cupa meditazione e di silenzio, a periodi
di frenetica attività, di avventure, di esplosioni di sensualità. Ciò sconcerta i suoi familiari, i quali se riescono ad accettarlo per quello che è, sanno
di poter contare su di una roccia. Con loro G. è fedele per vocazione, corretto, generoso, istintivo.
Corrispondenze: segno del Sagittario. Numero portafortuna: 9. Colore: arancio. Pietra: ametista. Metallo: ferro.

G

Guido

Significato: selva, bosco, foresta
Origine: germanica
Onomastico: 12 ottobre

Di tradizione longobarda e poi francone, il nome si è diffuso in Italia, soprattutto al Nord e in Toscana, a partire dal VII secolo: sono frequenti anche le varianti **Guidone** e **Guiduccio**, e i nomi doppi **Guidalberto** e **Guidobaldo** (più che un nome doppio, quest'ultimo è una ripresa di prestigio del nome del duca di Urbino, G. da Montefeltro, uomo d'armi del XIII secolo, famoso anche per il suo mecenatismo). La radice del nome germanico, *widu* 'legno, bosco', o *wida*, 'lontano', è forse all'origine anche del nome ➡ Vito. La Chiesa festeggia s. G. di Anderlecht, protettore dei sacrestani; s. G. monaco camaldolese, invocato contro le epidemie, il 7 settembre; s. G. abate di Pomposa, morto nel 1046, il 31 marzo. Si ricordano nella storia: G. d'Arezzo (997-1050), monaco benedettino e teorico musicale, ideatore della notazione musicale moderna; G. delle Colonne, poeta della Scuola siciliana del XIII secolo; G. di Spoleto, imperatore e re d'Italia, morto nell'894; i poeti del *dolce stil novo* Cavalcanti e Guinizelli; lo scrittore francese dell'Ottocento Maupassant; lo scrittore e giornalista del Novecento Piovene; il poeta torinese Gozzano; il disegnatore di fumetti Crepax. Vivace, franco, ardimentoso fino a sfiorare l'insolenza, G. è anche allegro, generoso, entusiasta. Responsabile, ama il comando e aspira a vivere costantemente nell'azione. Per lui la famiglia resta un rifugio momentaneo, nella quale sostare per ricaricarsi.

Corrispondenze: segno dei Gemelli. Numero portafortuna: 8. Colore: viola. Pietra: ametista. Metallo: mercurio.

Gustavo

Significato: capo, protettore dei Goti
Origine: svedese
Onomastico: 27 novembre

Il nome si è distribuito in tutta Italia, a partire dall'Ottocento, per il prestigio del nome dinastico dei re di Svezia e per il culto di vari santi, tra cui s. G. monaco in Vandea, morto nel 1009, venerato in Germania. Nel 1899 il drammaturgo svedese Strindberg scrisse un dramma storico di successo, *Gustavo Vasa*, che celebrava l'antica dinastia svedese dei Vasa: da questa opera venne assai probabilmente un notevole impulso alla diffusione del nome. Si ricordano lo scrittore e romanziere francese dell'Ottocento Flaubert e il musicista austriaco Mahler (1860-1911). Non c'è sfida nella quale non sia pronto a buttarsi a capofitto. È il suo naturale terreno d'azione ed ama sfoderare tutte le sue armi: eloquenza, violenza, seduzione, intelligenza. A G. piace vivere pericolosamente e agire senza maschere e trucchi. In amore, terreno di conquista, non è il prototipo della fedeltà tuttavia la sua avvenenza virile fa dimenticare questa mancanza.

Corrispondenze: segno del Toro. Numero portafortuna: 3. Colore: rosso. Pietra: rubino. Metallo: oro.

Nomi di origine femminile

Gabriella ➡ Gabriele

Geltrude

SIGNIFICATO: amica della lancia
ORIGINE: germanica
ONOMASTICO: 16 novembre

La più antica forma del nome italiano è **Gertrude**, diffuso in tutta Italia già dal XIII secolo per il culto di s. G. la Grande di Turingia, mistica cistercense, che espresse una religiosità orientata soprattutto al culto dell'umanità di Cristo. G. rese famoso il monastero di Helfta in Germania fornendolo di una ricca biblioteca ancora oggi meta di studiosi e ricercatori: è onorata come patrona dei viandanti e di chi combatte per giuste cause. Ma G. è anche un personaggio della tragedia *Amleto* di Shakespeare e ne *I promessi sposi* di Manzoni è la Monaca di Monza, al secolo Marianna di Leyra. Tra i personaggi famosi del nostro secolo la scrittrice statunitense, morta nel 1946, Gertrude Stein. Due atteggiamenti opposti la contraddistinguono: il desiderio di costruire una famiglia, una casa, una vita professionale soddisfacente, e il sogno dell'avventura, dei vagabondaggi, dei viaggi senza fine. Riesce bene in entrambe le cose ma sta a lei decidere quale strada intraprendere. Spesso tuttavia non può scegliere dal momento che entrambe le pulsioni sono fortemente presenti in lei.

Corrispondenze: segno dei Gemelli. Numero portafortuna: 2. Colore: blu. Pietra: turchese. Metallo: mercurio.

Gemma

SIGNIFICATO: germoglio della vite
ORIGINE: latina
ONOMASTICO: 11 aprile

Era un soprannome e nome latino del tardo Impero con valore affettivo e significato augurale di 'che sia cara e preziosa come una pietra rara'. È un nome ampiamente diffuso nel Nord e nel Centro, già in voga nell'ultimo Duecento; apparteneva alla moglie di Dante Alighieri, della famiglia dei Donati. Fu in voga nell'Ottocento per la fama dell'opera di Donizetti *Gemma di Vergy* del 1834. Si è diffuso in ambienti cristiani per il culto di s. G. Galgani di Capannori, morta nel 1903, ancora oggi venerata in Lucchesia.

G. possiede un bel carattere di quelli che solo all'apparenza sembrano deboli, rinunciatari, fragili. In realtà la forza che rivela nei momenti di avversità è sorprendente. G. non si lascia mai scoraggiare dalla sconfitta e pensa sempre alla rivincita. È una piccola donna forte e decisa che manca di sprint ma che non si guasta mai.

Corrispondenze: segno dei Gemelli. Numero portafortuna: 3. Colore: verde. Pietra: smeraldo. Metallo: argento.

Genoveffa

Significato: donna di nobile stirpe
Origine: germanica
Onomastico: 3 gennaio

Diffuso in tutta Italia, soprattutto in Campania, anche nella variante **Genoeffa**, il nome potrebbe derivare anche dal celtico con il significato di 'tessitrice di corone fatate' o 'donna dalle gote bianche'. È un nome di doppia matrice, cristiana e letteraria. Si è affermato infatti in ambienti cristiani per il culto di s. G. vergine di Nanterre, patrona di Parigi e di altre città francesi, che nel 451 riuscì coraggiosamente a sostenere Parigi durante la resistenza contro Attila, re degli Unni, rifornendola di viveri. È venerata come protettrice dei pastori e dei tappezzieri. Ma il nome si è attestato maggiormente per diffusione letteraria (nonostante la venatura di ridicolo insinuatasi nel nome stesso per una recente produzione satirica e umoristica) grazie alla popolarità dell'eroina della *Leggenda aurea* di Iacopo da Varazze del XIII secolo. Qui G. è la duchessa di Brabante ripudiata dal marito Sigfrido, accusata ingiustamente di adulterio e riconosciuta innocente, ma morta subito dopo per le sofferenze patite.

Un'ostinata volontà guida questa donna alla ricerca di nuove mete, nuovi spazi, e la impone al di sopra degli altri. Tuttavia G. non ama apparire, vantarsi, mettersi in mostra, preferisce essere. È una lucida consigliera che predilige piuttosto il lavoro del regista a quello del protagonista principale. Ciò che conta veramente per lei è infatti il risultato.

Corrispondenze: segno del Cancro. Numero portafortuna: 4. Colore: rosso. Pietra: rubino. Metallo: ferro.

Gerardina ➡ Gerardo

Giada

Significato: pietra del fianco
Origine: spagnola
Onomastico: 1 novembre

È un nome affettivo di moda recente ripreso dal minerale, tipico per la sua cerea lucentezza, e considerato protettivo dei dolori alle reni e alla schiena. Viene attribuito in genere per augurare una bellezza morale e spirituale pari a quelle che sono le caratteristiche della pietra. Sul calendario cristiano non appaiono sante con questo nome. Creatura inquieta e rara al punto da essere paragonabile a un gioiello di inestimabile valore, G. è una creatura insinuante, fragile, non priva di ansia, la cui latente perversità è un invito ad amarla o, se non altro, a sedurla.
Corrispondenze: segno dei Pesci. Numero portafortuna: 2. Colore: verde. Pietra: giada. Metallo: rame.

Ginevra

Significato: splendente tra gli Elfi
Origine: celtica
Onomastico: 2 aprile

Diffuso nel Nord e nel Centro a partire dall'ultimo Medioevo, è un nome di matrice letteraria, ma ampiamente popolare, ripreso dalla moglie di re Artù di Bretagna, amata da Lancillotto, tema centrale delle *Chansons* del ciclo bretone. Il nome si è però diffuso a partire dal Cinquecento grazie all'eroina del poemetto anonimo popolare G. degli Almieri. Creduta morta di peste, G. fu sepolta ancora viva; ripresi i sensi, fu scacciata dal marito che la ritenne un fantasma e fu costretta a rifugiarsi da un giovane che la amava e di cui divenne sposa. Questa vicenda ha ispirato numerose opere popolari e un film di G. Forzano del 1935. G. soffre di intolleranza che rivolge non tanto all'esterno, nei confronti degli altri quanto verso di lei. Non ama scoprirsi mancante, creatura umana che erra e che ha dei difetti, non sopporta verificare quanto il tempo scorra troppo velocemente e quanto le rimanga ancora da fare. Allora si ripiega su se e soffre. Tuttavia G. possiede una forte fiducia in se stessa così prepotente che le crisi sono solo passeggere.
Corrispondenze: segno del Sagittario. Numero portafortuna: 3. Colore: blu. Pietra: zaffiro. Metallo: argento.

Gioconda

Significato: lieto
Origine: latina
Onomastico: 25 novembre

G

Mentre il nome maschile è caduto pressoché in disuso, il nome femminile ha ancora una certa diffusione. Di chiara origine latina, il nome G. deriva dall'aggettivo *iocundus* che significava 'felice, piacevole'. La diffusione di tale nome è senz'altro dovuta al ritratto *La Gioconda* di Leonardo da Vinci e all'opera *La Gioconda* di Amilcare Ponchielli. È talmente pratica e preoccupata delle incertezze del domani da soffocare ogni suo idealismo, ogni suo sogno per dedicarsi anima e corpo a costruire e ad accumulare. Così è G. Questo pragmatismo, questa avidità, questa grettezza tuttavia sono solo di facciata. Scavando un po' più in profondità si scopre il nucleo della sua vera natura: l'eccesso in tutti i sensi, di passione, di generosità, di entusiasmo, di energia. Ed è solo per tenerlo a bada come fosse una vergogna che G. si cela dietro un atteggiamento che giudica corretto.

Corrispondenze: segno del Leone. Numero portafortuna: 5. Colore: giallo. Pietra: topazio. Metallo: oro.

Gioia

Significato: piena di gioia
Origine: latina
Onomastico: 1 novembre

Accentrato quasi totalmente in Toscana, anche nelle varianti **Gioiella**, **Gioiello** (che curiosamente ne rappresenta il raro maschile), **Gioiosa** e **Zoia**, è un nome affettivo e augurale in voga già dal Medioevo, inteso come manifestazione di felicità per i genitori ('che dà gioia') e di augurio per il neonato ('che cresca pieno di gioia'). G. cerca incessantemente un punto di riferimento che la possa aiutare a raggiungere l'equilibrio di cui è totalmente mancante. Nervosa, irascibile, depressiva, G. non riesce a esprimere quanto di meglio possieda; l'instabilità prende il sopravvento e la condanna al mondo dei sogni.

Corrispondenze: segno dell'Ariete. Numero portafortuna: 6. Colore: giallo. Pietra: diamante. Metallo: stagno.

Gisella

Significato: freccia, lancia
Origine: germanica
Onomastico: 7 maggio

Documentato fin dall'VIII secolo, è un nome diffuso soprattutto nel Nord, anche nella variante **Gisela**, propria dei residenti di lingua tedesca in Alto Adige. Alla diffusione del nome hanno contribuito personaggi storici tra cui la sorella dell'imperatore Carlo Magno, dichiarata santa dalla Chiesa cattolica e patrona dell'Artois e della diocesi di Arras, e personaggi di ambito cristiano, come la beata G. di Baviera dell'XI secolo, moglie di Stefano I il

Santo, re di Ungheria. Ma il nome si è diffuso anche per la fama della protagonista nel balletto omonimo del compositore francese Charles Adolphe Adam, del 1841. G. è una bambina ubbidiente, studiosa, dolce, garbata, piace a tutti. Da adulta vuole imporre le proprie idee e lo fa con una tale dolcezza e un tale potere di seduzione che nessuno le si metterebbe contro.
Corrispondenze: segno dell'Acquario. Numero portafortuna: 3. Colore: giallo. Pietra: topazio. Metallo: rame.

Giuditta

SIGNIFICATO: giudea, ebrea
ORIGINE: ebraica
ONOMASTICO: 16 giugno

Il nome ebraico dell'Antico Testamento potrebbe anche significare 'loderò il Signore'; nell'omonimo libro deuterocanonico apparteneva alla giovane e ricca vedova salvatrice della città di Betulia, assediata dagli Assiri. Fingendo di arrendersi a Oloferne, generale di Nabucodonosòr, G. lo uccise nel sonno tagliandogli la testa, che portò al suo popolo avvolta in un panno. La vicenda ha ispirato numerose opere pittoriche (Cranach e Veronese), letterarie e musicali (G. è l'eroina dell'opera di Verdi *Nabucco*). In ambienti cristiani il nome ha trovato la sua affermazione soprattutto grazie al culto nei confronti di s. G. venerata come protettrice dei tintori, martire a Milano con s. Vittore durante le persecuzioni di Diocleziano. Il nome è ampiamente diffuso in tutta Italia anche nella forma inglese e in quella francese di moda esotica **Judith** e nella sua variante **Judit**. Ama i contatti, le esperienze sempre nuove, non si sofferma mai su una sconfitta e non conosce né l'angoscia, né il pentimento. È estroversa, brusca, fiera e dotata per il successo.
Corrispondenze: segno dei Gemelli. Numero portafortuna: 9. Colore: blu. Pietra: zaffiro. Metallo: argento.

Gloria

SIGNIFICATO: lode universale
ORIGINE: latina
ONOMASTICO: 1 novembre

Ampiamente distribuito nel Nord e in Toscana, anche nelle varianti **Glori**, **Glorietta** e nel patronimico **Gloriana** in uso anche al maschile, il nome può essere un appellativo cristiano ripreso dall'antico inno liturgico di glorificazione a Dio o dalla formula di lode della Trinità. Divenne nome laico individuale nel Medioevo, con significato augurale di fama e onore per i figli e si ridiffuse nel Risorgimento, con connotazione patriottica, per l'episodio di Villa Glori a Roma nel 1867. Il 23 ottobre un gruppo di patrioti al comando dei fratelli Cairoli fu sbaragliato dopo un'eroica resistenza dalle

G

truppe francesi, nel tentativo di entrare in città. **Gloriana** era *La regina delle fate* nel poema in versi del poeta inglese del Cinquecento Edmund Spenser; Gloria Swanson fu una notissima attrice cinematografica statunitense. La sua gioia di vivere, il suo entusiasmo, la sua gentilezza, il suo buonumore le permettono di imporre agli altri le sue idee, i suoi gusti, i suoi desideri ma senza autoritarismo o forza, così con estrema naturalezza. Le sofferenze della vita sembrano non lasciare alcuna traccia sul suo bel viso; le sa accettare e superare con grande facilità dal momento che per lei tutto è bello, tutto è piacevole.

Corrispondenze: segno del Capricorno. Numero portafortuna: 9. Colore: verde. Pietra: smeraldo. Metallo: argento.

Grazia Grazio

SIGNIFICATO: bellezza, leggiadria
ORIGINE: latina
ONOMASTICO: 2 luglio

È uno dei nomi femminili più frequenti in Italia, diffuso anche nelle varianti **Graziella** e **Grazietta**, nella forma doppia **Maria Grazia** (o **Grazia Maria**) e nel patronimico **Graziana**, largamente in uso anche al maschile e accentrato in Veneto, in Emilia Romagna e in Toscana. G. è un nome laico, attribuito come augurio di bellezza e di leggiadria alle neonate. È connesso anche al mito delle tre Grazie, dee di prosperità, bellezza e giocondità, compagne di Venere, di Apollo e delle Muse, rappresentate dallo scultore Canova nel famoso gruppo marmoreo *Le tre Grazie*, conservato a San Pietroburgo, e cantate da Ugo Foscolo nel poema del 1848. È tuttavia anche un nome fondamentalmente cristiano, riferito alla grazia divina, il dono gratuito della salvezza concesso da Dio agli uomini, e all'intermediazione da parte di Maria Vergine presso il figlio, a sua volta distributrice di grazie e oggetto di largo culto. Per questa devozione la Madonna delle Grazie è patrona di numerose città italiane. Il nome si è affermato soprattutto a partire dal Medioevo e si è diffuso, per devozione, anche nella forma maschile; G. d'Arezzo fu un noto canonista del Duecento. La Chiesa festeggia una s. G. di Alzira, martire con i santi Bernardo e Maria nei primi secoli del cristianesimo. Tra i personaggi famosi si ricordano la scrittrice Deledda, premio Nobel per la letteratura nel 1926 e l'attrice Grace Kelly, principessa del Principato di Monaco.

La realtà la spaventa, è troppo brutale per lei. Così G. si ripiega su se stessa e cerca nel suo cuore tenero una strada che la conduca a un fine, a una meta, alla scoperta di alcune certezze. Fragile, bella, pudica, istintiva e timida, non ama mettersi in mostra e preferisce vivere la sua vita nel completo anonimato.

Corrispondenze: segno del Sagittario. Numero portafortuna: 7. Colore: blu. Pietra: zaffiro. Metallo: ferro.

Graziana figlia di ➡ Grazia

Graziella ➡ Grazia

Guendalina

Significato: donna dalle bianche ciglia
Origine: gallese
Onomastico: 4 ottobre

Il nome è accentrato particolarmente a Roma, anche nella forma abbreviata **Guenda** e nella variante **Wendy**. Riflette in parte il culto di s. G. del Galles del VI secolo, ma soprattutto la moda esotica del nome inglese *Gwendolyn*, presente nelle leggende del ciclo bretone: nel racconto medioevale *Vita Merlini* G. era la moglie del mago, le cui vicende sono state tema di racconti, romanzi e film. Sembra una fata, una strega, un essere soprannaturale intriso di cattiveria, di maldicenza, teso a tessere chissà quali intrighi perversi. E invece G. è una donna dolce, timida, riservata, coraggiosa, serena, pacata, che non si mostra mai abbastanza e che, per questo motivo, viene male interpretata.

Corrispondenze: segno dell'Acquario. Numero portafortuna: 3. Colore: verde. Pietra: smeraldo. Metallo: ferro.

Nomi di origine maschile

Iacopo ➡ Giacomo

Igino Igina

Significato: sano
Origine: greca
Onomastico: 11 gennaio

Il nome trova maggiore diffusione nell'Italia del Nord nella variante **Gino**. Deriva dall'aggettivo greco *yghieinos*, cioè 'sano', da cui tutte le lingue moderne fanno derivare il termine igiene. La sua forte personalità è caratterizzata da un'incrollabile perseveranza, da un'intelligenza vivace e sottile, e da una grande fedeltà amorosa.

Corrispondenze: segno dell'Ariete. Numero portafortuna: 1. Colore: giallo. Pietra: topazio. Metallo: ferro.

Ignazio Ignazia

SIGNIFICATO: fuoco
ORIGINE: latina
ONOMASTICO: 31 luglio

Il nome, che è accentato soprattutto in Sicilia, riprende l'antico gentilizio latino *Egnatius*, di antica origine etrusca, divenuto poi il nome personale *Ignatius*, con un'etimologia che si connette a *ignis*, 'fuoco'. Il 17 dicembre la Chiesa ricorda s. I. di Antiochia, vescovo martirizzato sotto Traiano nel 110, autore di sette lettere considerate tra le fonti più importanti della storia del cristianesimo.
Il santo più venerato è tuttavia s. I. di Loyola, capitano di esercito che si convertì al cattolicesimo, fondatore nel 1540 a Roma, sotto papa Paolo III, della Compagnia di Gesù, i 'Gesuiti', che divenne un ordine insegnante; s. I. fu uno dei più attivi organizzatori della Controriforma, anche attraverso le opere scritte. È venerato come patrono dei militari.
Il fuoco sacro lo pervade tutto, anima e corpo, spirito e mente. L'energia che sprigiona è impressionante e il suo entusiasmo straordinario. Dagli altri esige altrettanta energia e passione il che non è sempre facile e possibile. Marito fedele e premuroso, padre attento, I. richiede ai propri familiari un impegno a fare costantemente bene. Quanta fatica ma quanta soddisfazione!
Corrispondenze: segno del Cancro. Numero portafortuna: 9. Colore: rosso. Pietra: rubino. Metallo: oro.

Igor

SIGNIFICATO: Dio veglia
ORIGINE: russa
ONOMASTICO: 5 giugno

Il nome è attestato soprattutto nella città e nella provincia di Trieste; si è diffuso principalmente per una matrice letteraria e teatrale dal nome del principe russo di Novgorod, vissuto nel X secolo, che ispirò l'opera musicale di A. Borodin *Il principe Igor*, del 1890. Etimologicamente il nome si riferisce a un'antica divinità nordica, *Ing* o *Yngvi*, che era venerata da una popolazione scandinava dell'XI secolo insediatasi poi nella Russia centro-meridionale. È il nome del compositore russo del Novecento Stravinskij.
Conscio di quanto sia impossibile soddisfare tutti i desideri, I. vive nella malinconia ma non abbandona mai del tutto l'azione. Fedele, delicato, devoto in amore, ama circondarsi di belle donne e begli oggetti. Cerca nella contemplazione estetica quanto non riesce a trovare nella realtà.
Corrispondenze: segno del Capricorno. Numero portafortuna: 4. Colore: rosso. Pietra: rubino. Metallo: oro.

Ilario Ilaria

Significato: sereno, gaio, allegro
Origine: greca
Onomastico: 13 gennaio

È diffuso in tutta Italia, anche nelle varianti **Ilarione**, tipica della provincia di Bari, **Ilaro** e **Illario**. Continua il nome latino di età imperiale *Hilarius* e il nome greco-bizantino *Hilarion*, di uguale etimologia. La Chiesa ricorda s. I. o Ilarione, monaco in Palestina nel IV secolo, e s. I. vescovo di Poitiers, morto nel 368 e patrono di Parma. Il suo è un carattere forte, rustico, chiaro, scrupoloso, che ben si adatta a tutte le circostanze. Non nega mai ai suoi amici una parola di conforto o un aiuto, e ai suoi nemici non perdona nulla. Tuttavia non arriva mai alla brutalità, all'aggressione, alla violenza. Rimane fedele alla sua donna per tutta la vita.
Corrispondenze: segno dell'Ariete. Numero portafortuna: 3. Colore: rosso. Pietra: rubino. Metallo: ferro.

Indro

Significato: lucente, vincente
Origine: indiana
Onomastico: 10 febbraio

È un nome accentrato in Toscana, soprattutto nella provincia di Firenze, che potrebbe essere stato ripreso da *Indra*, l'antica divinità vedica abitante del cielo e dispensatrice di pioggia che usava il fulmine come arma e il tuono come voce: era considerata la divinità celeste suprema nell'antica religione brahmanica dell'India. È il nome (alcuni sostengono come accorciativo di **Cilindro**), del giornalista e scrittore Montanelli. I. è un essere totalmente incapace di essere indipendente. È la creatura sociale per eccellenza; se lasciato solo, si smarrisce, perde di iniziativa e di senso. La sua forza e la sua essenza più profonda sono gli altri, soprattutto i suoi familiari e amici con i quali si mostra premuroso, devoto e fedele. Adora il chiasso delle famiglie numerose, ed è esuberante e trascinatore.
Corrispondenze: segno della Vergine. Numero portafortuna: 3. Colore: bianco. Pietra: rubino. Metallo: bronzo.

Innocente

Significato: senza colpa
Origine: latina
Onomastico: 22 giugno

Diffuso soprattutto al Nord, con altissima frequenza in Lombardia, si rifà al culto dei bambini innocenti di Betlemme, che il re Erode fece uccidere in

I

massa. In passato era un nome spesso attribuito a figli di genitori ignoti. La sua variante più importante è **Innocenzo**, in uso anche al femminile, diffusa soprattutto in Sicilia. È il nome di tredici papi e riflette il culto di vari santi, tra cui si ricorda il beato Innocenzo da Caltagirone, ministro generale dei Cappuccini, morto nel 1665 e oggetto di un forte culto in tutta la Sicilia, dove il nome è assai diffuso.

È un uomo di ferro, dominatore, fiero, coraggioso, inadatto al dialogo, forte delle sue certezze e dei suoi pregiudizi. Il suo orgoglio lo fa emergere e lo impone come conquistatore. È attivo e vivace, ed è un vero macho con le donne.

Corrispondenze: segno dei Pesci. Numero portafortuna: 10. Colore: azzurro. Pietra: turchese. Metallo: oro.

Innocenzo ➡ Innocente

Ippolito Ippolita

Significato: che scioglie le briglie ai cavalli
Origine: greca
Onomastico: 13 agosto

Derivato dall'antico nome personale greco *Hippolytos*, latinizzato in *Hippolytus*, il nome si è distribuito in tutta Italia, con più frequenza nel Sud, con uso anche femminile, sia per la continuata e influente presenza greco-bizantina sia per la ripresa della lettura di opere di cultura classica. Nella mitologia infatti I., il bellissimo figlio di Teseo e di Ippolita, regina delle Amazzoni, avendo respinto l'amore della matrigna Fedra fu accusato ingiustamente da lei di fronte al padre e morì trascinato da cavalli spaventati da un mostro marino. La vicenda fu narrata nelle tragedie di Euripide, Seneca, Racine e D'Annunzio. La Chiesa ricorda s. I. di Roma, esegeta cristiano, martirizzato in Sardegna nel 235, patrono dei carcerieri. Tra i personaggi famosi, il cardinale di Ferrara I. d'Este; il letterato e poeta Pindemonte (1753-1828) e lo scrittore e patriota dell'Ottocento Nievo.

Altrettanto abile negli sport pericolosi quanto nelle attività che esigono intelligenza, memoria e coraggio, I. sembra un virtuoso ricolmo di indifferenza ma in realtà è una creatura ipersensibile, docile, tenera e impaziente di trovare l'amore vero, nel quale riporrà tutte le sue speranze e le sue aspirazioni, e al quale resterà fedele per tutta la vita.

Corrispondenze: segno del Capricorno. Numero portafortuna: 7. Colore: verde. Pietra: smeraldo. Metallo: rame.

Ireneo ➡ Irene

Isacco

SIGNIFICATO: Dio sorride, possa sorridere
ORIGINE: ebraica
ONOMASTICO: 11 aprile

Il significato augurale del nome proviene dal verbo ebraico *zahaq*, cioè 'ridere', e nella tradizione dell'Antico Testamento si riferisce alla gioia di Sara e Abramo, cui fu annunciato un figlio in età molto avanzata. Da loro nacque, infatti, I., patriarca e padre di Esaù e Giacobbe. Il nome è disperso tra il Nord e il Centro, e si riscontra anche nelle varianti **Isac** e **Isaac**. La Chiesa festeggia s. I., monaco siriano del IV secolo, e il patriarca ebraico I., il 25 marzo. Una doppia natura alberga in lui: lo spirito e il cuore, l'immaginazione e l'intelligenza, la sensualità e la fedeltà. È uomo del dubbio, della derisione e della critica ma anche creatura sensibile, cantore di poesie, animo sognatore. Chi vive vicino a lui ha un bel daffare a comprendere quali delle due nature prevalga sull'altra. Tuttavia la fatica viene ripagata da un costante sbigottimento.
Corrispondenze: segno del Sagittario. Numero portafortuna: 5. Colore: rosso. Pietra: rubino. Metallo: oro.

Isidoro Isidora

SIGNIFICATO: dono della dea Iside
ORIGINE: greca
ONOMASTICO: 4 aprile

È frequente sia nel Nord sia nel Sud, soprattutto in Sicilia, anche nelle varianti **Sidòro**, **Sìdoro** (che attesta l'influenza greco-bizantina nella regione) e **Isodoro**. Il nome greco originario si riferiva alla divinità femminile dell'antico Egitto Iside, che presiedeva alla fertilità della natura. L'onomastico festeggia s. I. di Siviglia, dottore della Chiesa, autore di opere storiche e allegoriche, morto nel 636; s. I. di Madrid, agricoltore, patrono di Giarre e dei contadini; santa I. martire di Lentini nel 236. L'adolescente tranquillo, semplice, metodico e impegnato diventa un adulto che appare ingenuo, soggiogato dalle belle parole e dai bei vestiti, un po' superficiale. In realtà è un saggio che non prende mai nulla alla leggera, paziente, serio, umile, di quelli che riescono a scoprire la verità delle cose.
Corrispondenze: segno del Toro. Numero portafortuna: 5. Colore: verde. Pietra: smeraldo. Metallo: argento.

Ivan slavo per ➡ Giovanni

Ivano ➡ Giovanni

Ivo Iva

SIGNIFICATO: legno di tasso
ORIGINE: celtica
ONOMASTICO: 19 maggio

È distribuito in tutta Italia, anche nelle numerose varianti maschili, quali **Ivaldo**, **Ivio**, **Ivone**, e in quelle femminili **Ivonne** e **Ivalda**. Il nome ha origine quasi certamente dal celtico *ivos*, che significava 'albergo, legno di tasso'. Il tasso, infatti, per i Celti era un albero sacro, con cui venivano fabbricate sia le armi sia le abitazioni. Nell'VIII secolo il nome ha avuto uno sviluppo particolarmente significativo in Francia, soprattutto in Bretagna, poi è andato affermandosi in tutta Europa. In Italia venne sostenuto dal culto di s. Ivio o Ivone, vescovo di Chartres, morto nel 1116 e di s. I. prete del Duecento, patrono della Bretagna. Tra i personaggi noti si ricorda l'attore e cantante francese Yves Montand, di origine italiana. I. fa ciò che vuole e come vuole convinto com'è che l'indipendenza sia un valore assoluto e, soprattutto, che la sua non dia fastidio a nessuno. Non è per originalità che si muove con disinvoltura, senza curarsi degli altri. La consapevolezza dei suoi diritti è talmente illimitata da non badare alle esigenze altrui. Colleziona donne, oggetti, sapere e non si vergogna di palesare ciò che molti altri nascondono: non disdegna le bassezze e i compromessi pur di arrivare alla meta prefissa.
Corrispondenze: segno dell'Acquario. Numero portafortuna: 8. Colore: arancio. Pietra: berillo. Metallo: bronzo.

Nomi di origine femminile

Ida Ido

SIGNIFICATO: eroina, guerriera, valchiria
ORIGINE: germanica
ONOMASTICO: 13 aprile

Diffuso in tutta Italia anche nella variante **Idina**, il nome ha una tradizione francone ed è sostenuto dal culto di varie sante, tra cui s. I. di Lorena, madre di Goffredo di Buglione, morta nel 1115. Secondo un'interpretazione etimologica popolare il nome potrebbe anche derivare dal monte dedicato a Ida, la mitologica ninfa, figlia di Melisso, nutrice di Zeus. La bellezza è tutto il suo mondo. La sua grazia, la sua avvenenza, la sua leggiadria si riflettono in tutto ciò che tocca e che la circonda. La sua casa è bella e profumata, i suoi amici e le sue amiche hanno fattezze di modelli, la sua vita è immersa in un'aurea soffusa di piacere e poesia. Impossibile aspirare a entrare in un simile entourage se le forme non vi arridono.
Corrispondenze: segno dei Pesci. Numero portafortuna: 6. Colore: giallo. Pietra: topazio. Metallo: rame.

Ildegonda

SIGNIFICATO: grande battaglia
ORIGINE: germanica
ONOMASTICO: 20 aprile

È un nome rarissimo in Italia, ma la sua abbreviazione **Ilde** è invece molto diffusa. È di origine germanica ed è costituito dall'unione di due sinonimi: *hilde-* 'battaglia' e *gunth* 'battaglia'. Spesso nell'onomastica germanica si trovano nomi ottenuti dall'unione di due sinonimi con l'obiettivo di dare valore rafforzativo al nome stesso; il suo significato non sarà quindi 'battaglia battaglia' ma 'grande battaglia'. Come riecheggia il suo nome, I. sembra una principessa d'altri tempi, della letteratura cortese, una creatura inarrivabile, che solo un vero cavaliere, nobile e coraggioso, potrà conquistare. È una donna rara e preziosa, sicuramente un po' altera ma fedele, devota, che si fa cogliere una volta sola e per sempre.
Corrispondenze: segno della Vergine. Numero portafortuna: 3. Colore: bianco. Pietra: diamante. Metallo: oro.

Ileana

SIGNIFICATO: simile al sole
ORIGINE: greca
ONOMASTICO: 28 maggio

Accentrato soprattutto nel Nord, è un nome di moda recente ripreso da opere della letteratura rumena dove, in molti poemetti e racconti popolari, è ricorrente il personaggio della regina I. Cozinzeana. Il suo istinto prevale sulla ragione. È una donna impulsiva, intuitiva, che agisce con riflessi rapidi e per decisioni immediate. Vitale e libera, I. dà libero sfogo ai suoi sensi e per questo seduce una larga schiera di uomini.
Corrispondenze: segno del Toro. Numero portafortuna: 6. Colore: rosso. Pietra: rubino. Metallo: ferro.

Imelda

SIGNIFICATO: grande nella battaglia
ORIGINE: germanica
ONOMASTICO: 12 maggio

Diffuso nel Nord, soprattutto nel Veneto, e nel Centro, è un nome di tradizione francone documentato in Italia dal XII secolo. In Lombardia è più diffuso nella variante **Imelde**. Si è diffuso per la triste leggenda di I.

I

Lambertazzi vissuta nel XIII secolo, suicida a Bologna vicino al suo innamorato Bonifazio dei Geremei, e per il culto della beata I. Lambertini di
Bologna, morta nel 1333. Fu anche il nome della protagonista femminile
nella tragedia lirica di Verdi del 1849 *La battaglia di Legnano*. Tra i personaggi noti del nostro secolo, si ricorda I. Marcos, moglie del discusso presidente delle Filippine, poi deposto. Appassionata di musica, arte, teatro, poesia, letteratura, di bellezza e di armonia, I. possiede molte doti, che spesso
le conferiscono un'aria orgogliosa che la allontana dagli altri: vivace, graziosa, retta, audace, saggia, riflessiva, dedita ai suoi cari, fedele.
Corrispondenze: segno dell'Ariete. Numero portafortuna: 2. Colore: giallo.
Pietra: topazio. Metallo: oro.

Immacolata

Significato: non macchiata (dal peccato originale)
Origine: latina
Onomastico: 8 dicembre

La diffusione del nome è limitata al Sud, dove è presente anche nelle varianti **Imma** e **Ima**. È un nome devozionale, che riflette il culto per l'Immacolata
Concezione di Maria Vergine 'senza macchia', venuta al mondo senza peccato perché destinata a diventare la madre di Cristo. La Madonna
Immacolata è venerata come protettrice dei fabbricanti di calze di seta e
come patrona della Spagna. A lei non pensa mai; le decisioni che la riguar-
dano non vengono mai prese o rimandate illimitatamente. Il suo unico interesse sono gli altri; pronta ad aiutare chiunque con sacrificio, spirito di abnegazione, generosità straordinaria, I. ha bisogno di questo soccorso agli altri
per essere in pace con se stessa. Questo atteggiamento tuttavia mostra dei
limiti; se l'aiuto non è richiesto, I. rischia di essere invadente. E allora, a
volte, un pizzico di egoismo non guasta.
Corrispondenze: segno del Sagittario. Numero portafortuna: 7. Colore:
verde. Pietra: smeraldo. Metallo: argento.

Ines spagnolo per ➡ Agnese

Iolanda Iolando

Significato: ragazza con lo scudo di tiglio
Origine: germanica
Onomastico: 28 dicembre

È un nome diffuso in tutta Italia, in massima parte al Nord, grazie anche alle
varianti **Jolanda**, **Yolanda** e **Violante**. Quest'ultima potrebbe essere un
incrocio tra l'antico provenzale *Yolant* e l'italiano 'viola'. Esiste anche un'in-

terpretazione dubbia secondo cui il nome sarebbe un incrocio greco-germanico, con il significato di 'terra di viola', ma questa versione viene contestata in quanto richiama ➡ Iole, che costituisce un nome a sé. L'origine germanica ha fatto sì che il nome fosse poi ripreso nel Medioevo in lingua franco-provenzale soprattutto nelle regioni della Savoia e della Valle d'Aosta. La sua affermazione è più recente, legata a nomi tradizionali della casata dei Savoia, di cui si ricordano la moglie del duca Amedeo IX e la primogenita di Vittorio Emanuele III. In ambienti cristiani si ricorda s. I. monaca cistercense in Portogallo. Vive di movimenti veloci, come se, invece di camminare, andasse perennemente a cavallo. Mai sazia di avventure, viaggi, piaceri, I. è fiera, impetuosa, regale, coraggiosa. È nata per comandare e non si lascia sedurre tanto facilmente, poiché è di coloro che insegnano piuttosto che imparare, che danno piuttosto che prendere.

Corrispondenze: segno della Vergine. Numero portafortuna: 4. Colore: giallo. Pietra: rubino. Metallo: rame.

Iòle

Significato: viola
Origine: greca
Onomastico: 2 marzo

Di vasta diffusione in tutta Italia anche nelle varianti **Yole** e **Jole**, è un nome di matrice classica e letteraria. Si è diffuso a partire dal Rinascimento dal nome dell'infelice figlia di Eurito, re di Acalia: amata da Ercole, suscitò la gelosia della moglie Deianira, che provocò la morte dell'eroe facendogli indossare un abito avvelenato dal sangue di un centauro. L'esercizio e la danza sono la sua dimensione. Volubile e desiderosa di accumulare esperienze sempre nuove e diverse, I. prende molto da quelli che incontra e poi fugge verso altre avventure e altre passioni. Chi è stato abbandonato viene assalito da un'inconsolabile malinconia e da una dolce sofferenza.

Corrispondenze: segno dei Gemelli. Numero portafortuna: 7. Colore: bianco. Pietra: diamante. Metallo: oro.

Irene

Significato: pace
Origine: greca
Onomastico: 20 ottobre

Distribuito in tutta Italia ma soprattutto nel Centro-Nord, qualche volta anche nella variante **Irena** oppure nella forma maschile **Ireno** o **Ireneo**, il nome greco originario, di derivazione mitologica, è stato adottato nel latino imperiale con significato augurale e in ambienti cristiani come nome apportatore di pace tra tutti i fratelli in Cristo e soprattutto della pace celeste. Nella mitologia I. era una delle Ore, figlia di Zeus e Temi, venerata come dea della pace e della giustizia, spesso ritratta con un bimbo paffuto tra le braccia, con la cornucopia e i rami di olivo, simboli di prosperità in tempo di pace. Nella storia si ricorda l'imperatrice I. d'Oriente, dell'VIII secolo, moglie dell'imperatore Leone IV, che fece accecare il figlio Costantino per salire al trono in sua vece. Nel calendario cristiano si festeggia una s. I. badessa a Costantinopoli nel IX secolo.

Aspira alla pace ma non la otterrà mai: un po' perché in realtà la sua natura è tutt'altro che pacifica, un po' perché sbaglia strategia. Arrivare alla pace attraverso il combattimento, la lotta, l'opposizione sfrenata agli uomini è assai arduo e sembra una contraddizione nei termini. Irrefrenabile, coraggiosa, avida di conoscenze, intelligente, instancabile organizzatrice, I. ha una volontà di ferro e una sicurezza di sé davvero invidiabile.

Corrispondenze: segno dello Scorpione. Numero portafortuna: 6. Colore: giallo. Pietra: topazio. Metallo: oro.

Irma Irmo

SIGNIFICATO: grande, potente
ORIGINE: germanica
ONOMASTICO: 24 dicembre

Diffuso in tutta Italia, soprattutto in Emilia Romagna e in Toscana, anche nella variante **Irmina**, il nome ha in sé anche il secondo significato di 'sacra al dio Irmin', la divinità nordica del cielo. I. può essere anche la forma abbreviata di nomi come Ermenegilda, Ermelinda, Ermengarda, composti con il primo elemento comune *irmin*.

È un nome cristiano sostenuto dal culto di s. Irmina, badessa in Lussemburgo tra il VII e l'VIII secolo, ma deve la sua diffusione soprattutto a personaggi di opere letterarie, teatrali e cinematografiche: si è affermato in particolare per il successo del film *Irma la dolce*, interpretato dall'attrice Shirley MacLaine.

La sua docilità e remissività lasciano spazio a un destino da conquistatrice. È fiera e rapida, ferma e coraggiosa, creata per lottare e dominare. Solo con chi conquista il suo cuore si mostrerà accondiscendente e ubbidiente.

Corrispondenze: segno dell'Ariete. Numero portafortuna: 2. Colore: rosso. Pietra: rubino. Metallo: platino.

Isa ➡ Elisabetta

Isabella ➡ Elisabetta

Isotta

SIGNIFICATO: guerriera, vergine di ferro
ORIGINE: germanica
ONOMASTICO: 2 aprile

Per alcuni studiosi di etimologia potrebbe derivare forse dal francese *iseul* con il significato di 'bionda'; *Iseult* o *Yseult* è il nome con cui appare nei testi in francese antico l'eroina del ciclo bretone amata da Tristano. Durante il viaggio per mare in cui Tristano accompagna I. 'la bionda' alle nozze con re Marco di Cornovaglia, i due giovani bevono per errore un filtro d'amore che li fa innamorare perdutamente. Esiliato dal re, Tristano sposa una I. 'dalle bianche mani', ma in punto di morte chiama accanto a sé il suo antico amore; ingannato dalla moglie, Tristano crede che la sua I. non giungerà mai e si uccide. La sua amata, scoperta la tragedia, non gli sopravvive. La leggenda, elaborata nel XII secolo, è stata ripresa in tutte le letterature europee e riadattata da Wagner nel dramma musicale *Tristan und Isolde* del 1859, da cui prese avvio una forte diffusione del nome in Italia. Oggi è un nome poco diffuso, presente quasi solamente in Emilia Romagna e in Toscana. Indelebilmente questo nome porta scritto in sé il dramma dei due innamorati perennemente separati. I. è dunque una donna fedele nel più profondo del cuore e della mente al suo amore. Il suo spirito e i suoi sensi sono tesi a questa totale dipendenza dall'amore. La prudenza le sussurra che meglio sarebbe per lei volgere tutte le sue forze verso un sentimento di meno sfortunato, ma invano la voce le giunge troppo piano.

Corrispondenze: segno dei Gemelli. Numero portafortuna: 2. Colore: verde. Pietra: smeraldo. Metallo: oro.

Nomi di origine maschile

Jacopo ➡ Giacomo

Jader

SIGNIFICATO: abitante di Zara
ORIGINE: punica
ONOMASTICO: 10 settembre

È un nome presente soprattutto in Emilia Romagna: riflette il culto per s. J. vescovo di Numidia del III secolo. Sul suo significato non si hanno dati certi; secondo alcuni studiosi di etimologia potrebbe derivare dal latino *Iader* oppure dal greco *Iadera*, nome dell'antica città di Zara. Le certezze, i beni materiali, le grandi fortune, gli onori, la gloria, le ricompense non gli inte-

ressano. La sua natura di perenne adolescente lo rende avido di scoperte, di nuove esperienze, di grandi spazi e di orizzonti sempre rinnovabili.
Corrispondenze: segno del Toro. Numero portafortuna: 7. Colore: verde. Pietra: smeraldo. Metallo: rame.

Jago

SIGNIFICATO: Jago
ORIGINE: letteraria
ONOMASTICO: 25 luglio

Presente quasi esclusivamente in Emilia Romagna e in Toscana, ha avuto il suo sviluppo nell'Ottocento grazie al successo delle rappresentazioni teatrali del dramma *Otello* di Shakespeare e successivamente dell'omonima opera lirica di Verdi. Il nome fu inventato da Shakespeare forse su un modello gallese derivato dal latino *Iacobus*, corrispondente di ➡ Giacomo, o dallo spagnolo *Santiago*, centro del culto nei confronti dell'apostolo Giacomo, ivi sepolto. Piuttosto che di donne ama circondarsi di amici che abbiano le stesse sue aspirazioni, i suoi aneliti. La ricerca dell'impossibile è per lui una realtà; instabile, sognatore, mobile, vivace, temerario, talvolta irascibile, ha un cuore d'oro che gli permette di condividere con gli altri tutto ciò che possiede.
Corrispondenze: segno della Bilancia. Numero portafortuna: 3. Colore: arancio. Pietra: diamante. Metallo: rame.

Nomi di origine femminile

Jessica

SIGNIFICATO: Dio ha guardato
ORIGINE: ebraica
ONOMASTICO: 1 novembre

Raro nel Nord e più accentato a Roma anche nella variante **Gessica**, è nell'Antico Testamento il nome di una sorella di Abramo, Iesca, cui probabilmente si rifà Shakespeare. Nel dramma del 1596 *Il mercante di Venezia* J. è infatti la figlia dell'usuraio ebreo Shylock, innamorata del cristiano Lorenzo. Il calendario cristiano non ha sante con questo nome. J. ama tener testa, sentenziare, mettersi in mostra, primeggiare. È pragmatica e forte dei suoi diritti, delle sue certezze, delle sue qualità. Il denaro e il successo non le sono indifferenti, e prodiga ogni suo sforzo per ottenerli. È una fiera avversaria che non ha pietà per i suoi nemici.
Corrispondenze: segno del Capricorno. Numero portafortuna: 3. Colore: blu. Pietra: zaffiro. Metallo: argento.

Lamberto Lamberta

SIGNIFICATO: illustre nel suo paese
ORIGINE: germanica
ONOMASTICO: 16 aprile

Il nome si è diffuso, a partire dall'VIII secolo, soprattutto nel Nord e particolarmente in Toscana e in Emilia Romagna, anche nelle varianti **Amberto** e
Lambertina. Fu il nome di un re e imperatore d'Italia morto nell'898, figlio
di Guido II, che lottò contro il potere dei grandi feudatari di quel tempo. La
Chiesa ricorda s. L. martire di Saragozza e s. L. vescovo di Liegi, vissuto nel
VII secolo, evangelizzatore della Zelanda e patrono dei dentisti, festeggiato
il 17 settembre. L. ha i piedi piantati nel terreno e la testa rivolta verso il
cielo. In lui c'è pragmatismo ma anche sogno, tensione a tutto ciò che è
materiale e spirituale, desiderio di certezze e conoscenza, e passione per la
magia, per il misticismo.
Corrispondenze: segno dell'Acquario. Numero portafortuna: 8. Colore: giallo. Pietra: topazio. Metallo: rame.

Lanfranco

SIGNIFICATO: uomo libero nel suo paese
ORIGINE: germanica
ONOMASTICO: 23 giugno

Il nome si è diffuso a partire dal IX secolo, sostenuto dal culto di s. L.
Beccaria, vescovo di Pavia, morto nel 1194. È frequente nel Centro-Nord,
soprattutto in Emilia Romagna, raramente anche nella forma femminile
Lanfranca. È percorso da una sottile vena di misantropia eppure ha bisogno
degli altri. Deve sentirsi coinvolto ma non ama farsi coinvolgere. La conoscenza lo attira e contemporaneamente lo allontana dalla vita attiva. Alterna
momenti di socievolezza a periodi di assoluta solitudine che è meglio non
interrompere. Sarà lui a uscire dal suo isolamento.
Corrispondenze: segno del Leone. Numero portafortuna: 3. Colore: verde.
Pietra: zaffiro. Metallo: rame.

Lazzaro

SIGNIFICATO: aiutato da Dio
ORIGINE: ebraica
ONOMASTICO: 17 dicembre

Di questo nome non si conosce la forma femminile. Le sue origini sono molto antiche ed è arrivato fino a noi dalla trasformazione della parola ebraica *El'azar*, composta da *El-*, che è l'abbreviazione di un nome dato a Dio, e *-'azar* con significato di 'venire in aiuto'. Il significato complessivo è ancora una volta una forma di ringraziamento al Signore.

Il coinvolgimento non fa per lui, gli eccessi, l'impegno totale nemmeno. L. c'è, è presente ma è difficile metterlo a fuoco. I suoi difetti, come del resto le sue buone qualità, sono appena accennati, si riescono solo a intravedere. Così la gelosia non cade mai nella crudeltà, nel tormento; la sua tendenza alla precisione e all'ordine non negano la fantasia; è autoritarista ma non è un tiranno. È gaio, attivo, aperto, generoso ma senza esagerare.

Corrispondenze: segno del Sagittario. Numero portafortuna: 8. Colore: verde. Pietra: smeraldo. Metallo: mercurio.

Leandro

SIGNIFICATO: uomo del popolo
ORIGINE: greca
ONOMASTICO: 27 febbraio

Di discreta diffusione in tutta Italia, il nome si presenta anche nelle varianti **Aleandro**, soprattutto in Toscana, e **Leandra**, variante femminile piuttosto comune a Roma. Di originaria derivazione greca, fu un soprannome latino in età imperiale e si affermò nel Rinascimento per la rilettura della vicenda del personaggio mitologico L., amante di Ero, sacerdotessa di Afrodite, il quale morì nell'Ellesponto mentre raggiungeva l'amata nuotando di notte. La Chiesa ricorda s. L. evangelizzatore dei Visigoti e arcivescovo di Siviglia nel IV secolo. L. è un bambino giocherellone e vivace, innamorato della vita e degli scherzi. Emana una gioiosa allegria che contagia tutti. È impossibile restargli indifferente: le sue burle, il suo entusiasmo, le sue marachelle sono prive di cattiveria, di crudeltà. Tuttavia a qualcuno può dare fastidio questo essere dal pungiglione sempre pronto.

Corrispondenze: segno dei Gemelli. Numero portafortuna: 2. Colore: blu. Pietra: zaffiro. Metallo: oro.

Leonardo Leonarda

SIGNIFICATO: forte come un leone
ORIGINE: germanica
ONOMASTICO: 6 novembre

Presente in tutta Italia soprattutto in Puglia e in Sicilia, già dal Medioevo nelle varianti **Leonaldo**, **Naldo**, **Naldino** viene utilizzato anche al femminile. Si è diffuso particolarmente per il culto di vari santi, tra cui s. L. abate del VI secolo in Francia, patrono di Campobasso, degli agricoltori e dei carcerati e s. L. di Porto Maurizio, minorita predicatore in Corsica e patrono del clero, festeggiato il 26 novembre. Tra i grandi ricordiamo il genio rinascimentale L. da Vinci (1452-1519), pittore, architetto, scultore, inventore; il direttore d'orchestra Bernstein e lo scrittore Sciascia, scomparso da qualche anno. La sua vita è un susseguirsi di eventi futili, di avventure galanti, di incontri tra buontemponi. L. inseguirà fino alla fine il denaro, la bella vita, le cose preziose, le grandi fortune ma non investirà molta della sua energia per arrivarvi.

Corrispondenze: segno dei Gemelli. Numero portafortuna: 2. Colore: bianco. Pietra: diamante. Metallo: oro.

Leone

SIGNIFICATO: leone
ORIGINE: latina
ONOMASTICO: 10 novembre

Nella forma fondamentale il nome è distribuito in tutt'Italia; nelle varianti **Leonello**, **Lionello**, **Leoniero** è presente per lo più in Toscana, mentre la variante **Leonio** è tipica del Veneto. Anche la variante femminile **Leonia** è discretamente diffusa. Il nome **Leonida**, patronimico di L. e invece spesso interpretato con il significato di 'che ha l'aspetto del leone', si è diffuso nel Nord e nel Centro a partire dal Rinascimento per reminiscenza classica grazie alla fama del re di Sparta che difese le Termopili nel 480 a.C. con trecento soldati spartani contro l'esercito di Serse. L. fu il nome di vari imperatori d'Oriente e di tredici papi.

È sostenuto dal culto di numerosi santi tra i quali s. L. I, detto 'Magno', papa e dottore della Chiesa nel V secolo; s. L. vescovo di Catania nell'VIII secolo; il beato L. di Assisi, compagno di s. Francesco. Tra i personaggi famosi si ricordano lo scrittore russo dell'Ottocento Tolstoj, l'uomo politico sovietico Trotzkij (1879-1940), nemico di Stalin e da lui fatto assassinare in Messico e lo scrittore antifascista Ginzburg, di origine russa. L. possiede tante buone qualità: coraggio, intuizione, rapidità di azione e di decisione, intelligenza sottile.

È portato per le battaglie soprattutto politiche, in cui l'arma più affilata è l'oratoria, dà il meglio di sé nelle arringhe senza esclusione di colpi. Attenzione però: se non è sostenuto da una personalità completa e da una forza ed energia costante, può ripiegare su se stesso e diventare il prototipo del perdente.

Corrispondenze: segno della Vergine. Numero portafortuna: 1. Colore: verde. Pietra: smeraldo. Metallo: rame.

Leonida figlio di ➡ Leone

Leopoldo Leopolda

Significato: valoroso tra la gente
Origine: germanica
Onomastico: 15 novembre

Il nome è documentato a partire dall'ultimo Medioevo e si è diffuso in tutta la Penisola, ma soprattutto in Toscana, Lazio e Campania dove sono presenti anche le forme abbreviate **Poldo** e **Poldino**, in uso anche al femminile. Fu il nome tradizionale, a partire dall'XI secolo, della dinastia degli Asburgo, di tre re del Belgio e di due granduchi di Toscana. La Chiesa ricorda s. L. III, duca d'Austria, di cui è patrono, morto nel 1136. L. è un giusto che ha orrore del disordine morale e fisico, e che porta un rispetto illimitato per le tradizioni e il codice morale vigente. Sempre pronto ad aiutare gli altri e a consolarli, è felice della sua vita e non prova alcuna gelosia o invidia. Appassionato di caccia, sport, della buona tavola, è un caro amico sempre franco e gioviale.

Corrispondenze: segno del Cancro. Numero portafortuna: 6. Colore: giallo. Pietra: topazio. Metallo: rame.

Libero Libera

Significato: di condizione libera
Origine: latina
Onomastico: 23 settembre

Il nome è variamente distribuito in tutta Italia e soprattutto, al femminile, in Puglia. Nella versione femminile è prevalentemente un nome cristiano (è piuttosto diffusa la variante **Libera Maria**) per la devozione a Maria Vergine, che si intende 'libera dal peccato originale'. La Chiesa festeggia s. L., papa nel Trecento. È anche nome dalla connotazione ideologica che esprime l'augurio di poter godere del diritto di libertà politica, sociale e civile. Il suo nome è un destino. La libertà per lui non è un valore passeggero, ma permanente e assoluto. La conquista della libertà è quotidiana e necessaria; l'orgoglio e l'energia che pone in questa lotta totali.

Corrispondenze: segno della Bilancia. Numero portafortuna: 2. Colore: giallo. Pietra: topazio. Metallo: rame.

Lino Lina

Significato: rete di corda
Origine: greca
Onomastico: 23 settembre

È diffuso in tutta Italia sia al maschile sia al femminile. Nella mitologia L., figlio di Urania, era ritenuto inventore del ritmo e della melodia e abile con la cetra, le cui prime corde erano di lino. Da qui la sua prima affermazione come nome proprio. Il nome maschile ha anche una matrice religiosa, per il culto di s. L. di Volterra, papa sul soglio di Pietro, predicatore in Francia, martirizzato durante le persecuzioni di Vespasiano. In molti casi L. rappresenta il diminutivo di ➡ Michele, ➡ Nicola, ➡ Paolo. Il corrispettivo femminile, invece, è quasi sempre la forma abbreviata di nomi come ➡ Angela, ➡ Michela, ➡ Carla (nella variante Carolina), e Pasqua. Sa di poter contare sulle sue sole forze e di poter ricevere molto dalla vita. L. non chiede altro se non di essere messo alla prova e, grazie alla sua audacia e alla sua intraprendenza, non ha paura delle novità che, invece, considera una palestra di vita.

Corrispondenze: segno della Vergine. Numero portafortuna: 5. Colore: rosso. Pietra: topazio. Metallo: oro.

Livio Livia

SIGNIFICATO: di colorito livido, pallido
ORIGINE: latina
ONOMASTICO: 23 febbraio

L'antico gentilizio latino deriva forse da un soprannome etrusco di origine incerta. Si è diffuso soprattutto come nome di matrice classica e letteraria, grazie alla fama di personaggi storici e letterari della Roma antica, tra cui, in particolare, lo storico Tito L. (59 a.C - 17 d.C.), autore di *Ab urbe condita*, storia di Roma dalla fondazione. È un nome diffuso in tutta Italia e particolarmente in Emilia Romagna e in Toscana, dove si sono affermate le varianti **Livinio** e **Liviano**, di uso anche femminile. La Chiesa festeggia s. L. martire romano. La fiducia e l'ottimismo uniti alla tendenza a vedere sempre il lato positivo delle cose e a sottovalutare le difficoltà spingono L. ad affrontare la vita con baldanza, faciloneria e superficialità. Saranno lui e chi gli sta più vicino a pagare le conseguenze di questo comportamento sconsiderato. Tuttavia volendo fare come lui, il bello di questo atteggiamento è che L. mostra una carica e un'energia straordinarie, pari a nessun'altro.

Corrispondenze: segno del Leone. Numero portafortuna: 4. Colore: blu. Pietra: turchese. Metallo: argento.

Lodovico Lodovica

SIGNIFICATO: combattente valoroso
ORIGINE: germanica
ONOMASTICO: 25 agosto

Il nome è documentato a partire dal Medioevo; si è diffuso in tutta Italia, anche nelle varianti **Ludovico** e **Ludovica**. È stato promosso dalla fama di quattro imperatori, di un re di Sicilia, del marchese Gonzaga di Mantova e soprattutto dal prestigio di L. Sforza detto 'il Moro', duca di Milano nel Cinquecento. Tra i personaggi famosi si ricordano il poeta del Cinquecento Ariosto, autore de l'*Orlando furioso*; lo storico del Settecento Muratori; il musicista e compositore tedesco van Beethoven (1770-1827). La Chiesa ricorda anche s. L. re dei Franchi, morto di peste a Tunisi durante una crociata nel 1270, patrono dei barbieri e dei muratori. Impulsivo, irriflessivo, violento, imprevedibile, L. è un capo amato dai suoi seguaci. Intelligente, sarcastico, passionale, è rimproverato dai saggi e odiato dalle donne, che considera una sorta di passatempo.

Corrispondenze: segno dell'Ariete. Numero portafortuna: 1. Colore: rosso. Pietra: rubino. Metallo: ferro.

Lorenzo Lorenza

Significato: cittadino di Laurento
Origine: latina
Onomastico: 10 agosto

Il nome è largamente distribuito in tutta Italia, anche in numerose varianti, quali **Laurenzo**, **Laurenzio** (in uso anche al femminile) e nella forma abbreviata **Renzo**. Alla base del nome c'è l'antico gentilizio latino di origine etnica che si rifaceva a *Laurentum*, l'antichissima città del Lazio il cui nome era collegato a *lauretum*, 'bosco di lauri'. Si è diffuso, a partire dal tardo Impero, per il culto di s. L. arcidiacono a Roma, che subì il martirio arrostito su una graticola nel 258 sotto Diocleziano e che è venerato come patrono di Grosseto, di Roma, di Alba, dei librai, dei cuochi e dei pompieri. Il 7 febbraio la Chiesa festeggia anche s. L. di Siponto, fondatore di un santuario a s. Michele del Gargano. Tra i personaggi di prestigio si ricordano L. de' Medici detto 'il Magnifico', mecenate e poeta del Cinquecento; l'architetto e scultore del Seicento Bernini; i pittori Lotto (1480-1556) e Bartolini (1777-1850); l'attore inglese Olivier. La forma **Rienzo**, di matrice ideologica e letteraria, ricorda il tribuno e riformatore romano Cola di Rienzo (Nicola di Lorenzo), ucciso in un tumulto popolare nel 1347. La comunicazione gli appartiene ma solo nella sfera professionale dove la utilizza per trasmettere, unire, creare legami, realizzare rapporti e profitti. È aperto e loquace, un collega davvero stimolante. Ma guai a parlare della sua vita privata, la comunicazione si interrompe bruscamente. Marito fedele e padre premuroso, L. è geloso della sua privacy.

Corrispondenze: segno del Capricorno. Numero portafortuna: 1. Colore: verde. Pietra: smeraldo. Metallo: mercurio.

Luca ➡ Lucio

Luciano figlio di ➡ Lucio

Lucio Lùcia

Significato: nato nelle prime ore del giorno
Origine: latina
Onomastico: 4 marzo

Il nome è molto diffuso in tutta Italia, anche nelle sue quarantacinque varianti accertate. Presso i Romani era un prenome, usato poi come gentilizio, con cui venivano chiamati i bambini che nascevano in giornate particolarmente luminose. Nella forma femminile **Lùcia** è molto raro, al contrario di **Lucìa**. La diffusione del nome è avvenuta soprattutto grazie al culto di santa L., martire nel 303 a Siracusa, di cui è diventata la patrona. L'onomastico si festeggia il 13 dicembre, ed è legato quindi al solstizio d'inverno. Tra gli alterati **Luca** riflette il culto di s. L. evangelista, medico di Antiochia. Da **Luca** a sua volta deriva **Luchino**, diffuso soprattutto nelle Puglie. Secondo alcuni deriverebbe dal latino *lux*, luce; secondo altri invece deriverebbe dal greco, con il significato di 'proveniente dalla Lucania' e viene festeggiato il 18 ottobre. Molto diffuso è anche il patronimico **Luciano**, che continua il soprannome latino *Lucianus* derivato da *Lucius*, largamente usato al femminile. Tale nome si è affermato grazie al culto di vari santi, tra cui s. L. vescovo di Lentini, vissuto nel II secolo a.C. Tra i personaggi famosi si ricordano il filosofo Lucio Anneo Seneca, morto nel 65 d.C.; il pittore Luca Della Robbia, del Quattrocento; l'incisore tedesco Lucas Cranach, morto nel 1553; lo scrittore latino del II secolo Lucio Apuleio; il patriota risorgimentale Luciano Manara; il tenore Luciano Pavarotti; i registi Luca Ronconi e Luchino Visconti. La sua stella brilla di una luce serena, armoniosa, costante, fedele. L. è un messaggero di pace, di bontà, di meraviglia, di amicizia, calore, compassione. È sulla terra per annunciare a tutti che la vita è una cosa meravigliosa e che bisogna viverla con coraggio ed energia. **Corrispondenze:** segno dei Gemelli. Numero portafortuna: 5. Colore: arancio. Pietra: berillo. Metallo: rame.

Luigi Luigia

Significato: glorioso combattente
Origine: germanica
Onomastico: 21 giugno

È uno dei nomi più diffusi in Italia, in particolar modo tra i maschili. Al femminile, invece, è meno usato ed è per lo più presente al Nord. Numerosi sono i suoi alterati, come **Luigino**, **Gigi**, **Gigetto**, **Gigino** e i nomi doppi come **Luigi Antonio** e **Luigi Filippo**. Il più diffuso tra i suoi alterati è **Gino**, che può essere anche il diminutivo di altri nomi, quali ➡ Biagio, ➡ Eligio, ➡ Giorgio, ➡ Angelo, ➡ Giovanni, ma che è presente fin dal Medioevo e ha avuto una nuova diffusione grazie al ciclista Bartali e all'attrice Lollobrigida. All'origine del nome L. è il francone *Hlodowig*, da cui derivano anche **Aloisio**, **Clodoveo**, **Lodovico**. Ma Luigi, pur nascendo dalla stessa base, riprende più direttamente il francese antico *Looïs*, diventato poi *Louis*. La diffusione del nome è avvenuta grazie al culto di vari santi, come s. L. IX re di Francia, morto nel 1270, durante l'ottava Crociata e soprattutto s. L. Gonzaga, gesuita, morto di peste a 23 anni nel 1591. È il nome di diciotto re di Francia, tra cui L. XIV detto 'il re Sole' (1638-1715). Tra gli altri personaggi noti si ricordano tre re dei Franchi di nome Clodoveo; il poeta del Quattrocento Pulci; i musicisti Boccherini (1743-1805) e Cherubini (1760-1842); l'inventore della scrittura per non vedenti Braille (1809-1852); gli scrittori Pirandello e Carroll; il compositore Nono; il jazzista Louis Armstrong; i registi cinematografici Malle e Buñuel e il cantautore Tenco. La genialità serve a L. per mascherare l'impreparazione, l'indolenza, la pigrizia. Intuitivo, intelligente, seducente e aggraziato nelle forme, L. sembra fatto per svelare al resto dell'umanità i segreti che solo lui conosce, che una forza occulta, soprannaturale gli ha rivelato. A che pro dunque impegnarsi in una vita attiva se investito da una simile missione.

Corrispondenze: segno del Toro. Numero portafortuna: 4. Colore: rosso. Pietra: rubino. Metallo: oro.

Lupo

Significato: lupo
Origine: latina
Onomastico: 29 luglio

Alla base del nome era il soprannome latino *Lupus*, divenuto nome proprio in età imperiale. È un nome quasi decaduto, ora in uso soprattutto come cognome. Si è discretamente diffuso soprattutto nella zona di Benevento per il culto di s. L. vescovo di Troyes del V secolo, che salvò la città dalla furia di Attila. Dietro una contagiosa allegria, uno spiccato senso del cameratismo, un incrollabile sentimento dell'onore e della fedeltà, si nasconde una violenza e un'aggressività brutali. Eppure L. è talmente abile a mascherare i lati oscuri del suo carattere al punto che ciò che si riesce solo a intravedere diventa fin troppo seducente.

Corrispondenze: segno del Sagittario. Numero portafortuna: 1. Colore: rosso. Pietra: rubino. Metallo: ferro.

Nomi di origine femminile

Laura Lauro

Significato: alloro
Origine: latina
Onomastico: 19 ottobre

Ampiamente diffuso in tutta Italia anche nelle varianti **Lauretta**, **Laurina**, **Laurana**, fu in età imperiale un nome latino di significato augurale, riferito alla bellezza della pianta del lauro, sacra ad Apollo e simbolo di scienza e di gloria, e alla corona di alloro, emblema e simbolo della vittoria, con cui veniva cinto il capo dei vincitori nelle gare atletiche e letterarie. In ambienti cristiani, dove la corona di alloro era simbolo del martirio, si ricordano s. L. vergine e martire a Cordova, morta nell'864, s. Lauro abate e s. Lauro eremita. La diffusione del nome è avvenuta però a partire dal XIV secolo grazie alla musa ispiratrice delle poesie di Petrarca nel *Canzoniere* e nei *Trionfi*. Tra i personaggi famosi che hanno contribuito alla diffusione più recente del nome si ricordano le attrici Betti, Lauren Bacall, Adani, Lauretta Masiero, Antonelli. L. è fragile e affascinante, dolce, mite, delicata, tenera e allegra. Chi le sta vicino deve trattarla con la massima cura e la premura più solerte altrimenti la musica soave che diffonde con ogni suo gesto si potrebbe interrompere per sempre. Al suo unico, grande amore L. resta fedele per tutta la vita. Deve solo sperare di innamorarsi di un uomo sensibile come lei, che non la tradisca o deluda mai.

Corrispondenze: segno del Sagittario. Numero portafortuna: 3. Colore: verde. Pietra: smeraldo. Metallo: oro.

Lavinia Lavinio

Significato: oriunda di Lavinia
Origine: etrusca
Onomastico: 1 novembre

È diffuso in tutta Italia, poco nel Sud. È un nome di chiara origine classica e letteraria, ripreso a partire dal Rinascimento per amore dell'*Eneide* di Virgilio (nella traduzione di Annibal Caro del 1581), dove L. è la figlia del re Latino, divenuta moglie di Enea dopo la sconfitta di Turno, re dei Rutuli, cui era stata precedentemente promessa. Nella commedia dell'arte, tra il XVI e il XVI secolo, era anche il nome attribuito al personaggio dell'innamorata. La sua fiamma brilla ma la luce che irradia è tremolante e fioca. Un nulla può spegnere il suo fuocherello ma lei lo attizzerà di nuovo. La perseveranza, se non la forza, l'energia, il vigore, sono dalla sua. Timida, introversa, L. manca di fiducia in sé al punto che non si esprimerebbe mai. Così dovrà fare un grosso sforzo per lasciar parlare la sua intelligenza, il suo cuore, il suo intuito.

Corrispondenze: segno dell'Acquario. Numero portafortuna: 8. Colore: blu. Pietra: zaffiro. Metallo: argento.

Lea Leo

Significato: leonessa
Origine: latina
Onomastico: 12 marzo

È un nome diffuso in tutta Italia, soprattutto in Emilia Romagna e in Toscana; nel Sud è presente nella variante doppia **Leoluchina** e nel corrispondente maschile **Leoluca** o **Leo Luca**. Continua il soprannome e nome latino di età imperiale *Leo*, antico prestito dal termine greco *leon* di uguale significato, e si è affermato in ambienti cristiani per il culto di vari santi, tra cui si ricordano s. L. di Africo e s. L. di Montefeltro del IV secolo e s. Leo Luca di Corleone, monaco basiliano del X secolo nel monastero di San Filippo di Agira. Il nome si è diffuso anche in ambienti ebraici perché la forma femminile viene a volte considerata una variante di ➡ Lia, la prima moglie di Giacobbe. La sua dolcezza, buon umore, tranquillità non devono trarre in inganno, è la quiete dopo la tempesta. Basta solo una parola sbagliata, un torto inflitto da un innamorato o da un amico a risvegliare in lei la furia. L. diventa violenta, crudele, egoista, spietata, ma quando la vendetta è compiuta le acque si quietano e ritorna la calma. Attenti dunque a come vi comportate con lei!

Corrispondenze: segno del Capricorno. Numero portafortuna: 5. Colore: rosso. Pietra: rubino. Metallo: argento.

Leda Ledo

SIGNIFICATO: che ingiuria
ORIGINE: greca
ONOMASTICO: 1 novembre

Distribuito soprattutto in Emilia Romagna e in Toscana, è un nome di matrice mitologica e letteraria in voga dal Rinascimento. Nel mito L. era la figlia del re dell'Etolia, moglie di Tindaro, sedotta da Zeus che aveva preso le sembianze di un cigno bianco; dalla loro unione nacquero i Dioscuri Castore e Polluce. Il mito è stato ripreso in molte opere letterarie e figurative e si è ridiffuso in tempi più recenti per il racconto di D'Annunzio *La Leda senza cigno* del 1916. Etimologicamente, L. potrebbe derivare anche da *lada*, termine di origine incerta con il significato forse di 'donna', 'sposa'. Di volontà per pervenire al successo ne ha da vendere. Fredda, calcolatrice, ambiziosa, egoista quel tanto che le serve per stemperare la sua spontaneità, L. con audacia incredibile e straordinaria fiducia in se stessa emerge sia nella vita professionale che familiare.

Corrispondenze: segno dell'Acquario. Numero portafortuna: 2. Colore: verde. Pietra: smeraldo. Metallo: rame.

Leila

SIGNIFICATO: buia come la notte
ORIGINE: araba
ONOMASTICO: 1 novembre

È un nome di moda letteraria e teatrale insorto nell'Ottocento e diffuso soprattutto nel Nord e nel Centro, anche nelle varianti **Leyla** e **Laila**. Si è affermato infatti per la fama della protagonista della novella in versi *The Giaour* di Byron, del 1813, e per l'opera lirica di Bizet *I pescatori di perle* del 1883. La fortuna del nome è continuata nel primo Novecento grazie al romanzo *Leila* di Fogazzaro del 1910 e per la ripresa colta ed esotica della leggenda arabo-persiana in cui si narra dell'amore tra L. e il poeta Magnun, base di molte opere letterarie arabe, persiane e turche tradotte e diffuse anche in Europa. Avrebbe le carte in regola per vincere tutte le partite che intraprende, e se non lo fa, è solo perché è lei a tirarsi indietro all'ultimo minuto. L. è adatta al comando, al governo, alle posizioni organizzative e investite di autorità; se le rifiuta, è solo per dar retta a quella sottile vena di irrazionalità, di ipersensibilità, di introversione che la attanaglia. **Corrispondenze:** segno del Cancro. Numero portafortuna: 4. Colore: blu. Pietra: zaffiro. Metallo: argento.

Letizia

Significato: lieta, fertile
Origine: latina
Onomastico: 13 marzo

Distribuito in tutta Italia, continua il nome tardo-latino di significato augurale e affettuoso che apparteneva anche a una divinità romana dell'abbondanza e della fertilità, *Laetitia*, raffigurata con un bimbo in grembo, un fascio di spighe nella mano sinistra e una mela nella destra. La fortuna del nome risale al primo Ottocento, per la fama di Maria L. Ramolino Bonaparte, la madre di Napoleone, morta a Roma nel 1836. Il tratto preponderante della sua personalità è la gioia, una gioia pura e carica di fascino. Non conosce le meschinità, la menzogna, i compromessi, la paura, l'intolleranza, il tradimento. La sua dolce esistenza è fatta di amore, allegria, purezza. Adatta tanto nella vita sociale quanto in quella familiare, L. moltiplica per mille l'amore che riceve e con il suo calore seducente lenisce le tensioni della vita. **Corrispondenze:** segno del Leone. Numero portafortuna: 6. Colore: blu. Pietra: zaffiro. Metallo: argento.

Lia Lio

Significato: affaticata, stanca
Origine: ebraica
Onomastico: 1 giugno

Diffuso in tutta Italia, soprattutto in Toscana, anche nelle varianti **Lya** e **Lietta**, è un nome in parte ebraico e in parte cristiano. È ripreso infatti dall'Antico Testamento, dalla prima moglie di Giacobbe, figlia di Labano e sorella di Rachele, divenuta simbolo di operosità, di vita attiva e di laboriosità. Contiene anche un secondo significato, quello di 'vacca', in relazione alla tradizione secondo cui L. e Giacobbe avrebbero dato origine all'allevamento dei bovini. In parte è anche un nome cristiano per il culto di s. L. martire in Lucania per mano dei Saraceni con il marito Stefano e i figli. Ma è soprattutto un nome di moda recente, affermatosi per la tendenza di molti genitori ad attribuire ai figli nomi dell'Antico e del Nuovo Testamento. In Sicilia il nome L. è in uso come forma abbreviata del comunissimo ➡ Rosalia. Per essere amata e protetta è pronta a tutto o quasi anche ai compromessi e al calcolo. L. è dolce, graziosa, vitale, insinuante e riesce a raggiungere i suoi obiettivi. Se ben rassicurata, dà il meglio di sé e si mostra sensibile, sensuale, tenera e mansueta.

Corrispondenze: segno del Sagittario. Numero portafortuna: 4. Colore: verde. Pietra: smeraldo. Metallo: argento.

Licia Licio

SIGNIFICATO: originaria della Licia
ORIGINE: greca
ONOMASTICO: 3 agosto

Diffuso in tutta Italia, anche nelle varianti **Lycia** e **Liccia**, si è affermato soprattutto a partire dal Rinascimento in ambienti colti come ripresa del nome classico, che contiene anche un secondo probabile significato, quello di 'lupa'. Si è affermato però nei primi anni del Novecento per la fortuna del romanzo storico *Quo vadis* di Sienkiewicz del 1894, nel quale è raffigurato il contrasto tra il mondo pagano e il nascente cristianesimo cui aderisce Vinicio, innamorato di L. Numerosi sono stati anche gli adattamenti cinematografici del romanzo, tra cui si ricorda la versione del 1951 diretta da Mervyn Le Roy con Robert Taylor, Deborah Kerr e Peter Ustinov. Licia è un noto personaggio dei cartoni animati per bambini. Le sue passioni sono trattenute, la sua energica sensualità repressa; tutto in lei è ardore silenzioso e generosità frenata. La foga con la quale affronterebbe la vita viene vincolata e convogliata nella difficile ricerca della verità delle cose.

Corrispondenze: segno della Bilancia. Numero portafortuna: 3. Colore: verde. Pietra: smeraldo. Metallo: rame.

Lidia Lidio

SIGNIFICATO: gioia, festa
ORIGINE: celtica
ONOMASTICO: 3 agosto

Il nome, di origine etnica, si riferisce alla Lidia, l'antica regione storica dell'Asia Minore occidentale, ora Turchia; secondo un'altra interpretazione sarebbe di origine celtica, con il significato di 'gioia', 'festa'. Diffuso ampia-mente in tutta Italia anche nelle varianti **Lydia**, **Lida**, **Lyda**, **Lide** e nella forma derivata **Lidiana**, continua il nome greco adottato in latino come *Lydia* e divenuto in età repubblicana soprannome delle schiave di origine orientale. È anche un nome cristiano, promosso dal culto di s. L. di Tiatira, venditrice di porpora a Filippi in Macedonia, convertita da s. Paolo aposto-lo, di cui fu discepola, ricordata negli *Atti degli Apostoli* e di s. L. martire in Illiria sotto Adriano. Il nome si è affermato a partire dal Rinascimento con motivazioni classiche e letterarie per la ripresa di quello della donna canta-ta da Orazio e Marziale. Tra i personaggi famosi si ricordano il ceramografo greco Lido e l'attrice del cinema muto Lyda Borrelli. L. è pacifica e carica di energie che usa per compiere la sua unica missione: convincere gli altri a cre-dere nella forza dell'amore. Le armi con le quali combatte la sua battaglia per sconfiggere i detrattori dell'amore, sono la semplicità, la gioia di vivere e d'amare. L. è adorata dai bambini con i quali entra in sintonia in un istan-te e che cattura con la sua fervida immaginazione.

Corrispondenze: segno del Toro. Numero portafortuna: 1. Colore: giallo. Pietra: topazio. Metallo: rame.

Linda ➡ Teodolinda

Loredana Loredano

SIGNIFICATO: boschetto di lauri
ORIGINE: latina
ONOMASTICO: 10 dicembre

Diffuso in tutta Italia, soprattutto in Emilia Romagna e in Toscana, anche nella variante **Oredana**, è un nome di matrice letteraria diffusosi nel primo Novecento. Si è affermato infatti grazie al romanzo *L'amore di Loredana* scritto nel 1908 da Zuccoli, che inventò questo nome forse sulla base di un nobile cognome veneziano, Loredan, l'antica famiglia di dogi, letterati e ammiragli ancora oggi esistente, e in relazione probabilmente con la città di Loreo ('laureto'), presso Rovigo. Ma la popolarità del nome, soprattutto nelle varianti regionali Loretana o Lauretana, può derivare anche dalla diffusa devozione cristiana per la Madonna di Loreto. Particolarmente nota ai gio-vani è la cantante di musica leggera L. Bertè. La natura di L. è positiva o negativa? Ci vorrebbe una vita intera per trovare una risposta e forse nean-che. Il fatto è che è impossibile, malgrado accurate valutazioni, osservazio-ni, riflessioni, dare una risposta certa. L. è buona e cattiva insieme ed è qui il segreto del suo fascino, tutto il carburante che fa ardere la sua fiamma intensa. Chi non ha paura di bruciarsi le resterà accanto per sempre.

Corrispondenze: segno del Sagittario. Numero portafortuna: 3. Colore: verde. Pietra: smeraldo. Metallo: rame.

Luàna Luàno

SIGNIFICATO: non chiaro
ORIGINE: polinesiana
ONOMASTICO: 1 novembre

Diffuso particolarmente in Emilia Romagna e in Toscana, il nome potrebbe forse collegarsi a quello di un mitico eroe polinesiano, chiamato *Lua Nuu*, un Noè dalla pelle scura che si sarebbe salvato da un nuovo diluvio universale. Alla forte diffusione del nome ha contribuito, a partire dagli anni Trenta, il successo del film sentimentale di King Vidor *Luana, la vergine sacra* del 1932, interpretato da Dolores Del Rio e ambientato in Polinesia. Nonostante si sia rivelato un film falso e mediocre, è stato forse il caso più esemplare dell'influsso del cinema sulla diffusione dei nomi, tanto che si è imposta per moda e suggestione anche la forma maschile Luano. Pigra, indifferente, riservata, timida, L. è anche vivace, laboriosa, socievole. La sua intelligenza si compone sia di curiosità quanto di ripiegamento su se stessa, la sua dolcezza è fatta di passività ma anche di tenerezza. La contraddizione la possiede tutta e la rende irresistibilmente affascinante.
Corrispondenze: segno dei Gemelli. Numero portafortuna: 10. Colore: giallo. Pietra: diamante. Metallo: ferro.

Luce ➡ Lucìa

Lucìa

SIGNIFICATO: luminosa, lucente
ORIGINE: latina
ONOMASTICO: 13 dicembre

È uno dei nomi in assoluto più presenti, con maggiore frequenza in Sicilia. La sua grande diffusione deriva dal culto di varie sante, in particolare di s. L. martire a Siracusa nel 303 sotto il prefetto Pascasio. Secondo la leggenda la santa venne uccisa con una spada conficcatale nella gola e poi privata degli occhi; è ritenuta quindi protettrice della vista e viene festeggiata nel cosiddetto 'giorno della luce', il solstizio d'inverno, cioè il 13 dicembre, il giorno più corto dell'anno. Un secondo momento di grande diffusione è stato determinato da una moda teatrale e letteraria dell'Ottocento: L. è infatti la protagonista di *Lucia di Lammermoor* di Donizetti (1835) ed è l'eroina de *I promessi sposi* del Manzoni, che nella prima stesura si chiamava *Fermo e Lucia*. S. L. patrona di Siracusa è invece di tradizione greca: da qui si deduce che il nome, pur derivando dal latino *Lucius*, ha avuto una trasformazione di accento nella forma greca *Lukia*. Questo spiega l'accentazione italiana del nome, nonostante la pur rara presenza di **Lùcia** come forma femminile di Lucio. Tra le varianti vanno ricordate **Lucetta**, presente soprattutto in

Campania, **Lucy**, trasposizione di moda dall'inglese, e soprattutto **Luce** e **Lucilla**. Luce è presente particolarmente nella regione del Salento e deve la sua diffusione sia a motivi cristiani, con il significato di 'luce eterna, perpetua', sia a motivazioni ideologiche, con significato di 'luce del progresso, della scienza'; è infatti il nome attribuito alla figlia dal fondatore del futurismo Filippo Tommaso Marinetti. La variante Lucilla, diffusa soprattutto nel Nord e nel Centro, si rifà al culto di alcuni santi, in particolare di s. L. vergine e martire in Africa. Alla base del nome è il soprannome divenuto poi nome personale latino di età imperiale *Lucillus*, diminutivo di *Lucius*. La sua stella brilla di una luce serena, armoniosa, costante, fedele. L. è messaggera di pace, di bontà, di meraviglia, di amicizia, calore, compassione. È sulla terra per annunciare a tutti che la vita è una cosa meravigliosa e che bisogna viverla con coraggio ed energia.

Corrispondenze: segno dei Gemelli. Numero portafortuna: 5. Colore: arancio. Pietra: berillo. Metallo: rame.

Lucilla ➡ Lucìa

Lucrezia Lucrezio

Significato: appartenente alla gente Lucrezia
Origine: etrusca
Onomastico: 23 novembre

Distribuito in tutta Italia, soprattutto nel Sud, questo nome continua l'antico gentilizio romano appartenuto alla *gens Lucretia*, di origine etrusca. Nell'analisi etimologica del nome è possibile individuare anche un secondo significato, quello di 'regina dei boschi', e un collegamento nell'etimologia popolare con il latino *lucrum*, 'guadagno'. Si è anche affermato in ambienti cristiani per la devozione, promossa dagli Spagnoli nell'Italia del Sud, di s. L. martire a Merida in Spagna sotto Diocleziano. Si è inoltre diffuso a partire dal Rinascimento per la ripresa classica e letteraria delle opere del grande poeta e filosofo del I secolo a.C. Tito L. Caro, autore del poema *De rerum natura*, e per la fama di L. matrona romana moglie di Lucio T. Collatino, nota per le sue virtù, che si uccise per essere stata violentata dal figlio di Tarquinio il Superbo. Nell'Ottocento il nome ha conosciuto un nuovo impulso per le numerose opere ispirate al personaggio di L. Borgia, duchessa di Ferrara, tra cui il melodramma di Donizetti *Lucrezia Borgia* tratto dall'omonimo romanzo di Victor Hugo. Difficilmente si riesce resistere a questa donna dalla straordinaria femminilità. Il suo fascino deriva da una mistura di vulnerabilità e forza, egoismo e compassione, potenza e fragilità, e decisione che non la fa indietreggiare di fronte a niente. Se a questo aggiungiamo una vivida intelligenza e una sensibilità intuitiva, comprendiamo come le sue risorse siano davvero inesauribili.

Corrispondenze: segno della Vergine. Numero portafortuna: 2. Colore: rosso. Pietra: rubino. Metallo: ferro.

Lucy inglese per ➡ Lucìa

Ludmilla

SIGNIFICATO: amata dal popolo
ORIGINE: slava
ONOMASTICO: 16 settembre

È accentrato per lo più in Friuli Venezia Giulia, soprattutto tra le minoranze di lingua slovena della provincia di Trieste. In Italia si è affermato particolarmente per moda esotica e in parte per il culto di s. L. duchessa di Moravia, martire nel 921, le cui spoglie sono conservate a Praga. Umile, combattiva, brillante, solidale, L. sarebbe tentata ad emergere in ogni cosa se non fosse per la convinzione che il successo personale è da intralcio al raggiungimento dei valori essenziali. **Corrispondenze:** segno del Capricorno. Numero portafortuna: 7. Colore: blu. Pietra: zaffiro. Metallo: argento.

Luisa

SIGNIFICATO: gloriosa combattente
ORIGINE: germanica
ONOMASTICO: 15 marzo

Il nome è particolarmente diffuso in Italia ed è presente anche nelle numerose varianti **Luisella**, **Luisetta**, **Luisita**; nelle forme doppie **Luisa Anna** e **Luisa Maria** e soprattutto **Maria Luisa**; più raramente nelle forme maschili **Luise**, **Luisi**, **Luisio**. Dalla primitiva base germanica *Hlodowig*, da cui ➡ Luigi, si è sviluppato il nome femminile francese *Louise*, e da questo la forma L. molto più diffusa in Italia rispetto al diretto femminile, Luigia. Si è attestato in ambienti cristiani per la devozione di s. L. de Marillac di Parigi, che nel 1629 fondò con s. Vincenzo de' Paoli la Congregazione delle Figlie della Carità e ha avuto un nuovo rilancio nell'Ottocento per il nome della protagonista nell'opera lirica di Verdi *Luisa Miller*, ispirata al dramma di Schiller *Amore e raggiro* del 1849. Austera, critica, esigente, moralista, severa, L. non transige, non permette che le sfugga nulla. Questa sua irrefrenabile esigenza di perfezione cela una paura: le passioni, compreso le sue, la atterriscono e lei cerca di comprimerle come può. Tutto il mondo in realtà le appare inadatto, imperfetto, sporco, così si affanna a cambiarlo, modificarlo, pulirlo, renderlo adeguato al suo ideale di perfezione. Ma, com'è ovvio attendersi, è tutto inutile. L. tuttavia non demorde e lotterà in questo senso per tutta la vita. **Corrispondenze:** segno dei Gemelli. Numero portafortuna: 9. Colore: verde. Pietra: smeraldo. Metallo: mercurio.

Manfredo

SIGNIFICATO: potente e amante della pace
ORIGINE: germanica
ONOMASTICO: 28 gennaio

Il nome è diffuso in tutta Italia, raramente al femminile, e si presenta spesso, soprattutto in Campania, nella variante **Manfredi**. È documentato a partire dall'VIII e dal IX secolo nelle forme latino-medioevali *Magnifredus* e *Mainfredus*. Il nome si è affermato soprattutto per il prestigio di M. re di Sicilia, figlio dell'imperatore Federico II, morto a Benevento nel 1266 contro gli Angioini, rievocato da Dante nel *Purgatorio*. La Chiesa festeggia il beato milanese M. di Settala, eremita, morto nel 1430. In tempi più recenti il nome si è diffuso, almeno parzialmente, grazie a quello del protagonista del dramma in versi *Manfredi* di Byron, del 1877.

M. non riesce a inserirsi in nessun ambito, professionale o familiare che sia. È il prototipo dell'emarginato. Portato per l'amicizia più fraterna nelle battaglie della vita, in amore è capriccioso e infedele; incurante dei successi e delle comodità, nella vita vagherà senza meta e senza mai mettere radici in nessun luogo... guai a fargliele mettere... morirebbe.

Corrispondenze: segno dell'Ariete. Numero portafortuna: 3. Colore: blu. Pietra: zaffiro. Metallo: argento.

Manlio

SIGNIFICATO: nato di mattina
ORIGINE: latina
ONOMASTICO: 23 ottobre

È uniformemente diffuso in tutta Italia. Riprende il gentilizio latino *Manlius* proprio di noti personaggi storici, quali il console Marco M. Capitolino, che nel 390 a.C. respinse i Galli dal Campidoglio e il console e dittatore Tito M. Imperioso Torquato, che vinse Galli e Latini nel IV secolo.

La Chiesa ricorda s. M. Torquato Severino Boezio, poeta e filosofo, cancelliere del re ostrogoto Teodorico, da cui fu fatto uccidere nel 525. Ogni sua azione viene valutata per ore e ore, ponderando nei minimi particolari le conseguenze. M. è pacato e riflessivo, e non ha l'abitudine ad agire d'impulso. Comprensivo, caparbio e tollerante, ama tuttavia essere ubbidito. È fortemente attratto dall'ozio sebbene non voglia cedergli.

Corrispondenze: segno della Bilancia. Numero portafortuna: 1. Colore: rosso. Pietra: diamante. Metallo: ferro.

Manuel spagnolo per ➡ **Emanuele**

Marcello Marcella

Significato: consacrato a Marte
Origine: latina
Onomastico: 16 gennaio

Il nome è di ampia diffusione in tutta Italia, anche nella forma alterata **Marcellino** e in quelle abbreviate **Cellino** e **Celino**. La forma **Marcelliano** continua il soprannome latino di età imperiale derivato da *Marcellus*. Il nome M. risale all'antico gentilizio romano derivato come diminutivo dal prenome *Marcus*, divenuto in italiano ➡ Marco. Fu il nome di due papi e di Marco Claudio M. nipote di Augusto, che fece costruire in suo onore il famoso teatro dopo la vittoria su Annibale. Si è diffuso anche per il culto di s. M. I papa e martire sotto Massenzio, di s. Marcelliano, martire a Roma sulla via Ardeatina sotto Diocleziano e di una s. M. vedova, morta a Roma, festeggiata il 31 gennaio. Si ricordano inoltre il giurista Ulpio M.; lo scrittore francese dell'Ottocento Proust; il pittore cubista francese Duchamp; il regista cinematografico francese Carné; l'umorista e scrittore Marchesi; l'attore Mastroianni. È intuitivo e ipersensibile, e alla sua estrema lucidità si deve un senso di ansietà e di angoscia che lo accompagna per tutta la vita. Al mondo delle azioni preferisce quello delle idee, agli amori semplici e fedeli quelli passionali e contorti. Con i suoi familiari e amici si mostra sempre premuroso e fedele.
Corrispondenze: segno del Capricorno. Numero portafortuna: 7. Colore: arancio. Pietra: berillo. Metallo: rame.

Marco

Significato: sacro a Marte
Origine: latina
Onomastico: 25 aprile

È un nome molto diffuso in tutta Italia, anche nelle sue varianti, tra cui spiccano i nomi doppi **Marco Antonio** o **Marcantonio**, **Marco Aurelio**, **Marco Tullio** e il femminile **Marcolina**. All'origine del nome è l'antico prenome romano *Marcus*, che era una forma sincopata di *Marticus*, derivato da *Mars*, Marte, con lo stesso significato odierno. Alcuni studiosi di etimologia sono però convinti che, come per Marcello, il nome possa avere una derivazione sassone, con il significato di 'martello' o germanica con il significato di 'virile'. Alla diffusione hanno contribuito vari santi, il più importante dei quali è s. M. evangelista, patrono di Venezia, compagno degli apostoli Pietro e Paolo. I nomi doppi hanno carattere di unitarietà e si sono propagati, a partire dal Rinascimento, in onore di personaggi storici di grande rilievo: l'imperatore M. Aurelio Antonino (161-180 d.C.); l'oratore M. Tullio Cicerone, fatto uccidere da M. Antonio nel 43 a.C.; lo stesso M. Antonio, amante di Cleopatra, morto suicida nel 30 a.C. Tra gli altri personaggi famosi si ricordano il veneziano Polo (1254-1324); il pittore russo del Novecento Chagall; lo scrittore statunitense Samuel Clemens, noto con lo pseudonimo di Mark Twain; il regista Ferreri. L'azione, il pericolo, il rischio sia sentimentale che intellettuale, sono le parole d'ordine di questo errante, amante delle avventure e dei vagabondaggi. Indifferente alle comodità, agli oggetti preziosi, all'accumulo di grandi fortune, M. non conosce il senso del possesso delle cose e delle persone. In effetti è un infedele incallito. Per nulla preoccupato di arrivare al successo, di ottenere gloria od onori, M. è dotato tuttavia di un'intelligenza sottile, di gentilezza, equilibrio e tenerezza.

Corrispondenze: segno del Sagittario. Numero portafortuna: 7. Colore: rosso. Pietra: rubino. Metallo: ferro.

Mariano figlio di ➡ Mario, Maria

Mario

SIGNIFICATO: forte, virile
ORIGINE: latina
ONOMASTICO: 19 gennaio

È al quarto posto per diffusione tra i nomi maschili in Italia ed è presente anche nelle varianti **Marietto**, **Mariuccio** e nel diminutivo **Mariolino**, comune soprattutto in Sardegna. Il nome non è, come si crede comunemente, il maschile di Maria, ma riprende l'antico gentilizio romano *Marius*, derivato già dall'etrusco *maru*, titolo di alti sacerdoti; da *Marius* deriva la forma patronimica Mariano, diffusa in tutta Italia per il culto di numerosi santi ma soprattutto per la devozione di Maria vergine, di cui il culto è detto appunto 'mariano'. La sua diffusione è iniziata a partire dal Rinascimento per la ripresa del nome del politico e militare romano, generale e console, avversario dell'aristocratico Silla, morto nell'86 a.C. e considerato un difensore del popolo e della democrazia. In ambienti cristiani è venerato s. M. di origine persiana, martire a Roma nel 270 durante le persecuzioni. Tra i personaggi famosi del Novecento si ricordano i pittori Mafai, Sironi, Schifano; gli scrittori Tobino e Pomilio; i tenori Lanza e Del Monaco; lo scrittore e regista Soldati; i registi Camerini e Monicelli. M. è un uomo equilibrato nel corpo e nello spirito, nel carattere e nel cuore. Orgoglioso delle fattezze del proprio corpo, M. mette tutto il suo impegno e la sua cura per conservare il suo fisico in salute e per coltivarne la forza. Questo suo amore per se stesso lo rende un uomo possente e deciso al quale rivolgersi per chiedere sicurezza.

Corrispondenze: segno della Bilancia. Numero portafortuna: 7. Colore: verde. Pietra: smeraldo. Metallo: argento.

Martino Martina

SIGNIFICATO: dedicato al dio Marte
ORIGINE: latina
ONOMASTICO: 11 novembre

Il nome è diffuso in tutta Italia, anche al femminile, e particolarmente al Nord; riprende l'antico soprannome latino derivato da *Mars*, con il significato di 'sacro a Marte'. Nella provincia di Torino si riscontra anche nella variante **Martiniano**. La diffusione del nome M. è avvenuta soprattutto in ambienti cristiani, per il culto, a partire dal IX-X secolo, di s. M. di Tours, soldato della guardia imperiale divenuto vescovo, molto popolare per la leggenda che narra del suo gesto di bontà verso un povero infreddolito cui diede metà del suo mantello. La Chiesa ricorda anche santa M. martire a Roma sotto Alessandro Severo, e s. Martiniano, martire con Processo a Roma, venerato come protettore degli agenti di custodia; era stato infatti il carceriere di san Pietro ed era stato da lui convertito. Da bambino è docile ma anche indipendente, da adulto M. diventerà un padre di famiglia attento e un po' all'antica. Pacifico, sensibile, intuitivo, sognatore, la sua intelligenza è talmente sottile che il mondo del misticismo e dell'occultismo sarebbero a portata di mano.

Corrispondenze: segno dei Pesci. Numero portafortuna: 3. Colore: giallo. Pietra: diamante. Metallo: oro.

Marzio Marzia

SIGNIFICATO: sacro a Marte
ORIGINE: latina
ONOMASTICO: 8 ottobre

È un nome presente al Nord e al Centro, soprattutto in Toscana; la variante **Marziale** è in vigore per lo più in Lombardia. Alla base del nome c'è il dio della guerra Marte, da cui derivò l'antico gentilizio latino divenuto poi nome individuale. Tra gli antichi famoso fu il poeta latino Marco Valerio Marziale, morto nel 104 d.C., autore di quindici libri di *Epigrammi*. Il nome si è diffuso in ambienti cristiani per il culto di s. Marziale martire a Roma con sei fratelli nel II secolo; di s. Marziale vescovo di Limoges nel III secolo; del beato M. morto in Umbria nel 1301. Successivamente ha avuto impulso anche grazie al personaggio di Don Marzio nella commedia di Carlo Goldoni *La bottega del caffè*, del 1750. M. è schietto, sincero, indipendente, e male si adatta alle convenzioni sociali. Generoso, portato per i grandi spazi e le grandi conquiste, non riesce a vivere in un'ambito familiare perché troppo ristretto. Sebbene sia un tantino burbero e scontroso, il suo fascino è talmente irresistibile che nessuno sa resistergli.

Corrispondenze: segno dell'Acquario. Numero portafortuna: 2. Colore: verde. Pietra: smeraldo. Metallo: ferro.

Massimo

SIGNIFICATO: il più grande, il maggiore
ORIGINE: latina
ONOMASTICO: 25 giugno

È un nome molto diffuso in tutta Italia, soprattutto in Toscana e nel Lazio; numerose sono le varianti e i derivati, tra cui **Massimiliano**, **Massimino**, **Massimino** (che può essere sia il diminutivo di M. sia un derivato dal nome latino *Maximinus*) e, al femminile, **Massima**. Massimiliano si è affermato, in età imperiale, soprattutto grazie al culto per s. M. martire in Numidia sotto Diocleziano e, successivamente, grazie alla fama di M. I di Asburgo, imperatore nel XIV secolo nonché di M. d'Asburgo, fratello di Francesco Giuseppe e imperatore del Messico, dove fu fucilato nel 1867 dalle forze di liberazione. Il nome M. riprende il soprannome e poi nome individuale latino *Maximus*, di matrice sia laica sia cristiana. La diffusione laica è avvenuta per il prestigio di Quinto Fabio Massimo (detto 'il Temporeggiatore'), console nel II secolo a.C. durante la guerra contro Annibale; in ambienti cristiani il nome si è affermato per il culto di s. M. vescovo di Torino nel IV secolo. Tra i personaggi storici si ricordano lo scrittore e patriota M. d'Azeglio (1798-1866); lo scrittore Bontempelli, fondatore della rivista '900; il pittore americano Weber e l'omonimo sociologo tedesco; lo scultore e pittore tedesco Ernst; gli attori Girotti e Serato. È solido e mira subito alla meta, senza indugi, sotterfugi, imbrogli. Ha una naturale maestà che gli conquisterebbe un regno. Dal momento però che i tempi sono cambiati e sembrano avversi all'istituto della monarchia, egli comunque è destinato a emergere dalla folla e a imporre le proprie qualità. Sa sempre cosa dire al momento opportuno e quale gesto compiere per accattivarsi la sua audience. Può sembrare freddo e distaccato ma del resto quale sovrano non mostra tale atteggiamento?
Corrispondenze: segno della Vergine. Numero portafortuna: 2. Colore: arancio. Pietra: topazio. Metallo: rame.

Matteo

SIGNIFICATO: dono di Dio
ORIGINE: ebraica
ONOMASTICO: 21 settembre

È un nome ampiamente distribuito in tutta Italia, più accentrato al Sud nella variante **Mattia**. Ha una tradizione prevalentemente cristiana per il culto di s. M. Apostolo, autore del primo dei quattro Vangeli, e di s. Mattia che, alla morte di Cristo, fu scelto in sostituzione di Giuda. Come molti nomi ebraici è formato da due temi, il secondo dei quali è un'abbreviazione di *Yahweh*. Nella letteratura si ricorda il romanzo di Pirandello *Il fu Mattia Pascal*, del 1904.

M. è schietto, deciso, solido, tenace, si impegna e riesce a ottenere ciò che si prefigge. È generoso ma anche attento ai conti, modesto e sicuro di sé, è un amico sempre disponibile, un marito fedele e premuroso, un collega efficiente.

Ama gli sport di squadra, poiché oltre all'esercizio fisico è portato per il cameratismo.

Corrispondenze: segno del Leone. Numero portafortuna: 7. Colore: giallo. Pietra: topazio. Metallo: rame.

Mattia ➡ Matteo

Maurizio ➡ Mauro

Mauro Maura

SIGNIFICATO: abitante della Mauritania
ORIGINE: latina
ONOMASTICO: 15 gennaio

È molto diffuso in tutta Italia, assieme a **Maurilio** e **Maurizio**. Nella tipologia principale si rifà al soprannome latino *Maurus*, diffuso soprattutto dal culto di s. M. abate, discepolo di s. Benedetto da Norcia. La variante **Maurilio**, anch'essa di origine latina, si rifà al culto dell'eremita benedettino M. arcivescovo di Rouen, dell'XI secolo.

Anche **Maurizio** ha la stessa origine e si è diffuso per il culto di s. M. martire sotto Massimiano nel III secolo, assieme a seimila soldati cristiani, nella città di Agaunum, che divenne successivamente, nel ricordo della strage, Saint Moritz. Tra i personaggi celebri il ministro francese Talleyrand, il pittore Utrillo, il musicista Ravel (1875-1937), lo *chansonnier* Chevalier. M. è tutto tranne che un uomo semplice. Portato per i sofismi, i giochi dell'intelletto, l'analisi, la complessità dei sentimenti, M. non riesce a non complicarsi la vita. Per lui nulla è palese, a portata di mano, facile. Lancia sfide soprattutto a se stesso e, se ottiene il successo, non ha raggiunto lo scopo, la tranquillità. Ci deve essere dell'altro, qualcosa per cui tornare ad arrovellarsi. Chi oserebbe stare accanto a un uomo così complicato? Se non fosse per il suo straordinario ascendente, vivrebbe nella solitudine più cupa.

Corrispondenze: segno del Capricorno. Numero portafortuna: 7. Colore: viola. Pietra: acquamarina. Metallo: mercurio.

Melchiorre

Significato: il mio re è luce
Origine: ebraica
Onomastico: 28 ottobre

È un nome di chiara origine cristiana ripreso da uno dei tre re Magi, anche se la sua matrice ebraica non appare certa. È diffuso soprattutto al Sud e in particolare in Sicilia. L'onomastico si festeggia in onore di s. M. prete in Antiochia. Lo scolaro avido di conoscenze si trasforma in un adulto brillante, seducente, amante della perfezione, intuitivo e innamorato della vita. Destinato alle vette più elevate, M. è un uomo di famiglia, la quale vive nella sua ombra protettiva e rassicurante.

Corrispondenze: segno del Leone. Numero portafortuna: 2. Colore: verde. Pietra: smeraldo. Metallo: mercurio.

Metello Metella

Significato: mercenario
Origine: latina
Onomastico: 24 gennaio

È un nome poco comune, presente soprattutto in Toscana. Anticamente era il soprannome della *gens* romana *Caecilia*, cui appartenne Cecilia M., vissuta nel I secolo a. C., sepolta a Roma nella famosa tomba sulla via Appia. Il soprannome *Metellus* potrebbe derivare da un etimo etrusco, con significato tuttora incerto. La Chiesa ricorda s. M. martire a Neocesarea. La saggezza e la riflessione non fanno per lui. M. è una fiamma che arde, che consuma e che non si consuma mai. Che abilità creative, che ardore amoroso, che passioni sfrenate! Tutto in lui è eccesso. Oltrepassare i limiti umani è la sfida che M. si è prefisso tutti i giorni. Che fatica!

Corrispondenze: segno del Capricorno. Numero portafortuna: 8. Colore: giallo. Pietra: topazio. Metallo: oro.

Michelangelo ➡ Michele

Michele Michela

Significato: chi è potente come Dio?
Origine: ebraica
Onomastico: 29 settembre

È un nome ampiamente diffuso in tutta Italia, ma al femminile lo si ritrova soprattutto al Sud. Tra le varianti la più importante è la forma doppia

M

Michelangelo, quasi esclusivamente presente in Toscana; la variante femminile **Micaela** è di origine spagnola. Il nome si è affermato soprattutto grazie al culto per l'arcangelo M., principe degli angeli, menzionato nella *Bibbia* e nell'*Apocalisse*. Il culto riconosciuto dalla Chiesa si è sviluppato prima in Oriente, poi in Occidente, dove ha assunto un ruolo decisamente significativo soprattutto nel VI secolo quando, come si narra, a Roma ebbe luogo l'apparizione dell'arcangelo sul Mausoleo di Adriano, chiamato da allora Castel Sant'Angelo.

È il nome di nove imperatori d'Oriente, di un re di Romania, di un patriarca di Costantinopoli, dello zar di Russia M. III Romanov. Tra i personaggi famosi vanno ricordati il filosofo francese del Cinquecento Montaigne; il pittore e scultore rinascimentale Michelangelo Buonarroti; il pittore Michelangelo Merisi detto 'Caravaggio' (1573-1610); gli scrittori Cervantes e Bulgakov; l'attrice Morgan e il fautore della *perestrojka* nell'Unione Sovietica, Gorbaciov. A questo nome sono legati anche la più antica canzone napoletana, *Michelemmà* di Salvatore Rosa (1615-1673); il più famoso personaggio dei cartoni animati, *Micky Mouse* di Walt Disney e una delle più celebri canzoni dei Beatles: *Michelle*. Focoso, lucido, sveglio, le circostanze possono imporgli fardelli per altri insopportabili ma M., dotato di un'energia illimitata e di una forza sovrumana, non cederà. Altre caratteristiche preponderanti di una personalità multiforme sono il coraggio, la robustezza e la longevità.

Corrispondenze: segno dell'Acquario. Numero portafortuna: 5. Colore: rosso. Pietra: rubino. Metallo: ferro.

Modesto Modesta

Significato: modesto, discreto
Origine: latina
Onomastico: 12 febbraio

L'origine di questo nome attualmente considerato troppo poco altisonante da imporre ai nuovi nati è latina. Deriva dall'attributo latino *modestus* ovvero 'modesto, moderato, discreto'. La chiesa celebra s.M. diacono e martire sotto Diocleziano intorno al 304 d.C., nato probabilmente in Sardegna. Nel 785 d.C. le sue spoglie furono traslate a Benevento. Tra i nomi celebri si ricorda il compositore russo dell'Ottocento Musorgskij (1839-1881). M. è un uomo sensibile, che riesce a provare felicità solo se condivisa anche da chi gli vive più o meno vicino. Generoso e caritatevole, si adopera incessantemente per il bene degli altri e spesso dimentica se stesso. Malinconico, dotato di un gusto davvero raffinato e di una vena poetica invidiabile, riesce a conquistare momenti di autentica serenità grazie alle buonissime qualità che lo compongono.

Corrispondenze: segno della Vergine. Numero portafortuna: 1. Colore: bianco. Pietra: rubino. Metallo: ferro.

Moreno Morena

Significato: scuro di carnagione
Origine: spagnola
Onomastico: 3 giugno

L'origine del nome è tipicamente catalana e riprende l'aggettivo latino *maurus*, 'di colorito bruno'. È diffuso soprattutto in Toscana e al femminile in Emilia Romagna. L'orgoglio è il tratto del carattere che maggiormente rappresenta M. La sua personalità dominante, la sua imponenza anche fisica, la consapevolezza delle proprie abilità, un'incrollabile sicurezza di sé caricano M. di un'energia e di una determinazione a imporsi da fare impressione. **Corrispondenze:** segno dello Scorpione. Numero portafortuna: 1. Colore: arancio. Pietra: topazio. Metallo: bronzo.

Mosè

Significato: figlio
Origine: egizia
Onomastico: 4 settembre

Il nome viene ritenuto erroneamente ebraico: in realtà, il profeta del popolo di Israele porta un nome di tradizione egiziana. Infatti nella *Bibbia* il bambino salvato dal Nilo avrà il nome M. perché 'tirato fuori dalle acque', dal verbo ebraico *mashah*, 'estrarre', a sua volta probabilmente derivato dall'egizio *mshj*, 'partorire'. Il nome è riconosciuto anche dalla Chiesa cattolica e si è diffuso grazie soprattutto all'opera lirica *Mosè* di Rossini. Attualmente è presente per lo più in Lombardia e in Veneto. Tra i personaggi noti si ricorda Moshe Dayan (1915-1981), militare e uomo politico israeliano, artefice delle vittorie contro gli Arabi nel 1956 e nel 1967. La coscienza è sempre al primo posto per M. È sensibile, portato per la bellezza che ricerca in tutti gli uomini, in tutte le cose, in ogni circostanza, e possiede una volontà senza macchia. M. resterà sempre fedele a se stesso. **Corrispondenze:** segno dell'Acquario. Numero portafortuna: 1. Colore: bianco. Pietra: diamante. Metallo: oro.

Nomi di origine femminile

Maddalena

Significato: nativa di Màgdala
Origine: greca
Onomastico: 22 luglio

È molto diffuso in tutta la Penisola anche nelle varianti **Magdalena**, **Magda** (accentrata in Friuli), **Maida** e **Mady**, e in Toscana nella forma abbreviata **Lena**. Rare sono le forme maschili **Maido** e **Magdalo**. La derivazione ebraica del nome si riferisce, in senso etnico, alla provenienza da Màgdala, villaggio di pescatori sulle rive del lago di Tiberiade in Galilea, chiamato anche 'torre dei pesci'; in ebraico infatti *Migdal* significa 'torre'. È un nome fondamentalmente cristiano diffusosi dal Duecento, dopo il presunto ritrovamento delle spoglie di s. Maria M. che Cristo liberò dal peccato e dal demonio, la prima testimone, presso il sepolcro, della Resurrezione, insieme con Maria Vergine. Con i suoi capelli M. asciugò i piedi di Cristo dopo averli lavati e profumati e per questa tradizione è venerata come patrona dei parrucchieri, dei profumieri e dei giardinieri. In ambienti cristiani si ricordano anche s. Maria M. dei Pazzi, nobile carmelitana fiorentina (festeggiata il 25 e il 29 maggio) e s. Maria M. Postel, vergine nell'Abbazia di San Salvatore (il 16 luglio). M. è modesta, una vera donna di casa, una moglie esemplare, quel tanto sottomessa che fa piacere agli uomini, una madre modello. Le sue doti più particolari, tuttavia, – energia, ottimismo, amore per la vita – la pongono in diretto contatto con le forze più irrazionali di questo mondo e le permettono di vedere realtà, di scoprire segreti che alla maggior parte di noi non saranno mai svelati.

Corrispondenze: segno del Leone. Numero portafortuna: 5. Colore: violetto. Pietra: ametista. Metallo: platino.

Mafalda

Significato: forte in battaglia
Origine: germanica
Onomastico: 2 maggio

Il nome è un adattamento italiano dal germanico *macht*, che significa 'forza', 'potenza', che nel corso del tempo ha subìto diverse mutazioni a seconda dei cambiamenti linguistici. In Italia il nome deriva a sua volta da ➡ Matilde, ma era già esistente in Portogallo nella derivazione provenzale *Mahalt*. Poiché la *h* aspirata non esisteva nella fonetica portoghese, la h venne mutata in *f* e il nome divenne *Mafald*, diffondendosi in questo modo in quasi tutta Europa. All'affermazione del nome hanno contribuito in modo particolare il prestigio di M. di Savoia, figlia di Vittorio Emanuele III, morta nel 1944 nel campo di concentramento nazista di Buchenwald e, in ambienti cristiani, il culto riservato a una beata M. figlia di Sancho I, re del Portogallo. Le sue reali intenzioni di dominio vengono abilmente celate da un comportamento carezzevole, arrendevole, sottile, riflessivo, fragile, pudico. La sua capacità a ingannare con calcolo gli altri per soddisfare la sua ambizione è sorprendente e può spaventare chi riuscirà a smascherarla ma... sarà troppo tardi.

Corrispondenze: segno del Toro. Numero portafortuna: 9. Colore: rosso. Pietra: rubino. Metallo: ferro.

Mara

Significato: amareggiata, infelice
Origine: ebraica
Onomastico: 3 agosto

Diffuso soprattutto nel Nord e nel Centro, è un nome ripreso dal *Libro di Ruth* dell'Antico Testamento. Ricorda infatti il personaggio biblico di Noemi, moglie di Elimelech e suocera di Ruth, che dopo la morte del marito e dei due figli volle assumere il nome di M. ('la triste') in contrasto con l'opposto significato del proprio nome ('la gioiosa'). Una seconda interpretazione etimologica vede nel nome anche una possibile provenienza dal termine siriano *mara* con il significato di 'padrona', 'signora'. La maggior diffusione del nome nel Novecento è dovuta alla raccolta di poesie *Il libro di Mara* della poetessa Ada Negri, pubblicato nel 1919 e al nome della protagonista nel romanzo di Carlo Cassola *La ragazza di Bube* del 1960. È volubile ed estroversa, tesa ai bisogni degli altri. Le ricchezze, le ambizioni, la gloria non fanno per lei se non per rivolgerli a soddisfare le necessità altrui. Tutto in lei, energia, fiducia, ottimismo, è impegnato in questo altruistico e meritevole compito.
Corrispondenze: segno dei Pesci. Numero portafortuna: 6. Colore: arancio. Pietra: berillo. Metallo: rame.

Margherita

Significato: perla
Origine: greca
Onomastico: 22 febbraio

Alla base del nome è il termine greco *margarites* derivato dal sanscrito *maujari*, 'bottone di fiore', attribuito, anche nel latino-cristiano *margarita*, con riferimento alla bellezza, alla purezza e alla luminosità. Molto diffuso in tutta Italia, si riscontra anche nelle varianti **Margarita**, che può essere sia una forma latineggiante sia il nome di residenti di origine spagnola; **Marga**, **Ghita**, tipiche della Toscana; **Margit**, propria della zona di Bolzano; e nella forma doppia **Maria Margherita**. Il termine italiano 'margherita' ha assunto dall'ultimo Medioevo il significato attuale riferito al fiore; di conseguenza il significato di 'perla' è divenuto esclusivamente letterario e antiquato e il nome proprio ha assunto quasi del tutto quello riferito al fiore di campo. Il nome si è ampiamente diffuso in ambienti cristiani per il culto di s. M. regina di Scozia; di s. M. vergine e martire di Antiochia; di s. M. di Cortona, terziaria francescana; di s. M. Alacoque, fondatrice del culto del Sacro Cuore e venerata come patrona delle gestanti. Fu il nome di molte sovrane e principesse tra cui si ricordano: M. di Savoia, moglie di Umberto I, regina d'Italia, morta nel 1926; M. di Provenza, moglie di s. Luigi IX re di Francia; M. d'Angoulème e M. di Valois, regine di Navarra; M. d'Asburgo, duchessa di

M

Parma e Piacenza e due regine di Danimarca, M. I e M. II. Nella letteratura si ricordano la protagonista del *Faust* di Goethe e M. Gautier ne *La signora delle camelie* di Dumas figlio, trasposto in musica da Verdi nell'opera lirica *Traviata* del 1853. Tra i personaggi famosi, la statista inglese Margaret Thatcher; la scrittrice e cineasta francese Marguerite Duras e la scrittrice belga Marguerite Yourcenar; le attrici cinematografiche Greta Garbo e Magali Noël; la regista tedesca Margarethe Von Trotta; la danzatrice Margot Fontaine. Nella classifica dei nomi femminili in Italia si nota che la forma abbreviata **Rita** supera di un posto il nome di base, essendo collocata al diciassettesimo posto e avendo ormai assunto la dignità di nome autonomo. Si è diffuso così ampiamente (a volte anche nel maschile **Rito**) soprattutto grazie al culto per s. R. da Cascia, giovane di umilissima famiglia, mistica dell'Ordine delle Eremite di s. Agostino, morta nel 1457. Dagli anni Cinquanta il nome ha avuto una nuova affermazione per la fama dell'attrice R. Hayworth, applaudita interprete del film di Charles Vidor *Gilda* del 1946. M. ovvero l'intensità. Potremo intitolare così il suo destino. Tutto ciò che la caratterizza, e possono essere anche i tratti più disparati tra loro, è elevato al grado più alto, è fatto maturare a lungo. Forza, debolezza, generosità, egoismo, malinconia, ottimismo o pessimismo vengono amplificati, esagerati, ingranditi e portati alle estreme conseguenze. Dunque, nulla resta a metà, nulla è pace, tranquillità. Tutto è tempesta e furia.

Corrispondenze: segno del Capricorno. Numero portafortuna: 9. Colore: verde. Pietra: smeraldo. Metallo: mercurio.

Maria

Significato: amata, signora, padrona
Origine: egiziana
Onomastico: 12 settembre

È il nome femminile più diffuso in Italia. Con i numerosi alterati e derivati è proprio del dodici per cento delle residenti in Italia. Tra le varianti del nome vanno segnalate **Mariella**, **Mariolina**, **Mariuccia**, **Mary**, **Mery**, **Marion**, **Mariù**, **Maria Teresav Maria Luisa** (e la sua forma abbreviata Marisa), **Maria Grazia**, **Maria Rosa**, **Maria Pia**, **Mariangela**, **Maria Antonia**, **Maria Antonietta**, **Maria Concetta**, **Maria Assunta**, **Maria Carmela**, **Maria Rita**, **Maria Stella**, **Maristella**, **Maria Luigia**, **Maria Maddalena**, **Maria Elisa**, **Marilisa**, **Maria Lina**, **Maria Immacolata**, **Maria Novella**, **Maria Luce**... M. è il nome cristiano per eccellenza, superiore cioè per culto a quello di tutti gli altri santi, e riflette l'estesa devozione per Maria Vergine, madre di Cristo, che si diffuse soprattutto dopo il Concilio del Laterano del 649 e più tardi, nel Medioevo, grazie a s. Antonio di Padova, s. Anselmo d'Aosta, s. Tommaso d'Aquino e s. Bernardo di Chiaravalle. Per quanto riguarda la grande presenza e diffusione dei nomi doppi, in massima parte ciò deriva da culti locali della

Vergine. Il nome è un derivato dall'egizio *mrjt*, che significa 'amato' e trasformato in lingua ebraica con l'aggiunta del diminutivo femminile *-am*. Così nell'Antico Testamento *Maryam* (che divenne poi *Maria* in latino) è la sorella di Mosè e profetessa, vissuta in Egitto durante la cattività del popolo ebraico ma poi tornata in Palestina. Nel Nuovo Testamento è invece la figlia di Gioacchino e Anna, eletta per divenire la madre di Cristo. Molto spesso M. è anche la seconda parte di alcuni nomi doppi maschili, come **Angelo Maria**, **Alberto Maria**, **Antonio Maria**, **Carlo Maria**, **Francesco Maria**, **Giovanni Maria**, **Gian Maria**. Da M. deriva anche la parola 'marionetta', termine con cui si indicavano gli antichi interpreti nelle sacre rappresentazioni delle tre Marie (Maddalena, Cleofe e la madre di Cristo). Numerose le sante che portano questo nome, tra cui M. la peccatrice pentita (29 ottobre); M. Maddalena, guarita da Gesù (22 luglio); M. di Cleofa (9 aprile), M. Goretti (6 luglio). È un nome presente in tutto il mondo in varie forme: *Miriam* in ebraico; *Marion* e *Manon* in francese; *Minnie* e *Molly* in inglese; *Maruska* in russo; *Marianka* in slavo. Tra le numerose personalità storiche le due regine d'Inghilterra M. Tudor nel Cinquecento e M. Stuarda nel Seicento; la regina di Francia M. Antonietta; la duchessa di Modena e Massa M. Beatrice d'Este; la regina di Spagna dell'Ottocento M. Cristina di Borbone; la regina di Francia M. de' Medici (1575-1642); la regina d'Italia M. Josè; l'imperatrice di Francia dell'Ottocento M. Luisa d'Asburgo Lorena; la pedagogista Montessori; la soprano Callas. Esistono ovviamente nomi con dignità ormai del tutto autonoma che derivano da M. come **Marilda**, **Marilena**, **Marlena**, **Marilina**, **Marilù**. M. è un nome che rappresenta tutte le donne. Dunque è impossibile tracciare un profilo di una donna come tante altre ma, al contempo, unica. Ciò che, tuttavia, accomuna le donne che portano questo nome è la presenza nel loro cuore di una fiamma, una speranza. A loro spetta il compito di annunciare questa promessa di un avvenire migliore e di aiutare a traghettare l'umanità al di là di questo ponte che unisce la realtà e il mondo ultraterreno.

Corrispondenze: segno del Sagittario. Numero portafortuna: 1. Colore: blu. Pietra: zaffiro. Metallo: oro.

Marianna

SIGNIFICATO: amata dal Dio Ammone
ORIGINE: egiziana
ONOMASTICO: 17 febbraio

Diffuso ampiamente in tutta Italia, il nome può essere a volte anche la forma contratta del nome doppio **Maria Anna**. È comunque considerato nome di valenza autonoma, dal tardo femminile greco *Mariamne* adattato dall'egizio *mri-imn*. La forma tedesca *Marianne*, presente in Italia soprattutto nella provincia di Bolzano, è stata adottata sia come nome di moda sia come appellativo ideologico e libertario ispirato dalla società segreta repubblicana francese *La Marianne*, fondata nel 1851, ostile a Napoleone III, con la quale collaborò anche Giuseppe Mazzini. M. è innamorata dei grandi spazi, delle folli avventure, dei più lunghi vagabondaggi. Tuttavia, a un certo punto se ne stanca e si rifugia in un piccolo paese di provincia, nella quiete familiare e nell'ozio più totale. Sembra soddisfatta della sua nuova sistemazione, ed ecco che riparte di nuovo. La sua intelligenza si adatta a ogni circostanza e non riesce a trattenerla dall'inseguire i propri sogni.

Corrispondenze: segno dell'Acquario. Numero portafortuna: 3. Colore: blu. Pietra: zaffiro. Metallo: mercurio.

Marilena ➡ Maria

Marilù ➡ Maria

Marina Marino

SIGNIFICATO: che viene dal mare
ORIGINE: latina
ONOMASTICO: 18 giugno

Diffuso in tutta Italia, soprattutto nel Centro-Nord, anche nelle varianti **Marinella** e **Marinetta**, e nella forma abbreviata **Rina**, il nome continua il soprannome latino di età repubblicana *Marinus*, derivato da *Marius*, divenuto poi nome individuale, con differente significato perché collegato con *mare*, inteso quindi come 'proveniente, che vive, che viene dal mare'. È un nome soprattutto cristiano per il culto di s. M. vergine ed eremita in Alessandria d'Egitto e di s. M. eremita sul monte Titano, protettore della Repubblica autonoma all'interno dello Stato italiano che da lui prese il nome. Secondo la tradizione, M. fu un tagliapietre di origine dalmata che avrebbe fondato su quel monte una prima comunità cristiana. Tra i personaggi famosi si ricordano due papi; il doge di Venezia Faliero; il filosofo M. di Napoli; il geografo M. di Tiro; lo scultore e pittore del Novecento Marini; lo scrittore e poeta Moretti, morto nel 1979; l'attrice Vlady. La sua mente e il suo corpo, energico e sensibile, la spingono verso la passione, l'amore, l'erotismo mentre la sua anima fa sentire un'insopprimibile esigenza di religiosità, di soprannaturale. Un tale dualismo dilanierebbe chiunque ma non lei. Il suo equilibrio, la sua fermezza, la sua sensibilità sono talmente straordinari da impedirle di impazzire e da lasciarla altalenare a volte verso l'uno o l'altro atteggiamento.

Corrispondenze: segno dell'Acquario. Numero portafortuna: 7. Colore: blu. Pietra: zaffiro. Metallo: argento.

Marisa ➡ Maria

Marta

Significato: signora padrona
Origine: aramaica
Onomastico: 29 luglio

Ampiamente presente in tutta Italia anche nella variante **Martha**, che può essere sia una forma esotica di moda o latineggiante, sia un nome di residenti stranieri, il nome è attestato, prima che nei Vangeli, già in antiche iscrizioni e in antichi testi come proprio di donne di origine orientale. Si è diffuso soprattutto in ambienti cristiani per l'antico culto di s. M. sorella di Lazzaro e di Maria di Betania, discepola di Cristo, venerata per tradizione popolare come protettrice delle casalinghe e delle cuoche e come patrona degli ospizi per i bisognosi. La diffusione del nome ha avuto un buon impulso anche dallo pseudonimo assunto dalla protagonista, Lady Enrichetta, dell'opera lirica omonima di F. von Flotow, del 1847. Tra i personaggi famosi si ricorda l'attrice teatrale, grande interprete del teatro pirandelliano, M. Abba, morta nel 1988. Provocatoria e burrascosa, M. non è cattiva o propensa alla violenza bensì desiderosa di farsi accettare così com'è. È coraggiosa, efficiente, energica, tutta dedita alle sue mansioni e rifugge dalle avventure, per le quali dice di non avere tempo.
Corrispondenze: segno dell'Ariete. Numero portafortuna: 2. Colore: bianco. Pietra: diamante. Metallo: argento.

Marusca ungherese per ➡ Maria

Matelda ➡ Matilde

Matilde

Significato: che combatte con forza
Origine: germanica
Onomastico: 14 marzo

Distribuito in tutta Italia anche nelle varianti **Matelda** e **Matilda**, è un nome di tradizione germanica e francone documentato dall'VIII secolo, attestato in Italia dall'XI secolo. Si è ampiamente diffuso soprattutto per l'enorme seguito popolare che ebbe la marchesa di Toscana M. di Canossa, morta nel 1115. La marchesa sostenne il papato di Gregorio VII contro l'Impero, non piegandosi neppure alla volontà dell'imperatore Enrico IV, che nel suo castello fece atto di sottomissione, ottenendo la revoca della scomunica. La variante **Matelda** si è diffusa a partire dal nome che Dante dà nel *Purgatorio* alla sua accompagnatrice e guida spirituale, che potrebbe forse essere identificata in M. di Brandeburgo, la santa vissuta nel XIII secolo autrice in lingua tedesca di scritti mistici in poesia e in prosa. Tra le imperatrici e le regine si ricordano s. M. moglie di Enrico I e madre dell'imperatore Ottone I. Tra i personaggi noti, la scrittrice e giornalista, morta nel 1927, M. Serao. M. ha il pugno di ferro e sin da bambina mostra questa sua natura ferma e indipendente. Non è una persona accomodante, tutt'altro: o la odi o la ami. La odi se ti fa soffrire a causa della sua autorità e ambizione; la ami se rappresenta un punto di riferimento al quale aggrapparti nei momenti di necessità. La fedeltà agli amici e alla famiglia è infatti per M. un valore assoluto. **Corrispondenze:** segno del Leone. Numero portafortuna: 9. Colore: giallo. Pietra: topazio. Metallo: oro.

Medea

Significato: molto abile e scaltra
Origine: greca
Onomastico: 1 novembre

Accentrato soprattutto in Emilia Romagna, è un nome di matrice classica e letteraria. Nella mitologia greca, infatti, M., figlia del re della Colchide, dopo aver aiutato Giasone a conquistare il vello d'oro, viene da lui abbandonata per Glauce e si vendica uccidendo la rivale, il padre di lei, Creonte e i due figli avuti da Giasone. Il mito è stato ripreso nelle omonime tragedie di Euripide e Seneca, da Corneille nel 1635 in *Médée* e da Cherubini nell'opera lirica del 1797. M. mette poesia, generosità e decisione in tutto ciò che fa. Le sue reazioni sono imprevedibili e ama la passione: ama e si stanca dei suoi compagni con la stessa facilità. Dotata di una comunicatività straordinaria, si lascia coinvolgere in vagabondaggi e avventure di ogni genere e sconvolge tutti coloro che le si accostano per la prima volta. **Corrispondenze:** segno della Vergine. Numero portafortuna: 3. Colore: bianco. Pietra: diamante. Metallo: oro.

Melania

Significato: nera, scura (di capelli, di carnagione)
Origine: greca
Onomastico: 31 dicembre

Diffuso soprattutto nel Nord e nel Centro, fu un tardo soprannome e poi nome individuale frequentemente attribuito alle donne brune, di origine greca o orientale. È sostenuto, in ambienti cristiani, dal culto per s. M.

matrona romana del V secolo che, regalate ai poveri tutte le sue ricchezze, si ritirò come monaca a Gerusalemme dove morì. Ma fondamentalmente resta un nome di moda cinematografica recente, per la forte notorietà del film *Via col vento* di V. Fleming del 1939, tratto dall'omonimo romanzo di Margaret Mitchell, dove M. è una delle protagoniste. M. è una fata sempre in movimento, scoppiettante, travolgente per l'energia, il calore, l'ardore che emana, saltellante, gioiosa. È una tempesta beneaugurante e piacevole, che cancella la malinconia e restituisce l'allegria. Non è per nulla fedele, talmente eccezionale è la sua curiosità a conoscere passioni sempre più travolgenti e amici sempre nuovi.

Corrispondenze: segno del Leone. Numero portafortuna: 5. Colore: arancio. Pietra: berillo. Metallo: mercurio.

Melissa

SIGNIFICATO: ape
ORIGINE: greca
ONOMASTICO: 1 aprile

Proveniente dal greco *melissa*, cioè 'l'ape', è un nome che solo di recente ha conosciuto una vera riscoperta dopo secoli di abbandono. La chiesa ricorda una s. M. monaca greca che avrebbe evangelizzato l'Inghilterra nel IV secolo. È il nome che porta la protagonista dell'opera di Claude Debussy *Pélléas e Mélisande*. Possiede un fascino irresistibile per le sue innumerevoli doti, che la spingono verso la meta prefissa ma che non la fanno giungere mai a destinazione: curiosità, senso dell'umorismo, un cuore immenso.

Corrispondenze: segno del Capricorno. Numero portafortuna: 6. Colore: verde. Pietra: smeraldo. Metallo: rame.

Mercedes

SIGNIFICATO: ricompensa, misericordia
ORIGINE: spagnola
ONOMASTICO: 24 settembre

Distribuito in tutta Italia, accentrato in Lombardia e in Emilia Romagna nella variante **Mercede**, è un nome propriamente spagnolo appartenente a residenti stranieri, ma soprattutto devozionale. Riflette infatti il culto tipicamente spagnolo per la Vergine, vissuta come *Nuestra Señora de las Mercedes*, patrona dell'ordine dei Mercedari, fondato nel 1218 a Barcellona da s. Pietro Nolasco con re Giacomo di Aragona allo scopo di riscattare gli schiavi, liberare i prigionieri caduti nelle mani dei Mori e redimere prigionieri e sfruttati. Rara è la forma al maschile **Mercedo**. Le donne che portano questo nome sono preservate dall'egoismo, dalla

M

meschinità e dal facile scoraggiamento. M., simbolo di carità, tolleranza e speranza, tende alla più pura ed elevata spiritualità.

Corrispondenze: segno della Bilancia. Numero portafortuna: 1. Colore: blu. Pietra: zaffiro. Metallo: argento.

Milena

Significato: benigna, di animo buono
Origine: slava
Onomastico: 23 febbraio

Diffuso nel Centro-Nord e soprattutto in Toscana, il nome potrebbe anche derivare da *Miloslava*, con il significato di 'illustre per la sua clemenza', e a volte è erroneamente inteso come una forma abbreviata di nomi doppi quali **Maria Elena** o **Maria Maddalena**. In realtà è un nome con connotazione ideologica di diffusione recente, introdotto in Italia per il prestigio della regina M. di Montenegro la cui figlia Elena andò sposa a Vittorio Emanuele III re d'Italia. È anche il nome della donna cui Kafka indirizzò le lettere raccolte sotto il titolo *Lettere a Milena*. M. è intelligente, elegante, garbata, e capace al punto da riuscire in ogni campo professionale. Fiera, leale, severa nella sua dignità che incute soggezione e che non le fa ammettere intrusioni nella vita privata, M. appare fredda e altera mentre in realtà il suo fuoco ardente non è mai sopito, le sue passioni diventano travolgenti.

Corrispondenze: segno del Leone. Numero portafortuna: 9. Colore: verde. Pietra: berillo. Metallo: argento.

Miranda ➡ Mirella

Mirella

Significato: mirabile, degna di ammirazione
Origine: latina
Onomastico: 1 novembre

Largamente diffuso in tutta Italia, si è affermato in epoca recente, a partire dall'Ottocento, per moda teatrale e letteraria grazie al poema narrativo *Mirella* del poeta provenzale F. Mistral, che fu ripreso in un'opera lirica di Gounod nel 1864. Al gruppo latino dei nomi con il significato di 'degno di ammirazione' appartengono anche **Miro**, **Miranda**, **Miriana**, **Miretta**. La sua gioia di vivere è talmente prorompente da non permetterle di prendere fiato. M. canta incessantemente la sua melodia di vita come la cicala per un'estate intera. Ma della cicala condivide anche il duro destino: l'inverno sopraggiunge presto e, a furia di cantare, non ha avuto il tempo di accumulare le provviste per i momenti più duri.

Corrispondenze: segno dell'Acquario. Numero portafortuna: 2. Colore: rosso. Pietra: rubino. Metallo: rame.

Miriam

SIGNIFICATO: goccia del mare
ORIGINE: ebraica
ONOMASTICO: 12 settembre

Diffuso nel Nord e nel Centro, il nome si presenta anche nelle varianti **Myriam**, **Miryam** e **Miria** e raramente nella forma maschile **Mirio**. È ripreso dal nome della sorella di Mosè, che dopo il passaggio del Mar Rosso guidò la danza di ringraziamento delle donne israelite. La sua forza di volontà è ammirevole e la spinge a rifiutare di credere al caso o alla Provvidenza. M. è convinta che solo con le proprie mani si possa costruire un destino ricco di soddisfazioni. Così per lei non c'è mai tregua. Violenta nell'imporre le proprie scelte, calcolatrice fredda, M. non teme le imprese più difficili e supera gli ostacoli con estrema facilità.

Corrispondenze: segno del Sagittario. Numero portafortuna: 1. Colore: rosso. Pietra: rubino. Metallo: ferro.

Monica

SIGNIFICATO: monaca, eremita, solitaria
ORIGINE: greca
ONOMASTICO: 4 maggio

Il nome è distribuito nel Nord e nel Centro anche nella variante **Monika**, propria della provincia di Bolzano. È un nome cristiano diffuso per il culto di s. M. o Monica di Tagaste in Africa settentrionale, madre di s. Agostino e morta a Ostia nel 387, che ebbe forte influenza sulla formazione spirituale del figlio, come è ricordato nelle *Confessioni*. L'origine africana di Agostino e della madre può quindi far pensare che il nome sia un adattamento latino di un nome punico. Si è particolarmente diffuso come nome di moda dalla suggestione esotica a partire dagli anni Sessanta. Tra i personaggi famosi si ricorda l'attrice cinematografica M. Vitti. Attiva, precisa, metodica, M. incute un certo rispetto. Si difende usando le armi dell'ironia e dell'umorismo con le quali infligge fendenti pericolosi. In famiglia desidera predominare ma non per un semplice desiderio di autorità bensì per educare, dettare regole, farvi regnare l'ordine e la pulizia. Le sue doti di intelligenza dinamica, impegno incessante, energia instancabile glielo permettono. È esigente, affettuosa, disciplinata, sembra non avere cuore, in realtà non ha debolezze di alcun genere.

Corrispondenze: segno del Capricorno. Numero portafortuna: 4. Colore: blu. Pietra: zaffiro. Metallo: ferro.

M

Nando ➡ Ferdinando

Napoleone

Significato: che viene da Napoli
Origine: latina
Onomastico: 27 luglio

Il nome trovò diffusione grazie a Napoleone Bonaparte, ma attualmente sono utilizzate maggiormente le sue varianti diffuse di preferenza in Romagna, Toscana, Umbria, Lazio: **Nepoleone** o **Nepolone**, **Nevelone**, **Nevolone**, **Novollone**. Le sue origini non sono del tutto sicure. C'è chi sostiene che derivi dal nome della città di Napoli; altri ancora lo associano al nome germanico dei Nibelunghi. Al contrario di quanto viene in mente quando lo si pensa associato al grande condottiero francese, questo nome è adatto a convinti pacifisti. N. ha un cuore puro che lo pone al di sopra di tutto e di tutti e che gli permette di aspirare alle verità più pure. Del resto lui è un eletto, interessato ai silenzi interiori, alla spiritualità e alla preghiera.
Corrispondenze: segno della Bilancia. Numero portafortuna: 4. Colore: blu. Pietra: zaffiro. Metallo: argento.

Narciso

Significato: sopore, torpore
Origine: greca
Onomastico: 29 ottobre

Il nome greco, derivato dal termine che indica la pianta e il fiore del narciso, è stato adottato anche nel latino-imperiale come nome proprio di schiavi e liberti. La sua diffusione è avvenuta per reminiscenza classica grazie alla figura del bellissimo giovane, N. appunto, che si innamorò della propria immagine riflessa in una fonte fino a morirne e che si trasformò nel fiore che da lui prese il nome. È anche un nome cristiano per il culto di s. N. martire nel Ponto nel IV secolo con i fratelli e si è diffuso nel Nord e nel Centro, soprattutto in Toscana. N. ama il sonno, i sogni, preferisce comunicare con il mondo soprannaturale piuttosto che con la realtà. Cerca anzi di evitarla il più possibile infilandosi in un letto. Non lo fa per pigrizia, è solo che la realtà circostante gli è così estranea che non può farne parte.
Corrispondenze: segno della Vergine. Numero portafortuna: 2. Colore: verde. Pietra: smeraldo. Metallo: rame.

Natale

SIGNIFICATO: giorno della nascita
ORIGINE: latina
ONOMASTICO: 25 dicembre

È un nome diffuso in tutta Italia, anche nella forma alterata **Natalino** in uso anche al femminile; nella variante **Natalia** è presente soprattutto in Toscana. È un antico nome cristiano adottato sin dagli inizi e imposto ai bambini che avevano l'opportunità di nascere cristiani e aspirare alla vita eterna. Dal IV-V secolo fu attribuito ai figli nati il giorno di Natale. Si è diffuso inoltre grazie al culto per s. N. vescovo di Costantinopoli nell'VIII secolo e per s. Natalia di Costantinopoli. Soprattutto nel Nord della Penisola è diffusa la variante femminile **Natascia**, adattata dalla lingua russa e affermatasi a partire dall'Ottocento dopo il successo del romanzo di Tolstoj *Guerra e pace*.
Non è ambizioso né impegnato, è piuttosto sereno, saggio, felice, e, ciò che più conta, al servizio degli altri. Tenero, costante, indulgente, è un amico vero sul quale fare affidamento in ogni momento.
Corrispondenze: segno dell'Acquario. Numero portafortuna: 7. Colore: giallo. Pietra: topazio. Metallo: rame.

Nazario Nazaria

SIGNIFICATO: consacrato
ORIGINE: ebraica
ONOMASTICO: 28 luglio

Era originariamente un nome etnico ('proveniente da Nazareth') ed è divenuto poi un nome cristiano con il significato di 'seguace di Cristo'. È diffuso in tutta la Penisola e, nella variante **Nazzario**, soprattutto nelle Puglie. Il nome doppio **Nazario Sauro** ha assunto valenza di nome proprio e unitario per la fama del patriota e irredentista di Capodistria impiccato a Pola dagli austriaci nel 1916, mentre tentava di entrare con il suo sommergibile nel porto di Fiume. La Chiesa festeggia un s. N. martire con s. Celso sotto Nerone e un s. N. vescovo di Capodistria. Dalla medesima radice di N. proviene il nome **Nazzareno**, che riflette la devozione per Gesù di Nazareth, 'il Nazzareno' e che è diffuso in tutta Italia. La variante femminile **Nazarena** è presente per lo più in Sicilia.
Per gli altri e soprattutto per sé rivendica la libertà di pensiero, di parola, la necessità di pervenire a una giustizia giusta. Ama giocare con le parole, smontare sistemi filosofici e crearne di nuovi.
È uno spirito libero, che sembra in apparenza fuggire di fronte alla prima difficoltà. Nulla di più falso.
Corrispondenze: segno della Bilancia. Numero portafortuna: 4. Colore: giallo. Pietra: topazio. Metallo: rame.

Nereo Nerea

SIGNIFICATO: che scorre sull'acqua
ORIGINE: greca
ONOMASTICO: 12 maggio

È un nome presente soprattutto nel Veneto e in Friuli Venezia Giulia. La sua diffusione è avvenuta per tradizione sia mitologica sia cristiana. Nella mitologia N. era il dio marino, figlio di Ponto e di Gea, padre delle ninfe da lui chiamate Nereidi; in ambienti cristiani riflette il culto per s. N. martire romano con Achilleo nel 306. Il nome è usato con l'accentazione sia sulla prima sia sulla seconda e, anche nella forma femminile. Mai fermo, sempre in partenza per nuove avventure e nuove conquiste, N. ha un umore mutevole, capriccioso, vivace. Ha tempo solo per sé, per il suo desiderio di felicità che cerca sempre altrove. All'amore dedica solo una parte del suo cuore.

Corrispondenze: segno dei Pesci. Numero portafortuna: 2. Colore: verde. Pietra: smeraldo. Metallo: mercurio.

Nestore

SIGNIFICATO: che ritorna felicemente
ORIGINE: greca
ONOMASTICO: 26 febbraio

È un nome di cui non si conosce la forma femminile. Origina dalla parola greca *Eunostos* composta da *eu-* 'bene' e *-nostos* 'ritorno' e ha quindi il significato complessivo di 'ritorno felice'.

Nonostante il suo significato, attualmente il nome N. e la parola nestore hanno significato di persona vecchissima. N. infatti era un personaggio dell'*Iliade* di Omero che visse trecento anni. È per questo motivo che attualmente si dice 'il nestore del gruppo' per indicare il più anziano. N. è sempre in viaggio. Ama passare di cultura in cultura, di paese in paese, di conoscenza in conoscenza, di esperienza in esperienza, di piacere in piacere.

Tutto questo accumulo di emozioni ed eventi creano un saggio. E N. lo è dalla testa ai piedi.

Corrispondenze: segno dell'Acquario. Numero portafortuna: 1. Colore: giallo. Pietra: topazio. Metallo: mercurio.

Niccolò ➡ Nicola

Nicodemo

SIGNIFICATO: vincitore tra il popolo
ORIGINE: greca
ONOMASTICO: 3 agosto

È un nome proprio del Sud, presente soprattutto in Calabria, promosso dal culto di s. N., il fariseo che nel *Vangelo* di Giovanni difese Cristo nel Sinedrio e partecipò alla deposizione della croce. La Chiesa ricorda anche s. N. da Cirò, monaco e asceta del X secolo nel Pollino. Il nome è diffuso anche nella variante **Niccodemo**. Basta accontentarsi di ciò che N. può dare: uno spirito ricolmo di doni e gioia di vivere. Se da lui desideriamo invece un atteggiamento da marito fedele e da padre premuroso e attento, resteremo molto delusi. Sottile, sensibile, elegante, intuitivo, N. è capace di sbrogliare qualsiasi situazione complessa.
Corrispondenze: segno dei Gemelli. Numero portafortuna: 2. Colore: blu. Pietra: zaffiro. Metallo: oro.

Nicola

SIGNIFICATO: vincitore tra il popolo
ORIGINE: greca
ONOMASTICO: 6 dicembre

È un nome ampiamente diffuso in tutta Italia, soprattutto al Sud e in particolare nelle Puglie, dove è presente anche in numerose varianti tra cui **Nicolò**, **Niccolò**, **Nico**, **Nicolino**, **Nicolangelo**. Al femminile sono ampiamente distribuite le alterazioni **Nicoletta**, **Nicla**, **Coletta**, **Colette** (propriamente francese) e **Nica**. Il nome riflette il culto di numerosi santi, il più importante dei quali è il patrono di Bari, delle Puglie e di numerosi altri centri della regione, s. N. Taumaturgo, vescovo di Mira in Licia, le cui spoglie nel X secolo sarebbero state portate a Bari nella cattedrale oggi a lui intitolata. Per la religione ortodossa s. N. è anche patrono della Russia. Derivato dal nome greco *Nikolaos* è stato adottato in latino e si è sviluppato in tutti i paesi di tradizione bizantina e greca a Oriente. Va ricordato che s. N. nel Nord e nell'Est dell'Europa corrisponde a Babbo Natale (*Santa Klaus*). Fu il nome di cinque papi, di due zar di Russia, di un re del Montenegro e del politico Kruscev (Nikita). Tra i personaggi celebri si ricordano il filosofo e storico del I secolo a.C. N. Damasceno; gli scrittori Niccolò Machiavelli (1469-1527), Niccolò Tommaseo (1802-1874) e Nikolaj Gogol' (1809-1852); i musicisti Niccolò Paganini (1782-1840) e Nikolaj Rimsky-Korsakov (1844-1908); il pianista Nikita Magaloff e il filosofo N. Abbagnano. Incurante delle opinioni altrui, volitivo, sicuro di sé, N. non ha alcun interesse apparente per il successo ed è comunque considerato un uomo che potrebbe fare e ottenere ciò che vuole. Razionale, intelligente, metodico, eloquente, sarebbe portato sia per le scienze astratte sia per gli affari. Ma a N. importa vivere come vuole, fare ciò che gli pare, non assoggettarsi alle regole stabilite da altri.

Corrispondenze: segno del Leone. Numero portafortuna: 9. Colore: rosso. Pietra: rubino. Metallo: oro.

Nicolò ➡ Nicola

Norberto Norberta

Significato: illustre per la sua forza
Origine: germanica
Onomastico: 6 giugno

Il nome, documentato in Germania già a partire dal VII secolo, può anche significare 'uomo illustre del Nord'. È diffuso nel Nord e nel Centro, soprattutto nel Lazio, e riflette il culto di s. N. arcivescovo di Magdeburgo, vissuto tra il 1080 e il 1134, fondatore dell'Ordine dei Premonstratensi, patrono delle partorienti. Tra i personaggi celebri si ricorda il filosofo e giurista torinese N. Bobbio, nato nel 1909. Prudente, cortese, diplomatico, N. ha il gusto per il cambiamento, le novità, i mutamenti, sebbene egli rimanga sempre se stesso, immutato e immutabile. Fedele alla politica del giusto mezzo, è notevolmente impegnato nella riuscita professionale. Quella familiare poco gli interessa.

Corrispondenze: segno della Bilancia. Numero portafortuna: 2. Colore: violetto. Pietra: acquamarina. Metallo: argento.

Nomi di origine femminile

Nadia

Significato: speranza
Origine: russa
Onomastico: 1 dicembre

Distribuito soprattutto nel Nord e nel Centro, particolarmente in Toscana, il nome è una forma abbreviata del russo *Nadezda* e si presenta anche nelle varianti **Nadya**, **Nada**, **Nadina**, **Nadine**. La sua diffusione è soprattutto legata alla storia recente (era il nome delle mogli di Lenin e Stalin), alla letteratura e al cinema. Tra i personaggi famosi la scrittrice sudafricana Nadine Gordimer e la ginnasta rumena Comaneci, vincitrice di medaglie d'oro olimpiche e di titoli mondiali. La sua fiamma che arde calma e decisa, riscalda e rassicura i cuori che le stanno vicino ed è per questo che si trova sempre al centro dei suoi amici e familiari. Ardente, allegra, serena, N. non si perde d'animo nemmeno nei momenti più difficili e supera indenne tutte le avversità della vita.

Corrispondenze: *segno dei Gemelli. Numero portafortuna: 2. Colore: rosso. Pietra: rubino. Metallo: oro.*

Nadine ➡ Nadia

Natascia russo per ➡ Natalia

Nerina Nerino

Significato: figlia del mare, nuotatrice
Origine: greca
Onomastico: 12 maggio

Diffuso nel Nord e nel Centro, soprattutto in Toscana, è una ripresa classica e rinascimentale del nome di una delle Nereidi, le divinità marine che simboleggiano il mare tranquillo nella mitologia greca. Nella tradizione letteraria è un nome femminile ricorrente di giovanette o ninfe, come il personaggio del dramma pastorale *Aminta* del Tasso del 1581 e la fanciulla cantata da Leopardi nell'idillio *Le ricordanze*, del 1829. Anche nelle tempeste più burrascose della vita N. mostra un equilibrio, una saggezza, una sicurezza davvero sorprendenti come se fosse certa che, passata la bufera, tutto ritornerà come prima e nulla l'avrà devastata. Può avere una brillante carriera professionale, ma non è l'obiettivo primario che si è prefissa. La sua preoccupazione è piuttosto rivolta alla custodia del suo cuore e alla cura del suo amore.

Corrispondenze: *segno del Leone. Numero portafortuna: 7. Colore: blu. Pietra: rubino. Metallo: oro.*

Nicoletta ➡ Nicola

Nives

Significato: neve
Origine: latina
Onomastico: 5 agosto

Distribuito soprattutto nel Nord e in Toscana, anche nelle varianti **Neva**, **Niva**, **Nivia**, è un nome devozionale sostenuto dal culto di s. Maria della Neve, cui è dedicata a Roma la Basilica di S. Maria Maggiore sull'Esquilino.

Qui, secondo una leggenda, il 5 agosto cadde una forte nevicata, miracolosa in quella stagione. Per questa tradizione la Madonna della Neve è divenuta patrona di molte località in tutta Italia. Vive all'insegna dell'originalità. Le convenzioni sociali, le consuetudini, le tradizioni non esistono per lei. Vive, ama, crea, si sposta come sa e come vuole. Non è per questo capricciosa o insopportabile più di tante altre persone rispettose delle usanze. Semplicemente è incapace di dare ascolto ad altri o ad altro se non al suo cuore.

Corrispondenze: segno dell'Acquario. Numero portafortuna: 2. Colore: rosso. Pietra: rubino. Metallo: oro.

Noemi

Significato: gioia
Origine: ebraica
Onomastico: 14 dicembre

Diffuso soprattutto in Toscana e in Emilia Romagna, il nome è ripreso dall'Antico Testamento. N., moglie di Elimelech, cambiò il proprio nome in ➡ Mara, 'triste', dopo la morte del marito e dei figli. È un nome di moda recente e si presenta in Italia anche nella variante Noemia. N. ha dalla sua l'intelligenza, il coraggio, la forza, la vivacità ma soprattutto la fortuna. La sua vita si svolge all'insegna della felicità conquistata grazie alle sue tante doti ma anche in virtù della protezione che il caso le accorda.

Corrispondenze: segno dell'Ariete. Numero portafortuna: 3. Colore: rosso. Pietra: rubino. Metallo: ferro.

Nora ➡ Eleonora

Norma

Significato: regola norma, squadra
Origine: latina
Onomastico: 8 maggio

L'origine del nome potrebbe essere accostata anche al germanico *Norne*, il corrispettivo nordico delle Moire (o Parche) nella mitologia greca, le tre donne che filando e recidendo il filo determinavano la durata della vita dell'uomo. È soprattutto un nome di matrice letteraria, inventato dal librettista F. Romani per l'opera *Norma* musicata da V. Bellini nel 1831. Nell'opera N. è una sacerdotessa, figlia del capo religioso dei Druidi. Il nome è diffuso soprattutto in Emilia Romagna e in Toscana, raramente anche nella forma maschile **Normo**. Il suo temperamento sicuro, sanguigno, affilato come una lama di coltello la conduce alle vette della vita professionale. È una dominatrice nata che, grazie a un'eccezionale capacità diplomatica, non riesce antipatica a nessuno. Energica, allegra, retta, N. convoglia tutta la sua forza e volontà sulla strada del cuore.

Corrispondenze: segno della Bilancia. Numero portafortuna: 3. Colore: rosso. Pietra: zaffiro. Metallo: oro.

Novella Novello

SIGNIFICATO: nuova, recente
ORIGINE: latina
ONOMASTICO: 23 agosto

Diffuso nel Centro-Nord, particolarmente in Emilia Romagna e in Toscana, il nome è nato nel Medioevo e veniva attribuito ai figli ultimi nati, o nati dopo la morte di un altro figlio, o per distinguere un membro della famiglia dal padre con lo stesso nome. È soprattutto un nome cristiano femminile, diffusosi per la devozione alla Madonna, cui vennero dedicate, per distinguerle da altre chiese più antiche, le chiese di Santa Maria Nuova a Roma e di Santa Maria Novella a Firenze. Per questo culto in Italia è molto diffuso anche il nome doppio femminile **Maria Novella**. Portata per l'esercizio fisico, N. è una sportiva, una donna moderna che non rinuncerebbe mai alla sua carriera per la famiglia o per il marito. Seria, retta, indipendente e sicura di sé, si trova a suo agio in mezzo agli altri soprattutto in ambito lavorativo. Le sfide intellettuali e sportive la avvincono.

Corrispondenze: segno della Bilancia. Numero portafortuna: 6. Colore: arancio. Pietra: berillo. Metallo: ferro.

Nunzia ➡ Annunziata

Nomi di origine maschile

Oddo

SIGNIFICATO: ricco, potente
ORIGINE: germanica
ONOMASTICO: 18 novembre

Diffuso nel Nord e nel Centro, particolarmente nelle Venezie, nella provincia di Bolzano e in Emilia Romagna, il nome si presenta anche in numerose varianti, con differenti tradizioni e motivazioni. O. e **Oddone**, di tradizione longobarda a partire dall'VIII secolo, si sono in seguito diffusi grazie al culto per s. Oddone abate di Cluny, morto nel 942. Le varianti **Otto** e **Ottone** sono documentate nella tradizione germanica dalla fine dell'VIII secolo: **Ottone** si è affermato per il prestigio di quattro imperatori di Germania e per il culto di s. O. vescovo di Bamberga nel XII secolo. L'alterato **Odino** può ricordare il dio supremo dell'antica religione germanica, creatore degli uomini e del mondo. Odetta è l'adattamento italiano dal francese *Odette*. O. non è mai sicuro se scegliere l'azione od optare per la contemplazione. Dolce ma anche arrogante, scaltro ma anche violento, O. è un miscuglio intrigante che avvince e seduce.

Corrispondenze: segno dei Gemelli. Numero portafortuna: 3. Colore: rosso. Pietra: rubino. Metallo: mercurio.

Olindo Olinda

SIGNIFICATO: fico selvatico
ORIGINE: greca
ONOMASTICO: 1 novembre

Il nome è presente nel Nord e nel Centro, soprattutto nella provincia di Bologna. Secondo alcuni rappresenta una variante di Olinto, il nome dell'antica città greca distrutta nel 348. La sua diffusione comunque è avvenuta soprattutto per la fama del personaggio cristiano della *Gerusalemme liberata* di Torquato Tasso, innamorato di Sofronia e con lei condannato al rogo dal re saraceno Aladino, poi salvato da Clorinda. Fin da bambino O. si lascia guidare solo dalle sue sensazioni e dal suo intuito. Non conosce né la logica né il ragionamento, compie le sue azioni fidandosi di ciò che sente. Testardo, ambizioso, coraggioso, O. si innamora di tutte le donne che incontra e non fa segreto delle sue infedeltà. Elegante, dolce e seducente, le donne lo lasciano fare anche se sanno sin dal principio che lo potranno avere solo per poco.

Corrispondenze: segno dei Pesci. Numero portafortuna: 7. Colore: verde. Pietra: smeraldo. Metallo: oro.

Oliviero ➡ Oliva

Omero

SIGNIFICATO: ostaggio, pegno
ORIGINE: greca
ONOMASTICO: 9 settembre

Il nome è diffuso soprattutto in Toscana. Si è affermato grazie alla fama del presunto autore dei poemi epici *Iliade* e *Odissea*, vissuto forse nel IX secolo a.C. Malgrado i molti studi e le molte biografie, la 'questione omerica' è tuttora aperta perché è del tutto incerta anche l'esistenza stessa del poeta. La Chiesa ricorda un s. O. vissuto nel VI secolo. Attento alle necessità degli altri, O. è un amico, un confidente, un sostegno sul quale si può sempre contare. Paziente come nessun'altro, O. sa essere un amante generoso e un capo famiglia veramente esemplare.

Corrispondenze: segno della Bilancia. Numero portafortuna: 6. Colore: bianco. Pietra: diamante. Metallo: oro.

Onofrio Onofria

SIGNIFICATO: che è sempre felice
ORIGINE: egizia
ONOMASTICO: 10 giugno

In Egitto era un appellativo di Osiride, il dio che giudicava i morti, imperso-nificava il sole e il Nilo, presiedeva alla fecondità della terra, e veniva ado-rato anche come 'portatore di doni'. Il nome si è diffuso, soprattutto nel Sud, per il culto di s. O. eremita in Egitto nel V secolo e di s. O. anacoreta, figlio di un re di Persia, morto nel 500. Sempre allegro, entusiasta, gioviale, O. è capace di cogliere sempre il lato positivo delle cose e di diffondere anche agli altri la gioia che lo irradia. Ama godersi la vita e i piaceri che da essa si pos-sono trarre ma senza eccedere. È equilibrato e ragionevole, è elegante e cor-diale, adora gli scherzi e le donne.

Corrispondenze: segno della Bilancia. Numero portafortuna: 2. Colore: bianco. Pietra: topazio. Metallo: rame.

Onorato Onorata

SIGNIFICATO: degno di essere onorato
ORIGINE: latina
ONOMASTICO: 8 febbraio

È chiara l'etimologia di questa parola di derivazione latina. Origina dal *cognomen* gentilizio *Honoratus* molto comune in epoca post-classica. Il signi-ficato corrisponde a quello del participio passato del verbo *honoro*, cioè *honoratus*, 'onorato, degno di essere onorato'. Personaggi illustri hanno por-tato questo nome, ricordiamo ad esempio lo scrittore francese Honoré de Balzac. È un uomo che giunge dritto alla meta cercando di scegliere sempre la via più breve. Non conosce odio né invidia né meschinerie, ed è sempre in movimento. Il suo è un cuore che resta segnato dalle delusioni e dai dispiaceri ma, grazie alla sua naturale forza che lo spinge sempre oltre, sa riassestarsi nel giro di poco tempo e rimettersi in marcia.

Corrispondenze: segno dello Scorpione. Numero portafortuna: 8. Colore: blu. Pietra: zaffiro. Metallo: argento.

Orazio

SIGNIFICATO: oscuro
ORIGINE: etrusca

Nome diffuso soprattutto nel Nord e nel Centro, riprende il nome gentilizio latino *Horatius* a sua volta formatosi dall'etrusco *Huras* di significato oscuro. Tra gli O. celebri ricordiamo il poeta latino O., la cui influenza letteraria si estese fino XVIII secolo e l'ammiraglio inglese Horatio Nelson, vincitore a Trafalgar. Seducente, disinvolto, pacato, gentile, O. ama la vita, le donne, il bel mondo, il dolce far niente, la buona tavola e le conversazioni galanti. Che frivolo, direte voi! Sbagliato. Dietro a questa leggiadria c'è un virtuosismo acquisito con tanta volontà e fatica. Non fugge di fronte alle difficoltà o agli impegni: riuscirà a superare egregiamente entrambi.

Corrispondenze: segno dell'Ariete. Numero portafortuna: 4. Colore: giallo. Pietra: topazio. Metallo: oro.

Oriana ➡ Orio

Orio Oria

SIGNIFICATO: bello, prezioso (come l'oro)
ORIGINE: latina
ONOMASTICO: 13 marzo

È un nome diffuso soprattutto nel Nord e nel Centro, particolarmente in Emilia Romagna e in Toscana, anche nelle varianti femminili **Orietta** (molto frequente in tutta Italia e accentrata per lo più in Liguria), **Oriella**, **Oriana**, **Aurea**, e nella forma maschile **Orialdo**. Continua in forma popolare il tardo nome latino che si riferiva al colore della carnagione o della capigliatura, comune in età imperiale. Si è attestato anche in ambienti cristiani per la devozione di s. Aurea, martire a Ostia nel III secolo. Fu il nome dello scrittore e giornalista Vergani, morto nel 1960. O. è uno snob, ama la vita o meglio la bella vita, quella fatta di feste, di passatempi e di belle cose. È narcisista, vivace, a volte instabile, egoista. Soltanto nei riguardi dei suoi familiari si mostra di una generosità senza limiti.

Corrispondenze: segno dell'Acquario. Numero portafortuna: 9. Colore: giallo. Pietra: topazio. Metallo: oro.

Orlando Orlanda

SIGNIFICATO: che ha fama di ardito
ORIGINE: germanica
ONOMASTICO: 15 settembre

Il nome, diffuso in tutta Italia, è una variante toscana di ➡ Rolando, presente dal XII secolo e in uso soprattutto a partire dal Rinascimento per la notorietà dei poemi *Orlando innamorato* del Boiardo e dell'*Orlando furioso* di Ariosto. In queste opere venivano cantate le gesta del paladino O. conte di Bretagna, nipote di Carlo Magno, morto a Roncisvalle nel 778 combattendo contro i Mori. La Chiesa festeggia un beato O. de' Medici, anacoreta morto nel 1386. Sono abbastanza diffuse anche le varianti **Orlandino** e **Orlandina**. È coraggioso, a volte collerico, ombroso, fiero, estremamente ambizioso. Va sempre di fretta e si sofferma poco a pensare sulle proprie azioni.
Corrispondenze: segno dei Pesci. Numero portafortuna: 1. Colore: verde. Pietra: smeraldo. Metallo: bronzo.

Oscar

SIGNIFICATO: lancia di Dio
ORIGINE: germanica
ONOMASTICO: 3 febbraio

È un nome diffuso in tutta Italia, ma la sua affermazione è avvenuta solo recentemente. La prima diffusione si ebbe nel Settecento, grazie ai cosiddetti 'poemi ossianici' (attribuiti cioè a Ossian, leggendario bardo e poeta scozzese del III secolo) composti dal poeta scozzese Macpherson, mentre una seconda diffusione si è avuta nel primo Ottocento, in seguito al nome che Napoleone fece attribuire al figlio del maresciallo Bernadotte divenuto re di Svezia con il nome di O. I. Il nome si è latinizzato dal germanico in *Anscarius*. L'onomastico ricorda infatti s. Anscario vescovo di Amburgo e Brema, morto nell'865, che convertì alla fede Svedesi e Danesi. Tra i personaggi noti lo scrittore irlandese della seconda metà dell'Ottocento Wilde; il pittore austriaco del Novecento Oskar Kokoschka; l'architetto brasiliano O. Niemeyer. Amante del dolce vivere, volubile, sensibile alle carezze, frivolo e pigro, O. sarebbe capace di passare così la propria esistenza abbandonato nella morbidezza dei cuscini. Eppure sotto questa maschera dorme un gigante dalla forza e dall'energia insospettabili. Capace di spostare le montagne per un ideale, un progetto, una persona, diventa inarrestabile quando si mette in moto.
Corrispondenze: segno dello Scorpione. Numero portafortuna: 2. Colore: giallo. Pietra: diamante. Metallo: oro.

Osvaldo Osvalda

SIGNIFICATO: potere dato da Dio
ORIGINE: germanica
ONOMASTICO: 5 agosto

È un nome diffuso in tutta Italia, anche nelle varianti **Oswaldo**, **Esvaldo** e nella forma abbreviata **Svaldo**. Fu il nome di un re d'Inghilterra, santo della

Chiesa cattolica, e di s. O. arcivescovo di York dal 972 al 992. Si è successivamente affermato soprattutto per via letteraria a partire dal primo Ottocento grazie al protagonista del romanzo *Corinne ou de l'Italie* di Madame de Staël del 1807, e successivamente per la fama dello stesso O. amante di Corinna nel dramma di Ibsen *Gli spettri* del 1881. Estremamente ambizioso, O. è determinato ad arrivare in alto, ad avere successo, a essere ricoperto di gloria e onori. La sua intelligenza, la sua astuzia, la sua energia, la sua rapidità di giudizio vengono messe al servizio di questo suo scopo e lo rendono un avversario temibile. Preferisce la vita professionale a quella familiare tuttavia è un uomo assai fedele.

Corrispondenze: segno dello Scorpione. Numero portafortuna: 5. Colore: rosso. Pietra: rubino. Metallo: ferro.

Otello

SIGNIFICATO: possessore
ORIGINE: bretone
ONOMASTICO: 16 dicembre

È un nome diffuso soprattutto in Emilia Romagna e in Toscana. Deve la sua fama principalmente al protagonista della omonima tragedia di Shakespeare del 1604, il condottiero moro al servizio della Repubblica di Venezia, che uccise la sua sposa Desdemona in un accesso di gelosia provocata dal diabolico Iago. Le successive opere liriche dell'Ottocento di Rossini e Verdi ripresero il tema del dramma shakespeariano, dando al nome un nuovo impulso. L'origine del nome O. è comunque ancora oggi messa in dubbio, così come il suo significato. La sua esistenza è un omaggio alla vita; sempre gaio, mai imbronciato, allegro, simpatico, ottimista, O. placa le angosce esistenziali di chi gli sta vicino. Ma attenzione delle acque chete! Non cercate di ingannarlo o di tradirlo, scoppierà la bufera.

Corrispondenze: segno dei Pesci. Numero portafortuna: 9. Colore: giallo. Pietra: topazio. Metallo: oro.

Ottaviano figlio di ➡ Ottavio

Ottavio Ottavia

SIGNIFICATO: ottavo figlio
ORIGINE: latina
ONOMASTICO: 20 novembre

Il nome è ampiamente diffuso in tutta Italia; in Emilia Romagna è presente inoltre nella variante **Ottavo**, di uso anche femminile. A partire dal Medioevo e dal Rinascimento riprende il nome gentilizio latino di età repubblicana

Octavius derivato da *Octavus*, a sua volta formatosi da *octo*, 'otto', con cui si indicava l'ottavo figlio della famiglia. Il nome si è diffuso in ambienti cristiani per il culto di s. O. martire della Legione Tebea a Torino sotto Massimiano. Il patronimico **Ottaviano** riprende il nome repubblicano reso illustre da Caio Giulio Cesare O. Augusto. Tra i personaggi della storia si ricorda O. figlia dell'imperatore Claudio e di Messalina, moglie di Nerone che la ripudiò e la fece uccidere nel 62. O. è anche la protagonista dell'omonima tragedia di Alfieri del 1784. Austero, chiuso, severo, O. cerca di rinchiudere nella gabbia della rispettabilità una fantasia che poco e male riesce a gestire e che è talvolta colpevole, a detta sua, di momenti di gaiezza e irriverenza. Non è che la sua compagnia ne guadagni un granché.
Corrispondenze: segno della Vergine. Numero portafortuna: 3. Colore: blu. Pietra: zaffiro. Metallo: ferro.

Ottone

Significato: possesso, ricchezza
Origine: germanica
Onomastico: 2 luglio

È un nome esclusivamente maschile utilizzato maggiormente nella variante **Oddone**; ma entrambi i casi non sono frequenti in Italia, nonostante in altri paesi come la Germania sia largamente diffuso il nome **Otto**, da cui O. trae origine. Numerosi furono gli imperatori del Sacro Romano Impero che portarono il nome O., e altrettanto numerosi furono gli imperatori tedeschi con il nome Otto. La variante **Ottorino** è forse quella di maggiore successo in Italia. Tommaso Grossi nel suo popolare romanzo *Marco Visconti* dà il nome di Ottorino a uno dei personaggi; anche il celebre compositore Respighi si chiamava così. Una sensibilità un po' animalesca, un istinto infallibile, una forza bruta: così è O. il quale, spinto da impulsi inarrestabili, vuole piegare tutti al suo volere, alle sue regole. Lo fa tuttavia a ragion veduta. I suoi tratti così poco umani lo mettono in diretto contatto con le forze della natura e da esse apprende ciò che è giusto e sbagliato.
Corrispondenze: segno del Leone. Numero portafortuna: 1. Colore: rosso. Pietra: rubino. Metallo: ferro.

Ottorino ➡ Ottone

Ovidio

Significato: pastore di pecore
Origine: latina
Onomastico: 3 giugno

O

È un nome gentilizio latino, di diffusione classica e letteraria, in voga dal Medioevo e dal Rinascimento e presente in tutta Italia. Ricorda il poeta latino di Sulmona Publio O. Nasone (43 a.C.-17 d.C.), autore di elegie, poemi, epistole e del poema epico *Metamorfosi*, comprendente circa duecento favole di trasmutazioni di esseri mitologici. Nel Medioevo O. fu il più letto dei classici assieme a Virgilio. La Chiesa ricorda s. O. vescovo in Gallia. O. sente le cose così intensamente e profondamente da impedirgli di accettare la realtà così com'è. Pervaso da una vena irrazionale, la sua esistenza è un continuo conflitto con chi gli sta accanto e con gli eventi della vita, poiché lui non sarà mai come gli altri e, come tale, non potrà mai accettare ciò che comunemente viene accettato.

Corrispondenze: segno del Capricorno. Numero portafortuna: 10. Colore: azzurro. Pietra: acquamarina. Metallo: platino.

Nomi di origine femminile

Ofelia Ofelio

Significato: che dà aiuto, soccorso
Origine: greca
Onomastico: 3 febbraio

Diffuso soprattutto nel Nord e nel Centro, il nome potrebbe anche significare 'dolce', 'focaccia'. Riprende il nome del personaggio di Shakespeare nella tragedia *Amleto* del 1601, dove O. è la dolce e sfortunata fanciulla innamorata di Amleto, che impazzisce per le sue sventure e si uccide annegandosi. Shakespeare prese il nome dal romanzo pastorale *Arcadia*, del poeta italiano Iacopo Sannazaro del 1504. Flessuosa, agile, aggraziata, seducente, O. affascina e sconcerta al tempo stesso. Le sue fattezze fisiche avvicinano per la grazia e la bellezza, ma d'incanto si sente smarriti, spaventati per un tratto sarcastico e mordente che si intravede dietro le belle pieghe del vestito. Si intuisce che al di là delle apparenze, O. ha gli artigli di una tigre.

Corrispondenze: segno dello Scorpione. Numero portafortuna: 2. Colore: verde. Pietra: smeraldo. Metallo: bronzo.

Olga

Significato: santa
Origine: svedese
Onomastico: 11 luglio

Dall'antico svedese *helogher*, il nome si è ampiamente diffuso in tutta Italia, anche nella forma doppia **Olga Maria**. La fama del nome, documentato a partire dall'XI secolo e importato in Russia dai Vichinghi, è dovuta soprattutto a numerosi personaggi immortalati in opere letterarie russe. Tra queste si ricordano il romanzo in versi *Eugenio Oneghin* di Puskin del 1830, il romanzo *Oblomov* di Goncarov del 1859, il dramma di Cechov del 1901 *Le tre sorelle*, tutti divenuti lavori teatrali di grande successo. Il nome ha avuto una buona diffusione anche in ambienti cristiani per il culto di s. O. granduchessa di Kiev, morta nel 959, che fu la prima a introdurre il cristianesimo presso il popolo russo. Energica e volitiva, O. non disdegna la rivolta pur di appagare i suoi sogni, di ottenere il suo ideale, di pervenire ai suoi valori assoluti. Se sceglie l'amore e la famiglia, svelerà al suo innamorato e ai suoi figli i tesori della sua immaginazione.

Corrispondenze: segno del Cancro. Numero portafortuna: 8. Colore: rosso. Pietra: rubino. Metallo: oro.

Olimpia Olimpio

Significato: nata a Olimpia
Origine: greca
Onomastico: 17 febbraio

Il significato del nome si riferisce all'antica città del Peloponneso, famoso centro religioso, dove si tenevano ogni quattro anni i giochi dedicati a Giove (le antiche 'Olimpiadi'), ma ricorda anche il monte tra la Tessaglia e la Macedonia ritenuto la sede degli dei. Il nome si è diffuso in tutta Italia sia per matrice classica e letteraria sia per il culto di s. O. di Costantinopoli, morta nel 410. Alla diffusione del nome ha contribuito il personaggio di O. di Olanda nell'*Orlando furioso*, la principessa salvata da Orlando poi moglie di Oberto re d'Irlanda. Una figura regale, una grazia impareggiabile, un entusiasmo da dominatrice, O. è sensibile agli omaggi e ai complimenti. Magniloquente e appassionata di feste, balli e cerimonie, O. ha in realtà un unico desiderio: quello di essere amata.

Corrispondenze: segno del Leone. Numero portafortuna: 5. Colore: giallo. Pietra: topazio. Metallo: oro.

Oliva Olivo

Significato: pianta dell'olivo
Origine: latina
Onomastico: 20 luglio

È un nome distribuito in tutta Italia anche nelle varianti **Oliviero** e **Vieri** (presenti in Lombardia, in Emilia Romagna e in Toscana), **Oliverio**, e nelle forma femminili **Olivia**, **Uliva**, **Olivella** e **Oliviana**. Si richiama all'albero che i pagani avevano consacrato ad Atena come simbolo di saggezza e di pace, significato condiviso anche in ambienti cristiani forse per la tradizione bibli-

O

ca della colomba che ritorna nell'arca di Noè con un ramoscello di olivo nel becco. Il nome ha anche una matrice francese antica, da *Olive* e *Olivier*, l'eroe del ciclo carolingio fratello di Alda la bella, cugino e amico di Orlando; la variante **Oliviero** potrebbe essere assimilata anche al danese *olaver*, 'reliquia degli avi', o al germanico *alf-hari*, 'esercito di elfi'. In ambienti cristiani il nome si è diffuso per il culto di s. O. vergine di Anagni del VII secolo, patrona di Castro dei Volsci, e di s. O. vergine e martire a Palermo, venerata con s. Rosalia. Curiosa intellettualmente e appassionata di scienze astratte e di ricerca, O. è leggera, intuitiva, capricciosa. Il suo tratto fondamentale? La costante ricerca della pace tra gli uomini.

Corrispondenze: segno del Leone. Numero portafortuna: 1. Colore: giallo. Pietra: topazio. Metallo: oro.

Olivia ➡ Oliva

Onoria Onorio

SIGNIFICATO: alta dignità morale
ORIGINE: latina
ONOMASTICO: 21 novembre

Il nome è distribuito in tutta Italia, e, più che nella forma fondamentale, è presente nella variante **Onorina**, in uso anche al maschile, e nelle forme abbreviate **Rina** e **Rino**. Il nome continua il soprannome imperiale latino derivato da *honor*, 'ufficio, carica importante'. Si è diffuso per il prestigio dell'imperatore d'Occidente O. Flavio (384-423), figlio di Teodosio il Grande, e di quattro papi del Medioevo. Equilibrata e capace di addattarsi a qualsiasi situazione, O. mostra un pragmatismo e una lucidità davvero unici. Ambiziosa, ama il denaro e gli agi. Ha pochi amici ben selezionati e pochi amori, ai quali non perdona le infedeltà.

Corrispondenze: segno del Leone. Numero portafortuna: 6. Colore: violetto. Pietra: lapislazzuli. Metallo: rame.

Orietta ➡ Orio

Ornella Ornello

SIGNIFICATO: piccolo frassino
ORIGINE: latina
ONOMASTICO: 13 giugno

Ampiamente diffuso nel Nord e nel Centro, anche nella variante **Ornelia**, è un nome personale di moda letteraria e teatrale ripreso nel primo Novecento dal personaggio della tragedia del D'Annunzio *La figlia di Iorio*. Il poeta coniò probabilmente questo nome dal termine dialettale 'orniello', il nome toscano del *Fraxinos ornus*, un albero coltivato per i bei fiori a pannocchia. Istintiva, vittima delle proprie simpatie o antipatie, O. vive di intuito e di sensi. Dedita ai piaceri erotici più sfrenati, sa essere una madre premurosa e tenerissima, oltre che un'amante incomparabile.

Corrispondenze: segno del Cancro. Numero portafortuna: 10. Colore: verde. Pietra: diamante. Metallo: rame.

Orsola Orso

Significato: femmina dell'orso
Origine: latina
Onomastico: 21 ottobre

Variamente distribuito in tutta la Penisola, il nome si presenta anche nelle varianti **Ursula**, tipica di Roma e del Lazio, **Orsina**, **Orsetta** e **Orsolina**, tutte in uso anche al maschile. Fu un soprannome e nome personale molto diffuso in età imperiale, in uso anche in ambienti cristiani per il culto di s. O. figlia di un re di Bretagna, martire a Colonia nel IV secolo, uccisa dagli Unni, secondo la tradizione, assieme a undicimila compagne durante il ritorno da un pellegrinaggio a Roma; s. O. è la patrona delle Orsoline, l'ordine monastico femminile fondato nel 1535 da s. Angela Merici. È anche un nome ideologico, affermatosi in ambienti anarchici e libertari, dal cognome del rivoluzionario Felice Orsini, ghigliottinato a Parigi nel 1858 per un attentato contro Napoleone III. In Toscana è attestata anche la variante **Ursus,** ripresa nella seconda metà dell'Ottocento dal romanzo di V. Hugo *L'uomo che ride* e soprattutto da *Quo vadis?* di Sienkiewicz, dove U. è il buon gigante che salva la cristiana Licia condannata a morte nel Circo. Per la sua giovinezza, la sua grazia, la sua fantasia, si perdonano a O. quel tanto di provocazione e di irresponsabilità che fanno soffrire chi le si accosta. La sua gioia di vivere, la sua totale mancanza di costanza e serietà, il suo egoismo un po' crudele sono i tratti di una personalità scintillante, alla quale è permesso giocare con i sentimenti altrui e alla quale nulla si rimprovera.

Corrispondenze: segno del Sagittario. Numero portafortuna: 7. Colore: blu. Pietra: zaffiro. Metallo: oro.

Ortensia

Significato: giardino
Origine: latina

Il nome O. tanto in voga nel secolo scorso, sta cominciando a riapparire dopo decenni di silenzio. Trae la sua origine dal gentilizio latino *Hortensius*, patronimico di una grande famiglia romana, derivato da *hortus*, 'giardino'. Resta

O

celebre tra le O. la regina di Olanda e madre dell'imperatore Napoleone III O. di Beauharnais. O. non è mai ferma, mai paga, sempre in lotta per accaparrarsi un uomo. Per farlo, utilizza tutte le sue armi. Per lui rinuncia anche alla vita professionale e, quando se ne è stancata, lo abbandona senza pietà e si rimette in moto per trovarne un altro.

Corrispondenze: segno del Toro. Numero portafortuna: 5. Colore: blu. Pietra: berillo. Metallo: ferro.

Nomi di origine maschile

Paolo Paola

Significato: piccolo di statura
Origine: latina
Onomastico: 29 giugno

Il nome è di ampia diffusione in tutta Italia anche nelle numerose varianti tra cui **Paulo**, **Paolino**, **Paoletto**, e nelle forme doppie **Paolo Antonio**, **Paolo Emilio** (che riprende, per matrice classica, il nome del console Lucio Paolo Emilio caduto a Canne nel 216 a.C. contro Annibale) e **Paolo Maria**. Il nome P. riprende l'antico soprannome, poi divenuto nome personale in età imperiale, *Paulus*. Si è diffuso in ambienti cristiani per il culto di numerosi santi e sante: sono infatti ben cinquanta i santi con questo nome riconosciuti dalla Chiesa. Il culto più significativo è quello per s. P. Apostolo, il ➡ Saul ebreo di Tarso, persecutore dei cristiani, convertito alla fede dall'apparizione di Cristo sulla via di Damasco, che mutò il suo nome in P. per assumerne il significato cristiano di 'piccolo, modesto'. Fu 'apostolo delle genti' e autore delle note *Lettere* indicate con i nomi dei destinatari. Il nome femminile deve la sua diffusione al culto di s. P. di Roma, morta nel 404, vedova e badessa a Betlemme, una delle fondatrici del monachesimo femminile. La variante femminile **Paolina** si è affermata nel primo Ottocento per il nome della sorella di Napoleone, Maria P. Bonaparte. P. fu il nome di sei papi, di un re di Grecia e di un imperatore di Russia. Numerosi i personaggi famosi: i pittori P. di Dono detto 'Paolo Uccello', toscano del Cinquecento e P. Caliani detto 'il Veronese' (1528-1588); i pittori francesi Cézanne e Gauguin; il pittore e grafico svizzero Klee e lo spagnolo Picasso (1881-1973), pittore, incisore e scultore; i poeti francesi Verlaine e Valéry; il poeta cileno del Novecento Neruda; gli attori Stoppa, Newman e P. Borboni. Da bambino è grazioso, tenero, bisognoso di coccole, da adulto P. è fluido, adattabile a qualsiasi situazione, discreto, docile. È nato per essere un diplomatico; non mostra mai dietro i suoi atteggiamenti di che umore è: se è triste, ride, se è disperato, canta, se è arrabbiato, si mostra conciliante.

Corrispondenze: segno del Cancro. Numero portafortuna: 5. Colore: rosso. Pietra: rubino. Metallo: oro.

Paride

Significato: lottatore, battagliero
Origine: greca
Onomastico: 5 agosto

Discretamente diffuso nel Nord e nel Centro fino alla Campania, è un nome di matrice classica e mitologica. P. era l'eroe frigio figlio di Priamo ed Ecuba che rapì Elena, moglie di Menelao, dando così inizio alla guerra di Troia, durante la quale uccise Achille con una freccia diretta da Apollo. P. morì avvelenato a sua volta da una freccia scagliata da Filottete. Il nome si è diffuso nel secolo scorso anche per il successo dell'opera lirica di Gluck *Paride ed Elena* del 1817. Nel calendario cristiano si festeggia s. P. vescovo, martire presso Teano nel 346.

Le sue energie, il suo sapere e il suo cuore sono rivolti nel passato. Archeologo nato, P. non ama il presente, di cui non si fida, ma crede che la sua dimensione ideale sia nella storia, nelle vicende più remote degli uomini che hanno posto le basi del presente.

Corrispondenze: segno del Sagittario. Numero portafortuna: 8. Colore: giallo. Pietra: topazio. Metallo: rame.

Pasquale Pasqualina

Significato: della Pasqua
Origine: ebraica
Onomastico: 17 maggio

È un nome di matrice cristiana tipico del Sud, molto diffuso anche al femminile. Veniva infatti attribuito ai bambini nati nel giorno di Pasqua. Contiene anche il significato di 'passaggio', perché il giorno della Resurrezione gli Ebrei festeggiano il passaggio del mar Rosso e quello dell'angelo di *Iahweh* che salvò, segnandone le case con sangue sacro di agnello, i primogeniti ebrei per distinguerli da quelli egiziani, destinati alla morte.

L'onomastico ricorda il culto di s. P. Baylón, terziario francescano del Cinquecento, patrono dei congressi eucaristici, dei cuochi e dei pasticceri (secondo la tradizione sarebbe l'inventore dello zabaglione). Altri santi riconosciuti dalla Chiesa sono s. P. I papa del IX secolo e s. P. martire di Aversa.

Incline alla meditazione, P. possiede una fervida fantasia. Allegro, vivace, energico, premuroso, P. è il marito e il padre ideale; copre di doni e di servizi la donna che ama, i propri figli e familiari, e gli amici ai quali rivolge sempre una parola benevola. Se talvolta notate che si estranea, lasciatelo fare, tornerà a voi arricchito e ispirato.

Corrispondenze: segno del Toro. Numero portafortuna: 7. Colore: arancio. Pietra: berillo. Metallo: rame.

Pellegrino Pellegrina

SIGNIFICATO: viaggiatore, straniero
ORIGINE: latina
ONOMASTICO: 26 aprile

Diffuso in tutta Italia, si presenta soprattutto in Liguria anche nella variante forse popolare **Pellegro**. In uso a partire dal Medioevo, il nome indicava chi aveva compiuto viaggi di preghiera a Roma o in altri luoghi santi, con il significato appunto di 'chi proviene da fuori il territorio di Roma'. Si è affermato anche grazie al culto per s. P. Laziosi di Forlì, morto nel 1345, e per s. P. delle Alpi, eremita scozzese sull'Appennino tosco-emiliano. Famoso l'economista, uomo politico e giurista P. Rossi (1787-1845). La vita è un continuo spettacolo, motivo costante di stupore, gioia infinita, luogo incantato, dispensatrice di doni. Tanto ottimismo ed entusiasmo gli derivano dall'innata facoltà di meravigliarsi di fronte alle cose. Il suo candore seduce, la totale mancanza di malizia, calcolo e orgoglio stupiscono, e le donne restano intrappolate a vita in questa rete dorata. Non P. che ne cambia una dopo l'altra.
Corrispondenze: segno della Vergine. Numero portafortuna: 1. Colore: blu. Pietra: zaffiro. Metallo: argento.

Petronio

SIGNIFICATO: pietra, roccia
ORIGINE: latina
ONOMASTICO: 4 ottobre

Il nome è accentato ormai solo in Emilia Romagna. L'etimologia popolare fa risalire il nome latino della *gens Petronia* (appartenente alla classe dei plebei) a *petra*, 'roccia', ma alla base del nome sembra ci sia l'etimo etrusco *Petruna*, che significava 'sasso squadrato'. Si è diffuso per il prestigio dello scrittore del I secolo d.C. P. Arbitro, autore del *Satyricon*, stimato per la sua raffinatezza di gusto e per la sua cultura, e per il culto di s. P. vescovo nel V secolo di Bologna, città di cui è patrono. Il nome femminile latino di età imperiale **Petronilla** è un derivato di P. e riflette il culto per una discepola di s. P. Apostolo, santa P. martire a Roma nel I secolo sulla via Ardeatina. In uso soprattutto in Emilia Romagna il diminutivo femminile **Nilla**. È un nome ingiustamente dimenticato tante sono le sue buone qualità: disponibilità, vivacità, spirito sano, natura intuitiva, intelligenza raffinata, cuore d'oro. Chi non vorrebbe incontrare una tale angelo?
Corrispondenze: segno della Bilancia. Numero portafortuna: 6. Colore: verde. Pietra: smeraldo. Metallo: rame.

Piero ➡ Pietro

Pietro Pietra

SIGNIFICATO: roccia, pietra
ORIGINE: aramaica
ONOMASTICO: 29 giugno

È uno dei nomi più frequenti in Italia ed è anche uno dei nomi cristiani più diffusi all'estero. Molte sono le varianti tra cui **Piero**, **Pietrino**, **Pierino** e molti sono i nomi doppi, come i maschili **Pietropaolo**, **Pietrantonio**, **Pietrangelo**, **Pierluigi**, **Piergiorgio**, **Pierpaolo**, **Piercarlo**, **Piermaria**, **Pierangelo**. Al femminile è in uso il nome doppio **Pieranna**. Il nome riflette il culto di s. P. principe degli apostoli, primo papa della Chiesa, martire sotto le persecuzioni di Nerone. Il suo nome originario era ➡ Simone, ma venne cambiato da Cristo in *Kephaâs*, dall'aramaico *Kefa*, che significa 'roccia' e successivamente tradotto in greco come *Petros* e in latino come *Petrus*. Numerosi i personaggi storici con questo nome, tra cui quattro re di Aragona, cinque re del Portogallo, tre zar di Russia; l'uomo politico Pier delle Vigne, vissuto nel Duecento; il patriota del Settecento Micca; il filosofo francese del XII secolo Abelardo; il poeta del Cinquecento Aretino e il poeta del Settecento Metastasio; il drammaturgo spagnolo del Seicento Calderón de la Barca; i pittori Piero della Francesca (1420-1492), Vannucci detto 'il Perugino' (1448 ca-1523), Pierre Paul Rubens (1577-1640), Pierre Auguste Renoir (1841-1919) e l'olandese Piet Mondrian (1872-1944); il musicista Mascagni (1863-1945) e il musicista russo dell'Ottocento Pëtr Cajkovskij; l'intellettuale Pasolini; il regista Germi; gli attori Peter Ustinov e Peter O' Tool e il politico socialista Nenni. Numerosi sono anche i personaggi di fantasia con questo nome, tra cui Peter Pan, protagonista dell'omonimo romanzo dello scozzese Barrie del 1904; Pierrot, maschera francese legata al Carnevale e Pierino della favola musicale *Pierino e il lupo* del musicista russo Prokof'ev. P. desidera per tutta la vita essere un altro, andare altrove, possedere qualcosa d'altro, non tanto per insoddisfazione quanto per l'esigenza di rinnovare se stesso e le proprie abitudini. Per questo motivo può apparire brusco nei suoi voltafaccia sebbene, accorgendosene subito, riesca sempre a trovare qualche parola gentile o un gesto accorto per farsi perdonare.
Corrispondenze: segno del Leone. Numero portafortuna: 8. Colore: giallo. Pietra: diamante. Metallo: oro.

Placido Placida

SIGNIFICATO: mansueto, tranquillo
ORIGINE: latina
ONOMASTICO: 11 ottobre

Alla base del nome era il soprannome, poi divenuto nome latino in età imperiale, *Placidius*. Il nome è presente soprattutto in Sicilia e si è diffuso per il culto di s. P. monaco benedettino di Messina, martirizzato dai Saraceni nel 522, e di s. P. di Montecassino, martirizzato con i fratelli nel VI secolo, festeggiato il 5 ottobre.

La variante al femminile **Placidia**, caratteristica della Sardegna, si è diffusa sia per il culto di s. Placidia vergine di Verona, morta nel 532, sia per la notorietà di Galla P. figlia dell'imperatore Teodosio I, madre dell'imperatore Valentiniano III. In suo onore è stato eretto a Ravenna un mausoleo bizantino, ricco di preziosi mosaici.

Amante della natura, delle piante, della terra, appassionato di animali, P. è un uomo che ha trovato nel contatto con la natura la propria dimensione. Con poco si accontenta, con poco vive, la sua casa è sempre aperta, e lui è sempre disponibile ad ascoltare o aiutare chi ne ha bisogno. È un uomo veramente saggio, le cui virtù dovrebbero servire da insegnamento a chiunque.

Corrispondenze: segno dell'Ariete. Numero portafortuna: 1. Colore: verde. Pietra: smeraldo. Metallo: argento.

Plinio

SIGNIFICATO: pieno, grasso
ORIGINE: latina
ONOMASTICO: 1 novembre

Il nome è di discreta frequenza solamente nel Nord. Alla sua base era un gentilizio latino di origine incerta, forse gallica. Si è diffuso, dal Rinascimento, soprattutto per la fama di due scrittori romani: Gaio P. Secondo il Vecchio, autore di un'opera enciclopedica in trentasette libri (*Naturalis historia*) prezioso documento sulla scienza nel mondo antico, che morì nel 79 durante l'eruzione del Vesuvio da cui non si era voluto allontanare per continuare le sue ricerche; e il nipote, Gaio P. Secondo il Giovane, che fu console sotto Traiano e autore di un *Epistolario* in dieci libri di notevole interesse storico.

Energico, eloquente, imprevedibile, P. è un amico fidato, un marito premuroso, un padre attento. A volte succede che a prevalere in lui siano slanci confusi, collere inespresse, avventure vagabonde; capita così che si estranei dagli altri o addirittura che si allontani dalla famiglia per un po' di tempo. Vi farà sempre ritorno e si farà perdonare con un caloroso sorriso.

Corrispondenze: segno dei Pesci. Numero portafortuna: 5. Colore: arancio. Pietra: berillo. Metallo: bronzo.

Poldo ➡ Leopoldo

Pompeo Pompea

SIGNIFICATO: quinto figlio
ORIGINE: latina
ONOMASTICO: 14 dicembre

Il nome è presente in tutta Italia, soprattutto nel Lazio e nelle Puglie, anche nelle varianti **Pompilio** e **Pomponio**. Alla base è l'antico gentilizio latino *Pompeius* adattato dal termine osco *pompe*, che significava 'cinque'. La diffusione è avvenuta per via classica e cristiana.

A partire dal Rinascimento il nome, con le sue varianti, si è affermato grazie alla fama di personaggi storici quali Numa Pompilio secondo re di Roma; Cneo Pompeo generale e uomo politico romano del I secolo a. C.; Tito Pomponio Attico, scrittore amico di Cicerone. Si è diffuso anche grazie al culto di s. Pompeo vescovo di Pavia nel IV secolo; di s. Pomponio vescovo di Napoli nel VI secolo, festeggiato il 30 aprile; di s. Pompilio Maria Pirrotti dell'Ordine dei Chierici poveri, ricordato il 5 luglio.

La sua vita si riassume in una serie infinita di azioni creatrici nelle quali impegna tutto se stesso e, a volte, spreca le proprie energie.

Capace di portare a buon fine qualsiasi tipo di impresa, P. trova appagamento non tanto nel risultato finale quanto nell'azione in sé. Irrequieto, impetuoso, mai sazio, P. è un amante appassionato tuttavia mai fedele.

Corrispondenze: segno dei Pesci. Numero portafortuna: 8. Colore: verde. Pietra: ametista. Metallo: mercurio.

Priamo

SIGNIFICATO: riscattato
ORIGINE: greca
ONOMASTICO: 28 maggio

Il nome greco si è latinizzato in *Priamus* ed è divenuto nome proprio in età imperiale. Si è diffuso soprattutto in Toscana e in Sardegna, sia per il culto di s. P. martire nel I secolo sia per il nome dell'ultimo re di Troia, che ebbe, secondo Omero, cinquanta figli, tra cui Ettore, Paride, Creusa e Cassandra.

Mitico personaggio dell'*Iliade* è ripreso nell'*Eneide*, dove viene descritta la sua morte per mano di Pirro, figlio di Achille. Attirato dal successo, attira il successo. Tuttavia non è ambizioso ed è l'idealista a prevalere in lui. Capita così che, arrivato alla cima degli onori e della gloria, metta tutto in discussione per difendere un'idea, un ideale, una persona ingiustamente accusata, un emarginato. Discreto e docile, P. in famiglia è un marito eccezionalmente fedele.

Corrispondenze: segno dei Gemelli. Numero portafortuna: 10. Colore: azzurro. Pietra: acquamarina. Metallo: oro.

Primo Prima

Significato: il primo nato
Origine: latina
Onomastico: 9 giugno

È un nome diffuso in tutta Italia, con numerose varianti: **Primio**, **Primino**, **Primizio**, **Primilio**, tutte in uso anche al femminile. Continua il soprannome latino di età imperiale che veniva attribuito al primo figlio e riflette il culto di s. P., martire nel III secolo in Sabina con il fratello Feliciano, le cui reliquie sono conservate a Roma nella chiesa di s. Stefano Rotondo sul monte Celio. Fu il nome dello scrittore e pittore Levi (1902-1975) e del pugile Carnera, campione mondiale dei pesi massimi nel 1933.

Avrebbe le carte in regola per emergere se non fosse per la sua naturale avversione a primeggiare. Dotato di notevoli capacità intellettuali, P. tuttavia preferisce stare in un terreno concreto che gli consenta di cambiare vita nel momento in cui lo desidera. Non riesce a passare tutta la sua esistenza in un unico posto, facendo un unico lavoro, a contatto con le solite persone. A prezzo di sacrifici enormi a un certo punto abbandona tutto e ricomincia da capo altrove.

Corrispondenze: segno del Toro. Numero portafortuna: 8. Colore: blu. Pietra: topazio. Metallo: ferro.

Prospero Prospera

Significato: fortunato, fertile, felice
Origine: latina
Onomastico: 25 giugno

È presente in tutta Italia, ma soprattutto in Sicilia, dove è diffuso in genere al femminile. Alla base del nome è il soprannome augurale latino *Prosper* o *Prosperus*. Si è affermato in ambito religioso per il culto di s. P. vescovo, patrono di Reggio Emilia, morto nel 463, e di s. P. vescovo di Tarragona, patrono di Camogli, dove si sarebbe rifugiato per sfuggire alla persecuzione degli Arabi.

La sua successiva diffusione può essere avvenuta anche grazie alla notorietà del mago saggio P., famoso personaggio del dramma shakespeariano del 1611 *La tempesta*. P. è un piccolo grande uomo ricco di buone qualità: è intelligente, comprensivo, caritatevole, pacifico, adora le gioie di una vita tranquilla trascorsa tra il lavoro e la famiglia, scrupoloso, appassionato di letture e di studi. È un uomo saggio, che conosce il significato della parola felicità.

Corrispondenze: segno dei Gemelli. Numero portafortuna: 3. Colore: rosso. Pietra: rubino. Metallo: argento.

Pamela

SIGNIFICATO: fatta di miele
ORIGINE: greca
ONOMASTICO: 1 novembre

Diffuso nel Nord e nel Centro a partire dalla seconda metà del Novecento per moda esotica e per la popolarità di alcuni personaggi televisivi americani, il nome può significare anche 'tutta canto', 'tutta melodia'. È un nome di origine prevalentemente letteraria, che fa riferimento al poemetto *Arcadia* del 1599 di Philip Sidney, e che va successivamente a riaffermarsi per la popolarità del romanzo di Samuel Richardson *Pamela o la virtù ricompensata* del 1741. In Italia il nome si è affermato però soprattutto per le commedie di Carlo Goldoni, che si ispirò al romanzo di Richardson, *Pamela nubile* e *Pamela maritata*, rispettivamente del 1750 e del 1760. Allegra e ottimista, P. possiede un cuore saldo e candido che la rende adatta per una vita semplice, a contatto con la natura, lontano dalle convenzioni sociali, dalla mondanità. Fedele, generosa, maliziosa, sa misurare gli eventi per quello che sono e non si lascia mai scoraggiare.
Corrispondenze: segno della Vergine. Numero portafortuna: 4. Colore: blu. Pietra: zaffiro. Metallo: argento.

Patrizia Patrizio

SIGNIFICATO: di nobile rango, di elevata classe sociale
ORIGINE: latina
ONOMASTICO: 17 marzo

Alla base del nome è il tardo personale latino *patricius* derivato da *patres*. Patrizi erano chiamati coloro che appartenevano a famiglie i cui capi erano membri del Senato e nel tardo Impero fu un appellativo di tutti i nati nobili. Nettamente in contrapposizione con la classe plebea che era loro assoggettata, i patrizi erano una casta chiusa e ristretta che godeva di ogni diritto politico. Il nome, diffuso in tutta Italia anche nelle varianti inglesi *Patricia* e *Patrick*, si è affermato in ambiente cristiano per il culto di s. P. detto 'l'apostolo d'Irlanda', paese di cui è patrono e in cui compì un'opera determinante di evangelizzazione, prima di morire nel 461; il santo viene venerato anche come protettore dei minatori. In Italia è forte la devozione per s. Patrizia vergine di Napoli, vissuta forse nel VII secolo. P. possiede una carica eccezionale, una foga straordinaria che mette tutta nella costruzione di una carriera. Costante, di un'intelligenza riflessiva, sottile, P. è nobile, elegante, raffinata... una vera signora.

Corrispondenze: segno dei Pesci. Numero portafortuna: 5. Colore: arancio. Pietra: berillo. Metallo: bronzo.

Penelope

SIGNIFICATO: tessitrice
ORIGINE: greca
ONOMASTICO: 5 maggio

Diffuso nel Nord e nel Centro anche nella forma abbreviata **Penny**, il nome deve la sua fortuna, a partire dal Rinascimento, alla popolarità della moglie di Ulisse nell'*Odissea* di Omero. P. fu la saggia e fedele moglie che per vent'anni attese il marito, tessendo di giorno e disfacendo di notte una tela così da respingere le domande dei pretendenti che la ritenevano ormai vedova. Per questa tradizione il nome P. è divenuto il simbolo della donna fedele, paziente e laboriosa. Fu anche un personaggio di composizioni musicali, tra cui *Penelope* di Domenico Cimarosa del 1749. Dolce ma ferma, gentile ma risoluta, P. sa qual'è la sua meta, la sua strada; ogni gesto che compie, viene finalizzato allo scopo prefisso, solitamente una brillante carriera. Non dimentica tuttavia che nella vita di una donna la maternità è molto importante.
Corrispondenze: segno del Toro. Numero portafortuna: 7. Colore: rosso. Pietra: rubino. Metallo: ferro.

Perpetua

SIGNIFICATO: eterno, perpetuo
ORIGINE: latina
ONOMASTICO: 7 marzo

Diffuso fino al secolo scorso, il nome P. oggi è usato raramente. Infatti il Manzoni nel suo *I promessi sposi* ha assegnato il nome di P. alla domestica di Don Abbondio e per questo motivo è utilizzato oggi come nome comune per definire la domestica del prete. Il suo significato è invece un altro: 'perpetuo, eterno' nel senso di dedizione a Dio. La sua correttezza, integrità, fiducia nella giustizia non la rendono adatta a vivere tra le convenzioni sociali. È troppo intransigente per accettare i compromessi, le falsità, gli inganni che comunemente l'uomo compie. Così è destinata a vivere ai margini della società, dove non si sente sola talmente ricolma è di buone qualità.
Corrispondenze: segno del Cancro. Numero portafortuna: 9. Colore: blu. Pietra: zaffiro. Metallo: argento.

Petronilla ➡ Petronio

Pia Pio

Significato: devota, pietosa, virtuosa
Origine: latina
Onomastico: 5 maggio

Diffuso nel Nord e nel Centro, dove è frequente la forma doppia **Maria Pia**, è un nome, già in uso in età imperiale come personale, fondamentalmente cristiano con chiaro riferimento alla pietà cristiana, alla devozione a Dio. È appartenuto a ben dodici papi dal I secolo a.C. fino al Novecento, tra cui P. IX che nel 1854 proclamò il dogma dell'Immacolata Concezione e P. XI che nel 1929 stipulò il Concordato con lo stato italiano. Oggetto di grande culto ancora ai nostri giorni è il cappuccino Padre P. da Pietralcina, del convento di San Giovanni Rotondo in Gargano, che ricevette le stimmate e si impegnò in numerose opere di apostolato e di aiuto agli infermi e ai sofferenti. In ambito letterario si ricorda il personaggio di P. de' Tolomei, fatta uccidere dal marito per potersi sposare con un'altra donna, che rievoca in forma sinteticamente drammatica la sua tragica vicenda nel canto V del *Purgatorio* dantesco. P. è dotato di una straordinaria generosità e di una fiducia illimitata negli altri. Rifiuta di pensare che esistano anche le meschinità, gli inganni e i soprusi, e che le persone che lo circondano, lo possano fare per interesse. Se capita che se ne accorga, è capace di incassare il colpo e di far finta di niente come se il suo buon esempio riesca a redimere coloro che lo hanno truffato.
Corrispondenze: segno della Vergine. Numero portafortuna: 4. Colore: verde. Pietra: zaffiro. Metallo: oro.

Prisca Prisco

Significato: antico, vecchio
Origine: latina
Onomastico: 18 gennaio

Accentrato soprattutto in Campania, il nome continua l'antico soprannome latino che veniva attribuito a posteriori a un anziano per distinguerlo da un membro più giovane della famiglia con lo stesso nome. Si è probabilmente diffuso anche per ripresa classica del nome del quinto re di Roma Lucio Tarquinio P. Il nome si è attestato in ambienti cristiani per il culto di s. P. vescovo di Capua nel V secolo; di s. P. vescovo di Nocera nel III secolo; di s. Prisca martire a Roma sotto l'imperatore Claudio. È piuttosto diffusa anche la forma femminile **Priscilla**, che riflette il culto di s. P. martire a Roma (confusa spesso con s. Prisca), alla quale sono state dedicate le catacombe sulla via Nomentana, le più antiche della città.
Generosa, ribelle, eccessiva, P. non accetta le miserie della vita e le sofferenze altrui. Soffre e corre in soccorso di tutti coloro che sono in difficoltà. Innamorata dell'amore, cambia uomini come fossero vestiti ma non se ne

cura; li ricerca soprattutto fra i più ribelli e avventurieri. Le gioie di una famiglia tranquilla non fanno per lei.

Corrispondenze: segno del Cancro. Numero portafortuna: 3. Colore: blu. Pietra: zaffiro. Metallo: rame.

Priscilla ➡ Prisca

Nomi di origine maschile

Quintilio Quintilia

SIGNIFICATO: quinto figlio
ORIGINE: latina
ONOMASTICO: 8 marzo

Questo nome è maggiormente usato nella forma femminile che in quella maschile. Deriva dal nome gentilizio romano *Quintilius* il cui legame etimologico con il numero cardinale *quintus* è evidente. Era assegnato di preferenza ai quintogeniti. Una variante di Q. è **Quintiliano** oggi caduto in disuso. Un'ansia vitale lo muove, una tensione verso l'occulto che si esprime in lui talvolta con eccessi di nervosismo, con un'energia e con una sete di conoscenza veramente insaziabile. Vuole conoscere tutto, idee, sistemi filosofici, libri, teorie, principi, e sondare ogni persona che incontra. Per questo il primo impatto con lui risulta un po' problematico: ci si sente sotto esame, esposti ai raggi X.

Corrispondenze: segno del Sagittario. Numero portafortuna: 1. Colore: blu. Pietra: diamante. Metallo: oro.

Quintino ➡ Quintilio

Quinto ➡ Quintilio

Quirino

SIGNIFICATO: armato di lancia o spada
ORIGINE: sabina
ONOMASTICO: 4 giugno

Il nome è presente soltanto nel Lazio, anche nella variante **Chìrico**. Riprende il nome di un'antica divinità guerriera sabina, forse protettrice della città di

Cures, ed è divenuto il soprannome di Romolo, fondatore di Roma, elevato a divinità. Il nome designava originariamente i Sabini, *Quirites*, e quindi il popolo romano nel suo complesso. Si è diffuso anche per il culto di s. Q. martire a Roma nel 309 e di s. Q. figlio dell'imperatore Filippo l'Arabo, martire nel 269, festeggiato il 25 marzo. È un vero cavaliere romantico: ardito, intelligente, un cuore in perenne subbuglio, una sensibilità inaspettata, un'energia vitale straordinaria. Tuttavia non è tra le donne che si infatuano facilmente, che cerca la sua compagna. Dovrà essere indipendente, serena, decisa, allegra, intelligente, saggia.

Corrispondenze: segno del Capricorno. Numero portafortuna: 9. Colore: rosso. Pietra: rubino. Metallo: ferro.

Nomi di origine maschile

Raffaele Raffaela

Significato: Dio ha risanato
Origine: ebraica
Onomastico: 24 ottobre

Il nome è di ampia diffusione in tutta Italia, anche nelle varianti **Raffaello**, più comune in Toscana, **Raffaella** (nome di moda dagli anni Settanta), **Rafèle**, **Rafèl**. È un nome cristiano affermatosi a partire dal Medioevo per il culto dell'arcangelo che, nell'Antico Testamento, accompagna e guarisce dalla cecità Tobia il Vecchio e ne guida il figlio Tobiolo in un lungo viaggio per trovare una degna sposa. S. R. è venerato come patrono dei pellegrini, degli emigranti, dei farmacisti e degli oculisti e in alcuni luoghi è festeggiato anche il 29 settembre. Tra i personaggi famosi, il pittore e architetto di Urbino Raffaello Sanzio (1483-1520); il generale Cadorna, che preparò la presa di Roma (1850); il poeta spagnolo del Novecento Alberti; l'attore e commediografo napoletano Viviani. Istintivo, allegro, fresco, sensibile, fluido come l'acqua, R. è un torrente di montagna che disseta e rallegra lo spirito. Far parte del suo clan è una vera fortuna, poiché la sua generosità con i familiari e amici è esemplare. R. è un uomo che fa del bene.

Corrispondenze: segno dell'Acquario. Numero portafortuna: 7. Colore: giallo. Pietra: topazio. Metallo: oro.

Raimondo Raimonda

Significato: protezione divina
Origine: germanica
Onomastico: 31 agosto

Il nome si è diffuso in tutta Italia, a partire dal IX secolo, per tradizione longobarda e francone. Si presenta inoltre nelle varianti **Raimondino**, in uso anche al femminile, e **Raymonda**. Fu il nome di sette duchi di Tolosa e di quattro conti di Barcellona. È anche nome cristiano grazie al culto per s. R. cardinale, confessore dell'Ordine di Santa Maria della Mercede, invocato come patrono dei neonati e delle gestanti. R. è un bambino che è cresciuto troppo in fretta e che ha perduto la gaiezza tipica della fanciullezza. Risoluto, fermo, metodico, R. sembra invulnerabile; cammina sicuro sulla propria strada senza troppe soste. Egoista quel tanto che gli è necessario per riuscire nella vita, R. ha un rispetto fin troppo evidente delle proprie capacità. Per questo sarà molto difficile vederlo contornato da una schiera di amici.

Corrispondenze: segno dell'Acquario. Numero portafortuna: 9. Colore: blu. Pietra: zaffiro. Metallo: ferro.

Raniero

Significato: popolo sostenuto dal consiglio divino
Origine: germanica
Onomastico: 30 dicembre

Il nome è diffuso nel Centro-Nord e in Abruzzo, anche nelle varianti **Ranieri** e **Ranuccio**, presenti in Toscana, **Raniero**, **Rainerio**, **Rainieri**, più usate in Veneto. La forma abbreviata **Neri** è di uso ancora piuttosto comune. La sua diffusione è avvenuta per il culto di s. R. vescovo di Aquila nel XII secolo e di s. Ranieri eremita, morto a Pisa nel 1160. R. vive in una fondamentale contraddizione: è ambizioso e sensuale ma anche umile e compassionevole, pronto a sfoderare la spada ma anche dedito alla preghiera, irascibile ma anche comprensivo. È difficile dire quale dei due R. prevarrà sull'altro: dipende dalle circostanze e dall'umore del momento.

Corrispondenze: segno dei Gemelli. Numero portafortuna: 2. Colore: blu. Pietra: zaffiro. Metallo: oro.

Remigio Remigia

Significato: medicina che guarisce
Origine: latina
Onomastico: 1 ottobre

Secondo alcuni studiosi di etimologia, la forma in latino medioevale *Remigius*, introdotta in Italia attraverso il nome francese *Remy*, potrebbe derivare forse da un nome gallico; il nome riprende comunque il tardo personale cristiano derivato da *remedium*, 'rimedio medicamentoso'. Il nome, diffuso in tutta Italia e soprattutto in Friuli e in Veneto, ricorda il culto di s. R. vescovo di Reims, vissuto tra il 437 e il 530, che convertì i Franchi al cristianesimo. R. è rimasto l'adolescente di un tempo. Appassionato di avventure, di scoperte, di novità, ma anche dedito all'ordine, alla fedeltà, al culto della ragione e della poesia, R. possiede un'energia enorme che mette al servizio di queste sue propensioni. Questo suo lato mai sazio e sempre alla ricerca affascina terribilmente le donne che gli crollano letteralmente ai piedi.

Corrispondenze: segno del Sagittario. Numero portafortuna: 9. Colore: arancio. Pietra: diamante. Metallo: oro.

Remo

Significato: che scorre, fluente
Origine: greca
Onomastico: 22 dicembre

Il nome potrebbe derivare dal verbo greco che significa 'scorrere', ma potrebbe anche essere l'incrocio tra *Remulus*, nome personale di un re di Albalonga, e *Romulus*. Si è discretamente diffuso nel Nord, nel Centro e in Campania come ripresa, a partire dal Rinascimento, del nome di uno dei due leggendari fondatori di Roma: secondo la tradizione R. sarebbe stato ucciso dal fratello ➡ Romolo per aver irriso la cerimonia sacra della fondazione di Roma, scavalcando il solco appena tracciato su cui sarebbero sorte le mura della città. L'onomastico festeggia s. R. vescovo di Genova nel 641. Introverso fino al narcisismo, inquieto, teso, R. ha grandi difficoltà nel comunicare con gli altri. Preferisce indossare delle maschere che non gli si adattano mai bene. Non sappiamo mai, pertanto, con che uomo stiamo parlando sebbene intuiamo che di fronte a noi vi è un falso. R. è dotato di una straordinaria generosità che lo affranca, a tratti, dalla schiavitù dei vincoli che si pone.

Corrispondenze: segno del Cancro. Numero portafortuna: 6. Colore: arancio. Pietra: berillo. Metallo: oro.

Renato Renata

Significato: rinato (a nuova vita)
Origine: latina
Onomastico: 12 novembre

È un nome ampiamente diffuso in tutta Italia, più compatto al Nord. La sua matrice è prevalentemente cristiana: veniva infatti imposto ai neofiti cristiani nel momento del battesimo, attribuendo al battesimo stesso il significato di una seconda nascita a una nuova vita spirituale. La diffusione è avvenuta sia per la ripetizione dei modelli francesi *René* e *Renée*, propri delle minoranze di lingua francese in Val d'Aosta, sia per il culto di s. R. vescovo di Sorrento nel V secolo, di santa R. di Lorena festeggiata il 23 aprile e di s. R. Goupil, medico ucciso dai pellirossa mentre segnava con una croce la fronte dei bambini indigeni. Fu il nome di una duchessa di Ferrara, figlia del re di Francia Luigi XII. Tra i personaggi celebri si ricordano il filosofo e matematico francese Descartes (1596-1650), lo scrittore francese de Chateaubriand (1768-1848), il pittore realista siciliano Guttuso (1919-1987) e le soprano Scotto e Tebaldi. L'animo di R. non è mai fermo, è sempre alla ricerca, sempre in bilico tra situazioni opposte; è sospeso tra la sensualità e il misticismo, la solitudine e la convivialità, l'egoismo più assoluto e la generosità più sfrenata. Questo atteggiamento lacerante è sicuramente fecondo e favorisce lo sviluppo delle facoltà intellettive soprattutto poetiche.

Corrispondenze: segno del Sagittario. Numero portafortuna: 7. Colore: blu. Pietra: zaffiro. Metallo: mercurio.

Renzo ➡ Lorenzo

Riccardo Riccarda

Significato: audace, dominatore, valoroso
Origine: germanica
Onomastico: 3 aprile

Il nome è distribuito in tutta Italia, anche nelle varianti **Ricciardo** (ripresa dal francese antico *Richard*, diffuso già dal Medioevo); **Rizzardo**, forma accentata in Veneto; **Ricardo**, **Ciardo**, **Riccardino**, in uso anche al femminile. Si è diffuso in ambienti cattolici per il culto di s. R. vescovo di Chichester, in Inghilterra, morto nel 1253; di s. R. re d'Inghilterra, morto a Lucca nel 722; della beata R. imperatrice, moglie di Carlo il Grosso, morta nel 991. Fu il nome di tre re d'Inghilterra, tra cui il famoso R. I (1157-1199) detto 'Cuor di Leone', figlio di Enrico II, che partecipò alla terza Crociata e tentò invano di conquistare Gerusalemme: al suo ritorno sventò una congiura preparata dal fratello Giovanni 'Senzaterra' e combatté vittoriosamente contro Filippo II Augusto re di Francia per il possesso della Normandia. I re R. II e R. III furono i protagonisti delle omonime tragedie di Shakespeare, rispettivamente del 1595 e del 1592. *Ricciarda* è il nome di una tragedia di Foscolo del 1813; *Riccardo e Zoraide* è un'opera lirica di Rossini del 1818. Tra i personaggi famosi si ricordano il musicista e compositore tedesco Strauss (1864-1949); il compositore tedesco dell'Ottocento Wagner; lo scrittore Bacchelli. Valoroso, sicuro di sé anche fin troppo, intelligente, ambizioso, R. dà tutto se stesso nelle azioni che compie ed è fiducioso di arrivare al successo. Imperioso ma anche gioviale, non teme le avversità o gli ostacoli che si infrappongono tra lui e la meta. Convinto che nulla lo potrà fermare, continua sulla propria strada anche a costo di calpestare qualcuno; in fondo per lui vale solo il risultato.

Corrispondenze: segno dei Gemelli. Numero portafortuna: 7. Colore: rosso. Pietra: rubino. Metallo: oro.

Rinaldo

Significato: che governa con il consiglio degli dei
Origine: germanica
Onomastico: 9 febbraio

Diffuso in tutta Italia nella forma fondamentale, si riscontra anche nelle varianti **Rinaldi** (in Calabria), **Rainaldo** e **Ranaldo** (nel Centro), **Renaldo**. Il nome si è affermato dapprima con i Franchi, tra il IX e il X secolo, e dal Duecento con il personaggio di R. da Montalbano, cugino di Rolando e paladino di Carlo Magno, nelle *Chansons de geste*, il ciclo cavalleresco carolingio. Dal Rinascimento la fama dello stesso personaggio fu immortalata anche dal Pulci nel *Morgante*, dal Boiardo nell'*Orlando innamorato*, dall'Ariosto nell'*Orlando furioso* e dal Tasso nel *Rinaldo* e nella *Gerusalemme liberata*. Un'ulteriore diffusione al nome è venuta dal personaggio di R. nell'opera lirica di Rossini *Armida*, rappresentata per la prima volta a Napoli nel 1817. È anche un nome cristiano per il culto di s. R. vescovo di Nocera Umbra, eremita camaldolese nel XII secolo e di s. R. vescovo di Ravenna, morto nel 1321. La dimensione propria di R. è la fantasia: lì vive mille avventure, corre mille rischi, salva damigelle, bambini in pericolo, vecchi, oppressi, sconfigge schiere di cavalieri nemici, conquista castelli, città, regni... Nella realtà R. non è un codardo, ma, per ovvie ragioni, non riesce a essere valoroso, e di successo come nei suoi sogni. Non fosse altro perché di damigelle, regni e cavalieri non ce ne sono più.

Corrispondenze: segno dei Sagittario. Numero portafortuna: 9. Colore: blu. Pietra: zaffiro. Metallo: mercurio.

Roberto Roberta

Significato: illustre per fama, splendente di gloria
Origine: germanica
Onomastico: 17 settembre

È un nome ampiamente diffuso soprattutto nel Nord e nel Centro, anche nelle varianti **Ruberto**, **Ruperto** e nell'alterato **Robertino**, in uso anche al femminile. Si è attestato per tradizione germanica e longobarda, e, dall'XII secolo, si è ridiffuso soprattutto nel Sud per il prestigio di R. d'Angiò, re di Sicilia. Fu il nome anche di due re di Francia, di due duchi di Normandia, di tre re di Scozia. È altresì nome cristiano per il culto di s. R. Bellarmino, gesuita, cardinale e dottore della Chiesa morto nel 1621, vescovo di Capua e patrono di maestri e insegnanti e di s. R. di Molesme, fondatore dell'Ordine dei Cistercensi e festeggiato il 29 settembre. Tra i personaggi celebri si ricordano: lo scrittore inglese dell'Ottocento Stevenson; lo scrittore austriaco Musil; il poeta scozzese Burns e il poeta inglese dell'Ottocento Browning; il musicista e compositore tedesco Schumann (1810-1856); il regista cinematografico Rossellini. R. è dotato di tante buone qualità: intelligenza, memoria, volontà, sicurezza di sé, solidità, vivacità. Ma... vi è un ma in tante virtù. A volte si intravede un filo di angoscia esistenziale se non di follia che lo turba e lo stravolge tutto. L'ambizione maschera la fragilità, la sicurezza di sé l'ansia, il materialista l'idealista che non si riesce ad accettare. Le donne, invece di scappare per paura di cadere in una trappola complessa, sono attratte dal fascino che trabocca da un simile essere complicato.

Corrispondenze: segno della Vergine. Numero portafortuna: 6. Colore: rosso. Pietra: rubino. Metallo: rame.

Rocco

Significato: cornacchia
Origine: germanica
Onomastico: 16 agosto

Il nome potrebbe anche derivare dallo scandinavo *hrokr*, con il significato di 'uomo di alta statura', 'grande e forte (come roccia)', o dal provenzale *roc*, 'rosso'. È un nome diffuso in tutta Italia a partire dall'alto Medioevo, accentrato soprattutto al Sud, anche al femminile. Si presenta nelle varianti **Rocchetto**, **Rocchino** e nei nomi doppi **Rocco Antonio** e **Roccantonio**. In ambienti cristiani il nome ha avuto forte diffusione per il culto di s. R. pellegrino e martire, nato a Montpellier nel 1275, che, secondo la leggenda, si rifugiò in una grotta perché colpito dalla peste, ma fu salvato da un cane. È invocato come protettore dei campi e contro le malattie contagiose. Soprattutto nel Sud è forte il culto per la Madonna della Rocca, patrona di Alessandria della Rocca, in provincia di Agrigento. È il nome di uno dei protagonisti del celebre film del 1960 diretto dal famoso regista italiano Luchino Visconti *Rocco e i suoi fratelli*. R. ha un cuore tenero anzi tenerissimo, nulla a che fare con la durezza del suo nome. La sua generosità è sconfinata, la sua dolcezza traboccante, la sua gentilezza disarmante: spesso capita che la gente si approfitti di un essere tanto mite sia in amore che nella vita professionale. Tuttavia il più delle volte si resta ammaliati da tanta amabilità.

Corrispondenze: segno dell'Ariete. Numero portafortuna: 7. Colore: giallo. Pietra: topazio. Metallo: oro.

Rocky inglese per ➡ Rocco

Rodolfo

Significato: lupo glorioso
Origine: germanica
Onomastico: 17 ottobre

Il nome è diffuso in tutta Italia, anche nella variante **Ridolfo**. Potrebbe significare 'guerriero glorioso', perché la seconda parte del nome germanico *wulfa* significa 'lupo', l'animale sacro a Odino, dotato di virtù magiche e guerresche nella tradizione nordica. È attestato già a partire dal V secolo e in età longobarda per il prestigio di re e imperatori e fu il nome dinastico degli Asburgo. Si è diffuso anche per il culto di s. R. vescovo di Gubbio e di s. R. martire a Berna nel 1294 a soli dodici anni, festeggiato il 17 aprile. Fu il nome d'arte (Rodolfo Valentino) dell'attore cinematografico Gugliemi, il più idolatrato divo del cinema muto. Lunghi periodi di meditazione lasciano il posto a desideri improvvisi di avventura; ciò è possibile dal momento che R. è un idealista ma anche un uomo d'azione, è un entusiasta ma anche un sognatore. In ogni caso la gentilezza, la generosità e la delicatezza d'animo non lo abbandonano mai qualunque sia la veste del momento.

Corrispondenze: segno del Cancro. Numero portafortuna: 3. Colore: blu. Pietra: zaffiro. Metallo: oro.

Rodrigo

Significato: ricco di gloria, capo glorioso
Origine: germanica
Onomastico: 13 marzo

Il nome è attestato in Italia dal IV secolo, ma si è affermato a partire dal Rinascimento per la lunga e influente presenza spagnola in Italia dal modello spagnolo *Rodrigo*, il nome dell'ultimo re visigoto ucciso dagli Arabi e del cavaliere spagnolo Diaz, *El Cid Campeador*, il più popolare degli eroi nazionali iberici, vissuto nell'XI secolo. L'affermazione del nome, piuttosto popolare nel Seicento e nel Settecento, si ridusse nell'Ottocento per il personaggio negativo di Don R. ne *I promessi sposi* del Manzoni. È un nome distribuito soprattutto al Nord, anche nelle varianti **Roderigo** e **Roderico**. La Chiesa festeggia un s. R. martirizzato a Cordoba dai Mori nell'857. Vivacità fisica e intellettuale ai limiti della violenza caratterizzano R. Portato per i viaggi e le professioni collegate alla comunicazione, R. è ottimista, generoso e soprattutto infedele. Non è l'ideale del marito e del padre di famiglia.

Corrispondenze: segno dei Gemelli. Numero portafortuna: 2. Colore: giallo. Pietra: topazio. Metallo: argento.

Rolando

Significato: famoso per il suo ardimento
Origine: germanica
Onomastico: 15 settembre

È un nome diffuso in tutta Italia, con maggior presenza in Toscana. Riprende il nome del personaggio nipote e paladino di Carlo Magno, le cui gesta leggendarie vennero narrate nella *Chanson de Roland*. Il nome francese è documentato a partire dall'VIII secolo e trae origine dal nome germanico composto da *hroth*, 'fama' e *nanthaz*, 'audace'. Dal XII secolo si è affermato anche in Italia nella forma tradotta ➡ Orlando. Impulsivo, instabile, spaventato da tutto ciò che resta immobile e immutabile, R. è un uomo frenetico, dai gesti rapidi e avventati, capaci di dilapidare una fortuna in un minuto o di gettare al vento anni di impegno. Poco importa a R. di perdere le cose, odia il possesso e si comporta allo stesso modo con le persone tranne che con i bambini, soprattutto i suoi.

Corrispondenze: segno dell'Acquario. Numero portafortuna: 5. Colore: blu. Pietra: zaffiro. Metallo: mercurio.

Romano Romana

SIGNIFICATO: cittadino di Roma
ORIGINE: latina
ONOMASTICO: 9 agosto

È distribuito in tutta Italia, accentrato in Emilia Romagna e in Toscana, anche nelle varianti **Romanello** e **Romanino**. Riprende il soprannome etnico latino di età imperiale che nel V e VI secolo si ampliò nel significato fino a identificarsi con 'cittadino dell'Impero romano'. Il nome ha subìto una forte spinta espansiva di matrice ideologica, durante l'Ottocento, in relazione alla Repubblica romana del 1849, ai tentativi garibaldini di liberare la città e alla presa di Roma nel 1870. Forte diffusione al nome venne anche nel periodo fascista per il mito di Roma capitale dell'Impero e per la sua grandezza e superiorità storica. Nel calendario cristiano si festeggia s. R. legionario, martire flagellato e decapitato a Roma nel 258 e s. R. di Rouen, morto nel 644, noto per aver fatto rientrare un fiume nel suo alveo, il 23 ottobre. R. è irascibile e se qualcuno o qualcosa gli ostacolano la strada, ingaggia una battaglia totale, senza esclusione di colpi, con la sicurezza della vittoria. Tuttavia le battaglie che lo vedono protagonista sono sempre condotte per un buon fine, per una giusta causa e questo, in parte, lo assolve dalla violenza brutale alla quale ricorre. Generoso e idealista, R. non è uomo dalle mezze misure.

Corrispondenze: segno dell'Ariete. Numero portafortuna: 7. Colore: rosso. Pietra: rubino. Metallo: rame.

Romeo Romea

SIGNIFICATO: cittadino dell'Impero romano
ORIGINE: greca
ONOMASTICO: 25 febbraio

Il nome è diffuso soprattutto nel Nord. Riprende il termine greco e bizantino *Rhomâios*, divenuto nome e soprannome latino in età imperiale, che indicava il cittadino dell'Impero romano d'Oriente e d'Occidente. Nel Medioevo il nome veniva riferito a chi si recava in pellegrinaggio a Roma o in Terrasanta e acquistò la valenza anche di nome personale. Nell'Ottocento il nome ebbe un forte impulso grazie all'interesse nei confronti del protagonista del dramma di Shakespeare *Romeo e Giulietta* del 1595. La Chiesa ricorda s. R. carmelitano di Lucca, morto nel 1380. Il bambino affettuoso e attaccato ai suoi genitori diventerà un adulto misurato, preoccupato dei dettagli, dedito alla cura dei particolari. Si potrà dire forse di lui che è un uomo di corte vedute ma la sua natura così sensibile e la sua intelligenza così raffinata ci obbligano a pensare che è proprio dalle piccole cose che si parte per costruirne di più grandi.

Corrispondenze: segno della Vergine. Numero portafortuna: 4. Colore: rosso. Pietra: rubino. Metallo: rame.

Romoaldo ➡ Romualdo

Romolo

SIGNIFICATO: appartenente alla *gens Romilia*
ORIGINE: latina
ONOMASTICO: 6 luglio

Il nome, già attestato dall'età imperiale, è diffuso soprattutto nel Lazio e in Toscana. Riprende il nome del leggendario fondatore, con il fratello ➡ Remo, della città di Roma, generato da Marte e da Rea Silvia. Il suo significato si riferisce alla *gens* stanziata sulla sponda etrusca del Tevere e si può interpretare anche come 'colui che vive vicino al fiume'. È in uso anche in ambienti cristiani per il culto di s. R. discepolo di s. Pietro, primo vescovo e patrono di Fiesole, martire sotto Diocleziano, e di s. R. vescovo di Genova, morto sulla Riviera di Ponente e patrono di San Remo. Paziente, perseverante, infaticabile, R. stabilisce delle mete, anche lontane e di difficile raggiungimento, e giorno dopo giorno, passo dopo passo le consegue. Del resto la natura lo ha dotato della resistenza, della determinazione e della forza necessarie per farlo. Preda di facili passioni, vi si abbandona anche con violenza, sembrando un uomo senza mezze misure, instabile e un tantino irrazionale. Ma R. non fa altro che dare ascolto ai propri istinti.

Corrispondenze: segno del Cancro. Numero portafortuna: 7. Colore: blu. Pietra: diamante. Metallo: ferro.

Romualdo

SIGNIFICATO: che comanda con gloria
ORIGINE: germanica
ONOMASTICO: 7 febbraio

È un nome diffuso nel Centro-Nord, in uso dal VII secolo per tradizione germanica e longobarda anche grazie al nome di due duchi di Benevento dell'VIII secolo. La Chiesa festeggia s. R. benedettino, di una nobile famiglia di Ravenna, che fondò nel 1012 l'Ordine dei Camaldolesi. Retto, innocente, puro, R. è l'idealista perfetto, l'avventato difensore delle cause perse. Le energie che possiede sono spesso sprecate perché messe al servizio di perditempo, imbroglioni e scocciatori le cui cattive intenzioni R. è assolutamente incapace di cogliere. Passerà una vita sempre indaffarato a costruire il nulla.
Corrispondenze: segno dei Pesci. Numero portafortuna: 3. Colore: rosso. Pietra: rubino. Metallo: rame.

Ruben

Significato: ecco il figlio
Origine: ebraica
Onomastico: 1 agosto

È diffuso nel Nord e nel Centro, soprattutto in Emilia Romagna e in Toscana. Riprende, dall'Antico Testamento, il nome del figlio tanto atteso da Lia e Giacobbe. Si è affermato anche in ambienti cristiani per il culto di s. R. martirizzato nel II secolo. La variante **Rubens** si è affermata per il cognome dell'omonimo grande pittore fiammingo del Seicento. Calcolatore, riflessivo, predilige l'analisi, detesta l'avventatezza, preferisce le attività intrise di concretezza. La letteratura, la poesia e le arti in genere non fanno per lui.
Corrispondenze: segno dell'Ariete. Numero portafortuna: 3. Colore: blu. Pietra: zaffiro. Metallo: argento.

Ruffino

Significato: rosso volpino
Origine: latina
Onomastico: 30 luglio

Il nome R. e la sua variante **Rufino** trovano maggiore diffusione in Toscana assieme alle varianti **Rufo**, **Ruffo**, **Rufus**. Deriva dal *cognomen* latino *Rufus* a sua volta originato dalla storpiatura dialettale umbra di *ruber* in *rufus*, con significato di 'rosso volpino' o 'rosso chiaro'. Affascinato dall'impossibile, R. a sua volta affascina irresistibilmente. Le donne tuttavia farebbero bene a tenersi a debita distanza da questo sognatore, da un temerario, esaltato, indipendente, sempre in partenza per folli avventure, che non potrebbe dedicare loro che un paio d'ore tra un'impresa assurda e l'altra.
Corrispondenze: segno della Vergine. Numero portafortuna: 6. Colore: giallo. Pietra: topazio. Metallo: ferro.

Rufus ➡ Ruffino

Ruggero

Significato: lancia gloriosa
Origine: germanica
Onomastico: 15 ottobre

Il nome è prevalentemente accentuato al Nord: la variante **Ruggiero** è tipica della Campania e delle Puglie, **Roggero** è diffuso in Piemonte. È documentato a partire dalla fine del IX secolo e si è attestato in Italia per il prestigio di sovrani normanni dell'XI e del XII secolo: R. duca di Puglia, figlio di Roberto il Guiscardo; R. I conte di Sicilia; R. II re di Sicilia, figlio di Tancredi d'Altavilla. Il nome si è diffuso, a partire dal Rinascimento, per il personaggio dell'*Orlando innamorato* del Boiardo e dell'*Orlando furioso* dell'Ariosto, il guerriero saraceno convertito e sposo di Bradamante, sorella di Rinaldo. È anche in uso in ambienti cristiani per il culto di s. R. vescovo di Canne nel XII secolo, patrono di Barletta. Fu il nome del teologo e scienziato inglese del XIII secolo Bacone e dell'attore Ruggeri (1871-1953), acclamato interprete del teatro shakespeariano e pirandelliano. La sua più grande abilità è la dialettica. La sua intelligenza mordace, il suo intuito ineffabile, la sua straordinaria capacità di eseguire acrobazie con le parole lo rendono un diplomatico nato oppure un eccellente avvocato o un astuto uomo politico. Prudente fino all'inattività, preferisce far agire i propri discorsi piuttosto che spostarsi di un passo.
Corrispondenze: segno del Cancro. Numero portafortuna: 9. Colore: rosso. Pietra: rubino. Metallo: rame.

Nomi di origine femminile

Rachele

Significato: pecorella, mite
Origine: ebraica
Onomastico: 30 settembre

Distribuito in tutta Italia anche nelle varianti **Rachel** e **Rachela**. Come racconta l'Antico Testamento era il nome della seconda moglie di Giacobbe, figlia di Labano. Secondo la tradizione, Giacobbe, per ottenerla in moglie, avrebbe lavorato sette anni per suo padre; generò poi con lei due figli, Giuseppe e Beniamino, che avrebbero dato origine alla stirpe degli allevatori di ovini, contrapposta alla stirpe degli allevatori di bovini discendente dalla sorella Lia e da Giacobbe. Il nome è attestato anche in ambienti cristiani per il culto della stessa moglie di Giacobbe, anche se non viene riconosciuta ufficialmente santa dalla Chiesa cattolica. Il nome ha avuto discreto impulso nel ventennio fascista per essere quello della moglie di Mussolini. Bella, fiera della propria bellezza, altezzosa, R. si occupa quotidianamente della cura del proprio fisico con trattamenti estetici ed esercizi. Convinta che lo sport modelli le proprie forme e le mantenga in salute, non disdegna la competizione e mira alla conquista del primo posto. R. affascina malgrado gli atteggiamenti superbi di cui non riesce fare a meno.

Corrispondenze: segno del Sagittario. Numero portafortuna: 2. Colore: arancio. Pietra: berillo. Metallo: rame.

Raffaella ➡ Raffaele

Rebecca

Significato: rete, corda
Origine: ebraica
Onomastico: 30 agosto

Diffuso prevalentemente nel Centro-Nord, riprende dall'Antico Testamento il nome della moglie di Isacco, madre di Esaù e Giacobbe, originaria della Mesopotamia, che pur essendo sterile partorì miracolosamente all'età di sessant'anni. Il termine ebraico *ribaq* ha il significato di 'corda' e figuratamente il nome R. ha assunto anche il significato di 'che unisce', 'che irretisce' con le sue grazie. Secondo altri, infine, potrebbe contenere il significato di 'che ha il cuore gioioso'. Dalla seconda metà del Novecento il nome ha avuto un nuovo impulso per il successo del film *Rebecca, la prima moglie* del grande regista inglese Alfred Hitchcock, girato nel 1941, tratto dal romanzo omonimo di Daphne du Maurier. Al servizio delle proprie ambizioni mette intelligenza raffinata, astuzia, sensibilità, capacità di calcolo. Vuole emergere a ogni costo per sé ma soprattutto per aiutare i suoi familiari a beneficiare della sua posizione. Se non è generosità questa!

Corrispondenze: segno del Sagittario. Numero portafortuna: 1. Colore: verde. Pietra: smeraldo. Metallo: ferro.

Regina

Significato: signora, dominatrice, moglie del re
Origine: latina
Onomastico: 2 aprile

Distribuito in tutta Italia anche nella variante **Reginella** e nella forma doppia **Regina Maria**, il nome può essere inteso come un appellativo affettivo imposto per augurare a una figlia di crescere 'potente, ricca e bella come una regina'. Etimologicamente si può forse rapportare al tedesco *ragin*, 'consiglio', con il secondo significato di 'colei che domina con il consiglio degli dei'. La diffusione del nome è comunque avvenuta per tradizione devozionale, soprattutto per il culto di Maria Vergine regina del cielo, ruolo che apparteneva all'astro della luna prima dell'avvento del cristianesimo, e di s. R. vergine e martire nel Duecento. Regina di una corte dorata e gaia, R. non vive nella realtà ma piuttosto in una dimensione di sogno, di immaginazione. Innamorata, maestosa, malinconica ma anche allegra, R. vive tra una festa e l'altra, tra una rappresentazione teatrale e l'altra, passa da un amore all'altro, senza che nessuno soffra delle sue infedeltà, in un mondo inesistente se non nella sua mente.

Corrispondenze: segno del Capricorno. Numero portafortuna: 4. Colore: rosso. Pietra: rubino. Metallo: stagno.

Rina ➡ Caterina, Marina

Rita ➡ Margherita

Rosa

SIGNIFICATO: di colore rosa
ORIGINE: greca
ONOMASTICO: 30 agosto

Al quarto posto per diffusione tra i nome femminili in Italia, il nome si presenta anche in numerose varianti, tra cui si ricordano **Rosetta**, **Rosella**, **Rosina**, le forme abbreviate **Rosi** e **Rosy**, l'alterato di matrice spagnola **Rosita** (in uso anche al maschile), e le forme doppie **Rosa Anna** o **Rosanna**, **Rosa Maria** e **Rosa Angela** o **Rosangela**. Il nome, dal greco *rodon*, 'rosa', è il più diffuso tra i nomi floreali, ed è sorto in Italia a partire dal Medioevo con valore affettivo e augurale ripreso dal fiore, divenuto il simbolo della purezza, della giovinezza, dell'amore. Si è affermato in ambienti cristiani anche per il culto di s. R. di Viterbo (città di cui è patrona), francescana che predicò contro le eresie, di s. R. da Lima, terziaria domenicana, patrona delle Americhe e delle Indie (la prima cronologicamente tra tutti i santi americani), vissuta in totale misticismo e ascetismo sul modello di s. Caterina da Siena, morta nel 1617, e di s. R. Filippini, festeggiata il 17 novembre. Celebre è il ciclo medioevale dei *Romanzi della Rosa* e famosa la 'Guerra delle due Rose', combattuta per la successione al trono d'Inghilterra, così chiamata perché le due fazioni portavano stemmi recanti l'uno una rosa bianca, l'altro una rosa rossa. Tra i personaggi celebri si ricordano la rivoluzionaria tedesca Luxembourg (1871-1919); la scrittrice romana contemporanea Rosetta Loy, e, nella letteratura, la Rosina del *Barbiere di Siviglia* e delle

Nozze di Figaro, musicate rispettivamente da Rossini e da Mozart. Da bambina R. è servizievole, affettuosa, tenerissima, da adulta diventerà una donna aggraziata e dedita all'amore nel senso più ampio del termine: l'amore per la natura, per gli animali, per i bambini, per le persone meno fortunate e per un unico uomo al quale dedicherà la vita intera.

Corrispondenze: segno dello Scorpione. Numero portafortuna: 3. Colore: blu. Pietra: zaffiro. Metallo: oro.

Rosalia

SIGNIFICATO: scudo glorioso
ORIGINE: germanica
ONOMASTICO: 4 settembre

Diffuso soprattutto in Sicilia e nella provincia di Palermo, il nome risale al XII secolo ed è un adattamento dal francese antico *Roscelin* di origine germanica, introdotto in Sicilia dai Normanni. Altre interpretazioni lo collegano al latino *Rosalia*, una festa pagana adottata dal cristianesimo primitivo, con il secondo significato, quindi, di 'corona di rose'. È sostenuto dal culto di s. R. patrona di Palermo, vissuta forse nel XII secolo e, secondo la leggenda, eremita sul Monte delle Rose dopo aver abbandonato i vantaggi della sua condizione nobiliare. R. desidera una vita diversa da quella per la quale è naturalmente portata. Si vede avventuriera, dal cuore duro, sempre in viaggio, sempre in lotta, accanto a un uomo sempre diverso; mentre è portata per la vita familiare accanto al focolare. È la sua dimensione ideale dove mettere in pratica tutte le sue buone qualità: pazienza, fedeltà, generosità, affettuosità. Questa sua ambivalenza le procura una profonda insoddisfazione senza soluzione.

Corrispondenze: segno del Cancro. Numero portafortuna: 6. Colore: verde. Pietra: smeraldo. Metallo: argento.

Rosita spagnolo per ➡ Rosa

Rossana Rossano

SIGNIFICATO: rilucente, splendida
ORIGINE: persiana
ONOMASTICO: 15 giugno

Distribuito soprattutto nel Centro-Nord, il nome è un adattamento dal persiano *Raushana*, la principessa persiana moglie di Alessandro Magno uccisa con il figlioletto Alessandro IV dal generale macedone Cassandro, usurpatore del trono. Ma è soprattutto un nome di matrice letteraria, teatrale e cinematografica, ripreso nel primo Novecento dalla protagonista del dramma *Cyrano de Bergerac* di Rostand, opera adattata con successo anche nel cinema e nel teatro. Tra i personaggi celebri si ricordano l'attore Brazzi e la giornalista Rossanda. Sin da bambina R. si mostra misurata e sempre attenta a non esteriorizzare troppo i suoi sentimenti. Infatti non mostrerà mai fino in fondo tutto l'amore che sente per i suoi genitori e, da grande, per suo marito e i suoi figli. Tenera, inquieta, prudente, resterà una donna estremamente pudica, preoccupata di convogliare gran parte del suo amore e delle sue energie nel lavoro e nella vita professionale.

Corrispondenze: segno del Sagittario. Numero portafortuna: 6. Colore: verde. Pietra: smeraldo. Metallo: mercurio.

Rossella

SIGNIFICATO: di carnagione o capigliatura rossa
ORIGINE: latina
ONOMASTICO: 14 settembre

Diffuso per lo più nel Centro-Nord, fu già nome personale presente nel Medioevo, forse derivante anche da *rosula*, 'corbezzolo'. Ma è soprattutto un nome di moda recente, attestatosi per la popolarità, dal dopoguerra, del romanzo di M. Mitchell *Via col vento*, e particolarmente per la famosa versione cinematografica che ne fu tratta da V. Fleming. Tra i personaggi famosi, l'attrice teatrale R. Falk. Attenta, laboriosa, seria, sempre in disparte, R. sembra perennemente in attesa di un evento straordinario che la investa e la rapisca dalla realtà. L'evento non si produrrà mai e, di fatto, la sua vera felicità sta nell'attenderlo.

Corrispondenze: segno della Vergine. Numero portafortuna: 7. Colore: bianco. Pietra: diamante. Metallo: rame.

Ruth

SIGNIFICATO: amica, soddisfatta
ORIGINE: ebraica
ONOMASTICO: 5 settembre

Il nome è presente soprattutto nel Nord e particolarmente nella provincia di Bolzano (anche nella variante **Rut**) dove numerosi residenti stranieri di lingua tedesca sono di tradizione protestante. Ripreso dall'Antico Testamento, il nome ricorda R. originaria del paese di Moab a oriente del mar Morto, nonna di David e nuora di Noemi, la cui storia è narrata nell'omonimo libro biblico. Per R. la menzogna, l'ipocrisia, la cattiveria non esistono. Spontanea, semplice e mite, R. è il prototipo della moglie ideale, sempre ubbidiente e attenta alle esigenze del suo uomo al quale dedica la vita, e della madre più premurosa e accondiscendente che esista. Tuttavia non è debole; nei momenti di crisi sfodera un coraggio ai limiti dell'eroismo. **Corrispondenze:** segno dello Scorpione. Numero portafortuna: 5. Colore: verde. Pietra: smeraldo. Metallo: argento.

Nomi di origine maschile

Salomone

Significato: pacifico, felice
Origine: ebraica
Onomastico: 28 settembre

È diffuso in Italia solamente negli ambienti israelitici. Infatti l'origine del nome è riconducibile alla parola ebraica *shâlôm* 'pace, salute, felicità'. Il nome S. acquista quindi significato di 'pacifico', 'felice'. Al nome S. si associa immediatamente il saggio e pacifico re S. figlio e successore di Davide. Ancora nei tempi moderni ricordiamo le doti di imparzialità e saggezza del biblico re con il termine salomonico. Al contrario, la versione femminile **Salomè** rimanda alla crudele figlia di Erode che eseguì una danza di fronte a dei convitati in cambio della testa di Giovanni Battista. È forse per questo triste ricordo che il nome è caduto in disuso. È un saggio, un uomo equilibrato, tollerante, compassionevole, che rifugge dagli eccessi e dalle passioni, e, per questo motivo, può venire giudicato freddo e distaccato. Ma a S. una simile accusa non importa per l'elevato valore che ripone nella misura e nella giustizia e per la naturale indifferenza nei confronti dei giudizi altrui. **Corrispondenze:** segno dell'Acquario. Numero portafortuna: 2. Colore: bianco. Pietra: diamante. Metallo: oro.

Salvatore Salvatrice

Significato: Dio è salvezza
Origine: ebraica
Onomastico: 18 marzo

È diffuso in tutta Italia, pur predominando nel Sud e in particolare in Sicilia, anche in numerose varianti tra cui **Turi**, **Tore**, **Salvatorangelo**, **Turiddu**. Quest'ultimo è divenuto un nome di moda teatrale ripreso dal personaggio della *Cavalleria rusticana* di Mascagni del 1890. S. è un nome di chiara e antica matrice cristiana: ricollega al latino *salvare* il significato del greco *soter*, 'salvatore', che a sua volta così traduceva l'ebraico *Yeshua*. La sua diffusione si deve a quella che può essere considerata un'invocazione cristiana beneaugurale, ma riflette anche il culto di numerosi santi, tra cui s. S. da Horta, in Catalogna, vissuto nel Cinquecento, minorita e confessore a Cagliari, molto venerato in Sardegna. Tra i personaggi da ricordare, il pittore e poeta del Seicento Salvator Rosa il pittore spagnolo Salvador Dalì, il poeta Quasimodo, il bandito del secondo dopoguerra Giuliano. S. è un uomo forte, deciso, fermo, tutto d'un pezzo, che ama i suoi familiari incondizionatamente e che per loro sarebbe pronto a qualsiasi sacrificio. Tuttavia S. è anche preda di una gelosia e di una tolleranza devastanti, che lo conducono persino alla violenza.

Corrispondenze: segno dell'Acquario. Numero portafortuna: 8. Colore: rosso. Pietra: rubino. Metallo: ferro.

Samuele Samuela

Significato: il suo nome è Dio
Origine: ebraica
Onomastico: 16 febbraio

È un nome quasi totalmente accentrato in Lombardia. Riprende quello dell'ultimo giudice e primo profeta di Israele dell'XI secolo a.C. che consacrò re Davide. La Chiesa festeggia, oltre che il profeta stesso il 20 agosto, anche s. S. martire con i santi Daniele, Elia, Geremia, Isaia, e s. S. martire a Ceuta in Spagna (il 10 ottobre). Tra i personaggi noti lo scrittore irlandese Beckett (1906-1989). S. è un grand'uomo; ambizioso, retto, caritatevole, persegue cammini, a volta irti di difficoltà, in difesa delle giuste cause. E lo fa spontaneamente, senza chiedere in cambio ricompense. Il rovescio della medaglia, se lo vogliamo vedere, è un certo machiavellismo, un certo dualismo, una sorta di ambiguità. S. è in sostanza un saggio dalla pazienza illimitata.

Corrispondenze: segno dell'Ariete. Numero portafortuna: 8. Colore: rosso. Pietra: rubino. Metallo: oro.

Santo Santa

Significato: dedicato a Dio
Origine: latina
Onomastico: 2 giugno

Il nome è diffuso in tutta Italia anche nelle varianti **Sante**, **Santino** (tipica del Sud) e nelle forme femminili **Santuccia** e **Santuzza** (quest'ultima è una forma tipica della Sicilia, ripresa dalla fine dell'Ottocento anche dal nome di una protagonista dell'opera di Mascagni *Cavalleria rusticana*). La variante **Sanzio** si è diffusa per il prestigio del pittore di Urbino del Cinquecento Raffaello Sanzio o Santi. È un nome usato in ambienti cristiani, sia per il suo significato relativo alla devozione per i Santi in generale e soprattutto per

Cristo e per la Vergine Maria sia per il culto di numerosi santi: s. S. diacono di Vienna del II secolo, martirizzato a Lione sotto Marco Aurelio; il beato Santino vescovo di Meaux; il beato Sante, laico francescano di Urbino del XIV secolo. È un uomo dall'impegno totale: o tutto o niente. Le sue doti organizzative gli permettono di essere l'unico artefice dei propri successi, l'unico a decidere della propria vita, l'unico a patirne le conseguenze. Sempre impegnato in mille azioni, le sue energie non vengono sprecate ma catalizzate dalla molteplicità di imprese. È un vero solitario, gli altri per lui non esistono.

Corrispondenze: segno dei Gemelli. Numero portafortuna: 6. Colore: arancio. Pietra: topazio. Metallo: bronzo.

Sanzio ➡ Santo

Saul

SIGNIFICATO: richiesto, implorato, ottenuto (da Dio)
ORIGINE: ebraica
ONOMASTICO: 25 gennaio

Il nome, che nell'Antico Testamento veniva attribuito a un figlio lungamente atteso e desiderato, ricorda il primo re d'Israele dell'XI secolo a.C. Si è attestato, soprattutto nel Centro-Nord, anche nelle varianti **Saulo** e **Saulle**, per diffusione teatrale: il re S., geloso di Davide e sconfitto dai Filistei, è infatti il protagonista dell'omonima tragedia dell'Alfieri del 1782. S. era il nome dell'apostolo Paolo prima della sua conversione sulla via di Damasco, di cui l'onomastico festeggia appunto il ricordo. Con questo nome si ricorda il romanziere statunitense Bellow. Da bambino e da adulto sa perfettamente che nessuno gli resiste. Tuttavia non sa bene perché e comunque non gli interessa molto. Preferisce la solitudine e la meditazione al rutilante mondo del successo e delle compagnie. Dotato di mille e mille virtù, non le mette in pratica e si accontenta di cercare una causa, giusta o sbagliata, alla quale dedicare tutto se stesso.

Corrispondenze: segno dei Gemelli. Numero portafortuna: 9. Colore: rosso. Pietra: rubino. Metallo: rame.

Saverio Saveria

SIGNIFICATO: casa nuova
ORIGINE: spagnola
ONOMASTICO: 3 dicembre

Il nome è diffuso particolarmente in Calabria e in Sicilia anche nella variante antiquata **Zaverio** e nella forma **Xavier**. S. è infatti l'adattamento del

nome spagnolo di s. Francisco Xavier, il gesuita spagnolo del Seicento che derivò questo appellativo dal nome del castello presso Pamplona dove era nato. Fu fondatore della Compagnia di Gesù con s. Ignazio di Loyola e predicò il Vangelo in India e in Giappone. Nel calendario cristiano si festeggia anche santa S. Francesca Cabrini, fondatrice delle Missionarie del Sacro Cuore negli Stati Uniti. S. non si sente a suo agio nel presente, preferirebbe il passato, il regno della memoria, il tempo delle gerarchie ben definite. Valoroso, fiero, irrequieto, avrebbe bisogno di ampi orizzonti e non di città, di solitudine e non di uomini. Ma, ciò nonostante, la vita lo ha dotato di ottime qualità che gli permettono in un modo o in un altro di vivere nella società attuale, sebbene ai margini, e di integrarsi, seppur difficilmente, con gli altri.
Corrispondenze: segno del Capricorno. Numero portafortuna: 7. Colore: blu. Pietra: zaffiro. Metallo: ferro.

Sebastiano Sebastiana

SIGNIFICATO: degno di venerazione
ORIGINE: greca
ONOMASTICO: 20 gennaio

Il nome è accentato per lo più in Sicilia e in Sardegna, dove è quasi esclusiva la forma **Bastiano**, in uso anche al femminile. In età imperiale era un appellativo onorifico corrispondente ad *Augustus*, che fu attribuito a Cesare Ottaviano e a tutti gli imperatori romani. È sostenuto dal culto di s. S. martire, il giovane soldato del III secolo che sotto Diocleziano fu condannato a essere trafitto dalle frecce dei suoi commilitoni, rappresentato nel XIV secolo in un celebre dipinto di Antonello da Messina ora conservato nella pinacoteca di Dresda. S. fu il nome di un re del Portogallo, del navigatore veneziano del XV secolo Caboto, del pittore S. del Piombo (1485-1547) e del musicista tedesco Bach (1685-1750). Fin dall'infanzia S. si caratterizza per la tenerezza, la dolcezza, la sensualità, il bisogno di coccole e parole affettuose, di sorrisi, approvazioni e tanta indulgenza. Che cosa deve farsi perdonare? Le infedeltà in amore come nelle idee. Mai fedele alla parola data, sempre alla ricerca della prossima innamorata, S. è un irrequieto che si lascia guidare dall'intuito e mai dall'intelligenza o dalla volontà.
Corrispondenze: segno dei Pesci. Numero portafortuna: 4. Colore: blu. Pietra: zaffiro. Metallo: rame.

Serafino Serafina

SIGNIFICATO: ardente
ORIGINE: ebraica
ONOMASTICO: 12 ottobre

Nella forma maschile il nome è diffuso in tutta Italia; nel femminile è accentrato nel Lazio e nel Sud. Deriva dal nome che nell'Antico Testamento veniva attribuito agli angeli alati che circondano il trono di Dio, appartenenti alla più alta delle gerarchie angeliche. Secondo la tradizione dalle loro bocche sarebbe uscito un fuoco con funzione purificatrice: da qui l'altra possibile interpretazione del nome come 'drago, serpente che purifica'.

Il nome è sostenuto dal culto di s. S. da Montegranaro, dell'Ordine dei Minori Cappuccini, morto nel 1604.

Meditativo, profondamente religioso, teso alla purezza assoluta, S. è un'anima impegnata nella ricerca della via giusta, dei valori morali più elevati, dell'essenza delle cose. Poco attaccato agli aspetti materiali e alle passioni, S. procede dritto per la sua strada posta ai margini della vita degli altri, e poco si cura dei loro giudizi negativi.

Corrispondenze: segno dei Pesci. Numero portafortuna: 4. Colore: viola. Pietra: diamante. Metallo: oro.

Sergio

SIGNIFICATO: curatore, guardiano
ORIGINE: latina
ONOMASTICO: 9 settembre

Il nome riprende l'antico gentilizio latino *Sergius*, forse di origine etrusca. Alla *gens Sergia* appartenne l'uomo politico romano del I secolo a.C. Lucio S. Catilina. È un nome diffuso in tutta Italia, soprattutto al Nord, appartenuto a quattro papi dell'Alto Medioevo e a sette duchi di Napoli e di Amalfi dal IX al XII secolo. La sua diffusione è avvenuta per il culto di vari santi, tra cui s. S. patrono della Russia; s. S. I papa, che favorì la conversione della popolazione germanica dei Frisoni e s. S. martire in Cappadocia, festeggiato il 24 febbraio.

Il nome si è attestato anche per tradizione letteraria, riprendendo il nome russo *Sergej*, molto ricorrente nella letteratura russa. Tra i personaggi famosi si ricordano: i musicisti russi Prokof'ev (1891-1953) e Rachmaninov (1873-1943); l'attore e scrittore Tofano, creatore di personaggi dei fumetti; i registi Eisenstein e Leone; l'olimpionico di atletica leggera Bubka.

Non è ricco di grandi qualità eppure attira tante simpatie al limite dell'adulazione. Non è una guida, un capo ma si trova suo malgrado attorniato da fedeli servitori pronti a tutto per lui. Non ha grandi ansie nel possedere le cose perché basta allungare la mano e trova sempre qualcuno disposto a donargli i suoi beni. La vita è facile per lui, e scorre sostanzialmente felice se non fosse per una insoddisfazione latente che emerge ogni tanto nel suo cuore e che lo turba assai profondamente.

Corrispondenze: segno della Vergine. Numero portafortuna: 9. Colore: rosso. Pietra: rubino. Metallo: rame.

Severo Severa

SIGNIFICATO: austero, inflessibile
ORIGINE: latina
ONOMASTICO: 21 febbraio

Il nome è diffuso in tutta Italia, soprattutto nel Nord nella variante **Severino** in uso anche al femminile. Fu il nome dell'imperatore romano Settimio S. che fece costruire il foro severiano in Libia e ampliò il palazzo imperiale sul Palatino. Il nome è sostenuto dal culto di molti santi, tra cui s. S. vescovo di Ravenna nel V secolo, patrono dei tessitori e delle guardie di polizia. Tra i personaggi noti si ricorda il filosofo e scrittore latino del V secolo Severino Boezio, uomo di stato e commentatore di Aristotele. S. è un uomo tranquillo, fatto per la pace familiare, pantofolaio convinto, riservato, marito fedele e amico generoso. Tuttavia è anche un grande sognatore: sogna di essere un cavaliere solitario che corre in aiuto della triste principessa o del sovrano minacciato dagli infedeli. Il suo cuore si infervora, sferra colpi a destra e a manca, esce sempre vittorioso. Quando il sogno è finito, S. ritorna il casalingo di sempre.

Corrispondenze: segno dello Scorpione. Numero portafortuna: 7. Colore: arancio. Pietra: berillo. Metallo: rame.

Sigfrido

SIGNIFICATO: che dà la pace con la vittoria
ORIGINE: germanica
ONOMASTICO: 5 febbraio

Il nome si è affermato per tradizione germanica e longobarda e si è diffuso nel Centro-Nord, soprattutto in Emilia Romagna. La forma tedesca **Siegfrid** è esclusiva della zona di Bolzano, ma si riscontrano anche le varianti **Sigifrido**, **Sigifredo**, **Sigilfredo**. È stato ripreso dall'Ottocento per via letteraria e teatrale, grazie alla fama dell'eroe della tradizione epica dei popoli germanici, figlio di Sigmundo e discendente di Odino, la suprema divinità germanica, fatto uccidere a tradimento dalla valchiria Brunilde. S. è la figura centrale della tetralogia lirica di Wagner *L'anello del Nibelungo* del 1876, simbolo dell'amore e di una natura libera e gioiosa. S. è un uomo ambiguo teso alle conquiste e alle lotte evocate dal suo nome leggendario e ripiegato su se stesso, in fuga dalla virilità a ogni costo. Così si mostrerà a volte effimero, versatile, manierato, capriccioso, piagnucolone come una donnicciola, altre volte valoroso, idealista, pronto a tutto, fedele, puro. Un simile contrasto sconcerterà gli altri che, in effetti, cercheranno di tenersi a debita distanza.

Corrispondenze: segno della Vergine. Numero portafortuna: 6. Colore: bianco. Pietra: diamante. Metallo: oro.

S

Sigismondo

SIGNIFICATO: che protegge il popolo con la vittoria
ORIGINE: germanica
ONOMASTICO: 1 maggio

Il nome è diffuso in tutta Italia anche nella variante **Sigismundo**. Si è affermato per tradizione longobarda e francone e riflette il culto di s. S. re dei Burgundi, fatto prigioniero dai Merovingi e martirizzato nel 523. S. fu il nome tradizionale delle dinastie regnanti polacche e lituane. Un'ulteriore diffusione al nome potrebbe essere derivata nel corso dell'Ottocento grazie al successo del melodramma di Rossini *Sigismondo* del 1814. In S. scorgiamo una grande immaginazione e un fervore creativo che ne farebbero un artista perfetto. Libero, giusto, caritatevole, passa la vita a difendere i deboli e gli oppressi, e a preoccuparsi del destino altrui più che del suo.
Corrispondenze: segno del Leone. Numero portafortuna: 3. Colore: blu. Pietra: zaffiro. Metallo: rame.

Silvano Silvana

SIGNIFICATO: abitante del bosco
ORIGINE: latina
ONOMASTICO: 22 settembre

Il nome è diffuso in tutta Italia e continua il tardo personale latino *Silvanus*, l'antica divinità romana, parallela al greco Pan, protettrice delle selve, delle greggi e dei campi, raffigurata con una lunga barba e una folta chioma coronata di pino. Il nome è sostenuto dal culto nei confronti di s. S. vescovo e martire in Palestina e di s. S. confessore nei pressi di Bourges in Francia. Si festeggia anche il 10 febbraio, il 4, il 5 e il 24 maggio e il 1° settembre. S. possiede la fecondità della natura, la gioia di vivere istintiva di un animaletto del bosco, la generosità più pura che esista. Infaticabile, riservato, silenzioso, tenace e prudente, ama meditare in solitudine sui valori della vita. Ma tra una meditazione e l'altra che gioia sa dare a chi sta vicino.
Corrispondenze: segno del Toro. Numero portafortuna: 3. Colore: verde. Pietra: ambra. Metallo: ferro.

Silvestro ➡ Silvio

Silvio Silvia

SIGNIFICATO: abitante del bosco
ORIGINE: latina
ONOMASTICO: 3 novembre

Il nome è di ampia diffusione in tutta Italia anche nelle varianti **Silvo**, tipica della Toscana, **Silviano**, **Selvo**, **Silva**, accentrata in Friuli Venezia Giulia, **Sylvia** e **Sylva**. Continua il nome latino *Silvius* attestato dall'ultima età repubblicana. Secondo la leggenda il nome fu attribuito per la prima volta a un figlio di Enea, donde discesero tutti i re di Albalonga, tra cui Numitore, padre di Rea Silvia, che, fecondata dal dio Marte, diede alla luce i gemelli Romolo e Remo, i futuri fondatori di Roma. Il nome si è diffuso soprattutto in ambienti cristiani per il culto di s. S. martire ad Alessandria d'Egitto e di s. Silvia, madre di s. Gregorio Magno, morta a Roma nel 572. Il nome **Silvestro** è formato dalla stessa radice etimologica, *silva*, 'bosco', e mantiene quindi il medesimo significato di S. È diffuso in tutta Italia e ricorda il culto di s. S. I papa, morto il 31 dicembre del 335, che introdusse in Occidente la numerazione araba, e di s. S. Gozzolini, fondatore della Congregazione benedettina dei Silvestrini. Tra i personaggi famosi si ricordano il patriota e scrittore dell'Ottocento S. Pellico; l'uomo politico S. Spaventa, fratello del filosofo Bertrando; il pittore macchiaiolo toscano dell'Ottocento Silvestro Lega, l'attore cinematografico statunitense Silvester Stallone, noto soprattutto per aver interpretato il personaggio di Rocky. Riflessivo, pacato, tranquillo, amante della natura, S. passa la sua vita a prendersi cura del suo giardino, oppure del suo boschetto, tra il cinguettio degli uccellini e seguendo il ritmo delle stagioni. Meditativo, è portato per gli studi filosofici, ma anche per i piccoli lavori manuali. Amante tenero, S. è sempre attento a non offendere e a non ferire la sua donna alla quale resterà legato per tutta la vita.

Corrispondenze: segno dell'Acquario. Numero portafortuna: 8. Colore: bianco. Pietra: diamante. Metallo: oro.

Simone Simona

Significato: Dio ha ascoltato
Origine: ebraica
Onomastico: 18 febbraio

Il nome è di ampia diffusione in tutta Italia, anche nelle varianti **Simon**, **Simeone**, **Sìmeon** e nelle forme femminili molto in uso **Simona** e **Simonetta**. Nell'Antico Testamento Simeone è il secondo figlio di Giacobbe, nome che riappare nel Nuovo Testamento come quello di un cugino e discepolo di Gesù. Il nome Simone risale invece a una variante greca derivata da *simos*, con il significato di 'camuso', cioè con il naso schiacciato. Nei *Vangeli* è il nome originario di s. Pietro, da cui si è formato il nome apparentemente doppio **Simon Pietro**. A lui un ebreo della Samaria, Simone detto 'il mago', offrì denaro per ottenere il potere di compiere miracoli: da questo episodio il traffico dei valori dello spirito prese il nome di 'simonìa'. La Chiesa festeggia anche s. S. secondo vescovo di Gerusalemme e martire. Tra i personaggi noti si ricordano lo scultore greco Simone di Egina; il primo doge di Genova

S

Simon Boccanegra; il generale e uomo politico venezuelano Simon Bolivar che liberò il suo Paese dagli Spagnoli nel 1813; la scrittrice francese del Novecento Simone De Beauvoir e l'attrice francese Simone Signoret. Tenero, bisognoso di affetto, trascinato dalle utopie, S. è un uomo inadeguato a vivere nella realtà e questa sua difficoltà lo rende piuttosto affascinante. Le donne infatti non mancano a S. e saziano quel bisogno di calore umano che le troppe meditazioni solitarie e la consapevolezza di non riuscire a concretizzare i propri sogni gli consumano.

Corrispondenze: segno del Cancro. Numero portafortuna: 1. Colore: blu. Pietra: zaffiro. Metallo: bronzo.

Siro Sira

SIGNIFICATO: oriundo della Siria
ORIGINE: greca
ONOMASTICO: 9 dicembre

Il nome è accentrato soprattutto in Lombardia e in Toscana, anche nelle varianti **Sirino** e **Sirio**, che pare possa risalire a un nome augurale latino derivato a sua volta da un termine greco di etimo incerto con il significato di 'stella luminosa'. Sirio è infatti il nome della stella principale della costellazione del Cane Maggiore e la più brillante del cielo. Il nome Siro continua il lontano etnico greco attribuito agli abitanti della Siria, divenuto nome latino di schiavi e liberti in età imperiale. Si è attestato anche come nome cristiano per il culto di s. S. I vescovo di Pavia, di cui è patrono, vissuto intorno alla metà del IV secolo. Irrequieto, incostante, estroso, aperto al cambiamento, S. sa essere anche freddo, apatico, indifferente, attento a non mutare troppo le sue abitudini e i suoi ritmi di vita. Alterna a momenti di assoluto distacco a periodi di sfrenati entusiasmi che si spengono con la facilità con cui sono nati. Influenzabile, S. vive nella contraddizione continua e impone i suoi mutamenti di umore ai familiari i quali, per sopportarlo, devono essere dotati di una pazienza illimitata.

Corrispondenze: segno dello Scorpione. Numero portafortuna: 7. Colore: blu. Pietra: acquamarina. Metallo: argento.

Sisto

SIGNIFICATO: sesto figlio
ORIGINE: latina
ONOMASTICO: 28 marzo

Il nome maschile S. deriva sanz'altro dalla sua variante **Sesto**, in latino *Sextus*, il cui significato è facile da intendere: 'sesta nascita', 'sesto figlio'. Come spesso accade nel corso della storia il nome personale è diventato cognome tanto che oggi è facile trovare S. come cognome nel Lazio e in

Toscana. La storia ricorda S. come nome di più papi. La sua curiosità intellettuale gli accende una fiamma che può ardere perenne. La sua passione per il bello gli fa conoscere dimensioni ai più sconosciute. La sua nervosità lo spinge a moltiplicare le esperienze intellettuali e sentimentali. Questi tre tratti principali della sua personalità lo costringono a un'insoddisfazione senza risoluzione ma anche a momenti di fugace e profonda felicità.

Corrispondenze: segno dei Gemelli. Numero portafortuna: 1. Colore: blu. Pietra: zaffiro. Metallo: argento.

Stanislao

SIGNIFICATO: di gloria duratura
ORIGINE: slava
ONOMASTICO: 13 novembre

È un nome distribuito prevalentemente in Friuli Venezia Giulia soprattutto tra le minoranze di lingua slovena. È presente in alcuni paesi di lingua slava, Polonia, Repubblica ceca, Slovacchia. Il nome si è attestato in Italia nei territori nord-orientali dal Tardo Medioevo e si è affermato per il culto di s. S. vescovo di Cracovia, martire nel 1079 e di s. S. Kostka, gesuita polacco morto a Roma (1568). Un'ulteriore affermazione del nome si è avuta grazie a due re di Polonia nel Settecento. È un condottiero sempre in lotta e sempre in movimento. L'azione è la sua vera dimensione; le passioni e le folli imprese la sua quotidianità. Capriccioso, scontroso, insoddisfatto, S. è prepotente e burbero, ma dal fascino indubbio.

Corrispondenze: segno dell'Acquario. Numero portafortuna: 3. Colore: violetto. Pietra: ametista. Metallo: bronzo.

Stefano Stefana

SIGNIFICATO: corona, ghirlanda (del martirio)
ORIGINE: greca
ONOMASTICO: 26 dicembre

Il nome è di ampia diffusione in tutta Italia anche nelle varianti **Steno** e **Stefanio**, e in quelle femminili **Stefanella** e soprattutto **Stefania**. Quest'ultima, usata a volte anche nella forma abbreviata **Fanny**, si è largamente diffusa in tutto il Paese, grazie al culto nei confronti di una s. Stefania vergine, martire a diciotto anni al tempo di Diocleziano, festeggiata il 24 febbraio. Il nome S. ricorda il protomartire cristiano del I secolo, diacono della comunità apostolica di Gerusalemme, che fu accusato di empietà per aver rimproverato ai giudici di aver fatto uccidere Cristo e che fu condannato dal Sinedrio alla lapidazione. La Chiesa ricorda inoltre s. S. vescovo di Caiazzo, festeggiato il 29 ottobre, e s. S. di Muret (l'8 febbraio), che fondò l'Ordine di Gradmont. S. fu il nome di dieci papi, di sei re e di due imperatori di Serbia,

S

di cinque re di Ungheria. Tra i personaggi famosi si ricordano il poeta francese dell'Ottocento Mallarmé; lo scrittore austriaco di origine ebrea Zweig; gli attori cinematografici Steve McQueen e Stefania Sandrelli. S. è dotato di tutte le qualità e le promesse necessarie per condurre una vita ricca di soddisfazioni. Starà a lui scegliere la via più congeniale. Sicuramente si dedicherà alla logica, alle scienze e alla ricerca. Sicuramente nulla potrà guarire la sua vulnerabilità: se ferito da qualcosa o da qualcuno, si ripiegherà su se stesso e cercherà conforto nella solitudine.

Corrispondenze: segno della Vergine. Numero portafortuna: 9. Colore: verde. Pietra: smeraldo. Metallo: rame.

Nomi di origine femminile

Sabina

SIGNIFICATO: nativa della Sabina
ORIGINE: latina
ONOMASTICO: 29 agosto

È presente in tutta Italia anche nella variante **Savina**. Molto diffuso all'epoca di Roma Imperiale, designava l'origine, cioè la provenienza, della persona divenendo *cognomen* e poi nome indipendente. Eccessiva, energica, decisa, S. si dà un unico scopo sul quale fa convergere tutta se stessa e tutte le sue capacità per ottenerlo. Guai se qualcuno cerca di fermarla, sarebbe disposta anche a ricorrere alla violenza più brutale. Arrivare alla meta diventa un'ossessione e in maniera ossessiva vive costringendo chi le sta vicino a condividere le sue aspirazioni. Niente di più traumatico!

Corrispondenze: segno dell'Ariete. Numero portafortuna: 5. Colore: blu. Pietra: zaffiro. Metallo: ferro.

Sabrina

SIGNIFICATO: affilata, pungente
ORIGINE: ebraica
ONOMASTICO: 29 gennaio

Diffuso nel Nord e nel Centro, soprattutto in Toscana, è un nome di moda recente ripreso dalla protagonista del film americano *Sabrina Fair* del 1954, interpretato dall'attrice Audrey Hepburn. Secondo alcuni studi etimologici il nome troverebbe la sua origine nell'ebraico *sabre*, il frutto del cactus, dolce all'interno ma esternamente pieno di spine, viene generalmente attribuito a bambini ebrei nati in Israele e non provenienti da altri paesi. Sono state ipotizzate anche due altre origini per S. La prima farebbe derivare il nome dall'africano *Sabratha*, un'antica città dell'Africa, l'altra dal celtico, per il nome di una terra antartica vicina al fiume Severn, in latino *Sabrina*. Testarda e dedita a un'unica passione come Sabina, S. è anche allegra, leggiadra, appassionata di poesia, dedita alla fantasia, e dotata di un discreto senso dell'umorismo.

Corrispondenze: segno dell'Ariete. Numero portafortuna: 1. Colore: blu. Pietra: zaffiro. Metallo: ferro.

Salomè ➡ Salomone

Samantha

Significato: fanciulla sacra
Origine: nordamericana
Onomastico: 1 novembre

Diffuso in tutta Italia, il nome inglese *Samantha* è stato documentato per la prima volta negli Stati Uniti alla fine del Settecento negli atti di un processo per stregoneria tenuto a Salem nel Massachusetts. Ma la radice più lontana del nome è ebraica, con il significato anche di 'colei che ascolta'. Si è affermato in Italia a partire dagli anni Settanta come nome di moda, da quello della protagonista della serie televisiva statunitense *Bewitched*, in italiano *Samantha*, dove S. è il nome di una delle due giovani streghe. Se si riesce a superare il primo impatto, in cui S. mostra una ruvidezza, una scontrosità davvero temibili, si apriranno le porte di un giardino incantato. Immaginazione, delicatezza, fervore, calore, tenerezza... e chi ne ha più ne metta. S. cerca di difendere questo suo mondo segreto tanto fragile quanto perfetto e si corazza di un'armatura che si può smontare.

Corrispondenze: segno del Sagittario. Numero portafortuna: 8. Colore: blu. Pietra: zaffiro. Metallo: ferro.

Sara

Significato: principessa, signora
Origine: ebraica
Onomastico: 10 dicembre

Ampiamente diffuso in tutta Italia, anche nella variante **Sarah**, riprende dall'Antico Testamento il nome della moglie di Abramo. A causa della sterilità di S., il marito si unì alla schiava egiziana Agar che generò Ismaele, capostipite di alcune tribù arabe, ma più tardi tre angeli annunciarono a S. una miracolosa maternità, da cui nacque Isacco, che divenne il legittimo erede di

Abramo. La Chiesa cattolica festeggia la S. ebraica anche se non è ufficialmente riconosciuta nel calendario cristiano. Tra i personaggi famosi si ricordano l'attrice francese Sarah Bernhardt, morta nel 1923, e l'olimpionica
Simeoni. Coraggio, audacia, fecondità, perseveranza, speranza, sono i tratti
principali della sua personalità. Volta alla conoscenza e al rinnovamento, la
sua vita è un continuo sperimentare il che la può rendere un po' inconcludente. La sua passione sono i bambini di cui ama circondarsi e ai quali non
rinuncerebbe per nulla al mondo.

Corrispondenze: segno del Leone. Numero portafortuna: 2. Colore: rosso.
Pietra: rubino. Metallo: oro.

Savina ➡ Sabina

Selvaggia

SIGNIFICATO: selvatica
ORIGINE: latina
ONOMASTICO: 1 novembre

Accentrato soprattutto in Toscana, è un nome di moda recente che riprende,
per via colta e letteraria, quello della donna amata dal poeta stilnovista Cino
da Pistoia nel Duecento, forse S. de' Vergiolesi. Il significato del nome si riferisce alla provenienza da zone boscose e isolate, ma si è configurato anche
come 'scontroso, poco socievole'. Elegante, delicata, sensibile, infonde in chi
ama un calore unico. Il suo cuore è tenero, la comprensione per le debolezze degli uomini totale, la delicatezza di sentimenti rara. Per nulla ambiziosa,
S. dedica tutta la sua vita, oltre che al suo uomo e alla sua famiglia, alla
ricerca della saggezza.

Corrispondenze: segno del Toro. Numero portafortuna: 6. Colore: blu.
Pietra: zaffiro. Metallo: mercurio.

Serena Sereno

SIGNIFICATO: tranquilla, felice, lieta
ORIGINE: latina
ONOMASTICO: 2 agosto

Diffuso sprattutto nel Nord, più compatto nel Veneto e in Friuli Venezia
Giulia, anche nella variante **Serenella**, il nome continua il tardo soprannome poi nome individuale latino riferito al cielo limpido e senza nuvole, con
un significato anche augurale di vita felice e senza preoccupazioni. In
ambienti cristiani il nome si è diffuso per il culto di s. S. vescovo di Marsiglia
nel IV secolo. S. ovvero la rinascita. Seria, umile, dedita con abnegazione

agli impegni quotidiani, S. rispetta la natura e le tradizioni. Non sogna, non aspira, non desidera cambiare, non si lamenta, china la testa e lavora. Per nulla ambiziosa, S. non conosce la fatica o le distrazioni delle passioni ma si sente chiamata alla costruzione di un mondo più giusto con il suo semplice esempio.

Corrispondenze: segno dell'Acquario. Numero portafortuna: 2. Colore: verde. Pietra: smeraldo. Metallo: rame.

Sibilla

Significato: consigliera di Dio
Origine: greca
Onomastico: 9 ottobre

È un nome presente principalmente in Lombardia, raramente nella forma maschile **Sibillo**. È una ripresa classica dal nome delle profetesse della mitologia mediterraneo-orientale, sacerdotesse di Apollo, mediatrici tra gli dei e gli uomini, considerate figlie di dei e ninfe. Tra le più famose, la *S. Cumana*, la bella fanciulla ornata da una falce di luna che prediceva le sorti in una grotta presso Cuma, e che avrebbe venduto a Tarquinio Prisco i cosiddetti *Libri sibillini*, contenenti profezie sul destino di Roma; la *S. Albunea* che risiedeva presso Tivoli; la *Delfica*, la *Libica*, la *Ellespontica*. Tra i personaggi famosi si ricorda la poetessa e narratrice S. Aleramo (pseudonimo di Rina Faccio), vissuta tra il 1876 e il 1960, autrice di *Una donna*. Vive il presente e non si preoccupa affatto del futuro. Per nulla ambiziosa, entusiasta della vita, sempre allegra, ottimista, S. è leggera e traboccante di fantasia. Potrebbe essere un'ottima medicina contro la malinconia e il mal di vita.

Corrispondenze: segno del Capricorno. Numero portafortuna: 7. Colore: bianco. Pietra: diamante. Metallo: mercurio.

Simonetta ➡ Simone

Sofia

Significato: sapienza
Origine: greca
Onomastico: 30 settembre

Diffuso in tutta Italia e soprattutto in Sicilia, è un nome di matrice cristiana, affermatosi come sinonimo della sapienza divina, che si è espressa in Cristo come incarnazione del Verbo. Si è diffuso per il culto di s. S. nobile milanese, martire a Roma con le figlie Fede, Speranza e Carità e di s. S. di Costantinopoli, eremita e martire. Fu il nome di due regine di Prussia, di una reggente di Russia, figlia dello zar Alessio e sorella dello zar Pietro il Grande e di una regina di Svezia. Il nome si è affermato in tempi moderni in Italia anche per la popolarità dell'attrice cinematografica Sofia Loren. La variante **Sonia** (presente anche come **Sonya** e **Sonja**) è un nome recente di moda esotica dal russo *Sonja*, divenuto popolare, soprattutto nel Centro-Nord, per la fama delle protagoniste di opere russe di grande successo tra cui il romanzo *Delitto e castigo* di Dostoevskij del 1866 e il dramma di Cechov *Lo zio Vanja* del 1899. S. non incarna la serenità. La sua bontà non è quella dei bambini buoni e ubbidienti o quella degli adulti caritatevoli, attenti ai bisogni altrui. È piuttosto quella di chi fugge dal mondo – asceti, monache di clausura, eremiti – perché nel mondo non trovano la loro dimensione. È piuttosto quella nervosa e schizofrenica degli artisti, in contatto con altre realtà, insita nell'eccesso e nel turbinio delle passioni e del fervore che crea. **Corrispondenze:** segno dei Gemelli. Numero portafortuna: 2. Colore: blu. Pietra: zaffiro. Metallo: argento.

Sonia russo per ➡ Sofia

Stefania ➡ Stefano

Stella

Significato: astro luminoso
Origine: ebraica
Onomastico: 11 maggio

Distribuito in tutta Italia e soprattutto in Sicilia, dove si riscontra nella variante maschile **Stellario**, il nome si è diffuso anche nelle varianti femminili **Estella** e **Stellina** e nelle forme doppie **Stella Maria**, **Maria Stella** e **Stella Maris**. È un nome affettivo in uso dal Medioevo, attribuito per augurare a una neonata una luminosità pari a quella degli astri, ma è soprattutto un nome cristiano che riflette la devozione per Maria Santissima della Stella e per l'epiteto *Maris stella*, attribuito alla Vergine, risalente all'errata interpretazione dell'ebraico *maryam* come 'stella di mare' anziché 'stilla', 'goccia di mare'. Nel latino liturgico questo attributo della Vergine è esaltato nel canto *Ave maris stella*, dove la Madonna, fonte di guida e di salvezza, è paragonata alla Stella polare, indicatrice del giusto cammino, guida e riferimento per i marinai. Versatile, energica e lucente, S. è portata per le arti, le scienze e anche per la politica. A momenti di gioia e fervore, tuttavia, seguono periodi di cupezza, di abbattimento e di sconforto, che presto passano per far ritornare il sole a splendere sulla sua vita. **Corrispondenze:** segno del Toro. Numero portafortuna: 8. Colore: blu. Pietra: zaffiro. Metallo: oro.

Susanna

Significato: fiore di Loto
Origine: egiziana
Onomastico: 11 agosto

Diffuso in tutta Italia, soprattutto nelle Puglie, il nome ebraico *Shushan*, 'giglio', dell'Antico e Nuovo Testamento, è un adattamento dall'egizio *Shushan*, 'fiore di loto'. Nel *Libro di Daniele* S. è la giovane donna virtuosa accusata di adulterio da due vecchi giudici e riconosciuta innocente dal profeta Daniele. I due uomini l'avevano spiata mentre faceva il bagno nuda e lei li aveva sdegnosamente allontanati. È un nome molto citato nella letteratura, che ha ispirato anche opere pittoriche del Tintoretto, del Pinturicchio e di Rembrandt. Tra i personaggi famosi si ricordano la scrittrice Susan Sontag e l'attrice Susan Hayward. S. è un nome popolare anche nel cinema; ricordiamo il film *Susanna* di Howard Hawks. Riflessiva, attenta, allegra, aggraziata, S. ama l'ironia e le battute di spirito che rivolge con malizia e mordacità a nemici e amici. La sua incredibile filosofia di vita le permette di superare indenne gli eventi più avversi dell'esistenza. Interessata all'amore, S. ha il dono di insegnare a chi le sta accanto come rinnovare perennemente i sentimenti e restare fedeli a un'unica persona.
Corrispondenze: segno del Toro. Numero portafortuna: 1. Colore: violetto. Pietra: ametista. Metallo: ferro.

Nomi di origine maschile

Taddeo Taddea

Significato: dono di Dio
Origine: aramaica
Onomastico: 28 ottobre

Il nome è ormai poco utilizzato in Italia e riflette il culto nei confronti dell'apostolo Giuda, fratello di Giacomo e soprannominato T., martirizzato in Persia con s. Simone. T. e Veneranda sono i protagonisti del poemetto di Giusti *L'amor pacifico* del 1844, assurti a simbolo della vita coniugale e della pigrizia. T. è un puro, un bimbo che apre gli occhi alla vita e che vede tutto meraviglioso. Tenero, sorridente, generoso, pieno di fiducia, ottimista, T. resterà sempre un bambino pronto a stupirsi di tutto e a pensare sempre bene degli altri, sicuro che chi gli sta vicino avrà sempre cura di lui.
Corrispondenze: segno del Cancro. Numero portafortuna: 7. Colore: violetto. Pietra: acquamarina. Metallo: oro.

Tancredi

Significato: consigliere saggio, che medita le decisioni
Origine: germanica
Onomastico: 9 aprile

È un nome distribuito in tutta Italia, introdotto dai Normanni nell'XI secolo. La sua espansione è avvenuta soprattutto a partire dal Rinascimento per via letteraria e teatrale grazie al nome del principe normanno T. d'Altavilla celebrato come esempio di virtù cavalleresche nella *Gerusalemme liberata* del Tasso e grazie al fascino del cavaliere di Siracusa T. dell'omonima tragedia di Voltaire del 1760, ripreso successivamente nell'opera lirica di Rossini del 1813. La Chiesa festeggia s. T. eremita in Inghilterra e martire nell'870 per mano dei pagani. Ottimista, vispo, socievole, innamorato della natura e degli animali, T. conserverà sempre la vivacità dell'adolescenza e l'innocenza di quando era fanciullo. Retto e gentile, il suo entusiasmo scoraggia gli invidiosi e i cattivi, e lo protegge dalla decadenza del tempo.
Corrispondenze: segno dell'Acquario. Numero portafortuna: 2. Colore: bianco. Pietra: diamante. Metallo: oro.

Tarquinio

Significato: originario di Tarquinia
Origine: latina
Onomastico: 1 novembre

È un nome, ormai accentrato solamente nel Lazio e per il resto disperso, di impronta classica, affermatosi grazie al prestigio di Lucio T. Prisco, quinto re di Roma nel VI secolo a.C., di madre etrusca e autore di importanti riforme politiche e di Lucio T. il Superbo, settimo e ultimo re di Roma, successore di Servio Tullio. Nel calendario cristiano non sono festeggiati santi con questo nome. T. è un uomo di fede, che dedica gran parte della sua vita alla preghiera. Ciò non significa che vestirà necessariamente l'abito poiché la preghiera è per lui un moto spontaneo del cuore, un'esigenza irrinunciabile. Impegnato nella ricerca delle verità più profonde, non è detto che vi arrivi ma che abnegazione!
Corrispondenze: segno del Sagittario. Numero portafortuna: 8. Colore: verde. Pietra: smeraldo. Metallo: argento.

Teobaldo

Significato: valoroso tra il popolo
Origine: germanica
Onomastico: 30 giugno

Il nome è presente soprattutto in Toscana e nel Lazio. Riprende il culto di s.

T. eremita di Provins di nobile origine, che abbandonò il mondo e le ricchezze vivendo in povertà fino alla morte. Per T. la vita non deve essere impegno, studi, tedio ma gioia, movimento, gioco, piacere. Non sopporta sprecare il suo tempo seduto a calcolare, a conoscere teorie scientifiche e filosofiche, ad applicarsi alla lettura. La vita è una corsa in mezzo ai prati in un caldo pomeriggio assolato, è dissetarsi al torrente dei piaceri.
Corrispondenze: segno del Cancro. Numero portafortuna: 8. Colore: violetto. Pietra: ametista. Metallo: oro.

Teodoro Teodora

Significato: dono di Dio
Origine: greca
Onomastico: 26 marzo

Il nome è diffuso in tutta Italia, soprattutto nel Sud e particolarmente nelle Puglie. È sostenuto dal culto di s. T. martire nel Ponto sotto Massimiano, compatrono di Brindisi con s. Leucio e di s. T. arcivescovo di Canterbury. Fu il nome di due papi, di due imperatrici d'Oriente, di due imperatori di Nicea, di tre zar di Russia e del matematico e filosofo greco della seconda metà del V secolo a.C. T. di Cirene. Tra i personaggi famosi anche il presidente statunitense Roosevelt e lo scrittore russo dell'Ottocento Fëdor Dostoevskij. T. è metodico, studioso, attento ai dettagli, dedito alla conoscenza enciclopedica, estremamente serio e pignolo. Per questo può sembrare freddo, noioso, distaccato, quasi disumano. E invece rivela un cuore ricolmo di amore e generosità per i propri cari e gli amici.
Corrispondenze: segno del Toro. Numero portafortuna: 9. Colore: rosso. Pietra: rubino. Metallo: oro.

Terenzio

Significato: nativo di Taranto
Origine: latina
Onomastico: 27 settembre

Il nome è distribuito in tutta Italia anche nelle varianti **Terenzo** e **Terenziano**. Alla base è un antico gentilizio latino forse di origine etnica. Ma per alcuni studiosi di etimologia il nome potrebbe anche significare 'tornitore' o 'molle, delicato, tenero', riferito al terreno, o ancora potrebbe provenire dal verbo *terere*, 'battere, strofinare', da cui sarebbe derivato il nome della dea romana *Terensis* che presiedeva la battitura del grano. Il nome è stato promosso dal culto di vari santi, tra cui s. T. di Luni, martire e patrono di Pesaro e s. Terenziano, martire a Todi sotto Diocleziano, patrono di Capranica. Publio Afro T. fu un poeta latino del II secolo a.C., autore di commedie, apprezzato per la notevole perfezione formale e l'acuta sensibilità, capace di cogliere le diverse sfumature dei sentimenti umani. T. è un essere duttile, capace di adattarsi a tutte le situazioni e a tutte le persone con le quali viene in contatto. C'è in questa abilità a plasmarsi il segreto dell'eterna giovinezza, la comprensione della natura umana, il desiderio di non mostrarsi mai fino in fondo per quello che si è. Accorto, sottile e serio, T. non tradisce mai gli amici, preferisce essere infedele con le donne.

Corrispondenze: segno del Sagittario. Numero portafortuna: 2. Colore: blu. Pietra: zaffiro. Metallo: oro.

Tiberio Tiberia

Significato: dedicato, sacro al dio Tiberino
Origine: latina
Onomastico: 10 novembre

È un nome distribuito in tutta Italia per matrice sia classica sia cristiana. Riprende infatti l'antico prenome latino derivato da *Tiberis*, nome del fiume e del dio stesso del fiume, di probabile origine etrusca, e potrebbe quindi significare anche 'proveniente, nato presso il Tevere'. La fortuna di questo nome è legata anche al prestigio dell'imperatore Claudio T. Nerone successore di Augusto, che consolidò il potere imperiale nei confronti di quello del Senato. Si è diffuso anche per il culto di s. T. martire con s. Modesto e s. Fiorenzo durante le persecuzioni di Diocleziano. Immaginazione vivace, spirito brioso, eternamente giovane e felice, T. affronta così la vita, con la leggerezza di chi sembra aver capito che per essere felici non bisogna rincorrere grandi sogni ma semplicemente vivere e trarre dalla propria esistenza il meglio che si può.

Corrispondenze: segno dei Pesci. Numero portafortuna: 9. Colore: giallo. Pietra: topazio. Metallo: rame.

Timoteo

Significato: che onora Dio
Origine: greca
Onomastico: 24 gennaio

È questo un nome che fu portato da uomini illustri del mondo ellenico, ma che oggi è poco usato. Deriva dalle parole greche *timo* 'onorare' e *theos* 'Dio' e per il suo significato fu usato dai primi cristiani. Si ricorda infatti che s. T. fu il discepolo prediletto di s. Paolo. T. è la gaiezza fatta persona; è vivace, fiducioso, puro, tenero, allegro, contagia con il suo entusiasmo e la sua gioia di vivere, non conosce le meschinità e la cattiveria e si sorprende sempre delle bellezze e dei piaceri della natura. È un amico di grande compagnia, utile per scacciare la malinconia ma è un amante talmente infedele da non accorgersi nemmeno di aver cambiato donna.

Corrispondenze: segno della Vergine. Numero portafortuna: 8. Colore: blu. Pietra: zaffiro. Metallo: argento.

Tito Tita

SIGNIFICATO: difensore
ORIGINE: latina
ONOMASTICO: 26 gennaio

Il nome è diffuso in tutta Italia anche nelle varianti **Titino** e **Tizio**, in uso a volte nella forma al femminile. Alla base del nome è il gentilizio latino *Titus* (con il gentilizio derivato *Titius*) derivato dal sabino, di probabile origine etrusca. La sua diffusione è avvenuta soprattutto per via classica e letteraria grazie al prestigio di grandi personaggi romani quali lo storiografo T. Livio, autore di una storia di Roma dalla fondazione della città e l'imperatore T. Flavio Vespasiano del I secolo, che fece edificare grandiose opere pubbliche tra cui le Terme e l'anfiteatro Flavio. La sua clemenza nel governare ispirò il melodramma di Metastasio *La clemenza di Tito* del 1734, musicato da Mozart. In ambienti cristiani il nome si è attestato per il culto di s. T. discepolo di Paolo, posto da questi a capo della Chiesa di Creta, martirizzato nel 105. Nel secondo dopoguerra si è affermato anche per il prestigio del capo della resistenza iugoslava Josip Broz, noto con lo pseudonimo di T. È molto in uso il patronimico **Tiziano**, anche al femminile, diffuso per il culto di s. T. vescovo di Lodi nel V secolo e di s. T. vescovo di Brescia. Ma la massima notorietà del nome si deve al prestigio del grande pittore veneziano del Rinascimento Tiziano Vecellio. Amico e amante generoso e fedele, T. è premuroso, gentile, serio, modesto, portato alla malinconia e ai grandi slanci. La sua fiducia negli altri è spesso mal riposta e, accorgendosene, ne soffre da morire ma non impara mai dai propri sbagli.
Corrispondenze: segno della Vergine. Numero portafortuna: 9. Colore: bianco. Pietra: diamante. Metallo: argento.

Tiziano figlio di ➡ Tito

Tobia

SIGNIFICATO: Yahweh è il mio bene
ORIGINE: ebraica
ONOMASTICO: 2 novembre

È diffuso nel Sud, soprattutto in Campania, anche nelle varianti **Tobias** e **Tobiolo**. Riprende il nome del profeta dell'Antico Testamento, considerato santo, ma non ufficiale della Chiesa cattolica, per la sua cristiana rassegnazione alle disgrazie e alla cecità, e del figlio Tobiolo, marito di Sara, che guarì il padre con l'aiuto dell'arcangelo Raffaele. Il nome riflette anche il culto di s. T. martire in Armenia nel III secolo. La sua generosità e la sua dedizione agli altri sono totali. Si dimentica di sé e dei propri bisogni per prendersi cura dei più bisognosi, degli afflitti, degli oppressi, degli emarginati e, così facendo, diventa anch'egli un emarginato, costretto a vivere ai margini di una società egoista. Non conosce l'orgoglio, il tradimento, le meschinità e la sua fedeltà è assoluta. **Corrispondenze:** segno del Leone. Numero portafortuna: 8. Colore: bianco. Pietra: diamante. Metallo: ferro.

Tolomeo

SIGNIFICATO: guerriero
ORIGINE: greca
ONOMASTICO: 24 agosto

Il nome è accentato soprattutto nel Lazio e si è diffuso per il culto di s. T. martire a Roma nel II secolo e di s. T. discepolo di Pietro, vescovo e martire a Nepi. Fu il nome di quindici re d'Egitto e dell'astronomo e matematico greco del II secolo Claudio T., l'ideatore del sistema astronomico geocentrico che da lui prese il nome, basato su un sistema di circonferenze intersecantesi lungo cui si muovono i pianeti. Tale teoria fu soppiantata da quella eliocentrica (il sole al centro dell'universo) di Copernico. In T. il bene e il male convivono, così come la pace e la discordia, la violenza e la docilità. È un uomo che intimorisce per l'ansia che si indovina nel suo viso, per le lacerazioni che questi opposti operano in lui, ma che affascina per le contraddizioni che in lui convivono e che lo animano con violenza.
Corrispondenze: segno dei Gemelli. Numero portafortuna: 5. Colore: bianco. Pietra: diamante. Metallo: ferro.

Tomaso ➡ Tommaso

Tommaso

SIGNIFICATO: gemello
ORIGINE: aramaica
ONOMASTICO: 3 luglio

È diffuso in tutta Italia, soprattutto nel Lazio e in Sardegna, anche nelle varianti **Tomaso**, **Tommasino**, **Tomasso**, **Tomassino** e nelle forme abbreviate **Maso**, **Masino**, **Massino**, tutte in uso anche al femminile. Alla base è il soprannome dell'apostolo dei Vangeli divenuto famoso per la sua incredulità a proposito della resurrezione di Cristo, fatto a cui credette solo dopo averne toccato le piaghe con il dito. Da quell'episodio il nome T. è stato assunto come simbolo di incredulità, riferito alle persone che non credono finché non sperimentano i fatti con la propria mano. È un nome ampiamente diffuso in ambienti cristiani per il culto dello stesso apostolo, detto Didimo, patrono dei muratori e dei carpentieri; di s. T. d'Aquino, filosofo e teologo domenicano del Duecento, grande studioso in campo teologico, filosofico e scientifico, onorato come patrono degli studenti e festeggiato il 7 marzo; del beato T. da Celano compagno e biografo di s. Francesco; di s. T. Becket, assassinato nella cattedrale di Canterbury nel 1170, ricordato il 29 dicembre; di s. T. Moro, statista e umanista inglese del XVI secolo, consigliere e ministro di Enrico VIII d'Inghilterra che lo fece giustiziare per tradimento. Tra i personaggi di maggior rilievo si ricordano i filosofi Campanella (1568-1639) e Hobbes (1588-1679); T. Aniello detto 'Masaniello', capopopolo della rivolta napoletana contro gli Spagnoli nel 1647; lo scienziato statunitense Edison; il pittore del Quattrocento Masaccio; gli scrittori T. da Celano e Thomas Mann (1875-1955); il poeta e letterato dell'Ottocento Grossi (1790-1853); il poeta e drammaturgo statunitense Stearns Eliot, morto nel 1965. Mai stanco, dotato di un'intelligenza raffinata e di uno spirito vivacissimo, T. è un filosofo nato, uno scienziato brillante, un dotto, un erudito dedito alla lettura e agli studi. Contrariamente a quanto si possa pensare, non ama la solitudine del suo scrittoio ma fa dell'amicizia un punto fermo della propria vita. Generoso, dolce, stabile, fedele, è un marito di cui andare fieri e un padre davvero premuroso, che ama condividere con i propri figli le scoperte e le ricerche che conduce.

Corrispondenze: segno del Cancro. Numero portafortuna: 2. Colore: blu. Pietra: zaffiro. Metallo: rame.

Toni, Tonio ➡ Antonio

Torquato

SIGNIFICATO: collana ritorta
ORIGINE: latina
ONOMASTICO: 15 maggio

È un nome di matrice classica, in uso dal Rinascimento, la cui fortuna è legata al prestigio del dittatore romano del IV secolo a.C. Tito Manlio, che avrebbe assunto il soprannome T. per aver sfidato e ucciso un gigantesco soldato gallo strappandogli poi dal collo una collana d'oro come trofeo. È anche un nome cristiano, diffuso soprattutto in Toscana e nel Lazio, sostenuto dal culto di s. T. vescovo e martire inviato dagli Apostoli in Spagna per predicarvi il Vangelo. Tra i personaggi celebri il poeta Tasso (1544-1595), autore tra gli altri del poema ispirato alla Prima crociata *Gerusalemme liberata*. T. deve mettersi alla prova altrimenti la vita non ha alcun senso. Amante delle passioni a forti tinte, del rischio, dell'avventura, si spinge sempre ai limiti del possibile per vedere dove può arrivare il suo coraggio. Rigoroso e ostinata-

mente rispettoso delle convenzioni sociali, sa anche abbandonarsi ai piaceri più sfrenati della carne. L'infedeltà per lui semplicemente non esiste.
Corrispondenze: segno della Vergine. Numero portafortuna: 1. Colore: rosso. Pietra: smeraldo. Metallo: rame.

Totò ➡ Antonio

Tristano Tristana

SIGNIFICATO: mesto, triste, severo
ORIGINE: scozzese
ONOMASTICO: 15 giugno

L'etimologia del nome è piuttosto incerta; per alcuni studiosi potrebbe derivare dal nome scozzese *Drustan* o *Dristan*, con il significato anche di 'patto, consolazione'. È accentato principalmente in Emilia Romagna e si è attestato per via letteraria e teatrale. Riprende infatti la leggenda medioevale dell'infelice amore del cavaliere T. e di ➡ Isotta, elaborata in romanzi e poemi del ciclo bretone, che ispirò in seguito il grande dramma poetico musicale di Wagner del 1865. Proiettati alla ricerca e alla difesa di un'unica grande passione, i T. ripercorrono un po' la triste storia del celebre protagonista della leggenda. In questa passione, sventurata e disperata, ripongono tutte le loro speranze, dedicano tutte le loro energie, ma ne traggono un'indiscussa felicità.
Corrispondenze: segno del Capricorno. Numero portafortuna: 2. Colore: blu. Pietra: zaffiro. Metallo: argento.

Tullio Tullia

SIGNIFICATO: alzato, sollevato
ORIGINE: etrusca
ONOMASTICO: 19 febbraio

L'etimologia del nome è piuttosto controversa. Potrebbe derivare infatti sia dall'etrusco *tul*, 'pioggia violenta, getto di fontana', sia dal greco *tulein*, 'gonfiare', o ancora dal latino *tollere*, 'sollevare', il verbo che indicava l'usanza di alzare un neonato con le braccia perché fosse visto e riconosciuto dalla famiglia. È un nome diffuso in tutta Italia (anche nelle varianti **Tullo** e **Tulliano**) a partire dal Rinascimento, che riprende il gentilizio latino *Tullius*, noto come nome del terzo re di Roma T. Ostilio, famoso per l'episodio della guerra contro gli Albani che si concluse con il duello fra Orazi e Curiazi, e del sesto re di Roma del VI secolo Servio T. Fu il nome dell'oratore e grande uomo politico Marco T. Cicerone, morto nel 43 a.C. La Chiesa festeggia una s. T. vergine morta nel 430. Retto, leale, forte, severo, adatto a rivestire incarichi di responsabilità, T. si attiene rigorosamente alle regole e alle convenzioni, senza provare a cambiarle e senza allontanarsi di un millimetro dalla strada tracciata. Destinato al comando, riesce a ottenere la stima e il rispetto degli altri grazie alla sua naturale capacità di dominare. Fortemente intransigente, talvolta può risultare veramente antipatico. Troverà comunque modo di farvi cambiare idea.

Corrispondenze: segno della Bilancia. Numero portafortuna: 8. Colore: bianco. Pietra: rubino. Metallo: cromo.

Nomi di origine femminile

Tamara

SIGNIFICATO: palma da dattero
ORIGINE: ebraica
ONOMASTICO: 10 novembre

È un nome di residenti stranieri di lingua russa e inglese, accentrato per lo più in Toscana, ripreso dall'Antico Testamento. La fortuna del nome infatti è legata alla fama della moglie di Er, figlia del re Giuda e della sorella di Assalonne. Si è diffuso in parte anche per la fama di una regina della Georgia del XII secolo, e nell'Ottocento per la fortuna del poema *Il demone* di Michail Lermontov, dove T. è la protagonista. T. possiede intuizione, intelligenza, sensibilità, coraggio, forza e una buona dose di fortuna. Retta, energica, sempre ricolma di entusiasmo, sovente si lascia andare alla collera ma torna subito in sé e allora è un piacere stare in sua compagnia.

Corrispondenze: segno del Cancro. Numero portafortuna: 1. Colore: rosso. Pietra: rubino. Metallo: oro.

Tea ➡ Dorotea

Tecla

SIGNIFICATO: che ha fama divina
ORIGINE: greca
ONOMASTICO: 23 settembre

È un nome oggi scarsamente usato, ma che ha avuto larga diffusione alla fine del 1700 fino alla metà dell'Ottocento quando Friedrich Schiller assegnò il nome T. a un personaggio del *Wallenstein*. L'origine del nome è incerta; la tesi più accreditata spiega l'origine di T. dall'unione di due parole: *théos* 'Dio' e *-klés* 'famosa' con significato complessivo di 'chi ha fama per merito divino'. T. è un amuleto della felicità; se stai con lei, la buona sorte ti arriderà.

Nulla può in effetti turbare la quieta esistenza di questa donna pacifica, ottimista, allegra, contenta di essere al mondo, dolce e generosa. È una moglie esemplare e una madre piena di premure e di coccole per i suoi bambini.
Corrispondenze: segno della Vergine. Numero portafortuna: 8. Colore: verde. Pietra: smeraldo. Metallo: argento.

Teodolinda Teodolindo

SIGNIFICATO: scudo del popolo
ORIGINE: germanica
ONOMASTICO: 22 gennaio

Accentrato soprattutto in Lombardia, è un nome di tradizione longobarda insorto per il prestigio della regina dei Longobardi, moglie di Autari e di Agilulfo, vissuta nel VII secolo, celebre per le sue doti di saggezza e carità, che convertì il suo popolo al cristianesimo e fece costruire a Monza la basilica di San Giovanni. Di grande diffusione in Italia è soprattutto la forma abbreviata **Linda**, che si è affermata sia per accostamento nell'etimologia popolare a 'linda', molto curata e pulita, sia per la fama della protagonista nell'opera lirica *Linda di Chamonix* di Donizetti, rappresentata a Vienna nel 1842. Dedita ai piaceri della vita, T. è una capricciosa, una donna che si abbandona ai sensi e alle bizzarrie del proprio cuore. Costantemente allegra e spensierata, la vita per lei è una risata cristallina e maliziosa, un tè con le amiche, un uomo dietro l'altro.
Corrispondenze: segno del Capricorno. Numero portafortuna: 1. Colore: verde. Pietra: smeraldo. Metallo: rame.

Teresa Teresio

SIGNIFICATO: cacciatrice
ORIGINE: greca
ONOMASTICO: 15 ottobre

Ampiamente diffuso in tutta Italia, il nome è presente anche nella variante **Teresina**, in quella spagnola **Teresita** e nella forma doppia **Teresa Maria** o **Maria Teresa**. Alcuni studi interpretano il nome come originario dal greco *tharasia*, 'nativa di Thera', oggi Santorino, o dai termini germanici *thier* e *sin*, 'caro' e 'forte'. È un nome fondamentalmente cristiano insorto nel Cinquecento per il culto della s. T. di Avila, mistica spagnola riformatrice dell'Ordine delle Carmelitane, morta nel 1582, che in alcune opere di notevole pregio letterario espresse le sue esperienze mistiche, oggi patrona di Napoli, e di s. T. del Bambin Gesù, di Lisieux, autrice della biografia *Storia di un'anima*, festeggiata il 30 settembre. Fu il nome di regine e imperatrici di Spagna e Portogallo nel Tardo Medioevo e oggi deve in parte la sua popolarità al personaggio di Madre Teresa di Calcutta, di origine albanese, che fu instancabile missionaria cattolica in India, fondatrice dell'Ordine delle Missionarie della Carità e premio Nobel per la pace nel 1979. T. è una deflagrazione di energia ai limiti della violenza. È energia allo stato puro che fortunatamente riesce a incanalare, grazie a una volontà di ferro, nelle giuste direzioni. Tuttavia può scapparle di mano e allora sono guai per chi ne è il destinatario: collega, innamorato, amico che sia.

Corrispondenze: segno della Bilancia. Numero portafortuna: 7. Colore: arancio. Pietra: berillo. Metallo: ferro.

Tilde ➡ Clotilde

Tosca Tosco

SIGNIFICATO: donna dell'Etruria
ORIGINE: latina
ONOMASTICO: 5 luglio

Accentrato soprattutto in Emilia Romagna e in Toscana, il nome riprende, dal VII secolo, il tardo soprannome etnico latino *Tuscus* e si è successivamente imposto come nome di matrice teatrale grazie alla protagonista dell'opera lirica *Tosca* del 1900 di Puccini, tratta dal dramma omonimo di Sardou del 1887. È attestata anche s. T. (o Toscana) del VII secolo venerata a Verona. È bella e seducente, ed è attratta irresistibilmente dalla perfezione. In realtà, si sa, la perfezione non è di questo mondo e in effetti neanche T. Sembra vivere in un altro pianeta, in un'altra dimensione, non umana, terrena, ma soprannaturale. Sembra camminare sollevata un passo da terra; lei non parla, modula la sua voce melodica, lei non si affatica, ozia negli agi e cerca di apparire per quello che è: una bellissima vacuità.

Corrispondenze: segno dell'Ariete. Numero portafortuna: 2. Colore: giallo. Pietra: topazio. Metallo: oro.

Nomi di origine maschile

Ubaldo Ubalda

SIGNIFICATO: di ingegno ardito
ORIGINE: germanica
ONOMASTICO: 16 maggio

Il nome è diffuso nel Centro-Nord, soprattutto in Toscana anche nella variante **Uboldo** e deve la sua diffusione principalmente al culto di s. U. vescovo di Gubbio nell'XI secolo, difensore della città minacciata dal Barbarossa e autore di una riforma ecclesiastica volta a pacificare le fazioni politiche cittadine. S. U. è venerato come patrono di Gubbio e di Perugia: in suo onore si svolge annualmente la famosa corsa folcloristica dei ceri. Intuitivo, perspicace, intelligente, U. riesce a sbrogliare le situazioni più difficili. Paziente, tollerante, generoso, è un vero amico da non lasciarsi sfuggire. Retto, discreto, rispettoso, è capace di mettere ordine nella vita degli altri ma non nella sua. **Corrispondenze:** segno del Cancro. Numero portafortuna: 1. Colore: bianco. Pietra: rubino. Metallo: ferro.

Uberto

SIGNIFICATO: illustre per il suo senno
ORIGINE: germanica
ONOMASTICO: 3 novembre

È un nome diffuso in tutta Italia anche nelle varianti **Ugoberto** e **Oberto**. Si è diffuso per il culto di s. U. vescovo di Liegi, di stirpe nobile, morto nel 727 e venerato come protettore della caccia e dei guardiacaccia. La tradizione popolare raccontava infatti che la sua conversione era avvenuta per l'incontro che U. ebbe, durante un partita di caccia, con un cervo che sosteneva tra le corna un crocifisso. La variante **Oberto** ha avuto fortuna sia grazie alla fama del personaggio di O. re d'Irlanda, sposo di Olimpia nell'*Orlando furioso* dell'Ariosto, sia, nell'Ottocento, per il successo ottenuto dall'opera lirica di Giuseppe Verdi *Oberto, conte di San Bonifacio*. Forte, temerario, lottatore nato, U. agisce prima di riflettere, ingaggia battaglie furibonde ma sempre per una giusta causa. Il suo cuore generoso è attento agli oppressi, emarginati, bisognosi, indifesi ed è per loro che è pronto a lottare anche con violenza inaudita.
Corrispondenze: segno dell'Ariete. Numero portafortuna: 2. Colore: blu. Pietra: zaffiro. Metallo: ferro.

Uboldo ➡ Ubaldo

Ugo

SIGNIFICATO: pensiero, senno
ORIGINE: germanica
ONOMASTICO: 1 aprile

È un nome diffuso in tutta Italia, anche nelle varianti **Ugolino** tipica del Piemonte e della Toscana, **Ugone** e **Uguccione**. È una forma abbreviata, affermatasi però con valenza di nome proprio, di antichi nomi composti con il primo termine germanico *hugu*, 'pensiero', come Ugobaldo e Ugoberto. Fu il nome di U. il Grande, duca di Francia, del figlio U. Capeto arcivescovo di Reims e re di Francia, di U. re di Provenza, incoronato re d'Italia a Pavia nel 926; del conte Ugolino della Gherardesca, nobile pisano rinchiuso per tradimento nella torre dei Gualandi, dove fu lasciato morire di fame con i figli, episodio ripreso da Dante Alighieri nel canto XXXIII dell'*Inferno* della sua *Divina Commedia*; del pittore e incisore del XV secolo U. da Carpi, inventore della tecnica della stampa a chiaroscuro. Si è diffuso in ambienti cristiani per il culto di s. U. il Grande, abate benedettino nel monastero di Cluny, autore della riforma cluniacense contro la rilassatezza e l'indisciplina degli ambienti ecclesiastici del tempo e contro la simonìa.

Tra i personaggi famosi si ricordano ancora il poeta romantico Foscolo (1778-1827), che in realtà si chiamava Niccolò, di cui si ricordano *Dei Sepolcri*, alcuni sonetti e il romanzo epistolare *Ultime lettere di Jacopo Ortis*; il poeta e drammaturgo Betti (1892-1953); lo statista La Malfa; il sacerdote e patriota dell'Ottocento Bassi, che combatté per la difesa di Venezia e della Repubblica Romana (1849); l'attore Tognazzi; il disegnatore di fumetti Pratt, 'padre' di Corto Maltese.

Prudente, riflessivo, coraggioso ma anche audace e istintivo, nelle imprese che compie calcola i pro e i contro, le eventuali conseguenze, misura, osserva, analizza, riflette e poi agisce. Non lo fa per eccessiva prudenza o codardia ma solo per astuzia; sa bene che per ottenere la vittoria in battaglia non serve solo la forza ma anche il cervello.

Marito fedelissimo, dedica in realtà poco tempo all'amore, poiché le azioni lo assorbono completamente.

Corrispondenze: segno dell'Acquario. Numero portafortuna: 9. Colore: viola. Pietra: ametista. Metallo: mercurio.

Ulderico Ulderica

SIGNIFICATO: padrone di beni
ORIGINE: germanica
ONOMASTICO: 4 luglio

Più che nella forma U. oppure **Uldarico** e **Uldarica**, in Italia è facile trovare la variante **Ulrico** e **Ulrica**. In Germania si trova il corrispondente Ulrich da cui deriva il nome italiano, a sua volta derivato dalla trasformazione di *Odalrich*, composta da *odal* 'patrimonio ereditario' e *rik* 'signore, padrone'. Serio, prudente, riflessivo, U. non prende mai niente alla leggera. Le sue decisioni sono lente e ben ponderate.

Estremamente intelligente, U. è a suo agio sia nello studio delle scienze che della letteratura e della metafisica.

Marito fedelissimo e padre pieno di attenzioni, la sua vita familiare è altrettanto felice quanto quella professionale.

Corrispondenze: segno dell'Ariete. Numero portafortuna: 1. Colore: rosso. Pietra: rubino. Metallo: ferro.

Ulisse

SIGNIFICATO: adirato
ORIGINE: greca
ONOMASTICO: 1 novembre

Discretamente diffuso nel Nord e nel Centro, il nome riprende, dal periodo rinascimentale, la fama dell'eroe greco figlio di Laerte protagonista dei poemi omerici *Iliade* e *Odissea*.
Nel primo poema U. è l'astuto artefice dello stratagemma del cavallo per espugnare Troia; nel secondo è l'eroe che affrontò vent'anni di peripezie prima di riuscire a fare ritorno alla sua patria, assurto a simbolo di ingegno umano e di mirabile astuzia. Alle vicende di U. si sono ispirati Dante Alighieri nel canto XXVI dell'*Inferno* e il romanziere irlandese Joyce nella sua opera del 1922, *Ulisse*. U. è intemperante, indelicato, infedele, tuttavia sa come cavarsela nei momenti più critici; collerico, infedele, grezzo, U. sa sempre cosa fare per superare le avversità peggiori. Sensuale, esprime un fascino irresistibile che soggioga uomini e donne.
Corrispondenze: segno dei Gemelli. Numero portafortuna: 2. Colore: blu. Pietra: zaffiro. Metallo: oro.

Umberto Umberta

SIGNIFICATO: illustre orso giovane
ORIGINE: germanica
ONOMASTICO: 6 settembre

È diffuso in tutta Italia, soprattutto nel Nord, anche nelle forme alterate **Umbertino** e **Umbertina**. Il nome, di tradizione longobarda, è documentato dall'VIII secolo e deve la sua diffusione principalmente al prestigio della casata dei Savoia, cui appartennero U. I Biancamano nell'XI secolo, U. I re d'Italia assassinato nel 1900, chiamato 'il re buono', e U. II che regnò dal 9 maggio al 13 giugno 1946, esiliato in Portogallo dopo il referendum istituzionale e l'avvento della Repubblica. In ambienti cristiani si festeggia s. U. abate del monastero di Maroilles, morto nel 681. Tra i personaggi di maggior rilievo si ricordano il musicista Giordano (1867-1948); il pittore e scultore Boccioni che nel 1910 firmò con Carrà, Russolo e Marinetti il *Manifesto dei pittori futuristi*; lo scrittore contemporaneo critico e semiologo Eco; il poeta triestino Saba, morto nel 1957.
La sua spontaneità è ben moderata dalla tendenza alla riflessione. Per nulla aggressivo, U. non riesce ad attirare grandi simpatie e stringere molte amicizie per quella sua insopprimibile esigenza di dire sempre tutto ciò che pensa. Così è soggetto a numerose crisi di solitudine che lo lasciano prostrato nei sensi e nell'animo.
Corrispondenze: segno del Leone. Numero portafortuna: 2. Colore: blu. Pietra: zaffiro. Metallo: argento.

Urbano

SIGNIFICATO: abitante di città
ORIGINE: latina
ONOMASTICO: 25 maggio

È un nome accentrato particolarmente in Emilia Romagna e in Toscana, che continua il soprannome etnico divenuto nome personale derivato da *urbs*, 'città'. In senso figurato può contenere anche il significato di 'civile, bene educato, di modi urbani', interpretazione tratta dalla contrapposizione tra la raffinatezza degli abitanti di città e la rude semplicità contadina. È un nome comune in ambienti cristiani per il prestigio di otto papi e per il culto di s. U. I papa e martire a Roma nel 230 e del beato U. II eletto papa nel 1088, riformatore della Chiesa nell'Italia meridionale avversario di Enrico IV nella lotta per le investiture e promotore del Concilio di Clermont Ferrand nel 1095 durante il quale bandì la Prima crociata. Si ricordano ancora lo scultore U. da Cortona e lo statista e uomo politico Rattazzi, morto nel 1873, che fu costretto dal re all'intervento militare contro Garibaldi in Aspromonte. Da bambino è sempre attento a ricambiare l'affetto dei suoi genitori e a dar loro soddisfazioni, da adulto U. diventa un uomo giusto, riflessivo, ponderato, pacato, pacifico. Queste qualità non sono in contrasto con la sua naturale propensione al comando anzi lo aiutano a emergere e a farsi riconoscere come capo senza dover ricorrere alla lotta. Buono e allegro, non perde tuttavia mai la serietà di cui è plasmato da capo a piedi.

Corrispondenze: segno dell'Acquario. Numero portafortuna: 8. Colore: verde. Pietra: smeraldo. Metallo: rame.

Nomi di origine maschile

Valente

SIGNIFICATO: che è sano e forte
ORIGINE: etrusca
ONOMASTICO: 26 luglio

È distribuito in tutta Italia anche nelle varianti **Valento**, **Valenzio**, **Valenzano** e soprattutto nella forma alterata **Valentino**, largamente in uso anche al femminile, affermatasi a partire dagli anni Venti per la fama dell'attore del cinema muto Rodolfo V., pesudonimo di Rodolfo Guglielmi, nativo di Castellaneta, morto nel 1926. Alla base del nome V. è il prenome di probabile origine etrusca *Vala*, di significato ignoto; più comunemente quindi si rapporta l'origine del nome al gentilizio di età repubblicana *Valentius* derivato da *valere*, 'stare bene in salute', significato che attribuisce al nome un intento augurale. In ambienti cristiani il nome si è diffuso per il culto di s.

Valente vescovo e confessore di Verona morto nel 531 e di s. Valentino prete di Roma, martire sotto Claudio nel 268, protettore delle coppie di fidanzati e festeggiato il 14 febbraio. Il nome si è riaffermato dagli anni **Sessanta** grazie al successo di un personaggio affascinante, la protagonista della notissima serie di fumetti ideata da Guido Crepax. Tra i personaggi famosi, due donne: l'attrice teatrale italiana Valentina Cortese e la prima astronauta donna nella storia, la sovietica Valentina Tereskova. Dolce, delicato, allegro, tenero, V. diffonde nei cuori che gli stanno vicino la pace e il desiderio di amore. Agli altri dà molto e molto pretende in cambio; non avrà in tutta la sua vita nemmeno un nemico, poiché la sua dolcezza e suoi sorrisi sono disarmanti. È un uomo da amare e non da odiare.

Corrispondenze: segno della Bilancia. Numero portafortuna: 7. Colore: blu. Pietra: zaffiro. Metallo: rame.

Valentino ➡ Valente

Valeriano figlio di ➡ Valerio

Valerio Valeria

SIGNIFICATO: *che sta bene in salute*
ORIGINE: latina
ONOMASTICO: 29 gennaio

È diffuso in tutta Italia, soprattutto al Nord e in Toscana. Riprende il gentilizio latino divenuto nome individuale *Valerius*, appartenuto a tre imperatori romani, al console romano del IV secolo a.C. Marco V. Corvo, al poeta latino del I secolo d.C. V. Flacco, al poeta del I secolo a.C. Publio V. Catone e a numerosi santi. È discretamente in uso anche il patronimico **Valeriano**, che fu il nome dell'imperatore Publio Vicinio V. morto nel 260 d.C. In ambienti cristiani si ricordano s. V. vescovo di Treviri; s. Valeria, moglie di s. Vitale, molto venerata nella città di Milano, madre dei santi Gervaso e Protaso; s. Valeriano martire, convertito assieme al fratello Tiburzio, marito di s. Cecilia, festeggiato il 14 aprile. Aristocratico, decadente, ambizioso, V. adora i viaggi che compie più che per arricchimento spirituale per una esigenza di nuovo, di diverso, un'incapacità ad adattarsi alle abitudini quotidiane, un'ansia continua che lo spinge altrove. La sua massima ambizione è pertanto la fuga perenne: poter sempre sfuggire dalle proprie responsabilità e da se stesso è un lusso al quale tiene più che a qualsiasi bene materiale.

Corrispondenze: segno del Sagittario. Numero portafortuna: 2. Colore: blu. Pietra: zaffiro. Metallo: mercurio.

Vasco

SIGNIFICATO: oriundo della Guascogna
ORIGINE: spagnola
ONOMASTICO: 1 novembre

È un nome accentrato soprattutto in Toscana: è un soprannome costruito sulla variante di **Basco**, con un significato sia etnico sia simbolico. Figurativamente significa infatti anche 'bizzarro, spaccone', ma a volte è considerato anche il diminutivo di **Velasco**, che significa 'piccolo corvo'. Nel calendario cristiano non esistono santi così chiamati, ma tra i personaggi famosi si ricordano il navigatore portoghese V. da Gama, che per primo raggiunse l'India circumnavigando l'Africa e doppiando il Capo di Buona Speranza, e lo scrittore toscano del nostro secolo Pratolini. Particolarmente amato dal pubblico giovane è il cantante emiliano V. Rossi. V. ha qualcosa di misterioso: percepisce infatti gli aspetti più reconditi della natura umana ed è in grado di conoscere a prima vista la personalità più vera e nascosta delle persone. Intelligente, intuitivo, sensibile, V. incute inquietudine e tormento a chi lo incontra. Dal canto suo V. non vive nella tranquillità e nella pace, ma va sempre soggetto a crisi depressive dovute essenzialmente a questo suo potere di scandaglio che non gli permette di riposare un istante.
Corrispondenze: segno del Leone. Numero portafortuna: 2. Colore: rosso. Pietra: rubino. Metallo: oro.

Vassili russo per ➡ Basilio

Venanzio Venanzia

SIGNIFICATO: cacciatore
ORIGINE: latina
ONOMASTICO: 18 maggio

Derivato dal soprannome e poi nome individuale latino *Venantius*, il nome si è diffuso in tutta Italia, affermandosi soprattutto nel Centro e in Abruzzo, anche nella variante **Venanzo**. È un nome utilizzato in ambito cristiano per il culto riservato a s. V., martire a quindici anni con dieci compagni nel 251, patrono di Camerino, decapitato perché non volle rinunciare al cristianesimo; si viene tuttavia affermando anche con valenze di carattere ideologico, soprattutto a partire dal Risorgimento per ricordare il cognome del volontario garibaldino Alessandro Venanzio, volontario anche in Polonia e in Francia. Fu il nome dello scrittore latino cristiano del VI secolo, divenuto santo, V. Fortunato. V. mostra una tale preoccupazione per i dettagli da restare, seppur desideroso di agire, inattivo. Intelligente, pratico, prudente, V. è dotato di una grande senso di intraprendenza ma questa sua inquietudine esasperata dovuta alla frenetica ricerca dei particolari lo paralizza. In amore il suo comportamento non cambia: non si abbandona mai all'amore, si ferma sempre un passo prima.

Corrispondenze: segno della Bilancia. Numero portafortuna: 7. Colore: giallo. Pietra: rubino. Metallo: mercurio.

Venerando Veneranda

Significato: degno di venerazione
Origine: latina
Onomastico: 14 novembre

Il nome è più usato al femminile, la forma maschile invece in Italia è caduta in disuso. Si ritiene che il nome derivi dal gerundio del verbo *veneror* con significato di 'chiedere un grazia, venerare'. È intelligente, ambizioso, affascinante e comunica a chi gli sta intorno un'inquietudine esistenziale piuttosto frustrante. V. possiede un intuito particolare che lo rende ipersensibile nei confronti della caducità della vita umana. Il suo cuore sembra chiedersi: a che pro tanto lavoro per arrivare in alto se poi di noi resterà ben poco?

Corrispondenze: segno dell'Acquario. Numero portafortuna: 2. Colore: bianco. Pietra: diamante. Metallo: argento.

Vincenzo Vincenza

Significato: destinato a vincere
Origine: latina
Onomastico: 5 aprile

È uno dei nomi a più ampia diffusione in Italia, essendo all'ottavo posto tra i maschili ed è concentrato per lo più al Centro-Sud. Molte sono le forme derivate tra cui **Vincenzino** e soprattutto quella al femminile **Vicenza**. Particolarmente usata è la variante **Enzo** con il femminile **Enza**. All'origine del nome è il soprannome latino *Vincentius* che divenne nome personale con valore augurale in ambienti cristiani con significato di 'destinato a vincere il male, il peccato'. La sua diffusione è dovuta soprattutto al culto di s. V. diacono di Saragozza, protomartire spagnolo nel 304, venerato come patrono degli orfani. Tra gli altri santi va ricordato s. V. de' Paoli, cappellano generale delle galere francesi, fondatore delle Figlie della Carità, della Congregazione dei Preti della Missione e dei trovatelli, morto nel 1660. Tra i personaggi storici, il filosofo e politico dell'Ottocento Gioberti; il pittore olandese dell'Ottocento Van Gogh; i poeti Monti (1754-1828) e Cardarelli (1887-1959); il musicista dell'Ottocento Bellini; il regista cinematografico Minnelli. Fin da bambino V. è ipersensibile e questa sua caratteristica gli impedisce di superare indenne le piccole difficoltà della vita. Essendo estraneo alle manovre, ai compromessi, ai calcoli, agisce d'impulso seguendo il proprio istinto, il proprio intuito e sovente batte la testa. Tuttavia non si scoraggia mai ma non impara neanche dalle esperienze negative.

Corrispondenze: segno dei Pesci. Numero portafortuna: 6. Colore: rosso. Pietra: rubino. Metallo: oro.

Vinicio

Significato: (amico) del vino
Origine: latina
Onomastico: 1 novembre

Il nome si è diffuso in tutta Italia e soprattutto al Centro a partire dal primo Novecento per la fama del nome del protagonista di *Quo vadis*, il romanzo dello scrittore polacco Sienkiewicz tradotto in italiano nel 1899, dove si narra del giovane pagano V. innamorato dell'eroina cristiana Licia. È il nome del poeta e musicista argentino de Moraes. Coraggioso, energico e paziente, V. offre alle persone amiche e di famiglia una fedeltà a tutta prova, non scevra da crisi di gelosia. Estremamente generoso nel donare i suoi beni materiali a chi ne ha più bisogno, con i sentimenti non riesce fare altrettanto e pretende dal suo clan un'attenzione e una dedizione assoluta nei suoi confronti. Lascia loro talmente poca libertà da risultare veramente soffocante e insopportabile malgrado tutto l'amore che possa avere nei loro riguardi.

Corrispondenze: segno dei Pesci. Numero portafortuna: 4. Colore: rosso. Pietra: rubino. Metallo: ferro.

Virgilio Virgilia

Significato: propizio alla navigazione
Origine: etrusca
Onomastico: 5 marzo

È un nome attestato in maggioranza nel Lazio. È stato ripreso a partire dal Medioevo dal nome del poeta latino del I secolo a.C. *Publius Vergilius Maro*, autore delle *Bucoliche*, delle *Georgiche* e dell'*Eneide*: il gentilizio *Vergilius* assunse dalla fine dell'Impero Romano la forma Virgilius che derivava dalle Pleiadi, chiamate dai Romani *Vergiliae*, l'ammasso stellare della costellazione del Toro, che è punto di riferimento notturno per i marinai, da cui il possibile significato del nome. Può aver contribuito alla diffusione del nome in ambienti cristiani il culto di s. V. vescovo di Salisburgo nell'VIII secolo. Gli dei lo assistono e lo proteggono. Il cielo gli ha donato tante buone qualità da renderlo unico. E lui ringrazia i suoi angeli custodi diffondendo pace e serenità nei cuori fortunati che si trovano sul suo cammino. Tenero, dolce, forte, discreto, tranquillo, adora la natura poiché si sente di farne parte. Generoso, fedele, premuroso, attento, sensibile, ama tutti gli esseri viventi poiché ai suoi occhi sono tutti suoi fratelli.

Corrispondenze: segno dei Gemelli. Numero portafortuna: 2. Colore: bianco. Pietra: diamante. Metallo: oro.

Vico ➡ Lodovico

Vitale Vitalia

Significato: che ha (che abbia) una lunga vita
Origine: latina
Onomastico: 4 novembre

Il nome è diffuso in tutta Italia, soprattutto in Sardegna e nella provincia di Napoli. Continua il soprannome divenuto nome latino augurale di età imperiale *Vitalis*, riferito in ambienti cristiani alla vita eterna e alla salvezza dello spirito. È attestato anche nelle varianti **Vitalio** e soprattutto **Vitaliano**, in uso anche al femminile, ed è sostenuto dal culto di numerosi santi tra cui s. V. patrono di Ravenna, padre dei martiri Gervaso e Protaso, festeggiato il 28 aprile; s. Vitaliano papa nell'VIII secolo, che istituì nelle chiese l'uso dell'organo; s. Vitaliano vescovo di Capua; s. Vitalia, venerata in Sardegna, patrona di Asuni e di Serrenti. Grande comunicatore, V. è talmente fiducioso delle proprie certezze da non rinunciarvi per nulla al mondo. Così facendo offusca la sua innata abilità al dialogo. Tuttavia, scaltro, intelligente e volitivo, sa sempre come trarsi d'impaccio, convincere il suo auditore e vivere felice. **Corrispondenze:** segno del Leone. Numero portafortuna: 1. Colore: rosso. Pietra: rubino. Metallo: ferro.

Vitaliano ➡ Vitale

Vito Vita

Significato: che ha vita
Origine: latina
Onomastico: 15 giugno

Ampiamente diffuso in tutta Italia, soprattutto nel Sud, il nome continua il tardo personale latino di età imperiale di valore augurale riferito alla vita eterna e alla salvezza dello spirito. Ma potrebbe forse derivare anche dal termine germanico *widu*, 'legno, bosco'. Il nome è presente anche nelle varianti **Vido** e **Vitino**, in uso anche al femminile, e nei nomi doppi **Vitantonio** e **Vitonicola**. In ambienti cristiani si è largamente diffuso per il culto di s. V. martire in Lucania sotto Diocleziano con Modesto e Crescenzia, patrono di Recanati e invocato nella tradizione popolare contro l'epilessia, detta appunto 'ballo di s. Vito'. V. agisce sotto le spinte del momento, senza mai scontrarsi con i propri interessi. La sua morale infatti è elastica e si adatta alle circostanze e agli obiettivi che intende raggiungere. Certo, questo è cinismo ma in V. c'è anche tanta generosità, buonumore, coraggio e desiderio di avventura da farci dimenticare, ogni qualvolta queste buone qualità prendono il sopravvento, i suoi comportamenti opportunistici.

Corrispondenze: segno del Leone. Numero portafortuna: 3. Colore: giallo. Pietra: zaffiro. Metallo: argento.

Vittorio Vittoria

Significato: vittorioso
Origine: latina
Onomastico: 21 maggio

È un nome diffuso in tutta Italia anche nelle sue numerose varianti, tra cui **Vittore**, **Victor**, **Vittorino**, **Vittoriano** e i nomi doppi **Vittorio Emanuele** e **Vittoria Maria**. Trae la sua origine dal soprannome latino *Victor*, divenuto nome augurale in età imperiale e ha delle affinità nel significato con Vincenzo: anche quest'ultimo infatti ha una motivazione augurale. Al femminile è anche il nome di numerosissime località dell'ex Impero britannico, così chiamate in onore della regina Vittoria di Inghilterra. In ambienti cristiani la diffusione del nome è sostenuta dal culto di s. Vittore martire a Milano sotto Massimiano, ma è legata in massima parte alla devozione per la casata dei Savoia, che la ha utilizzato fin dal Cinquecento. Tra i personaggi della famiglia reale si ricordano i tre re V. Emanuele e i tre re di Sardegna V. Amedeo. Altri personaggi famosi furono l'ammiraglio veneziano del Trecento Vittor Pisani; il pittore Vittore Carpaccio (1456 ca-1525 ca); lo scrittore del Settecento Alfieri, lo scrittore francese dell'Ottocento Victor Hugo; l'attore Gassman; l'umorista Metz; il direttore d'orchestra Victor de Sabata; il regista e attore V. De Sica. Artista o profeta più che dominatore o conquistatore, V. è animato da un'energia a tutto campo, che non lo lascia riposare un istante, che lo sprona continuamente a fare, costruire, amare, creare. In amore è un amante eccezionale non solo per le infaticabili prodezze ma anche, e soprattutto, per l'inestinguibile generosità, fedeltà, capacità di donarsi all'altro da conquistargli una fama smisurata. V. tuttavia non tradirà mai la donna che ha scelto e che amerà per tutta la vita.

Corrispondenze: segno dei Pesci. Numero portafortuna: 6. Colore: verde. Pietra: smeraldo. Metallo: ferro.

Vladimiro

Significato: illustre per la sua potenza
Origine: slava
Onomastico: 15 luglio

Il nome è diffuso soprattutto nel Centro-Nord, anche nelle varianti **Wladimiro**, **Valdimiro**, **Valdemiro**, **Valdomiro**, in uso anche al femminile. È un antico nome slavo ripreso a partire dal tardo Ottocento dal russo *Vladimir*, con matrice letteraria, teatrale e ideologica per il nome dello statista sovietico Lenin (1870-1924), padre della rivoluzione bolscevica. In ambienti cristiani si festeggia s. V. il Grande, cantato dalla poesia epica russa e apostolo del cristianesimo in Ucraina, morto nel 1015. Degli altri non si cura, sicuro in se stesso V. procede per la sua strada esplorando luoghi che nessuno ha mai conosciuto. La sua schiettezza a volte brutale, la sua ironia, la sua sicumera gli conquistano tante inimicizie. Ma il suo compito sulla terra non è piacere agli altri quanto non dispiacere a se stesso.

Corrispondenze: segno dell'Acquario. Numero portafortuna: 7. Colore: violetto. Pietra: ametista. Metallo: rame.

Nomi di origine femminile

Vanessa ➡ Veronica

Velia Velio

Significato: nativa o proveniente da Velia
Origine: latina
Onomastico: 1 novembre

Diffuso in tutta Italia, soprattutto in Toscana e nel Lazio, continua il tardo nome latino Velia, forse indicante la provenienza da *Velia*, città della Lucania. Il nome potrebbe essere anche la forma abbreviata di ➡ Evelina; resta comunque certo che V. in sé è legato alla fama del romanzo di Cicognani del 1923 *La Velia*, dove la protagonista è una popolana fiorentina. Adora il successo e detesta i fallimenti, le prove, le difficoltà, la fatica. V. possiede la capacità di arrivare agli onori senza doverli conquistare, raggiungendoli con estrema facilità, volando di sopra degli altri. Evanescente, brillante, egoista ma anche gentile e comprensiva, V. è avida di piaceri e della felicità che da essi si trae, intensa e momentanea com'è lei.

Corrispondenze: segno dell'Acquario. Numero portafortuna: 6. Colore: blu. Pietra: zaffiro. Metallo: argento.

Vera Vero

Significato: veritiera, che dice il vero
Origine: latina
Onomastico: 23 novembre

Diffuso in tutta Italia anche nelle varianti **Wera** e **Verina**, riprende il tardo soprannome e poi nome personale latino *Vera*, sostenuto in ambienti cristiani dal culto di s. V. vescovo a Salerno nel V secolo e di s. V. martire in Francia a Clermont Ferrand. Ma il nome si è attestato anche per matrice letteraria a partire dall'ultimo Ottocento grazie alle protagoniste di *Un eroe del nostro tempo* di Lermontov del 1840 e *Il burrone* di Concarov del 1869. Esuberante, immatura, emotiva, V. ama le sensazioni forti, le passioni furibonde, i piaceri sfrenati. Grande frequentatrice di feste, sa arrivare al successo grazie alle abili relazioni sociali che intreccia. Egoista e priva di scrupoli, arriva dove vuole e, sebbene utilizzi le persone per i suoi scopi, non è totalmente insensibile alle sofferenze umane, ai dolori, alla disperazione di chi le chiede un aiuto.

Corrispondenze: segno della Bilancia. Numero portafortuna: 7. Colore: rosso. Pietra: rubino. Metallo: rame.

Veronica

Significato: vittoriosa
Origine: greca
Onomastico: 3 febbraio

Distribuito in tutta Italia e presente nel Bolzanese nella variante **Veronika**, è un adattamento latino dal greco *Berenike*, 'apportatrice di vittoria' dal quale deriverebbe anche la variante **Vanessa** ormai attestato come nome a sé stante. È fondamentalmente un nome cristiano affermatosi in parte per la leggenda della pia donna che avrebbe asciugato lungo la marcia verso il Calvario il sangue del volto di Cristo con un panno su cui sarebbe rimasta impressa la sua immagine: il nome V. potrebbe così costituire un composto, costruito sulla leggenda, da *vera* e *ikon*, 'vera immagine'. Inoltre il nome è sostenuto dal culto di s. V. Giuliani, clarissa e badessa delle Cappuccine di Città di Castello, morta nel 1727. V. è leggiadra, un poco assorta, apparentemente superficiale ma estremamente pudica. Vive in un mondo tutto suo fatto di fantasie e sogni nel quale non ammette nessuno nemmeno l'uomo di cui è innamorata. A lui non svelerà mai la sua vera natura e preferirà mostrargli tante maschere a seconda del momento.

Corrispondenze: segno del Cancro. Numero portafortuna: 9. Colore: blu. Pietra: zaffiro. Metallo: argento.

Viola

Significato: pianta di viola
Origine: latina
Onomastico: 3 maggio

Distribuito in tutta Italia anche nella variante **Violetta**, è un nome augurale imposto alle neonate perché possano incarnare il pudore e la modestia del fiore omonimo.

La diffusione del nome è sostenuta dal culto di s. V. martire a Verona e dal personaggio della commedia di Shakespeare *La dodicesima notte* del 1600. La variante Violetta si è affermata soprattutto grazie alla protagonista della popolare opera di Verdi *La Traviata* del 1853. La sua natura mescola violenza e dolcezza, aggressività e tenerezza, fermezza e arrendevolezza. Ne scaturisce un fascino incredibile che abbaglia tutti coloro che la avvicinano. Dedita al culto dell'amore, non ha bisogno di parole per sedurre, incantare, amare, soggiogare. Le basta uno sguardo, un gesto, una carezza. È un'infedele alla quale si perdona tutto.

Corrispondenze: segno della Bilancia. Numero portafortuna: 5. Colore: blu. Pietra: zaffiro. Metallo: oro.

Violante ➡ Iolanda

Virginia Virginio

SIGNIFICATO: vergine
ORIGINE: etrusca
ONOMASTICO: 7 gennaio

È un nome comune in tutta Italia, diffuso maggiormente nella forma femminile. La maggior presenza quantitativa al femminile deriva dalla leggenda di V. insidiata dal decemviro Appio Claudio nel V secolo a.C. e uccisa dal padre Lucio V. per sottrarla al disonore. Alla vicenda si ispirò per la tragedia omonima del 1777 Vittorio Alfieri, il quale ha in parte contribuito alla ripresa del nome, che aveva avuto il suo primo grande sviluppo nel Rinascimento.

Pur avendo la medesima origine etrusca di ➡ Virgilio, dal significato ancora incerto, è ormai dato per certo che il nome ha un legame sicuro con il latino *virgo*, 'vergine'. Tra i personaggi storici che hanno favorito la diffusione di questo nome va ricordata la regina Elisabetta d'Inghilterra, detta 'la regina vergine': in suo onore due degli Stati Uniti vennero chiamati Virginia. È anche il nome della scrittrice inglese Woolf.

La sua mente non conosce dubbi o incertezze, il suo cuore è puro e ricolmo di amore e comprensione per chi ne ha bisogno, il suo comportamento ignora la pigrizia. V. è una donna semplice, portata per il lavoro, sempre in attività, costantemente preoccupata del benessere fisico e spirituale più che materiale dei propri cari. All'uomo che riuscirà a conquistare questa donna modesta e casta, si apriranno le porte di un giardino traboccante di felicità.

Corrispondenze: segno del Capricorno. Numero portafortuna: 8. Colore: violetto. Pietra: ametista. Metallo: platino.

Viviana Viviano

Significato: vivace
Origine: latina
Onomastico: 10 marzo

Distribuito soprattutto nel Centro-Nord, il nome potrebbe essere una variante di **Bibiana**, antico nome cristiano ripreso dall'etrusco di significato ignoto, e deriva in ogni caso dal personale latino di età imperiale *Vivianus*, imposto ai neonati con un significato augurale di una buona, felice vita. È ripreso, a partire dal Medioevo, dal francese antico *Viviens* o *Vivien*, appartenuto a personaggi dei poemi epico-cavallereschi del ciclo carolingio, tra cui Viviens, nipote di Guillaume d'Orange. È una bambina capricciosa, indomita, indisciplinata, che riesce con un gesto tenero a farsi perdonare ogni marachella. È una donna che dell'infanzia conserva questo anelito alla libertà, alla vita fatta e decisa a modo suo. Talmente tante sono le sue qualità e la sua intelligenza che V. riuscirà a passare indenne tra i guai nei quali si metterà a causa di questo suo comportamento ribelle.
Corrispondenze: segno dei Gemelli. Numero portafortuna: 1. Colore: rosso. Pietra: rubino. Metallo: oro.

Nomi di origine maschile

Walter inglese per ➡ **Gualtiero**

Wassili russo per ➡ **Basilio**

Werther

Significato: protettore dell'esercito
Origine: germanica
Onomastico: 1 novembre

È accentrato ormai solamente in Emilia Romagna e si è distribuito a partire dalla fine del Settecento e dal primo Ottocento, in età preromantica e romantica, per moda letteraria e teatrale. La diffusione del nome ha avuto infatti un forte impulso dalla fama del protagonista del romanzo epistolare *I dolori del giovane Werther* di Goethe del 1774, e successivamente dall'opera di Massenet del 1892 *Werther*, rappresentata per la prima volta a Vienna. W. sembra dotato della pozione magica che lo conserva eternamente giovane. Grande animatore di feste, alle quali non vuole mai mancare, allegro, gioviale, sempre di buonumore, sereno, scherzoso, W. non conosce la malinconia o la depressione. Detesta gli egoisti, i meschini, i furbi e preferisce la compagnia dei bambini e degli adolescenti a quella degli adulti per il candore e l'innocenza che conservano pari quasi alla sua.

Corrispondenze: segno dei Gemelli. Numero portafortuna: 9. Colore: rosso. Pietra: rubino. Metallo: argento.

William inglese per ➡ Guglielmo

Wolfango

Significato: che procede come il lupo
Origine: germanica
Onomastico: 31 ottobre

Presente, anche nella variante **Volfgango**, soprattutto nell'Italia settentrionale, in particolare nella provincia di Bolzano. Si è affermato in tempi relativamente recenti grazie al prestigio e alla fama di personaggi come W. Goethe, scrittore e poeta del Romanticismo tedesco e come W. Amadeus Mozart, musicista austriaco, compositore eccelso sin dalla più tenera età. W. è un essere inquieto, timoroso, perennemente in ansia, capace di rivolgere una violenza brutale verso se stesso e verso gli altri. Le difficoltà della vita lo travolgono, l'ansia di possedere ciò che non può lo esaspera, la paura di non riuscire a realizzare nulla lo strema. W. cerca di reagire facendo ricorso al suo sarcasmo, alle sue risate, all'amore, ma, sostanzialmente, non riesce a risolvere i suoi problemi, riesce al massimo a dimenticarli per qualche istante.

Corrispondenze: segno del Sagittario. Numero portafortuna: 3. Colore: verde. Pietra: smeraldo. Metallo: ferro.

Nomi di origine femminile

Wally

Significato: che protegge i campi in battaglia
Origine: germanica
Onomastico: 25 febbraio

Diffuso nel Nord e principalmente in Toscana, anche nelle varianti **Wallj**,

Walli, **Valli**, è un nome di moda in ambito soprattutto musicale, grazie alla protagonista dell'opera lirica del 1892 *La Wally* di A. Catalani, ispirata a un romanzo della scrittrice tedesca W. von Hillern. Nella lingua tedesca W. è la forma abbreviata dei nomi **Valpurga** e **Valburga**, la badessa protettrice dei maghi e delle streghe.

In Italia il nome si è diffuso anche per la popolarità della duchessa di Windsor, moglie di Edoardo VII di Inghilterra, che per lei rinunciò al trono nel 1963, e della figlia del grande direttore d'orchestra Arturo Toscanini. Non è una grande lavoratrice, non ama essere legata a impegni stabili, è piuttosto il tipo di donna con la testa fra le nuvole, che preferisce la libertà del dolce far niente. Ama le arti soprattutto la danza e la musica perché sono evanescenti e leggiadre come lo è lei.

Corrispondenze: segno della Bilancia. Numero portafortuna: 3. Colore: blu. Pietra: zaffiro. Metallo: argento.

Wanda

SIGNIFICATO: che migra
ORIGINE: polacca
ONOMASTICO: 17 aprile

Diffuso nel Nord e nel Centro anche nella variante ripresa dalla lingua russa **Vanda**, il nome si è attestato in Italia dal Settecento tramite l'immigrazione degli esuli polacchi.

Il nome personale fu coniato (forse derivandolo dal nome dei Vandali, l'antica popolazione germanica orientale) dal monaco polacco del XIII secolo Vincenzo Kablubek e attribuito a un'eroina della sua leggendaria storia sull'origine del popolo polacco, la figlia del fondatore di Cracovia W. Krek, che si sarebbe uccisa gettandosi nella Vistola. Per questa leggenda la tradizione attribuisce al nome anche il significato di 'ninfa acquatica'.

Alla diffusione del nome ha contribuito, tra gli anni Trenta e Cinquanta, anche la popolarità dell'attrice di varietà W. Osiris.

W. è attenta alla propria bellezza, la cura, la coltiva come fosse un fiore di eccezionale rarità.

Cerca la bellezza in ogni cosa e rifugge da tutto ciò che considera privo di valore estetico. Innamorata del silenzio, vive da solitaria e si dedica alla costruzione della propria vita con l'attenzione e la meticolosità di un orefice impegnato nella realizzazione di un gioiello eccezionalmente prezioso.

Corrispondenze: segno dell'Acquario. Numero portafortuna: 8. Colore: verde. Pietra: smeraldo. Metallo: argento.

Wilma tedesco per ➡ Guglielma

Zaccaria

SIGNIFICATO: Dio si è ricordato
ORIGINE: ebraica
ONOMASTICO: 15 marzo

Il nome è distribuito in tutta Italia, accentrato però soprattutto in Lombardia. Riprende il nome dell'undicesimo dei profeti minori dell'Antico Testamento del VI secolo a.C. ed è diffuso in ambienti cristiani anche per il culto di s. Z. che, secondo la tradizione evangelica, sarebbe stato il padre di Giovanni il Battista, e di s. Z. papa, successore di Gregorio III. Z. è un originale, opera sempre in maniera differente rispetto agli altri e alle consuetudini. Eppure non è un uomo che desideri rompere con le tradizioni o le consuetudini, è soltanto spinto dal suo spirito libero. Dotato di un'intelligenza eccezionale, sa sempre cosa dire per turbare le certezze altrui, e cosa fare per disorientare.
Corrispondenze: segno del Capricorno. Numero portafortuna: 7. Colore: blu. Pietra: zaffiro. Metallo: argento.

Zeno

SIGNIFICATO: discendente di Zeus
ORIGINE: greca
ONOMASTICO: 12 aprile

È un nome accentrato soprattutto in Veneto e in Emilia Romagna, anche nelle varianti **Zenone** e **Zenio**, e per il resto disperso. Riflette, in ambienti cristiani, il culto di s. Z. vescovo nel IV secolo di Verona, città di cui è patrono. Fu il nome del filosofo greco Zenone di Cizio, fondatore della scuola stoica, e del filosofo greco del V secolo a.C. Zenone di Elea, considerato il fondatore della dialettica. Non ha bisogno dell'approvazione degli altri per vivere bene. È talmente sicuro delle proprie certezze, ha talmente tanta fiducia nelle proprie capacità da procedere dritto per la sua strada a testa altra, incurante dei giudizi degli altri, positivi o negativi che siano. Regale, deciso, forte, Z. conquista la sua meta passo dopo passo con un atteggiamento di superiorità ai limiti della pesantezza tanto da riuscire antipatico.
Corrispondenze: segno dei Pesci. Numero portafortuna: 6. Colore: verde. Pietra: smeraldo. Metallo: oro.

Nomi di origine femminile

Zita

Significato: ragazza non sposata
Origine: persiana
Onomastico: 27 aprile

Diffuso soprattutto in Lombardia, ma accentrato in Sicilia nella variante Cita, il nome deriva, oltre che dal persiano, anche da forme dialettali regionali quali *cita* e *citta*, indicanti ragazze vergini, non sposate, cioè, nell'accezione popolare, 'zitelle'.
In ambienti cristiani riflette il culto di s. Z. vergine di Lucca, vissuta nel Duecento, considerata, per la sua professione di domestica, la patrona delle cuoche e delle inservienti.
Sincera, spontanea, vibrante, Z. ama la vita e la vive gustandosela. Detesta i compromessi, i calcoli, i ragionamenti, le erudizioni e vi oppone tutta la sua spontanea gioia di vivere, che fa felici chi le sta intorno. Da amici e familiari pretende solo amore, tanto amore e in cambio restituirà la vera felicità.
Corrispondenze: segno del Sagittario. Numero portafortuna: 5. Colore: giallo. Pietra: topazio. Metallo: rame.

Zoe

Significato: vita
Origine: greca
Onomastico: 5 luglio

Il nome, distribuito in tutta Italia, continua il tardo personale latino derivato dal greco *zoe*, 'vita', attribuito in senso augurale sia in ambienti pagani per una vita lunga e felice, sia in ambienti cristiani con riferimento alla vita eterna. In ambienti cristiani si è diffuso per il culto di s. Z. schiava e martire sul rogo con il marito e i due figli e di una s. Z. martire a Roma.
Si è tuttavia affermato soprattutto in età romantica e risorgimentale per il personaggio della figlia di re Manfredi nel romanzo storico di D. Guerrazzi *La battaglia di Benevento* del 1828. Z. l'imprevedibile, l'incostante, l'instabile al pari del vento che soffia in diverse direzioni, al pari dell'amore che segue regole tutte sue, al pari degli uragani che si dirigono dove vogliono e travolgono ogni cosa con la loro violenza. Così è Z., innamorata della vita e dedita all'applicazione di tutta la gamma dei sentimenti umani: dalla rabbia alla pace, dall'amore all'odio, dalla generosità all'egoismo, dalla violenza alla docilità.
Corrispondenze: segno dei Gemelli. Numero portafortuna: 1. Colore: blu. Pietra: zaffiro. Metallo: argento.

Nomi stranieri

Abigail

Significato: Dio è la mia gioia
Origine: ebraica

Derivato da un termine ebraico che significa 'Dio è la mia gioia', A. è un nome molto diffuso negli Stati Uniti ed è assai raro in Italia. In francese **Abigaël**, è un nome di donna molto suggestivo, che ricorda le vicende alquanto burrascose della seconda moglie di Davide narrate nella Bibbia. A. è divisa tra la tensione che avverte irresistibile verso il potere, il successo e la gloria, e il ripiegamento su se stessa per ascoltare il suo lato più irrazionale e ipersensibile che la mette in diretto contatto con il mondo dell'occulto.

Corrispondenze: segno dei Pesci. Numero portafortuna: 1. Colore: verde. Pietra: smeraldo. Metallo: mercurio.

Ahmad

Significato: rendere grazie
Origine: araba

Anche **Ahmed**, dall'arabo *hammad*, 'rendere grazie', fu uno dei tanti nomi del Profeta Maometto. Diffusissimo soprattutto nei Paesi dell'Africa Settentrionale, in Turchia, in Siria e in Pakistan, ricorda un sultano ottomano celebre dell'inizio del XVIII secolo; Ahmed Pasa, generale turco che conquistò l'isola di Rodi nel 1522 sconfiggendo i cavalieri di San Giovanni e Ahmad Yasawi, poeta e mistico turco del XII secolo. Pragmatico, amante dell'azione, A. detesta la staticità dei ragionamenti intellettuali e rifugge dai cavilli dell'eloquenza. Tuttavia non ama il rischio e preferisce stare in famiglia dove si dimostra fedele, attento e pieno di cure per tutti.

Corrispondenze: segno del Leone. Numero portafortuna: 3. Colore: blu. Pietra: zaffiro. Metallo: ferro.

Alain

Significato: bello, armonioso
Origine: indoeuropea
Onomastico: 8 settembre

Alan, **Allen**, **Allan** in Gran Bretagna, negli Stati Uniti e in Irlanda, ha anche la variante femminile **Alina**. Dall'indoeuropeo *alun*, che significa 'bello e armonioso', il nome ricorda il popolo degli Alani, barbari Sciti provenienti dalle rive del mar Nero che con il crollo dell'Impero romano invasero i territori di tutto l'Occidente e che, dopo decenni di lotte, si fusero con gli abitanti delle zone invase e con gli altri popoli barbari invasori. La Chiesa ricorda il beato Alain de la Roche vissuto in Bretagna nel XV secolo, morto in Olanda nel 1475, che diffuse nelle zone più settentrionali dell'Europa la devozione al sacro rosario. Tra gli A. celebri citiamo l'attore Delon, il regista Resnais, lo scrittore Robbe-Grillet, il cantante Alan Stivell, il filosofo Allan Watts e il regista americano Alan Parker. Se dal punto di vista sentimentale la loro vita è un vero successo, professionalmente non si può dire lo stesso. Avrebbero le doti e l'ambizione necessarie per riuscire ma la loro sete di novità, la loro curiosità, il bisogno di esperienze e luoghi sempre nuovi li rendono dei veri e propri nomadi ai quali è impossibile pensare per legami stabili e duraturi. Così sono anche in amore, infedeli, fantasiosi, assetati di curiosità e straordinariamente seducenti.

Corrispondenze: segno del Cancro. Numero portafortuna: 10. Colore: arancio. Pietra: diamante. Metallo: mercurio.

Astrid

Significato: fedele agli dei
Origine: germanica
Onomastico: 27 novembre

A. è un nome germanico, che trae origine da due parole distinte *asa*, 'divinità', e *trud*, 'fedeltà'. Il nome dunque significherebbe 'colei che è fedele agli dei'. La Chiesa ricorda s. A. madre di sant'Olaf re di Norvegia alla fine del X secolo, al quale impresse forti sentimenti religiosi. Tra coloro che portarono questo nome si ricorda la sovrana del Belgio A., principessa di Svezia e moglie del re Leopoldo III, morta in un tragico incidente stradale nel 1935. Da bambina A. è ubbidiente, silenziosa e amante delle letture. Da adulta sarà energica, indipendente, sensibile, moderata, amante della musica e della poesia e sufficientemente ambiziosa per raggiungere i traguardi professionali prefissi. Saprà costruirsi una vita professionale di successo e una vita familiare altrettanto felice. Sarà una moglie fedele e premurosa, e una madre affettuosa e sempre vicina. Sembra il ritratto di una donna perfetta.

Corrispondenze: segno della Bilancia. Numero portafortuna: 8. Colore: blu. Pietra: zaffiro. Metallo: argento.

Audrey

Significato: che è potente e regale
Origine: celtica
Onomastico: 23 giugno

È un nome bello e suggestivo, che deriva dal celtico *alt*, 'alto, potente', e *roen*, 'reale'. Significa dunque 'colei che è potente e regale'. Il calendario

della Chiesa festeggia una santa A., principessa di Inghilterra, vissuta nel VII secolo, che aveva scelto di diventare sposa di Cristo. I genitori vollero per lei un matrimonio a tutti i costi e il marito, comprensivo e sensibile, accettò un matrimonio casto. Alla sua morte la giovane dovette risposarsi ma riuscì a scappare e a fondare sull'isola di Ely, nell'Inghilterra orientale, un monastero, dove morì nel 679 d.C. Il cinema ricorda la bella e brava attrice americana A. Hepburn, scomparsa qualche tempo fa. A. ama essere al centro dell'attenzione e per farlo usa tutte le sue armi migliori tra cui un fascino spontaneo, una vivida ingelligenza, una malizia delicata. Non ama le cose semplici e le difficoltà la avvincono, la spronano, l'aiutano a dare il meglio di sé.
Corrispondenze: segno dello Scorpione. Numero portafortuna: 2. Colore: rosso. Pietra: rubino. Metallo: ferro.

Bérangère

SIGNIFICATO: orso, lancia
ORIGINE: germanica
ONOMASTICO: 26 maggio

Anche **Bérengère** e al maschile **Bérenger**, è un nome di derivazione germanica: da *ber*, 'orso', e *gari*, 'lancia'. Diffusissimo in Francia, sta cominciando a essere attribuito anche alle neonate italiane per il dolce suono che si ottiene pronunciandolo e la ricchezza del suo passato. La Chiesa ricorda s. Berengario, monaco benedettino vissuto nel XII secolo. Tra le B. celebri del passato si contano due regine di Castiglia e una principessa di Navarra che andò sposa al re d'Inghilterra Riccardo Cuor di Leone. B. è una donna di grande sensibilità, di innata raffinatezza e dotata di un pizzico di aristocrazia che non l'abbandona mai. A suo agio con tutti, B. preferisce l'ovattato mondo della famiglia alla quale dedica tutte le sue energie e il suo infinito amore.
Corrispondenze: segno del Cancro. Numero portafortuna: 7. Colore: viola. Pietra: ametista. Metallo: rame.

Désirée

SIGNIFICATO: desiderata
ORIGINE: francese
ONOMASTICO: 8 maggio

Il nome francese D., **Désiré** al maschile, deriva dal latino *desideratus* cioè 'desiderato', e nel passato veniva attribuito ai figli lungamente attesi e desiderati. La Chiesa festeggia un s. D. vescovo di Bruges, in Belgio, alto funzionario dell'Impero merovingio, morto nel 550 d.C. Celebre rimase il primo amore di Napoleone Bonaparte, D. Clary, che andò sposa al generale

Bernadotte, che divenne re di Svezia. D. si sente diversa dagli altri, segnata dalla sua originalità, incapace di accettare le regole e le convenzioni fissate da altri. Se ne dà di sue ma, per questo motivo, non può vivere nella realtà, deve ricavarsi un posticino ai margini della società e aspettare che qualcuno condivida con lei la sua diversità.

Corrispondenze: segno del Cancro. Numero portafortuna: 6. Colore: verde. Pietra: smeraldo. Metallo: rame.

Djamila

SIGNIFICATO: bella
ORIGINE: araba

È un bellissimo nome arabo che deriva dall'aggettivo *djamila*, 'bella'. Ricordiamo due D. tra le tante: la schiava liberata di Medina, nel VII secolo, che fu ricca di doti musicali e riuscì a diventare ricchissima e a conquistarsi una corte tutta sua alla quale ammetteva solo poeti e intellettuali; e l'eroina dell'indipendenza algerina D. Bouared.
Di natura ipersensibile, D. è una donna profonda, riflessiva, estremamente creativa, curiosa nella vita quanto nell'amore. È un po' chiusa e manca di allegria. Tuttavia la sua riservatezza e la sua gravità non pesano a chi la ama e le sta vicino.

Corrispondenze: segno dell'Acquario. Numero portafortuna: 8. Colore: bianco. Pietra: diamante. Metallo: oro.

Héloîse

SIGNIFICATO: glorioso
ORIGINE: germanica
ONOMASTICO: 15 marzo

Dal germanico *hold*, 'glorioso', e *wild*, 'guerriero', il nome H. è antenato di Luisa ed è segnato dalla triste storia d'amore della giovane nobile originaria di Parigi, innamorata del celebre filosofo Abelardo, che divenne segretamente suo amante e in seguito marito.
Lo scandalo che ne derivò travolse i due innamorati che si dovettero separare: H. andò in un convento, divenne badessa e scambiò con Abelardo fino alla morte, avvenuta nel 1164, una serie di lettere oggi tradotte in tutte le lingue europee. In sintonia con il destino dell'antenata, le H. sono capaci di un amore puro, di un'unica passione che le pervade tutte e che ne forgia la vita. Timida, riservata, riflessiva, H. possiede la vera grazia femminile che la illumina dal profondo e che la rende fragile come una porcellana.

Corrispondenze: segno della Vergine. Numero portafortuna: 2. Colore: bianco. Pietra: diamante. Metallo: ferro.

Stranieri

Ingrid

SIGNIFICATO: bella, amata
ORIGINE: germanica
ONOMASTICO: 2 settembre

Questo nome tipicamente scandinavo deriva dal germanico *ingfridh* cioè 'bella e amata'. La Chiesa ricorda una s. I. principessa della famiglia reale di Svezia che alla fine del XIII secolo fondò un convento a Skanninge. Celebre tra tutte è l'attrice scandinava I. Bergman. Bella, padrona di sé, capace di un'assoluta concentrazione, I. possiede una vita interiore veramente ricca e intensa, di quelle che resistono alle bufere della vita, che sopravvivono alle avversità più terribili e che si rinnovano costantemente. Paziente, impegnata, fedele a se stessa e agli impegni assunti, I. non delude mai e ravviva i suoi interlocutori con un caldo sorriso carico di promesse.
Corrispondenze: segno del Capricorno. Numero portafortuna: 7. Colore: verde. Pietra: smeraldo. Metallo: rame.

James

SIGNIFICATO: che diviene il primo
ORIGINE: ebraica
ONOMASTICO: 25 luglio

Traduzione inglese del nome italiano Giacomo derivante dall'ebraico *Ya'agob*, che significa 'colui che soppianta, che diviene il primo, che Dio ha protetto', è un nome diffusissimo in tutto il mondo occidentale: nei Paesi anglosassoni, Stati Uniti compresi, esistono le abbreviazioni **Jemmy** e **Jim**, in Francia **Jacques**, in Spagna **Diego**, **Iago**, **Jaime** e in Portogallo, **Iago**, **Diogo**. Il nome, che in italiano suona alquanto aristocratico, è stato portato nel passato da due re d'Inghilterra della casa degli Stuart, in tempi recenti dallo scrittore Joyce, dal pittore Ensor, dagli attori Dean, Stewart, Cagney. J. è mosso da un'inesauribile sete d'azione, determinata non tanto dal desiderio di arrivare a una meta o di ottenere un successo personale quanto da un'energia irrazionale che lo spinge oltre i limiti. Volubile, instabile, instancabile, il mondo è una grande palestra di allenamento, un luogo fin troppo piccolo in cui disperdere le proprie energie.
Corrispondenze: segno dei Gemelli. Numero portafortuna: 3. Colore: bianco. Pietra: diamante. Metallo: rame.

José

SIGNIFICATO: dato da Dio
ORIGINE: ebraica
ONOMASTICO: 19 marzo

Versione spagnola del nome italiano Giuseppe, è entrato nel nostro Paese utilizzato soprattutto al femminile da quando Maria José di Sassonia Coburgo, figlia del re del Belgio Alberto I, andò sposa al principe ereditario Umberto di Savoia nel 1930. Tra i J. celebri ricordiamo il tenore contemporaneo Carreras e l'attore Ferrer. J. è stato dotato di grandi virtù, di molte qualità che gli assicurerebbero il successo qualunque attività voglia intraprendere. Potrebbe essere un valente artista, un abile uomo politico, un celebre divo del cinema; potrebbe diventare un noto scienziato o letterato oppure un eminente prelato. Mai come in questo caso, tuttavia, il condizionale è d'obbligo dal momento che talmente tante sono le sue potenzialità che nessuna riuscirà a giungere a buon fine e la sua vita sarà come una semina continua che non giunge al raccolto.

Corrispondenze: segno dei Gemelli. Numero portafortuna: 2. Colore: verde. Pietra: smeraldo. Metallo: oro.

Karim

Significato: generoso
Origine: araba

Del nome esiste anche la versione **Krim**; deriva da un termine arabo che significa 'generoso', appellativo talvolta attribuito ad Allah. K. è un capo nato, capace di farsi obbedire e soprattutto di farsi ascoltare. Rifugge dalle riflessioni, dai discorsi, dalle discussioni e preferisce l'azione, la battaglia, il movimento. Audace, talvolta insolente, innamorato della giustizia, è un amante di fuoco ma totalmente infedele. Tuttavia da un uomo con un simile ardore è impensabile pretendere ciò che per natura non può dare.

Corrispondenze: segno del Capricorno. Numero portafortuna: 3. Colore: verde. Pietra: smeraldo. Metallo: oro.

Kevin

Significato: bianco, puro
Origine: celtica
Onomastico: 3 giugno

Questo nome, molto diffuso presso i Paesi anglosassoni ma pressoché inutilizzato da noi, deriva dal celtico *gwen* o *kwen* con il significato di 'bianco' e 'puro'. La Chiesa ricorda un s. K., eremita proveniente dalla Cornovaglia, vissuto nel VI secolo e misteriosamente approdato in Bretagna dove ottenne una discreta fama operando numerosi miracoli. Celebri tra tutti gli attori Costner e Kline. K. è ricolmo di doni e trabocca di generosità. Incapace di accumulare, distribuisce a destra e a manca il suo amore, il suo coraggio, il suo talento artistico soprattutto di poeta, il suo denaro, i suoi onori, il suo successo. Per sé non tiene nulla e agli altri dà tutto ciò che possiede.

Stranieri

Fedelissimo in famiglia e con gli amici, non lo è altrettanto con le donne che ama cambiare in continuazione. E le sue donne abbandonate, per l'amore che hanno ricevuto, non gli serberanno rancore.

Corrispondenze: segno dell'Acquario. Numero portafortuna: 4. Colore: bianco. Pietra: diamante. Metallo: argento.

Kurt

SIGNIFICATO: audace
ORIGINE: germanica
ONOMASTICO: 26 novembre

Versione che conserva il medesimo significato e la stessa origine del nome **Conrad** cioè ➡ **Corrado** in Francia e in Gran Bretagna e di **Konrad** in Germania, K. ha anche le forme **Curd** e **Curt**. Celebri sono K. Weill, il grande compositore tedesco de *L'opera da tre soldi*, il cancelliere austriaco K. Waldheim e l'attore Curt Jurgens.

La forza di K. è primitiva, totale, a volte brutale. K. la esprime essenzialmente in due direzioni: l'amore per il potere e la sete di gloria spingono la sua forza a calpestare tutto ciò che ostacola il cammino per raggiungere gli onori. E inoltre, la sua vasta curiosità lo sprona alla ricerca di nuovo, luoghi, amori, amicizie, avventure che siano: in questo caso la sua forza si tramuta in energia propulsoria.

Corrispondenze: segno dell'Ariete. Numero portafortuna: 8. Colore: giallo. Pietra: topazio. Metallo: ferro.

Mohammed

SIGNIFICATO: il lodato
ORIGINE: araba

In italiano Maometto, il nome, che può essere scritto anche Muhammad, deriva da un termine arabo che significa 'il lodato'. È probabilmente il nome più diffuso in tutto il mondo e sicuramente nei Paesi di religione islamica. Fu reso celebre dal Profeta, che ricevette da Dio sotto dettatura il libro definitivo del Corano più di tredici secoli fa. Di fronte alla celebrità del Profeta, gli uomini importanti che nei secoli portarono il nome scompaiono. Ne ricordiamo uno tra tutti: Muhammad al Mahdi, ultimo imam degli Sciiti, scomparso misteriosamente nell'878 d.C. i cui fedeli attendono ancora il ritorno. Un nome attribuito a così tanti uomini per così lungo tempo ha assorbito tante caratteristiche diverse tra loro e ha perso la sua identità. L'unico tratto che accomuna chi lo porta è il forte senso di appartenenza a una religione, a un unico credo, a un'unica dottrina. M. diventa così lo strenuo difensore del suo credo, il coraggioso combattente che nulla può fare indietreggiare se impegnato nella difesa della sua religione.

Corrispondenze: segno dell'Acquario. Numero portafortuna: 9. Colore: bianco. Pietra: diamante. Metallo: oro.

Mélodie

Significato: melodia
Origine: greca
Onomastico: 22 ottobre

Nome femminile francese dal suono soave, deriva dal greco *melos* ovvero 'melodia'. Apparentemente M. non ha nulla della dolce musica del suo nome. Da bambina è una scolara avida di conoscenze, pronta a mettersi in evidenza, odiata spesso dalle sue compagne ma bisognosa di tenerezza. Da adulta M. conserva la medesima ambizione, lo stesso frenetico desiderio di dominio sugli uomini e sulle cose. Tuttavia, sovente interrompe il suo cammino, si lascia andare, perde le sue forze. Cosa è successo? M. è stata ferita al cuore, si è innamorata ed è stata tradita.
Corrispondenze: segno del Leone. Numero portafortuna: 6. Colore: verde. Pietra: smeraldo. Metallo: argento.

Odile

Significato: patrimonio, patria
Origine: germanica
Onomastico: 14 dicembre

Versione francese del nome femminile italiano Odilia, deriva dall'antico germanico *othal*, cioè 'patrimonio, fortuna, patria'. Lo portò la patrona dell'Alsazia la cui vita fu segnata da un miracolo: figlia del conte di Alsazia Aldrico, nacque cieca. Mentre era desiderio del padre di sopprimerla, la madre ottenne che fosse affidata a un vescovo pio, che riuscì a restituirle la vista. Divenuta adulta O. fondò, sul luogo di un antico culto pagano, il monastero di Hohenburg nel Basso Reno, dove morì nel 720 d.C. O. è tutta istinto, intuito, sensibilità, nervi. È dotata di un'intelligenza sensitiva che la mette a diretto contatto con realtà ai più sconosciute. Avverte in profondità ciò che gli altri non sentono, suoni, colori, immagini. Sfugge alle convenzioni sociali, alle regole del buon vivere, ai comportamenti abituali, e si getta con frenesia nelle passioni, nella cieca difesa degli ideali, nell'irrazionale mondo delle sensazioni.
Corrispondenze: segno del Cancro. Numero portafortuna: 9. Colore: verde. Pietra: smeraldo. Metallo: rame.

Olaf

Significato: antenato
Origine: germanica
Onomastico: 29 luglio

Stranieri

Dal germanico *olav*, l'antenato, è un nome tipicamente norvegese ed è il nome di colui che, all'inizio dell'XI secolo, fondò il regno di Norvegia. Assai diffuso nei paesi scandinavi con le varianti **Olof**, **Olavs**, viene attribuito ai neonati italiani assai di rado. La Chiesa celebra Olaf II, che fu re di Norvegia e che ebbe il grande merito di aver cristianizzato il suo regno. Venne assassinato nel 1030 da un gruppo di baroni ribelli. Ricordiamo infine il primo ministro svedese O. Palme, tragicamente ucciso in un attentato nel 1986. Retto, tollerante, serio, O. ha una vita interiore decisamente ricca e variegata. Deciso a far del bene, la sua spiritualità e la sua gravità lo pongono talvolta all'esterno della realtà e lo costringono a estraniarsi da essa in una sorta di contemplazione mistica.

Corrispondenze: segno del Toro. Numero portafortuna: 6. Colore: verde. Pietra: smeraldo. Metallo: oro.

Omar

ORIGINE: araba

Altresì scritto **Umar**, fu il nome del secondo califfo successore di Maometto. Prima di cadere assassinato a Medina nel 644, conquistò la Mesopotamia, la Persia, la Siria e l'Egitto. Ai giorni nostri ricordiamo il celebre attore cinematografico O. Sharif. Dal fisico possente, O. protegge, ripara, ospita tutti coloro che si rivolgono a lui. Serio, ponderato, fiducioso in se stesso, si sente investito da questa missione e, per questo motivo, risulta a volte un po' superbo e troppo sicuro di sé. Ama essere circondato dalle persone che si sentono in debito con lui e dalle donne che ha amato: è il suo harem ideale.

Corrispondenze: segno del Leone. Numero portafortuna: 3. Colore: rosso. Pietra: rubino. Metallo: oro.

Percival

ORIGINE: letteraria

Con il diminutivo **Percy** è la versione inglese del leggendario nome **Parsifal** appartenuto a un cavaliere della Tavola Rotonda. Gallese P., al pari di Lancillotto, si gettò nelle battaglie e nei tornei alla corte di re Artù malgrado la disapprovazione della madre. Venne tuttavia escluso dalla ricerca mistica del sacro Graal quando la sua passione per la guerra e le avventure furono causa della morte della madre. È un puro tra i puri. Affronta la vita con candore, innocenza, senza rinunciare al fresco e invitante sorriso delle fanciulle, agli ardori delle battaglie, alla lotta. Non è un casto, o un uomo di preghiera. È solo un essere dotato di una soprendente facoltà di meravigliarsi di fronte a tutto e a tutti, un uomo privo di malizia, di inganni, di meschinità. È un'anima dolce, priva di orgoglio che seduce in continuazione, uomini e donne.

Corrispondenze: segno della Vergine. Numero portafortuna: 1. Colore: blu. Pietra: zaffiro. Metallo: argento.

Peggy

SIGNIFICATO: perla
ORIGINE: persiana
ONOMASTICO: 8 gennaio

Variante di Margherita con cui ha in comune l'etimologia, il nome P. ha assunto da molto tempo una sua autonomia con l'accettazione da parte della Chiesa di una s. P. vissuta nell'VIII d.C. La giovane inglese era sorella dell'eremita s. Gutlach di Croyland e morì durante un pellegrinaggio a Roma nel 719. Celebre tra tutte fu Peggy Guggenheim, miliardaria americana e famosa collezionista di arte contemporanea. Seria, piena di buon senso, concreta, portata per il lavoro fatto bene, P. ha un carattere solido. È sicura di sé, dei propri diritti e dei propri doveri. Si mostra cocciuta e aggressiva se qualcuno osa ostacolarla o calpestarla. Saprà lottare con gli artigli.

Corrispondenze: segno dell'Ariete. Numero portafortuna: 5. Colore: verde. Pietra: smeraldo. Metallo: argento.

Raissa

SIGNIFICATO: il capo
ORIGINE: araba

Dall'arabo *ra'is*, 'il capo', questo nome femminile ha conosciuto una notevole diffusione in epoca recentissima perché portato dalla moglie del famoso e coraggioso uomo politico russo Mikail Gorbaciov, fautore della *perestrojka* nella ex Unione Sovietica. Sensibile, carica di passione e di volontà, R. deve vivere in una certa confusione, creandosi dei problemi quando non ne ha. Deve lottare, deve agire, deve sviluppare strategie per superare queste difficoltà e crearsene delle nuove. Mai sazia, mai ferma, mai fedele, è un vortice che travolge e rende instabile anche chi vive accanto a lei.

Corrispondenze: segno del Capricorno. Numero portafortuna: 4. Colore: rosso. Pietra: rubino. Metallo: rame.

Ralph

SIGNIFICATO: consiglio, lupo
ORIGINE: germanica
ONOMASTICO: 21 giugno

R. in inglese, **Raoul** in francese, **Raul** in italiano, deriva da due termini germanici *radha*, 'consiglio', e *wulf*, 'lupo'. La Chiesa ricorda s. Radulfo, vescovo di Bruges nell'840 e amico di Carlomagno. In epoca medioevale numerosi principi, duchi e un re di Francia portarono questo nome insieme al poeta francese del XIII secolo, autore di manuali di buone maniere e di virtù cavalleresche nonché di poemi romanzeschi Raoul de Houdenc. In epoca recente si ricorda l'industriale italiano Raul Gardini morto suicida. Inquieto, vagabondo, diviso da desideri contraddittori, R. ha un cuore generoso che lo lancia in battaglie perse sin dall'inizio. Sempre attivo, R. è un inconcludente che raramente finisce ciò che ha cominciato, non tanto perché si accorge di aver intrapreso una strada inutile, quanto perché scopre un nuovo motivo di lotta altrettanto futile.

Corrispondenze: *segno dell'Acquario. Numero portafortuna: 4. Colore: arancio. Pietra: berillo. Metallo: oro.*

Robin

Significato: di fama illustre
Origine: germanica
Onomastico: 29 aprile

È la forma popolare inglese di **Robert** (➡ Roberto in italiano) e con esso condivide l'etimologia e il santo patrono. R. ha conosciuto una certa fama a partire dal Medio Evo e più precisamente dal XIII secolo quando in Inghilterra nacque e si diffuse la leggenda di R. Hood, il difensore dei poveri e degli oppressi, che rubava ai ricchi per dare ai più bisognosi. Intelligente, seducente, solido, coraggioso, R. non conosce tormenti, complicazioni, congetture. È una natura semplice e spontanea, tutta slanci e amore. Molto generoso con gli amici, è un amante estremamente passionale, che, tuttavia, pecca di infedeltà. **Corrispondenze:** *segno del Toro. Numero portafortuna: 3. Colore: rosso. Pietra: rubino. Metallo: ferro.*

Ronald

Significato: che governa nel consiglio
Origine: germanica
Onomastico: 9 febbraio

Versione inglese del nome Rinaldo con cui condivide il significato, è molto diffuso nei paesi anglosassoni anche con il diminutivo **Ron**. Oltre al celebre ex presidente degli Stati Uniti Reagan, già attore western, che rimase in carica per due mandati consecutivi, ricordiamo l'attore Ron Stewart e il cantante italiano Ron, pseudonimo di Rosalino Cellamare. Entusiasmo, fiducia in Dio e in se stesso, forza catalizzatrice, R. alterna momenti di estrema energia e attività a periodi di quasi totale inattività. La sua natura instabile, infatti, da un lato gli conferisce una notevole capacità di adattamento alle situazioni più diverse ma gli infonde anche una sostanziale inidoneità a portare a termine ciò che ha intrapreso, ad arrivare fino alla meta prefissa. **Corrispondenze:** *segno dell'Acquario. Numero portafortuna: 7. Colore: blu. Pietra: zaffiro. Metallo: argento.*

Sacha

SIGNIFICATO: protettore di uomini
ORIGINE: greca
ONOMASTICO: 22 aprile

Diminutivo slavo di Alessandra, S. non ha l'autonomia di nome proprio. La Chiesa non celebra nessuna santa con questo nome mentre tra i personaggi celebri che lo hanno portato, ricordiamo la cantante S. Distel. S. è tutta un capriccio, un lamento, un vortice di lacrime, risa e malizia. È pronta a tutto pur di ottenere ciò che vuole, la sua energia cristallina la conduce ora all'amore più sfrenato come all'odio più tenace, alla tenerezza e al furore, alla generosità e all'egoismo più cupo. Tuttavia, queste passioni eccessive di cui si maschera, sono solo orpelli che utilizza per nascondere la sua vera natura: quella di una bambina bisognosa di attenzioni e cure che non è mai cresciuta.

Corrispondenze: segno dei Gemelli. Numero portafortuna: 2. Colore: rosso. Pietra: rubino. Metallo: argento.

Sidney

SIGNIFICATO: figlio di Dio
ORIGINE: greca
ONOMASTICO: 10 dicembre

Adattamento anglosassone del francese *Saint Denis*, traduzione dell'italiano ➡ Dionisio, ne condivide il significato. Tuttavia, la Chiesa ricorda un s. S. Hodgon, laico inglese convertito al cattolicesimo, impiccato nel 1591 per aver soccorso alcuni missionari cattolici mandati dal continente in Inghilterra. La città australiana di Sidney e il regista americano S. Pollack hanno contribuito a diffondere questo nome un po' in tutto il mondo. Il pragmatismo, l'intelligenza, la capacità di decidere all'istante gli valgono il successo nel mondo degli affari. L'energia, il fascino e la bellezza fisica gli conquistano una serie infinita di donne alle quali non riesce a mantenersi fedele... come potrebbe, ne ha talmente tante!

Corrispondenze: segno del Toro. Numero portafortuna: 6. Colore: verde. Pietra: smeraldo. Metallo: ferro.

Solange

SIGNIFICATO: solenne
ORIGINE: latina
ONOMASTICO: 10 maggio

Dal latino *solemnis*, 'solenne', la Chiesa celebra una s. S., giovane pastorella dei dintorni di Bourges, uccisa nell'880 da un signore locale che

Stranieri

attentava alla sua virtù. Sempre allegra, gioviale, vivace, S. sorride alla vita e da essa accetta tutto ciò che arriva. Di fronte alle difficoltà non reagisce con scoramento, ma con un brio invidiabile.

Del sentimento non conosce le ansie, le disillusioni ma solo la felicità di stare accanto a una persona. Attratta dalla campagna piuttosto che dalla città, S. ama la vita di famiglia, la cura dei figli e di un marito al quale resterà fedele per sempre.

Corrispondenze: segno del Cancro. Numero portafortuna: 1. Colore: blu. Pietra: zaffiro. Metallo: argento.

Tanguy

Significato: guardiano
Origine: celtica
Onomastico: 19 novembre

Dal celtico *tan*, 'il fuoco' e *guy*, 'il cane', avrebbe il significato di 'il guardiano del focolare'. La Chiesa ricorda s. T. monaco bretone che si ritirò in clausura in seguito a un evento spaventoso: tratto in inganno dalla matrigna, uccise la propria sorella. A Punta Saint-Matthieu, in Bretagna, fondò all'inizio del IX secolo un monastero.

Da bambino affronta le cose con gli occhi della purezza: tutto è bello, la vita è ricolma di gioie e i genitori sono onnipotenti. Da adulto non cambia atteggiamento, cercando sempre il lato positivo degli eventi. Tuttavia, la sua estrema ingenuità gli varrà qualche cocente delusione ma che importa, presto la dimentica e riparte da capo con il candore di sempre.

Corrispondenze: segno del Cancro. Numero portafortuna: 7. Colore: violetto. Pietra: acquamarina. Metallo: oro.

Tess

Significato: la fecondità
Origine: sassone
Onomastico: 28 settembre

Dal sassone *tessa*, 'la fecondità', è il nome di una santa che fu badessa nel monastero di Winborne in Inghilterra e che morì nel 722. Con l'invio di un gruppo di giovani missionarie formatesi nel suo convento, aiutò san Bonifacio nell'evangelizzazione della Germania. Celebre resta la tragica eroina del romanzo scritto da Thomas Hardy, *Tess d'Uberville*, da cui il regista Roman Polanski trasse uno struggente adattamento cinematografico.

Non sarà facile per T. lasciare l'infanzia, momento di grande felicità, passato accanto ai genitori dai quali ha ricevuto e donato un mondo di affetto. Da adulta si manterrà capricciosa e volubile, e, malgrado le tante qualità, stenterà a tracciare la sua strada. Solo se troverà un uomo mite, comprensivo, generoso, carico d'amore per lei, riuscirà a costruire un'esistenza appagante e ricolma di gioia.

Corrispondenze: segno dei Gemelli. Numero portafortuna: 2. Colore: bianco. Pietra: diamante. Metallo: oro.

Thierry

SIGNIFICATO: popolo, re
ORIGINE: germanica
ONOMASTICO: 1 luglio

Dal germanico *theud*, 'il popolo', e *rik*, 'il re', T. fu il nome del figlio di un brigante che, per evitare di sposarsi, si fece eremita e che, dopo aver fondato un monastero a Saint-Thierry, nella Marna, morì nel 533. Venne canonizzato dalla Chiesa e riconosciuto come santo. Le sue doti sono talmente eccezionali che non basterebbe una vita per raccogliere tutti i successi che potrebbe ottenere. Carico di energia, di volontà, intelligente e sensibile, T. è notevolmente ambizioso. Tuttavia, non si pone mai al di sopra degli altri; è invece sempre pronto a tendere una mano, a donare, ad aiutare chi ne ha bisogno. Sempre circondato di amici, T. è un vero portafortuna per chi gli sta accanto, un uomo veramente prezioso, la cui amicizia vale davvero un tesoro.

Corrispondenze: segno del Cancro. Numero portafortuna: 4. Colore: blu. Pietra: zaffiro. Metallo: mercurio.

Stranieri

Indice dei nomi

Indice

Indice

Indice

Indice

Finito di stampare nel mese di febbraio 2000
dalle Grafiche BUSTI S.r.l. - Colognola ai Colli (VR)